Umweltrecht – Ein Lehrbuch

Umweltrecht

Ein Lehrbuch

von

Heribert Rausch

Dr. iur., LL.M., Rechtsanwalt
Professor an der Universität Zürich

Arnold Marti

Dr. iur., Rechtsanwalt, Privatdozent an der Universität Zürich
Vizepräsident des Obergerichts des Kantons Schaffhausen

Alain Griffel

Dr. iur., Rechtsanwalt, Privatdozent an der Universität Zürich
Amtschef der Baurekurskommissionen des Kantons Zürich

Herausgegeben von

Walter Haller

Dr. iur., Rechtsanwalt
Professor an der Universität Zürich

Schulthess § 2004

Die Deutsche Bibliothek – CIP-Einheitsaufnahme

© Schulthess Juristische Medien AG, Zürich · Basel · Genf 2004
ISBN 3 7255 4743 2

www.schulthess.com

Vorwort

Dieses Buch ist vor allem als Lehrmittel für den Unterricht im Umweltrecht konzipiert, will aber auch jene ansprechen, die sich in einem beruflichen oder politischen Zusammenhang für das Umweltrecht interessieren.

Ursprünglich war beabsichtigt, die Grundprinzipien sowie ausgewählte Teilgebiete des Umweltrechts im Rahmen des Werkes von WALTER HALLER und PETER KARLEN, Raumplanungs-, Bau- und Umweltrecht (3. Aufl., Band I, Zürich 1999), in einem zweiten Band darzustellen. Verfasser und Herausgeber entschlossen sich dann aber für ein anderes Konzept, das nur noch im Erscheinungsbild des Umschlags an den «HALLER / KARLEN» anknüpft, im Übrigen aber ganz durch die Sichtweise der drei Autoren geprägt wird. Allerdings werden diejenigen Belange, die durch den «HALLER / KARLEN» bereits weitgehend abgedeckt sind, insbesondere die Aufgaben des Umweltschutzes und der verfassungsmässige Rahmen des Umweltrechts, nicht nochmals ausgebreitet; nur mit knappen Hinweisen wird darauf Bezug genommen. Thematische Schwerpunkte des Buches bilden die Grundprinzipien des Umweltrechts, der Immissionsschutz sowie diejenigen Materien und Instrumente des Umweltrechts, die eine besonders enge Beziehung zum Raumplanungs- und Baurecht aufweisen. Weitere Regelungen und Probleme, nämlich umweltgefährdende Stoffe und Organismen, Störfallvorsorge, Bodenschutz und Abfallbewirtschaftung sowie ausgewählte globale Umweltprobleme werden in den Grundzügen dargestellt. Dabei wollen die Verfasser vor allem Grundwissen vermitteln und Zusammenhänge aufzeigen; für vertiefte Studien stehen bewährte Kommentare und zahlreiche Monographien zur Verfügung.

Nach der Festlegung der zu bearbeitenden Materien, ihrer Gewichtung sowie der Gliederung wurden die zu schreibenden Beiträge auf die einzelnen Autoren verteilt: Auf eine vom Herausgeber verfasste Einleitung folgt eine Darstellung der Grundprinzipien des Umweltrechts durch Alain Griffel. Heribert Rausch verfasste die Kapitel zum Immissionsschutzrecht, zur Umweltverträglichkeitsprüfung und zur Verbandsbeschwerde. Arnold Marti bearbeitete das Waldrecht sowie den Natur-, Landschafts- und Denkmalschutz, Alain Griffel den Gewässerschutz und Heribert Rausch die sonstigen Teildisziplinen. Nach Abgabe einer ersten Fassung der Manuskripte fanden Kolloquien über sämtliche Beiträge statt, die zu Überarbeitungen führten. Die Beiträge der einzelnen Autoren sind inhaltlich aufeinander abgestimmt worden. Von einer Vereinheitlichung hinsichtlich Dichte der Bearbeitung, Methodik, Ausführlichkeit der Belege und sprachlichem Ausdruck hingegen haben wir bewusst abgesehen.

Der Schulthess Juristische Medien AG, insbesondere Herrn Bénon Eugster, danken wir für die sehr gute und konstruktive Zusammenarbeit.

Zürich, im März 2004   Walter Haller

Inhaltsübersicht

Inhaltsverzeichnis

Abkürzungsverzeichnis

Die allgemein gebräuchlichen Abkürzungen (wie z.B. Kantonsnamen, EU, UNO, m² oder usw.) werden als bekannt vorausgesetzt.

a.a.O.	am angeführten Ort
ABl.	Amtsblatt der Europäischen Gemeinschaften
Abs.	Absatz / Absätze
aBV	(alte) Bundesverfassung der Schweizerischen Eidgenossenschaft vom 29. Mai 1874
ADNR	Verordnung (der Zentralkommission für die Rheinschifffahrt) über die Beförderung gefährlicher Güter auf dem Rhein vom 29. November 2001 (weder in der AS noch in der SR publiziert; Separatdrucke sind beim BBL, Vertrieb Publikationen, 3003 Bern, erhältlich)
a.E.	am Ende
AGSchV	Allgemeine Gewässerschutzverordnung vom 19. Juni 1972 (nicht mehr in Kraft)
AGVE	Aargauische Gerichts- und Verwaltungsentscheide (Periodikum)
AJP	Aktuelle Juristische Praxis (Periodikum)
AlgV	Verordnung über den Schutz der Amphibienlaichgebiete von nationaler Bedeutung (Amphibienlaichgebiete-Verordnung) vom 15. Juni 2001 (SR 451.34)
AltlV	Verordnung über die Sanierung von belasteten Standorten (Altlasten-Verordnung) vom 26. August 1998 (SR 814.680)
a.M.	anderer Meinung
Amtl.Bull. N/S	Amtliches Bulletin der Bundesversammlung, Nationalrat / Ständerat
ArG	Bundesgesetz über die Arbeit in Industrie, Gewerbe und Handel (Arbeitsgesetz) vom 13. März 1964 (SR 822.11)
Art.	Artikel
AS	Amtliche Sammlung des Bundesrechts
AuenV	Verordnung über den Schutz der Auengebiete von nationaler Bedeutung (Auenverordnung) vom 28. Oktober 1992 (SR 451.31)
BAZL	Bundesamt für Zivilluftfahrt
BBL	Bundesamt für Bauten und Logistik
BBl	Bundesblatt der Schweizerischen Eidgenossenschaft
Bd., Bde.	Band, Bände
BEZ	Baurechtsentscheide Kanton Zürich (Periodikum)
BFS	Bundesamt für Statistik
BGB	(Deutsches) Bürgerliches Gesetzbuch vom 18. August 1896

BGE	Entscheidungen des Schweizerischen Bundesgerichts, Amtliche Sammlung
BGF	Bundesgesetz über die Fischerei vom 21. Juni 1991 (SR 923.0)
BLN	Bundesinventar der Landschaften und Naturdenkmäler von nationaler Bedeutung
BR	Baurecht (Periodikum)
BRK	Baurekurskommission
BS	Bereinigte Sammlung der Bundesgesetze und Verordnungen 1848–1947
Bst.	Buchstabe(n)
BUWAL	Bundesamt für Umwelt, Wald und Landschaft
BV	Bundesverfassung der Schweizerischen Eidgenossenschaft vom 18. April 1999 (SR 101) (siehe auch aBV)
BVR	Bernische Verwaltungsrechtsprechung (Periodikum)
CO_2	Kohlendioxid
CO_2-Gesetz	Bundesgesetz über die Reduktion der CO_2-Emissionen vom 8. Oktober 1999 (SR 641.71)
dB	Dezibel
ders.	derselbe (Autor)
DGVE	Düngergrossvieheinheit
dies.	dieselbe (Autorin)
DZV	Verordnung über ergänzende Direktzahlungen in der Landwirtschaft vom 26. April 1993 (SR 910.131)
E.	Erwägung(en)
ECE	United Nations Commission for Europe
EG	Europäische Gemeinschaft
EKD	Eidgenössische Kommission für Denkmalpflege
EMRK	Konvention zum Schutze der Menschenrechte und Grundfreiheiten (Europäische Menschenrechtskonvention) vom 4. November 1950 (SR 0.101)
EnG	Energiegesetz vom 26. Juni 1998 (SR 730.0)
ENHK	Eidgenössische Natur- und Heimatschutzkommission
EnV	Energieverordnung vom 7. Dezember 1998 (SR 730.01)
ESTI	Eidgenössisches Starkstrominspektorat
ESV	Verordnung über den Umgang mit Organismen in geschlossenen Systemen (Einschliessungsverordnung) vom 25. August 1999 (SR 814.912)
et al.	et alii (und andere)
EuGRZ	Europäische Grundrechte-Zeitschrift
f.	und folgende (Seite, Randziffer usw.)
ff.	und folgende (Seiten, Randziffern usw.)

FCKW	Fluorchlorkohlenwasserstoffe
FMV	Verordnung über den Schutz der Flachmoore von nationaler Bedeutung (Flachmoorverordnung) vom 7. September 1994 (SR 451.33)
FrSV	Verordnung über den Umgang mit Organismen in der Umwelt (Freisetzungsverordnung) vom 25. August 1999 (SR 814.911)
FWG	Bundesgesetz über Fuss- und Wanderwege vom 4. Oktober 1985 (SR 704)
GEP	Genereller Entwässerungsplan
GKP	Generelles Kanalisationsprojekt
gl.M.	gleicher Meinung
GPK	Geschäftsprüfungskommission
GSchG	Bundesgesetz über den Schutz der Gewässer (Gewässerschutzgesetz) vom 24. Januar 1991 (SR 814.20)
GSchV	Gewässerschutzverordnung vom 28. Oktober 1998 (SR 814.201)
GTG	Bundesgesetz über die Gentechnik im Ausserhumanbereich (Gentechnikgesetz) vom 21. März 2003 (SR 814.91)
HFCKW	Halogenierte Fluorchlorkohlenwasserstoffe
HMV	Verordnung über den Schutz der Hoch- und Übergangsmoore von nationaler Bedeutung (Hochmoorverordnung) vom 21. Januar 1991 (SR 451.32)
Hrsg.	Herausgeber
hrsg.	herausgegeben
ICAO	International Civil Aviation Organization
ICNIRP	International Commission on Non-Ionizing Radiation Protection
IGW	Immissionsgrenzwert(e)
ISOS	Bundesinventar der schützenswerten Ortsbilder von nationaler Bedeutung
i.V.m.	in Verbindung mit
IVS	Bundesinventar der historischen Verkehrswege der Schweiz (noch nicht in Kraft)
JSG	Bundesgesetz über die Jagd und den Schutz wildlebender Säugetiere und Vögel (Jagdgesetz) vom 20. Juni 1986 (SR 922.0)
KGTG	Bundesgesetz über den internationalen Kulturgütertransfer (Kulturgütertransfergesetz) vom 20. Juni 2003 (BBl 2003, 4475 ff.; noch nicht in Kraft)
KV	Kantonsverfassung
LFG	Bundesgesetz über die Luftfahrt (Luftfahrtgesetz) vom 21. Dezember 1948 (SR 748.0)
LKS	Landschaftskonzept Schweiz (vom Bundesrat am 19. Dezember 1997 beschlossenes Konzept nach Art. 13 RPG)

LRV	Luftreinhalte-Verordnung vom 16. Dezember 1985 (SR 814.318.142.1)
LSV	Lärmschutz-Verordnung vom 15. Dezember 1986 (SR 814.41)
LSVA	Leistungsabhängige Schwerverkehrsabgabe
LwG	Bundesgesetz über die Landwirtschaft (Landwirtschaftsgesetz) vom 29. April 1998 (SR 910.1)
m.E.	meines Erachtens
MLV	Verordnung über den Schutz der Moorlandschaften von besonderer Schönheit und von nationaler Bedeutung (Moorlandschaftsverordnung) vom 1. Mai 1996 (SR 451.35)
NEAT	Neue Eisenbahn-Alpentransversale
NHG	Bundesgesetz über den Natur- und Heimatschutz vom 1. Juli 1966 (SR 451)
NHV	Verordnung über den Natur- und Heimatschutz vom 16. Januar 1991 (SR 451.1)
NISV	Verordnung über den Schutz vor nichtionisierender Strahlung vom 23. Dezember 1999 (SR 814.710)
Nr., Nrn.	Nummer, Nummern
NSG	Bundesgesetz über die Nationalstrassen vom 8. März 1960 (SR 725.11)
NZZ	Neue Zürcher Zeitung
OECD	Organisation für wirtschaftliche Zusammenarbeit und Entwicklung
OG	Bundesgesetz über die Organisation der Bundesrechtspflege (Bundesrechtspflegegesetz) vom 16. Dezember 1943 (SR 173.110)
OR	Schweizerisches Obligationenrecht vom 30. März 1911 (SR 220)
PBG	(Zürcher) Gesetz über die Raumplanung und das öffentliche Baurecht (Planungs- und Baugesetz) vom 7. September 1975
PBG aktuell	PBG aktuell – Zürcher Zeitschrift für öffentliches Baurecht
PET	Polyethylenterephtalat
PM 10	Schwebestaub (particulate matter; vgl. Rz. 191)
Pra	Die Praxis (bis 1990: Die Praxis des Bundesgerichts) (Periodikum)
PVC	Polyvinylchlorid
Raum&Umwelt	Informationen der Dokumentationsstelle für Raumplanungs- und Umweltrecht (jährliche Publikation der VLP)
RB	Rechenschaftsbericht des Verwaltungsgerichts des Kantons Zürich
RDAF	Revue de droit administratif et de droit fiscal et Revue genevoise de droit public
recht	recht – Zeitschrift für juristische Ausbildung und Praxis
REKO	Rekurskommission
REP	Regionaler Entwässerungsplan

RPG	Bundesgesetz über die Raumplanung (Raumplanungsgesetz) vom 22. Juni 1979 (SR 700)
RPV	Raumplanungsverordnung vom 28. Juni 2000 (SR 700.1)
RSD	Verordnung über die Beförderung gefährlicher Güter mit der Eisenbahn vom 3. Dezember 1996 (SR 742.401.6)
RVOG	Regierungs- und Verwaltungsorganisationsgesetz vom 21. März 1997 (SR 172.010)
Rz.	Randziffer(n)
S.	Seite(n)
SDR	Verordnung über die Beförderung gefährlicher Güter auf der Strasse vom 29. November 2002 (SR 741.621)
SJZ	Schweizerische Juristen-Zeitung
s.l.	sine loco = ohne Ort(sangabe)
SR	Systematische Sammlung des Bundesrechts
SRU	Schriftenreihe Umwelt (hrsg. vom BUWAL)
StFV	Verordnung über den Schutz vor Störfällen (Störfallverordnung) vom 27. Februar 1991 (SR 814.012)
StoV	Verordnung über umweltgefährdende Stoffe (Stoffverordnung) vom 9. Juni 1986 (SR 814.013)
SUVA	Schweizerische Unfallversicherungsanstalt
SVAG	Bundesgesetz über eine leistungsabhängige Schwerverkehrsabgabe vom 19. Dezember 1997 (SR 641.81)
SVG	Bundesgesetz über den Strassenverkehr vom 19. Dezember 1958 (SR 741.01)
SZF	Schweizerische Zeitschrift für Forstwesen
SZU	Schriftenreihe zum Umweltrecht (Hrsg.: Alfred Kölz und Heribert Rausch)
TV	Verordnung über den Transport im öffentlichen Verkehr vom 5. November 1986 (SR 742.401)
TVA	Technische Verordnung über Abfälle vom 10. Dezember 1990 (SR 814.600)
TWW	Bundesinventar der Trockenwiesen und -weiden der Schweiz (noch nicht in Kraft)
UNEP	United Nations Environmental Program
URP	Umweltrecht in der Praxis (Periodikum)
USG	Bundesgesetz über den Umweltschutz (Umweltschutzgesetz) vom 7. Oktober 1983 (SR 814.01)
UVEK	Eidgenössisches Departement für Umwelt, Verkehr, Energie und Kommunikation
UVP	Umweltverträglichkeitsprüfung
UVPV	Verordnung über die Umweltverträglichkeitsprüfung vom 19. Oktober 1988 (SR 814.011)

VASA	Verordnung über die Abgabe zur Sanierung von Altlasten vom 5. April 2000 (SR 814.681)
VB	Verwaltungsgerichtliche Beschwerde (Entscheid des Verwaltungsgerichts des Kantons Zürich)
VBBo	Verordnung über Belastungen des Bodens vom 1. Juli 1998 (SR 814.12)
VBGF	Verordnung zum Bundesgesetz über die Fischerei vom 24. November 1993 (SR 923.01)
VBLN	Verordnung über das Bundesinventar der Landschaften und Naturdenkmäler vom 10. August 1977 (SR 451.11)
VBO	Verordnung über die Bezeichnung der im Bereich des Umweltschutzes sowie des Natur- und Heimatschutzes beschwerdeberechtigten Organisationen vom 27. Juni 1990 (SR 814.076)
VBS	Eidgenössisches Departement für Verteidigung, Bevölkerungsschutz und Sport
VCS	Verkehrs-Club der Schweiz
VEJ	Verordnung über die eidgenössischen Jagdbanngebiete vom 30. September 1991 (SR 922.31)
VEL	Verordnung des UVEK über die Emissionen von Luftfahrzeugen vom 10. Januar 1996 (SR 748.215.3)
VGV	Verordnung über Getränkeverpackungen vom 5. Juli 2000 (SR 814.621)
VIL	Verordnung über die Infrastruktur der Luftfahrt vom 23. November 1994 (SR 748.131.1)
VISOS	Verordnung über das Bundesinventar der schützenswerten Ortsbilder der Schweiz vom 9. September 1981 (SR 451.12)
VLP	Schweizerische Vereinigung für Landesplanung
VOC	flüchtige organische Verbindungen (volatile organic compounds; vgl. Rz. 217)
VPB	Verwaltungspraxis der Bundesbehörden (bis 1963: Verwaltungsentscheide der Bundesbehörden)
VREG	Verordnung über die Rückgabe, die Rücknahme und die Entsorgung elektrischer und elektronischer Geräte vom 14. Januar 1998 (SR 814.016)
VRG	(Zürcher) Gesetz über den Rechtsschutz in Verwaltungssachen (Verwaltungsrechtspflegegesetz) vom 24. Mai 1959
VRV	Verordnung über die Strassenverkehrsregeln vom 13. November 1962 (SR 741.11)
VTS	Verordnung über die technischen Anforderungen an Strassenfahrzeuge vom 19. Juni 1995 (SR 741.41)
VUR	Vereinigung für Umweltrecht
VVS	Verordnung über den Verkehr mit Sonderabfällen vom 12. November 1986 (SR 814.610).

VWF	Verordnung über den Schutz der Gewässer vor wassergefährdenden Flüssigkeiten vom 1. Juli 1998 (SR 814.202)
VwVG	Bundesgesetz über das Verwaltungsverfahren vom 20. Dezember 1968 (SR 172.021)
WaG	Bundesgesetz über den Wald (Waldgesetz) vom 4. Oktober 1991 (SR 921.0)
WAP-CH	Waldprogramm Schweiz (vom UVEK am 26. Januar 2004 veröffentlichte Grundlage für eine neue Schweizer Waldpolitik)
WaV	Verordnung über den Wald (Waldverordnung) vom 30. November 1992 (SR 921.01)
WBG	Bundesgesetz über den Wasserbau vom 21. Juni 1991 (SR 721.100)
WRG	Bundesgesetz über die Nutzbarmachung der Wasserkräfte (Wasserrechtsgesetz) vom 22. Dezember 1916 (SR 721.80)
WTO	Welthandelsorganisation
WWF	World Wide Fund for Nature
WZVV	Verordnung über die Wasser- und Zugvogelreservate von internationaler und nationaler Bedeutung vom 21. Januar 1991 (SR 922.32)
ZBJV	Zeitschrift des bernischen Juristenvereins
ZBl	Schweizerisches Zentralblatt für Staats- und Verwaltungsrecht (bis 1988: Schweizerisches Zentralblatt für Staats- und Gemeindeverwaltung)
ZGB	Schweizerisches Zivilgesetzbuch vom 10. Dezember 1907 (SR 210)
Ziff.	Ziffer(n)
ZR	Blätter für zürcherische Rechtsprechung
ZSR	Zeitschrift für Schweizerisches Recht

Literaturverzeichnis

AEMISEGGER HEINZ, Aktuelle Fragen des Lärmschutzrechts in der Rechtsprechung des Bundesgerichts, URP 1994, 441 ff.

AEMISEGGER HEINZ/HAAG STEPHAN, Gedanken zu Inhalt und Aufbau der Gutachten der Eidg. Natur- und Heimatschutzkommission, URP 1998, 568 ff.

AEMISEGGER HEINZ/WETZEL THOMAS, Wald und Raumplanung, VLP-Schrift Nr. 38, Bern 1985.

AUER SUSANNE, Neuere Entwicklungen im privatrechtlichen Immissionsschutz – Untersucht anhand der Rechtsprechung zu Art. 684 ZGB und § 906 BGB, Zürich 1997

BALLY JÜRG, Das CO_2-Gesetz: Instrument der Zusammenarbeit und Selbstregulierung, URP 2000, 501 ff.

BAUMGARTNER URS L., Altlasten-Kostenverteilung aus privatrechtlicher Sicht, URP 2001, 835 ff.

BELLANGER FRANÇOIS, La loi sur la protection de l'environnement – Jurisprudence de 1995 à 1999, URP 2001, 1 ff. – Deutsche Übersetzung unter dem Titel «Das schweizerische Umweltschutzgesetz – Rechtsprechung von 1995 bis 1999» in URP 2001, 619 ff.

BERNIE PATRICIA/BOYLE ALAN, International Law and the Environment, 2. Auflage, Oxford 2002

BEUSCH MICHAEL, Lenkungsabgaben im Strassenverkehr – Eine rechtliche Beurteilung der Möglichkeiten zur Internalisierung externer Umweltkosten, Zürich 1999

BEYERLIN ULRICH, Umweltvölkerrecht, München 2000

BIAGGINI GIOVANNI, Umweltabgaben, marktwirtschaftliche Instrumente – de quoi s'agit-il?, URP 2000, 430 ff.

BIANCHI FRANÇOIS, Rapports entre droit public et droit privé en matière de protection de l'air, RDAF 2000, 163 ff. *(Rapports)*

BIANCHI FRANÇOIS, Pollution atmosphérique et droit privé, Lausanne 1989 *(Pollution)*

BLOETZER GOTTHARD, Die Oberaufsicht über die Forstpolizei nach schweizerischem Bundesstaatsrecht, Zürich 1978

BOSE RITA JAYA, Der Schutz des Grundwassers vor nachteiligen Einwirkungen – Nach dem Recht des Bundes und des Kantons Zürich, Zürich 1996 (SZU Band 10) *(Grundwasser)*

BOSE RITA JAYA, Ausgewählte Probleme zum Schutz des Grundwassers, URP 1996, 194 ff. *(Ausgewählte Probleme)*

BOSONNET ROGER, Das eisenbahnrechtliche Plangenehmigungsverfahren – Eine Darstellung unter besonderer Berücksichtigung von Schieneninfrastruktur-Grossprojekten, Zürich 1999

BOSSHARD ANDREAS, Vernetzungsprojekte und Landschaftsentwicklungskonzepte [LEK] in der Praxis, Raum&Umwelt 2001, 52 ff.

BRAUN ELISABETH, Abfallverminderung durch Kooperation von Staat und Wirtschaft – Bedingungen zur Umsetzung von Artikel 41a USG, Basel/Frankfurt 1998

BRUNNER ARNOLD, Bodenschutz, Stoffe und Gewässerschutz: Landwirtschaft im Spannungsfeld, URP 2002, 523 ff. *(Landwirtschaft)*

BRUNNER ARNOLD, Grundwasserschutzzonen nach eidgenössischem und zugerischem Recht unter Einschluss der Entschädigungsfrage, s.l. 1997 *(Grundwasserschutzzonen)*

BRUNNER URSULA, Bauen im Uferbereich – schützen die Schutznormen?, URP 1996, 744 ff. *(Uferbereich)*

BRUNNER URSULA, Geschwindigkeitsbeschränkungen auf Autobahnen zum Schutz vor übermässigen Immissionen, URP 1995, 463 ff. *(Geschwindigkeitsbeschränkungen)*

BUDLIGER MICHAEL, Zur Kostenverteilung bei Altlastensanierung mit mehreren Verursachern – Die Regelung im revidierten USG und im Vorentwurf zur neuen Altlasten-Verordnung, URP 1997, 296 ff.

Bundesamt für Umwelt, Wald und Landschaft, Waldprogramm Schweiz, Handlungsprogramm 2004–2015, SRU Nr. 363, Bern 2004 *(WAP-CH)*

Bundesamt für Umwelt, Wald und Landschaft (Hrsg.), Landschaft 2020 – Analysen und Trends, Bern 2003 *(Landschaft 2020)*

Bundesamt für Umwelt, Wald und Landschaft, Lärmbekämpfung in der Schweiz – Stand und Perspektiven, SRU Nr. 329, Bern 2002 *(Lärmbekämpfung)*

Bundesamt für Umwelt, Wald und Landschaft, Landschaft unter Druck (2. Fortschreibung), Bern 2001 [Sammlung von Kenndaten] *(Landschaft unter Druck)*

Bundesamt für Umwelt, Wald und Landschaft et al., Landschaftskonzept Schweiz (Teil I: Konzept; Teil II: Bericht), Bern 1998 *(BUWAL, Landschaftskonzept, Teil I bzw. Teil II)*

Bundesamt für Umwelt, Wald und Landschaft, Landschaft zwischen gestern und morgen, Grundlagen zum Landschaftskonzept Schweiz, Bern 1998 *(Grundlagen LKS)*

Bundesamt für Umwelt, Wald und Landschaft / Bundesamt für Statistik, Umwelt Schweiz 2002, Teilbericht «Politik und Perspektiven» (hrsg. vom BUWAL), Teilbericht «Statistiken und Analysen» (hrsg. vom BFS), Bern/Neuchâtel 2002 *(BUWAL, Umwelt Schweiz, bzw. BFS, Umwelt Schweiz)*

BURKHARD HANS-PETER, Rechtliche Instrumente einer Luftreinhaltepolitik, Zürich 1978

CHABLAIS ALAIN, Protection de l'environnement et droit cantonal des constructions – Compétences et Coordination, Fribourg 1996

CUMMINS MARK, Kostenverteilung bei Altlastensanierungen – Ausgleich unter Störern und Gemeinwesen im Spannungsverhältnis zwischen öffentlichem und privatem Recht, Zürich 2000

DESCLOUX MARTIN, Pondération et protection de l'environnement?, in: La pesée globale des intérêts – Droit de l'environnement et de l'aménagement du territoire, hrsg. von Charles-Albert Morand, Basel/Frankfurt 1996, 87 ff.

DONZEL VALÉRIE, Les redevances en matière écologique, Zürich 2003

ECKERT MAURUS, Rechtliche Aspekte der Sicherung angemessener Restwassermengen, Zürich 2002 (SZU Band 18)

EGLI PATRICIA, Das legislatorische Konzept im Gentechnikrecht, AJP 1999, 405 ff.

EPINEY ASTRID, Umweltrecht in der Europäischen Union, Köln / Berlin / Bonn / München 1997 *(EU-Umweltrecht)*

EPINEY ASTRID, L'effet d'un plan des mesures pour la protection de l'air, BR 1996, 12 ff. *(Plan de mesures)*

EPINEY ASTRID / PFENNINGER HANSPETER / GRUBER RETO, Europäisches Umweltrecht und die Schweiz – Neuere Entwicklungen und ihre Implikationen, Bern 1999

EPINEY ASTRID / SCHEYLI MARTIN, Die Aarhus-Konvention – Rechtliche Tragweite und Implikationen für das schweizerische Recht, Freiburg 2000 *(Aarhus-Konvention)*

EPINEY ASTRID / SCHEYLI MARTIN, Umweltvölkerrecht – Völkerrechtliche Bezugspunkte des schweizerischen Umweltrechts, Bern 2000 *(Umweltvölkerrecht)*

EPINEY ASTRID / SCHEYLI MARTIN, Strukturprinzipien des Umweltvölkerrechts, Baden-Baden 1998 *(Strukturprinzipien)*

ERRASS CHRISTOPH, Die neuen Stoffvorschriften im Umweltrecht, URP 2000, 735 ff. *(Stoffvorschriften)*

ERRASS CHRISTOPH, Katastrophenschutz – Materielle Vorgaben von Art. 10 Abs. 1 und 4 USG, Freiburg 1998 *(Katastrophenschutz)*

ETTLER PETER, Sachpläne des Bundes – die raumplanerische und umweltschutzrechtliche Einbettung von Grossprojekten, URP 2001, 352 ff. *(Sachpläne)*

ETTLER PETER, Zur Rechtswegwahl im Immissionsschutzrecht, URP 1997, 292 ff. *(Rechtswegwahl)*

ETTLER PETER, Die Polizeirechtsetzung gegen Luftfahrtimmissionen in der Schweiz, Zürich 1979 *(Luftfahrtimmissionen)*

Evaluation des Bundesinventars der Landschaften und Naturdenkmäler von nationaler Bedeutung (BLN), Bericht der Parlamentarischen Verwaltungskontrollstelle zuhanden der GPK des Nationalrats vom 14. Mai 2003, BBl 2004, 789 ff. *(Evaluationsbericht BLN)*

FAHRLÄNDER KARL LUDWIG, Planerische Abstimmung von Grossprojekten, URP 2001, 336 ff.

FAVRE ANNE-CHRISTINE, La protection contre le bruit dans la loi sur la protection de l'environnement, Zürich 2002 *(Protection)*

FAVRE ANNE-CHRISTINE, Restrictions en matière de construction et d'affectation résultant de la législation sur l'environnement – La protection contre le bruit, URP 1998, 387 ff. *(Restrictions)*

FISCH CHRISTOPH, Neuerungen im Natur- und Heimatschutz, URP 2001, 1117 ff.

FLÜCKIGER ALEXANDRE, La distinction juridique entre déchets et non-déchets, URP 1999, 90 ff.

FLÜCKIGER ALEXANDRE / MORAND CHARLES-ALBERT / TANQUEREL THIERRY, Evaluation du droit de recours des organisations de protection de l'environnement, SRU Nr. 314, Bern 2000 – Deutschsprachige Zusammenfassung mit dem Titel «Wie wirkt das Beschwerderecht der Umweltschutzorganisationen?» beim BUWAL erhältlich

FREIBURGHAUS EDI, Zum Abfallbegriff im Sinne von Art. 7 Abs. 6 USG, URP 1997, 630 ff.

FRENZ WALTER, Europäisches Umweltrecht, München 1997

FRICK MARTIN, Das Verursacherprinzip in Verfassung und Gesetz, Bern 2004

GÄCHTER THOMAS, Grundsatzfragen und Konzepte der Sanierung – Gedanken zu den Zielen umweltrechtlicher Sanierungen und deren Durchsetzbarkeit, URP 2003, 459 ff.

GREINER ANDREA, Errichten und Ändern von Skisportanlagen, Basel/Genf/München 2003

GRIFFEL ALAIN, Die Mobilfunktechnologie als Herausforderung für Rechtsetzung und Rechtsanwendung, in: Recht und neue Technologien, hrsg. von Alexander Ruch, Zürich/Basel/Genf 2004, 77 ff. *(Herausforderung)*

GRIFFEL ALAIN, Mobilfunkanlagen zwischen Versorgungsauftrag, Raumplanung und Umweltschutz, URP 2003, 115 ff. *(Mobilfunkanlagen)*

GRIFFEL ALAIN, Die Grundprinzipien des schweizerischen Umweltrechts, Zürich 2001 *(Grundprinzipien)*

HÄFELIN ULRICH/HALLER WALTER, Schweizerisches Bundesstaatsrecht – Die neue Bundesverfassung, 5. Auflage, Zürich 2001

HÄFELIN ULRICH/MÜLLER GEORG, Allgemeines Verwaltungsrecht, 4. Auflage, Zürich/Basel/Genf 2002

HALLER WALTER/KARLEN PETER, Raumplanungs-, Bau- und Umweltrecht, Band I, 3. Auflage, unter Mitarbeit von Daniela Thurnherr, Zürich 1999 (ohne Kurztitel zitiert)

HALLER WALTER/KARLEN PETER, Rechsschutz im Raumplanungs- und Baurecht, Zürich 1998 *(Rechtsschutz)*

HÄNNI PETER, Planungs-, Bau- und besonderes Umweltschutzrecht, 4. Auflage, unter Mitarbeit von Marco Scruzzi und Adrian Walpen, Bern 2002

HÄNNI PETER/SCRUZZI MARCO, Realleistungs- und Kostentragungspflicht von Altlasten-Voruntersuchungen, BR 2000, 88 ff.

HÄNNI PETER/WALDMANN BERNHARD, Nationalstrassenbau und Umweltschutz, BR 1996, 72 ff.

HARDMEIER STEHRENBERGER MANUELA, Umweltschutz und Gewässerschutz – grosse Vollzugsaufgaben für den Kanton, in: Verein Schaffhauser Juristinnen und Juristen (Hrsg.), Schaffhauser Recht und Rechtsleben – Festschrift zum Jubiläum 500 Jahre Schaffhausen im Bund, Schaffhausen 2001, 549 ff.

HARTMANN JÜRG E./ECKERT MARTIN K., Sanierungspflicht und Kostenverteilung bei der Sanierung von Altlasten-Standorten nach (neuem) Art. 32d USG und Altlastenverordnung, URP 1998, 603 ff.

HEER BALTHASAR, St. Gallisches Bau- und Planungsrecht – Unter besonderer Berücksichtigung des Raumplanungs- und Umweltschutzrechts des Bundes, Bern 2002

HEER PETER, Lärmschutz bei Ausscheidung und Erschliessung von Bauzonen (Art. 24 USG), URP 1992, 573 ff.

HEIMANN-KRÄHEMANN BEATRICE ANNI, Der Schutz des Waldes vor Immissionen, Zürich 1995

HOFER JÜRG, Das kantonale Umweltschutzrecht, in: Staats- und Verwaltungsrecht des Kantons Basel-Landschaft, hrsg. von Kurt Jenny, Alex Achermann, Stephan Mathis, Lukas Ott, Liestal 1998, 393 ff. *(Kantonales Umweltschutzrecht)*

HOFER JÜRG, Bedeutung, Handlungsbedarf und Perspektiven der USG-Revision für die Kantone, URP 1996, 554 ff. *(USG-Revision)*

HOFER JÜRG, Rechtliche Bedeutung und Wirksamkeit von Massnahmen-Plänen nach der Luftreinhalteverordnung, URP 1990, 313 ff. *(Rechtliche Bedeutung)*

HOSBACH HANS, Das neue Recht: Einschliessungsverordnung (ESV) und Freisetzungsverordnung (FrSV), URP 2000, 4 ff.

HUBER-WÄLCHLI VERONIKA, Finanzierung der Entsorgung von Siedlungsabfällen durch kostendeckende und verursachergerechte Gebühren, URP 1999, 35 ff.

HUBER-WÄLCHLI VERONIKA / KELLER PETER M., Zehn Jahre Rechtsprechung zum neuen Gewässerschutzgesetz, URP 2003, 1 ff.

IMHOLZ ROBERT, Die Zuständigkeiten des Bundes auf dem Gebiete des Natur- und Heimatschutzes, Zürich 1975

JAAG TOBIAS, Der Massnahmenplan gemäss Art. 31 der Luftreinhalte-Verordnung, URP 1990, 132 ff. *(Massnahmenplan)*

JAAG TOBIAS, Umweltschutz im Strassenverkehr: Verkehrslenkende und verkehrsbeschränkende Massnahmen aus rechtlicher Sicht, URP 1987, 94 ff. *(Verkehrslenkende Massnahmen)*

JACOBS RETO, Marktwirtschaftlicher Umweltschutz aus rechtlicher Sicht – Zertifikatslösungen im Luftreinhalterecht der USA und der Schweiz, Zürich 1997 (SZU Band 12) *(Marktwirtschaftlicher Umweltschutz)*

JACOBS RETO, Lastengleichheit – ein sinnvolles Prinzip bei der Anordnung verschärfter Emissionsbegrenzungen?, URP 1994, 341 ff. *(Lastengleichheit)*

JAISLI URS, Katastrophenschutz nach «Schweizerhalle» unter besonderer Berücksichtigung des Risikomanagements im Kanton Basel-Landschaft, Liestal 1990

JAISSLE STEFAN M., Der dynamische Waldbegriff und die Raumplanung – Eine Darstellung der Waldgesetzgebung unter raumplanungsrechtlichen Aspekten, Zürich 1994

JENNI HANS-PETER, Vor lauter Bäumen den Wald doch noch sehen: Ein Wegweiser durch die neue Waldgesetzgebung, SRU Nr. 210, Bern 1993 *(Vor lauter Bäumen)*

JENNI HANS-PETER, Rechtsfragen zum Schutzobjekt Biotope und insbesondere Ufervegetation gemäss NHG und angrenzenden Gesetzen, SRU Nr. 126, Bern 1990 *(Biotope)*

JOLLER CHRISTOPH, Denkmalpflegerische Massnahmen nach schweizerischem Recht, Freiburg 1987

JOSITSCH DANIEL, Das Konzept der nachhaltigen Entwicklung (Sustainable Development) im Völkerrecht und seine innerstaatliche Umsetzung, URP 1997, 93 ff.

JUNGO PIERRE-ANDRÉ, Die Umweltverträglichkeitsprüfung als neues Institut des Verwaltungsrechts, Freiburg 1987

KALT PETER, Wesen und Bedeutung von Art. 24[septies] (Umweltschutzartikel) der Bundesverfassung, Winterthur 1977

KAPPELER THOMAS, Verfassungsrechtliche Rahmenbedingungen umweltpolitisch motivierter Lenkungsabgaben, Zürich 2000 (SZU Band 16)

KARLEN PETER, Die Erhebung von Abwasserabgaben aus rechtlicher Sicht, URP 1999, 539 ff. *(Abwasserabgaben)*

KARLEN PETER, Umweltrecht, in: Beraten und Prozessieren in Bausachen, hrsg. von Peter Münch, Peter Karlen, Thomas Geiser, Basel/Genf/München 1998, 39 ff. *(Umweltrecht)*

KARLEN PETER, Neues Umweltrecht und seine Auswirkungen auf das Bauen, BR 1998, 39 ff. *(Neues Umweltrecht)*

KARLEN PETER, Raumplanung und Umweltschutz – Zur Harmonisierung zweier komplexer Staatsaufgaben, ZBl 1998, 145 ff. *(Raumplanung und Umweltschutz)*

KELLER HELEN, Umwelt und Verfassung – Eine Darstellung des kantonalen Umweltverfassungsrechts, Zürich 1993 (SZU Band 6)

KELLER HELEN/ROSENMUND FRANZISKA, Klimaregime an der Schwelle zum 21. Jahrhundert – Durchbruch dank ökonomischer Instrumente oder Aushöhlung durch Flexibilisierung?, URP 1999, 353 ff.

KELLER PETER M., Sanierung in Grundwasserschutzzonen, URP 2003, 534 ff. *(Grundwasserschutzzonen)*

KELLER PETER M., Das Ausbauprojekt «KWO plus» im Lichte des bundesrechtlichen Schutzes der Grimsellandschaft, URP 2002, 749 ff. *(Ausbauprojekt Grimsel)*

KELLER PETER M., Rechtliche Möglichkeiten der Sicherung von Grossschutzgebieten, SRU Nr. 321, Bern 2000 *(Grossschutzgebiete)*

KELLER PETER M., Nutzungskonflikte in Auengebieten, URP 1998, 119 ff. *(Nutzungskonflikte)*

KELLER PETER M., Natur- und Landschaftsschutzgebiete – Museen oder Selbstbedienungsläden?, URP 1996, 691 ff. *(Natur- und Landschaftsschutzgebiete)*

KELLER PETER M., Das Beschwerderecht der Umweltorganisationen – Was gilt nach der Teilrevision des Natur- und Heimatschutzgesetzes?, AJP 1995, 1125 ff. *(Beschwerderecht)*

KELLER PETER M., Erste Erfahrungen mit der neuen Waldgesetzgebung, in: Raum&Umwelt 1995, 16 ff. *(Erfahrungen)*

KELLER PETER M., Rechtliche Aspekte der neuen Waldgesetzgebung, AJP 1993, 144 ff. *(Waldgesetzgebung)*

KISS ALEXANDRE/BEURIER JEAN-PIERRE, Droit international de l'environnement, Paris 2000

KISS ALEXANDRE/SHELTON DINA, International environmental law, Ardsley 2000

KLEY ANDREAS, Der Schutz der Umwelt durch die Europäische Menschenrechtskonvention, EuGRZ 1995, 507 ff.

KOECHLIN DOMINIK, Das Vorsorgeprinzip im Umweltschutzgesetz unter besonderer Berücksichtigung der Emissions- und Immissionsgrenzwerte, Basel/Frankfurt 1989

KÖLZ ALFRED, Ergänzendes Gutachten betreffend die Aufnahme der Moorlandschaft Grimsel (Moorlandschaftsobjekt 268) in das Moorlandschaftsinventar des Bundes zuhanden des Grimselvereins, URP 1997, 74 ff. *(Ergänzendes Gutachten)*

KÖLZ ALFRED, Rechtsfragen des Moorschutzes – am Beispiel des Stauseeprojekts «Grimsel-West», URP 1996, 171 ff. *(Moorschutz)*

KÖLZ-OTT MONIKA, Die Anwendbarkeit der bundesrechtlichen Lärmschutzvorschriften auf menschlichen Alltagslärm und verwandte Lärmarten, URP 1993, 377 ff. *(Alltagslärm)*

KÖLZ-OTT MONIKA, Emissionsgutschrift und Emissionsverbund in den Entwürfen zu den Umweltschutzgesetzen der Kantone Basel-Landschaft und Basel-Stadt, URP 1990, 194 ff. *(Emissionsgutschrift)*

Kommentar zur Bundesverfassung der Schweizerischen Eidgenossenschaft vom 29. Mai 1874, hrsg. von Jean-François Aubert, Kurt Eichenberger, Jörg Paul Müller, René A. Rhinow, Dietrich Schindler, Basel / Zürich / Bern 1987 ff. *(Autor/in, Kommentar aBV)*

Kommentar «Die Schweizerische Bundesverfassung», hrsg. von Bernhard Ehrenzeller, Philippe Mastronardi, Rainer A. Schweizer, Klaus A. Vallender, Zürich / Basel / Genf / Lachen 2002 *(Autor/in, St. Galler Kommentar zur BV)*

Kommentar zum Umweltschutzgesetz, hrsg. von der Vereinigung für Umweltrecht und Helen Keller, 2. Auflage, Zürich 1998 ff. (1. Auflage hrsg. von Alfred Kölz und Hans-Ulrich Müller, Zürich 1985 ff.) *(Autor/in, Kommentar USG)*

Kommentar NHG – Kommentar zum Bundesgesetz über den Natur- und Heimatschutz, hrsg. von Peter M. Keller, Jean-Baptiste Zufferey, Karl Ludwig Fahrländer, Zürich 1997 *(Autor/in, Kommentar NHG)*

Kommentar zum Bundesgesetz über die Raumplanung, hrsg. von Heinz Aemisegger, Alfred Kuttler, Pierre Moor, Alexander Ruch, Zürich 1999 *(Autor/in, Kommentar RPG)*

LAGGER SIEGFRIED, Überblick über das neue Gewässerschutzrecht, URP 1999, 470 ff.

LANG CHRISTOPH IGNAZ, Umweltschutzrecht und Militär, s.l. 1998

LEIMBACHER JÖRG, Bundesinventare: Die Bedeutung der Natur- und Landschaftsschutzinventare des Bundes und ihre Umsetzung in der Raumplanung, Bern 2000 *(Bundesinventare)*

LEIMBACHER JÖRG, Die Rechte der Natur, Basel 1988 *(Rechte)*

LINIGER HANS U., Bauen im reglementierten Baugrund – Das Problem der Altlasten, in: Baurechtstagung 1999 Band I, hrsg. vom Institut für Schweizerisches und Internationales Baurecht, Freiburg 1999, 49 ff.

LORETAN THEO, Bau- und Nutzungsbeschränkungen aufgrund von umweltrechtlichen Vorschriften im Bereich Luftreinhaltung, URP 1998, 406 ff. *(Bau- und Nutzungsbeschränkungen)*

LORETAN THEO, Die Umweltverträglichkeitsprüfung – Ihre Ausgestaltung im Bundesgesetz über den Umweltschutz, mit Hinweisen auf das amerikanische und deutsche Recht, Zürich 1986 *(UVP)*

LORETAN THEO / VALLENDER KLAUS / MORELL RETO, Das Umweltschutzgesetz in der Rechtsprechung 1990 bis 1994, URP 1995, 165 ff.

MADER LUZIUS, Die Umwelt in neuer Verfassung? – Anmerkungen zu umweltschutzrelevanten Bestimmungen der neuen Bundesverfassung, URP 2000, 105 ff.

MAEGLI ROLF, Vereinbarungen zwischen Staat und Wirtschaft im Umweltschutz – Möglichkeiten und Grenzen, URP 1997, 363 ff. *(Vereinbarungen)*

MAEGLI ROLF, Gesetzmässigkeit im kooperativen Verwaltungshandeln – Verfügung, öffentlich-rechtlicher Vertrag und informales Verwaltungshandeln bei Sanierungen nach der Umweltschutzgesetzgebung, URP 1990, 265 ff. *(Gesetzmässigkeit)*

MARQUARDT BERND, Umwelt und Recht in Mitteleuropa – Von den grossen Rodungen des Hochmittelalters bis ins 21. Jahrhundert, Zürich/Basel/Genf 2003 *(Umwelt und Recht in Mitteleuropa)*

MARQUARDT BERND, Die Verankerung des Nachhaltigkeitsprinzips im Recht Deutschlands und der Schweiz, URP 2003, 201 ff. *(Nachhaltigkeitsprinzip)*

MARTI ARNOLD, Zum Verhältnis von privat- und öffentlichrechtlichem Immissionsschutz [Anmerkungen zu einem Urteil des Obergerichtes ZH betreffend Lärmimmissionen von Kirchenglocken], URP 2000, 257 ff. *(Verhältnis)*

MARTI ARNOLD, Zum Inkrafttreten des Bundeskoordinationsgesetzes und weiterer Neuerungen im Bereich des Umwelt-, Bau- und Planungsrechts, URP 2000, 291 ff. *(Bundeskoordinationsgesetz)*

MARTI ARNOLD, Selbstregulierung anstelle staatlicher Gesetzgebung?, ZBl 2000, 561 ff. *(Selbstregulierung)*

MARTI ARNOLD, Zusammenlegung von privatrechtlichem und öffentlichrechtlichem Rechtsschutz bei Verwaltungsjustizbehörden und Spezialgerichten – Bedürfnis, Probleme, Möglichkeiten, ZBl 2000, 169 ff. *(Zusammenlegung)*

MARTI ARNOLD, Zürcher Kommentar zum ZGB, Einleitung, 1. Teilband, Art. 6, Zürich 1998 *(Kommentar ZGB)*

MATTER RUDOLF, Die ersten Jahre des eidgenössischen Umweltschutzrechtes in der Rechtsprechung des Bundesgerichtes, URP 1989, 289 ff. *(Rechtsprechung)*

MATTER RUDOLF, Umweltverträglichkeitsprüfung im Baubewilligungsverfahren, BR 1987, 75 ff. *(UVP)*

MATTER RUDOLF, Forstwesen und Raumplanung, ZBl 1987, 97 ff. *(Forstwesen)*

MATTHEY BLAISE, La révision de la LPE dans la perspective de l'économie et des entreprises, URP 1996 569 ff.

MAURER HANS, Beschränkung und Lenkung der landwirtschaftlichen Bodennutzung und Entschädigungsfragen, URP 2002, 616 ff. *(Beschränkung)*

MAURER HANS, Umweltschutz, Naturschutz und Tierschutz im neuen Landwirtschaftsrecht, URP 1999, 388 ff. *(Umweltschutz)*

MAURER HANS, Naturschutz in der Landwirtschaft als Gegenstand des Bundesrechts – Unter besonderer Berücksichtigung der Meliorationen, Zürich 1995 (SZU Band 9) *(Naturschutz)*

MEIER-HAYOZ ARTHUR, Sachenrechtlicher Immissionsschutz, in: Schweizerisches Umweltschutzrecht, hrsg. von Hans-Ulrich Müller, Zürich 1973, 406 ff.

MEYER JACQUES, La protection du voisin contre les nuisances: choisir entre la voie civile et la voie administrative, URP 2001, 411 ff.

MOOR PIERRE, Intérêts publics et intérêts privés, in: La pesée globale des intérêts – Droit de l'environnement et de l'aménagement du territoire, hrsg. von Charles-Albert Morand, Basel/Frankfurt 1996, 17 ff. *(Intérêts)*

MOOR PIERRE, Définir l'intérêt public: une mission impossible?, in: Le partenariat public-privé – Un atout pour l'aménagement du territoire et la protection de l'environnement?, hrsg. von Jean Ruegg, Stéphane Decoutère, Nicolas Mettan, Lausanne 1994, 217 ff. *(Définir)*

MORAND CHARLES-ALBERT, Pesée d'intérêts et décisions complexes, in: La pesée globale des intérêts – Droit de l'environnement et de l'aménagement du territoire, hrsg. von Charles-Albert Morand, Basel/Frankfurt 1996, 41 ff. *(Pesée d'intérêts)*

MORAND CHARLES-ALBERT, La coordination matérielle: De la pesée des intérêts à l'écologisation du droit, URP 1991, 201 ff. *(Coordination)*

MUGGLI RUDOLF, Publikumsintensive Einrichtungen – Verbesserte Koordination zwischen Luftreinhaltung und Raumplanung, SRU Nr. 346, Bern 2002 *(Koordination)*

MUGGLI RUDOLF, Teilrevision des Raumplanungsgesetzes beim Bauen ausserhalb der Bauzonen: Konflikte mit dem Umweltschutz?, URP 2002, 595 ff. *(Raumplanungsgesetz)*

MÜLLER HANS-ULRICH, Ziele und Methoden des rechtlichen Umweltschutzes auf lange Sicht, in: Schweizerisches Umweltschutzrecht, hrsg. von Hans-Ulrich Müller, Zürich 1973, 532 ff. *(Ziele und Methoden)*

MÜLLER HANS-ULRICH/RAUSCH HERIBERT, Der Umweltschutzartikel der Bundesverfassung, ZSR 1975 I 35 ff. *(Umweltschutzartikel)*

MUNZ ROBERT, Landschaftsschutzrecht, in: Schweizerisches Umweltschutzrecht, hrsg. von Hans-Ulrich Müller, Zürich 1973, 7 ff. *(Landschaftsschutzrecht)*

MUNZ ROBERT, Natur und Heimatschutz als Aufgabe der Kantone, Basel 1970 *(Natur und Heimatschutz)*

MUNZ ROBERT/BRYNER ANDRI/SIEGRIST DOMINIK, Landschaftsschutz im Bundesrecht, Zürich 1996

NAY GIUSEP, Die bundesgerichtliche Rechtsprechung zur neuen Waldgesetzgebung, SZF 2002, 362 ff.

NEF URS CH., Die Kostenpflicht bei der Sanierung von historischen Altlasten – Bemerkungen zu Art. 32d Umweltschutzgesetz (USG), in: Das Recht in Raum und Zeit, Festschrift für Martin Lendi, hrsg. von Alexander Ruch, Gérard Hertig, Urs Ch. Nef, Zürich 1998, 389 ff.

NEFF MARKUS, Die Auswirkungen der Lärmschutz-Verordnung auf die Nutzungsplanung, Zürich 1994 (SZU Band 7)

NICOLE YVES, L'étude d'impact dans le système fédéraliste suisse – Étude de droit fédéral et de droit vaudois, Lausanne 1992

NUTT RETO, Das Beschwerderecht ideeller Vereinigungen, insbesondere nach Art. 14 des Bundesgesetzes über Fuss- und Wanderwege, ZBl 1992, 255 ff.

OBERSON XAVIER, La taxe écologique: un label très convoité qui ne se préserve qu'après usage, in: Aux confins du droit – Essais en l'honneur du Professeur Charles-Albert Morand, hrsg. von Andreas Auer et al., Basel/Genf/München 2001, 543 ff. *(Taxe écologique)*

OBERSON XAVIER, Les taxes d'orientation – Nature juridique et constitutionnalité, Basel 1991 *(Taxes d'orientation)*

OFTINGER KARL, Lärmbekämpfung, in: Schweizerisches Umweltschutzrecht, hrsg. von Hans-Ulrich Müller, Zürich 1973, 271 ff. *(Lärmbekämpfung)*

OFTINGER KARL, Punktationen für eine Konfrontation der Technik mit dem Recht, in: Die Rechtsordnung im technischen Zeitalter, Festschrift zum Zentenarium des Schweizerischen Juristenvereins 1861–1961, Zürich 1961, 1 ff. *(Punktationen)*

OFTINGER KARL, Lärmbekämpfung als Aufgabe des Rechts, Zürich 1956 *(Aufgabe)*

Panorama des Umweltrechts – Umweltschutzvorschriften des Bundes im Überblick, 3. Auflage, SRU Nr. 226 (hrsg. vom BUWAL; Verfasser HERIBERT RAUSCH), Bern 2000; französische Ausgabe: Bern 2001 [auch auf der Website des BUWAL: www.umwelt-schweiz.schweiz.ch] *(4. Aufl. erscheint ca. Ende 2004)*

PEREGRINA DANIEL, Les organismes dangereux, URP 1996, 512 ff. *(Organismes)*

PEREGRINA DANIEL, L'assainissement des sites industriels contaminés, URP 1993, 271 ff. *(Assainissement)*

PERRET JEAN-LUC, Les sites contaminés: Le point de vue des cantons, URP 1997, 685 ff.

PESTALOZZI MARTIN, Bedeutung und Schwerpunkte der umweltrechtlichen Fragestellung in der Nutzungsplanung, URP 2000, 767 ff. *(Nutzungsplanung)*

PESTALOZZI MARTIN, Sicherung angemessener Restwassermengen – alles oder nichts?, URP 1996, 708 ff. *(Restwassermengen)*

PETER HANSJÖRG, Die Schweiz und der internationale Umweltschutz, Bemerkungen zu BGE 124 II 293, ZBJV 1999, 36 ff.

PETITPIERRE-SAUVAIN ANNE, Que fait le développement durable dans la constitution fédérale?, in: Aux confins du droit – Essais en l'honneur du Professeur Charles-Albert Morand, hrsg. von Andreas Auer et al., Basel/Genf/München 2001, 553 ff. *(Développement)*

PETITPIERRE-SAUVAIN ANNE, Fondements écologiques de l'ordre constitutionnel suisse, in: Verfassungsrecht der Schweiz, hrsg. von Daniel Thürer, Jean-François Aubert, Jörg Paul Müller, Zürich 2001, 579 ff. *(Fondements)*

PETITPIERRE-SAUVAIN ANNE, Le principe pollueur-payeur dans la loi sur la protection des eaux, URP 1999, 492 ff. *(Protection des eaux)*

PETITPIERRE-SAUVAIN ANNE, Environmental Law in Switzerland, Den Haag/London/Boston/Bern 1999 *(Environmental Law)*

PFENNINGER HANSPETER, Rechtliche Aspekte des informellen Verwaltungshandelns – Verwaltungshandeln durch informell-konsensuale Kooperation unter besonderer Berücksichtigung des Umweltschutzrechts, Freiburg 1996

Pro natura et al., Das Verbandsbeschwerderecht dient allen, Basel 2000

RASELLI NICCOLÒ, Berührungspunkte des privaten und öffentlichen Immissionsschutzes, URP 1997, 271 ff.

RAUSCH HERIBERT, Umwelt und Raumplanung, in: Verfassungsrecht der Schweiz, hrsg. von Daniel Thürer, Jean-François Aubert, Jörg Paul Müller, Zürich 2001, 915 ff. *(Umwelt und Raumplanung)*

RAUSCH HERIBERT, Abfälle als Gegenstand der Umweltschutzgesetzgebung, URP 1999, 5 ff. *(Abfälle)*

RAUSCH HERIBERT, Das Recht des Moor- und Moorlandschaftsschutzes, in: BUWAL (Hrsg.), Moorschutz in der Schweiz, Bern 1992 ff. (periodisch nachgeführtes Handbuch; der benannte Beitrag stammt von 1997) *(Handbuch)*

RAUSCH HERIBERT, Einführung in die USG-Revision, URP 1996, 455 ff. *(Einführung)*

RAUSCH HERIBERT, Kleiner Versuch einer umweltrechtlichen Standortbestimmung, ZSR 1991 I 147 ff.; unveränderter Nachdruck in: DERSELBE, Studien zum Umweltrecht, Zürich 1992 *(Standortbestimmung)*

RAUSCH HERIBERT, Die Umweltschutzgesetzgebung – Aufgabe, geltendes Recht und Konzepte, Zürich 1977; unveränderter Nachdruck in: DERSELBE, Studien zum Umweltrecht, Zürich 1992 *(Umweltschutzgesetzgebung)*

RAUSCH HERIBERT, Rechtsgrundlagen für eine Kreislaufwirtschaft, in: Recycling: Lösung der Umweltkrise? (Nr. 2 des 5. Jahrgangs von «Brennpunkte» [gdi-topics]), Zürich 1974 *(Kreislaufwirtschaft)*

RAUSCH HERIBERT, 12 Thesen zur Umweltschutzgesetzgebung, hrsg. von der Schweizerischen Gesellschaft für Umweltschutz [heute: Equiterre], Bern 1972; anders betitelt auch in NZZ vom 12. November 1972 *(Thesen von 1972)*

RAUSCH HERIBERT, Technologie und Gesetzgebung, ZSR 1971 I 89 ff. *(Technologie)*

RAUSCH HERIBERT, Environmental Pollution as a Problem of International Law, Cambridge Massachusetts 1970 (Harvard Law School; vervielfältigter Text) *(Environmental Pollution)*

REHBINDER ECKARD, Das Vorsorgeprinzip im internationalen Vergleich, Düsseldorf 1991

REY HEINZ, Genereller Immissionsschutz, in: Schweizerisches Umweltschutzrecht, hrsg. von Hans-Ulrich Müller, Zürich 1973, 193 ff. *(Immissionsschutz)*

REY HEINZ, Die Bedeutung öffentlich-rechtlicher Bestimmungen im privatrechtlichen Immissionsschutz – Bemerkungen zu BGE 126 III 223 ff., recht 2000, 280 ff.

RIGOLETH RENÉ, Das Recht im Kampf gegen die Luftverschmutzung, Zürich 1973

RIVA ENRICO, Die Beschwerdebefugnis der Natur- und Heimatschutzvereinigungen im schweizerischen Recht, Bern 1980

ROHRER JOSEPH, Die Bedeutung des Beschwerderechts für den Natur- und Heimatschutz, in: Kommentar NHG, 66 ff. (3. Kapitel des Allgemeinen Teils)

ROMY ISABELLE, Les recours de droit administratif des particuliers et des organisations en matière de protection de l'environnement, URP 2001, 248 ff. *(Recours)*

ROMY ISABELLE, Mise en œuvre de la protection de l'environnement – Des citizens suits aux solutions suisses, Freiburg 1997 *(Mise en œuvre)*

SALADIN PETER, Umweltverfassung, in: Handbuch des bernischen Verfassungsrechts, hrsg. von Walter Kälin und Urs Bolz, Bern 1995, 71 ff. *(Umweltverfassung)*

SALADIN PETER, Kantonales Umweltschutzrecht im Netz des Bundesrechts, URP 1993, 1 ff. *(Kantonales Umweltschutzrecht)*

SALADIN PETER, Zur Aufgabenteilung zwischen Bund und Kantonen im Umweltschutzrecht, in: Im Dienst an der Gemeinschaft, Festschrift für Dietrich Schindler zum 65. Geburtstag, hrsg. von Walter Haller, Alfred Kölz, Georg Müller, Daniel Thürer, Basel/Frankfurt 1989, 759 ff. *(Aufgabenteilung)*

SALADIN PETER/ZENGER CHRISTOPH ANDREAS, Rechte künftiger Generationen, Basel/Frankfurt 1988

SCHÄRER WERNER, Die eidgenössische Waldgesetzgebung aus der Sicht der Vollzugsbehörde des Bundes, SZF 2002, 341 ff.

SCHAUB CHRISTOPH, Heute erschlossen, morgen nicht erschlossen? – Lärmrechtliche Erschliessungsvoraussetzungen (Art. 24 Abs. 2 USG) bei Umnutzungen, URP 2002, 718 ff. *(Umnutzungen)*

SCHAUB CHRISTOPH, Flankierende Massnahmen zu Vorhaben mit umweltbelastenden Auswirkungen, URP 1995, 325 ff. *(Flankierende Massnahmen)*

SCHEYLI MARTIN, Der Schutz des Klimas als Prüfstein völkerrechtlicher Konstitutionalisierung?, Archiv des Völkerrechts 2002, 273 ff.

SCHMID GERHARD, Stand und Perspektiven des schweizerischen Gentechnikrechts, in: Das Recht in Raum und Zeit, Festschrift für Martin Lendi, hrsg. von Alexander Ruch, Gérard Hertig, Urs Ch. Nef, Zürich 1998, 465 ff. *(Gentechnikrecht)*

SCHMID GERHARD, Rechtsfragen bei Grossrisiken, ZSR 1990 II 1 ff. *(Grossrisiken)*

Schmithüsen Bernhard/Zachariae Jörg (Hrsg.), Aspekte der Gentechnologie im Ausserhumanbereich – Analysen und Perspektiven von Assistierenden des Rechtswissenschaftlichen Instituts der Universität Zürich, Zürich/Basel/Genf 2002

SCHWEIZER RAINER J., Das neue Gentechnologierecht: Gen-Lex, URP 2000, 80 ff.

SEILER HANSJÖRG, Risikobasiertes Recht – Wieviel Sicherheit wollen wir?, Bern 2000 *(Risikobasiertes Recht)*

SEILER HANSJÖRG, Rechtsgleichheit und Störfallrecht, URP 1993, 216 ff. *(Rechtsgleichheit)*

SEITZ ANDREAS/ZIMMERMANN WILLI, Kantonale Ausführungsgesetzgebungen zum eidgenössischen Waldrecht, SZF 2002, 346 ff.

SIEGWART KARINE/GRUBER RETO/BEUSCH MICHAEL, Stand und Perspektiven der Umsetzung des Alpenschutzartikels (Art. 36[sexies] BV) unter besonderer Berücksichtigung der Raum- und Umweltplanung, AJP 1998, 1033 ff.

SONANINI VERA, Das neue Waldgesetz und die Raumplanung, BR 1992, 83 ff.

SPILLMANN WERNER, Schwächen Nachhaltigkeitskonzepte den Umweltschutz? – Eine Analyse am Beispiel des Verkehrs, URP 2000, 187 ff.

STADLER THOMAS, Lenkungsabgaben nach dem USG: erste Erfahrungen, URP 2000, 483 ff.

STEINER PETER, Die Umsetzung des Verursacherprinzips durch das Umweltschutzrecht – Eine Darstellung der Vorschriften des Bundes und der Kantone Basel-Stadt und Basel-Landschaft, Zürich 1999 (SZU Band 15)

STIEGEL UTE, Das Übereinkommen über die Umweltverträglichkeitsprüfung im grenz-überschreitenden Rahmen (Espoo-Übereinkommen) – Inhalt, Bedeutung und Durch-führung, Frankfurt et al. 2001

STRÜTT ADRIAN, Nationalstrassenrecht und Umweltschutzrecht – Die umweltfreundliche Autobahn? Zwei Bundesaufgaben im Widerstreit, Zürich 1994 (SZU Band 8)

STUTZ HANS W., Die Kostentragung bei Altlastensanierungen und beim Umgang mit schadstoffbelasteten Bauabfällen, PBG aktuell 2001, 5 ff. *(Kostentragung)*

STUTZ HANS W., Die Kostentragung der Sanierung – Art. 32d USG, URP 1997, 758 ff. *(Sanierung)*

TANQUEREL THIERRY, La pesée des intérêts vue par le juge administratif, in: La pesée glo-bale des intérêts – Droit de l'environnement et de l'aménagement du territoire, hrsg. von Charles-Albert Morand, Basel/Frankfurt 1996, 189 ff. *(Pesée)*

TANQUEREL THIERRY, Les voies de droit des organisations écologistes en Suisse et aux Etats-Unis, Basel/Frankfurt 1996 *(Voies)*

THURNHERR DANIELA, Öffentlichkeit und Geheimhaltung von Umweltinformationen – Weiterentwicklung des Umweltvölkerrechts durch die Aarhus-Konvention und deren Bedeutung für das schweizerische Recht, Zürich 2003

TISSOT NATHALIE, Protection juridique des vestiges archéologiques, Neuchâtel 1991

TRIEBOLD CLAUDIUS, Rechtliche Grundlagen des Umweltschutzes in GATT und WTO – Am Beispiel des Internationalen Warenverkehrs, Zürich 2000 (SZU Band 17)

TRÖSCH ANDREAS, Das neue Abfallrecht, URP 1996, 467 ff.

TRÜEB HANS RUDOLF, Umweltrecht in der WTO – Staatliche Regulierung im Kontext des internationalen Handelsrechts, Zürich 2001 *(WTO)*

TRÜEB HANS RUDOLF, Die neuen Instrumente des Umweltschutzrechts: Haftpflicht, Len-kungsabgaben und Zusammenarbeit mit der Wirtschaft, URP 1996, 527 ff. *(Neue Instru-mente)*

TRÜEB HANS RUDOLF, Zertifikate als Instrumente der Luftreinhaltepolitik – Theoretische Modelle und praktische Erfahrungen, ZSR 1994 I 233 ff. *(Zertifikate)*

TSCHANNEN PIERRE, Grundfragen der Kostenverteilung nach Art. 32d USG, URP 2001, 774 ff. *(Kostenverteilung)*

TSCHANNEN PIERRE, Bau- und Nutzungsbeschränkungen aufgrund von umweltrechtlichen Vorschriften: Zusammenspiel von Umweltrecht und Raumplanung, URP 1998, 486 ff. *(Bau- und Nutzungsbeschränkungen)*

TSCHANNEN PIERRE / FRICK MARTIN, Der Verursacherbegriff nach Art. 32d USG – Ergeb-nisse eines zuhanden des BUWAL verfassten Gutachtens (Deutsch und Französisch), URP 2003, 286 ff.

VALLENDER KLAUS A. / MORELL RETO, Umweltrecht, unter Mitarbeit von Heinz Aemiseg-ger und Jens Lehne, Bern 1997

VON REDING DIETER, Schön oder gesichtslos? Massnahmen zum Schutz des Ortsbildes und zur Förderung der Siedlungspolitik, Raum&Umwelt 2002, 43 ff.

WAGNER PFEIFER BEATRICE, Umweltrecht I, 2. Auflage, Zürich 2002 *(Umweltrecht I)*

WAGNER PFEIFER BEATRICE, Umweltrecht II, Zürich 2001 *(Umweltrecht II)*

WAGNER PFEIFER BEATRICE, Das Umweltrecht vor den Herausforderungen der Gentechnologie, Zürich 1997 (SZU Band 13) *(Gentechnologie)*

WALDMANN BERNHARD, Bauen und Denkmalschutz: Hindernisse und Chancen, in: Baurechtstagung 2003, hrsg. vom Institut für Schweizerisches und Internationales Baurecht, Freiburg 2003, 109 ff. *(Denkmalschutz)*

WALDMANN BERNHARD, NHG und Beschwerdelegitimation von Organisationen, recht 2002, 15 ff. *(Beschwerdelegitimation)*

WALDMANN BERNHARD, Der Schutz von Mooren und Moorlandschaften – Inhalt, Tragweite und Umsetzung des «Rothenthurm-Artikels» (Art. 24^{sexies} Abs. 5 BV), Freiburg 1997 *(Schutz)*

WALKER URS, Verordnung über den Schutz vor nichtionisierender Strahlung (NISV) – die aktuellen Rechtsfragen, URP 2003, 87 ff. *(Rechtsfragen)*

WALKER URS, Baubewilligung für Mobilfunkantennen; bundesrechtliche Grundlagen und ausgewählte Fragen, BR 2000, 3 ff. *(Mobilfunkantennen)*

WENGER CHRISTOPH, Die neue Altlastenverordnung, URP 1997, 721 ff.

WIDMER DREIFUSS THOMAS, Planung und Realisierung von Sportanlagen – Raumplanerische, baurechtliche und umweltrechtliche Aspekte beim Bau und der Sanierung von Sportanlagen, Zürich 2002

WIESTNER HEIDI, Bau- und Nutzungsbeschränkungen aufgrund von Vorschriften des Altlasten- und Bodenschutzrechts, URP 1998, 442 ff.

WILD FLORIAN, Vereinfachung des Einbezugs der beratenden Kommission nach NHG in Entscheidverfahren, URP 2000, 318 ff. *(Vereinfachung)*

WILD FLORIAN, Die Rodungsbewilligung im Rahmen der Neuregelungen des Bundes über die Verfahrenskoordination und über die Aufsicht im Bereich der Walderhaltung, ZBl 2002, 113 ff. *(Rodungsbewilligung)*

WILD FLORIAN, Gegenstand und Vollzug des Biotopschutzes nach NHG, URP 1999, 765 ff. *(Biotopschutz)*

WOLF ROBERT, Auswirkungen des Lärmschutzrechts auf Nutzungsplanung und Baubewilligung, AJP 1999, 1055 ff. *(Auswirkungen)*

WOLF ROBERT, Elektrosmog: Zur Rechtslage bei Erstellung und Betrieb von ortsfesten Anlagen, URP 1996, 102 ff. *(Elektrosmog)*

WOLF ROBERT, Umstrittenes Lärmschutzrecht: Alltagslärm – kantonale Lärmschutzvorschriften – Bestimmung von Empfindlichkeitsstufen im Einzelfall, URP 1994, 97 ff. *(Lärmschutzrecht)*

WOLF ROBERT, Zum Verhältnis von UVP und Nutzungsplanung, URP 1992, 133 ff. *(UVP)*

WOLF ROBERT, Führt übermässige Luftverschmutzung zu Baubeschränkungen und Auszonungen?, URP 1991, 69 ff. *(Baubeschränkungen)*

WYER HANS, Die Nutzung der Wasserkraft im Alpenraum – Rechtliche Grundlagen und Perspektiven, Zürich 2002

Zäch Christoph, Die Verordnung über Belastungen des Bodens (VBBo) und die Branchenrichtlinien als rechtliche Instrumente des physikalischen Bodenschutzes, URP 2002 728 ff. *(Belastungen des Bodens)*

Zäch Christoph, Das neue Bodenschutzrecht, URP 1996, 497 ff. *(Bodenschutzrecht)*

Zaugg Marco, Revisionsbestrebungen zu Art. 32d USG, URP 2001, 858 ff. *(Revisionsbestrebungen)*

Zaugg Marco, Altlasten – die neuen Bestimmungen, URP 1996, 481 ff. *(Altlasten)*

Ziegler Urs, La nouvelle réglementation sur les sites contaminés, URP 1997, 665 ff.

Zimmerli Ulrich, Enteignung einer Bauverbotsdienstbarkeit im Interesse des Landschaftsschutzes, BR 1990, 38 ff.

Zimmermann Willi, Sustainable development of Mountain Forests in an Industrialized Country – New Challenges for Switzerland, European Tropical Forest Research Network (ETFRN) News 38/2003, 51 ff.

Zufferey Jean-Baptiste, Pollueur-payeur, perturbateur, détenteur et responsable – Concepts liés au principe de causalité et tentative de systématique, BR 1999, 123 ff. *(Pollueur-payeur)*

Zufferey Jean-Baptiste, Les matériaux d'excavation et les déblais non pollués, BR 1998, 111 ff. *(Matériaux d'excavation)*

Zufferey Jean-Baptiste, L'étude d'impact: Etat de la jurisprudence et de la doctrine, URP 1995, 537 ff. *(Étude d'impact)*

Zufferey Jean-Baptiste, Les valeurs limites du droit de l'environnement: un instrument objectif pour tout l'ordre juridique?, BR 1994, 35 ff. *(Valeurs limites)*

Zufferey Jean-Baptiste / Pont Veuthey Marie-Claire, La protection contre le bruit – Répertoire de dix ans de jurisprudence en droit matériel, URP 1999, 683 ff.

Zufferey Roger, Quelle application de la Convention de Berne devant les juridictions suisses?, URP 2000, 663 ff.

Zürcher Alexander, Die vorsorgliche Emissionsbegrenzung nach dem Umweltschutzgesetz, Zürich 1996 (SZU Band 11)

Einleitung

I. Begriffliche Grundlagen

Dem Umweltrecht sind alle Normen zuzurechnen, die der Erhaltung oder Ver- 1
besserung der natürlichen Lebensgrundlagen dienen. Den Kernbereich bildet
das *Umweltschutzrecht (Umweltrecht im engeren Sinne),* das vorab im Umweltschutzgesetz (USG) und den dazu erlassenen Ausführungsverordnungen enthalten ist. Hinzu treten im sonstigen Bundesverwaltungsrecht geordnete Materien wie z.B. das Gewässerschutzrecht und das Waldrecht, die zusammen mit
dem erwähnten Kernbereich das *Umweltrecht im weiteren Sinne* bilden (HAL-
LER/KARLEN, Rz. 46). Diese Unterscheidung ist nicht sachnotwendig, sondern
historisch bedingt: Bundesaufgaben zum Schutz der natürlichen Lebensgrundlagen wurden häufig sektoriell konzipiert. Lange vor der 1971 erfolgten Annahme
des Umweltschutzartikels, der den Umweltschutz als Querschnittaufgabe versteht, bildeten Teilbereiche des Umweltschutzes wie die Walderhaltung und der
qualitative Gewässerschutz Gegenstand besonderer Verfassungsartikel und
bundesgesetzlicher Regelungen. Diese Rechtszersplitterung ist auch noch heute
für das Umweltrecht charakteristisch.

Normen, die umweltrechtliche Anliegen als Hauptziel verfolgen, werden häufig 2
als *nominales Umweltrecht* (manchmal auch als *primäres Umweltrecht*) bezeichnet. In der Bundesverfassung sind sie unter der Überschrift «Umwelt und
Raumplanung» zusammengefasst. (Vgl. zum nominalen Umweltverfassungs-
recht RAUSCH, Umwelt und Raumplanung, Rz. 3 ff.) Zum nominalen Umweltrecht gehören das USG und das dieses ausführende Verordnungsrecht, ferner
die für Teilbereiche getroffenen Regelungen mit primär umweltrechtlicher Zielsetzung. Unter den Begriff des *funktionalen Umweltrechts* fallen alle übrigen
Bestimmungen, die auf ein Umweltschutzziel ausgerichtet sind, wie z.B. der an
den Bundesgesetzgeber gerichtete Auftrag betreffend den sparsamen und
rationellen Energieverbrauch im Energieartikel (Art. 89 Abs. 2 BV). Normen
des funktionalen Umweltrechts finden sich in zahlreichen Erlassen, die primär
ein anderes Hauptziel als den Umweltschutz verfolgen, namentlich im Verkehrsrecht und im Landwirtschaftsrecht.

II. Rechtliche Grundlagen

Die grundlegenden Normen des Umweltrechts sind in der *Bundesverfassung* 3
enthalten. Im 3. Titel (Bund, Kantone, Gemeinden) hat der 4. Abschnitt des

2. Kapitels die Überschrift «Umwelt und Raumplanung». Er verankert am Anfang, in Art. 73, das schon in Art. 2 Abs. 2 als Staatszweck genannte Prinzip der
Nachhaltigkeit (vgl. dazu Rz. 14 ff.). Art. 74 erhebt den Umweltschutz zum
Staatsziel, räumt dem Bund eine umfassende Rechtsetzungszuständigkeit ein
und erteilt ihm den Auftrag, «Vorschriften über den Schutz des Menschen und
seiner natürlichen Umwelt vor schädlichen oder lästigen Einwirkungen» zu erlassen sowie für die Vermeidung solcher Einwirkungen zu sorgen. Die folgenden
Artikel ergänzen und konkretisieren den allgemeinen Umweltschutzartikel.
Sie betreffen unter anderem den Gewässerschutz (Art 76), die Walderhaltung
(Art. 77) sowie den Natur- und Heimatschutz (Art. 78). Diese besonderen Kom-
petenz- und Aufgabennormen wurden weitgehend aus der früheren BV übernommen (vgl. zur geschichtlichen Entwicklung der umweltbezogenen Verfassungsnormen RAUSCH, Umweltschutzgesetzgebung, 25 ff.). Auch ausserhalb des
Abschnitts «Umwelt- und Raumplanung» finden sich Verfassungsnormen, die
den Bund ermächtigen oder verpflichten, umweltrelevante Regelungen zu treffen. (Vgl. zum Umwelt-Verfassungsrecht HALLER / KARLEN, Rz. 84 ff.)

4   Von zunehmender Bedeutung ist das *Umweltvölkerrecht* (vgl. dazu HELEN KEL-
LER, Kommentar USG, Einführung in das Umweltvölkerrecht). Die Schweiz hat
zahlreiche völkerrechtliche Verträge ratifiziert, die Fragen des Umweltschutzes
betreffen (vgl. die Zusammenstellung im Panorama des Umweltrechts, 25 ff.).
Bei der Darstellung einzelner Bereiche des Umweltrechts wird, soweit notwendig, punktuell auf völkerrechtliche Regelungen hingewiesen.

5   Die Vorgaben der Verfassung und des internationalen Rechts werden durch *Ge-
setzes- und Verordnungsrecht* konkretisiert. Von zentraler Bedeutung ist das
Umweltschutzgesetz (USG), das seit Anfang 1985 in Kraft steht und 1995 einer
grösseren Teilrevision unterzogen wurde. Es regelt einige zentrale Belange des
Umweltschutzes, stellt jedoch keine umweltrechtliche Gesamtkodifikation dar.
Das Gewässerschutzgesetz (GSchG) wurde 1991 totalrevidiert und das alte
Forstpolizeigesetz im gleichen Jahr durch das Waldgesetz (WaG) abgelöst. Das
Natur- und Heimatschutzgesetz wurde 1995 auf den neuesten Stand gebracht.
Auch durch spätere Gesetzgebungsprojekte erfuhren umweltrechtliche Erlasse
bedeutsame Änderungen (z.B. durch das Bundesgesetz über die Koordination
und Vereinfachung von Entscheidverfahren von 1999 und durch das Bundesge-
setz über die Gentechnik im Ausserhumanbereich von 2003).

6   Der Umsetzung des Umweltrechts dienen zahlreiche Verordnungen, die sich
durch grossen Umfang und teilweise sehr hohe Technizität auszeichnen;
detaillierte technische Normen sind häufig in den Anhängen enthalten. Die
weitgehende Verlagerung der Rechtsetzung und damit wichtiger materieller
Entscheide auf die Verordnungsebene ermöglicht eine raschere Anpassung des
Rechts; daraus resultiert indes ein demokratisches Defizit (vgl. BRUNNER, Kommentar USG, Art. 39 Rz. 27). Für die in diesem Buch behandelten Themen besonders wichtig sind die Verordnung über die Umweltverträglichkeitsprüfung

(UVPV), die Luftreinhalte-Verordnung (LRV), die Lärmschutz-Verordnung (LSV), die Gewässerschutzverordnung, die Verordnung über den Wald, die Verordnung über den Natur- und Heimatschutz sowie verschiedene Verordnungen zu den Natur- und Heimatschutzobjekten von nationaler Bedeutung.

Das Umweltrecht ist – anders als das Raumplanungs- und Baurecht – hauptsächlich *Bundesrecht*. Freilich ist auch *kantonales Umweltrecht* von einer gewissen Bedeutung. Es dient einerseits dem Vollzug des Bundesrechts (z.B. Normen über die Durchführung der Umweltverträglichkeitsprüfung), anderseits der Ergänzung von Bundesrecht (z.B. Umschreibung des Waldbegriffs). Eigenständiges kantonales Recht finden wir vor allem im Gebiet des Natur- und Heimatschutzes. Auf kantonales Recht wird in diesem Buch nur beispielhaft Bezug genommen. 7

Die Rechtsprechung hat das Umweltrecht in vielen Bereichen weiterentwickelt und z.B. in einem Leitentscheid die aus der Verfassung abgeleitete Verpflichtung zu einer koordinierten Anwendung raumplanerischer und umweltrechtlicher Vorschriften konkretisiert (BGE 116 Ib 50, E. 4b, Deponie Chrüzlen). Insgesamt kommt dem *Richterrecht*, vor allem der Rechtsprechung des Bundesgerichts, auf dem Gebiet des Umweltrechts eine sehr grosse Bedeutung zu. 8

In zahlreichen Sachbereichen bestehen amtliche *Richtlinien* und *Empfehlungen*, denen eine wichtige Funktion als Vollzugshilfe zukommt. Das Umweltrecht des Bundes belässt zudem Raum für eine *Zusammenarbeit mit der Wirtschaft*, indem es eine freiwillige Selbstregulierung durch Branchenvereinbarungen ermöglicht (Art. 41a USG; vgl. Rz. 155 ff. sowie MARTI, Selbstregulierung, 570 ff.). 9

III. Inhaltsübersicht

In diesem Buch werden die Grundprinzipien des Umweltrechts sowie vier Kerngebiete in vertiefter Weise erörtert: Immissionsschutz, Gewässerschutz, Walderhaltung und Natur- und Heimatschutz (einschliesslich Ortsbild- und Denkmalschutz). Weitere Materien des Umweltrechts erfahren eine Behandlung in den Grundzügen. Im Schlussteil erfolgt eine Konzentration auf zwei besonders wichtige Instrumente des Umweltrechts: die Umweltverträglichkeitsprüfung und die Verbandsbeschwerde. Bei der Festsetzung dieser thematischen Schwerpunkte war die Überlegung massgebend, die *Verknüpfung des Umweltrechts mit dem Raumplanungs- und Baurecht* aufzuzeigen und die Darstellung an den für Planungs- und Baubewilligungsentscheide besonders wichtigen Aspekten des Umweltrechts auszurichten. Komplexe Entscheide im Spannungsfeld von Raumplanung und Umweltschutz erfordern immer eine inhaltliche sowie verfahrensmässige Koordination (vgl. dazu HALLER / KARLEN, Rz. 129 ff.). 10

1. Teil

Grundprinzipien des Umweltrechts

Das Umweltrecht wird von den gleichen Prinzipien beherrscht wie das übrige   11
Verwaltungsrecht (Legalitätsprinzip, Verhältnismässigkeitsprinzip, Rechtsgleichheitsgebot, Vertrauensschutz usw.). Daneben haben sich einige weitere
Grundsätze herausgebildet, die spezifisch umweltrechtlicher Natur sind. Sie
stellen das *verbindende Element* dar, welches in sämtlichen umweltrechtlichen Einzelmaterien Geltung beansprucht. Ihre Bedeutung reicht indessen
über das Umweltrecht hinaus, wenn auch in unterschiedlichem Ausmass.

Die beiden tragenden Prinzipien, welche unmittelbar die Bekämpfung von   12
Umweltbelastungen bezwecken, sind das *Nachhaltigkeitsprinzip* (§ 1) und das
Vorsorgeprinzip (§ 2). Unterstützend tritt das – nicht minder bedeutsame – *Verursacherprinzip* hinzu (§ 3); es dient ebenfalls der Bekämpfung von Umweltbelastungen, allerdings nur indirekt.

Diesen drei zentralen umweltrechtlichen Grundprinzipien stehen zwei
weitere zur Seite: das *Prinzip der ganzheitlichen Betrachtungsweise* (einschliesslich des «Koordinationsprinzips») und das *Kooperationsprinzip* (§ 4 I
und II). Beide tragen auf ihre Weise zur Optimierung der Rechtsverwirklichung
bei. Schliesslich ist das *Lastengleichheitsprinzip* zu nennen, welches sich – zumindest in seiner ursprünglichen Ausprägung – für den Umweltschutz eher als
hemmend erwiesen hat (§ 4 III).

Die umweltrechtlichen Grundprinzipien stellen indes *kein abgerundetes, in sich*   13
geschlossenes System dar. Sie haben sich – ebenso wie die übrigen Grundsätze
des öffentlichen Rechts – in unterschiedlichen Zusammenhängen entwickelt,
weisen keine einheitliche innere Struktur auf und nehmen nicht durchwegs die
gleichen Funktionen wahr. Verallgemeinernde Aussagen über «die Grundprinzipien» des Umweltrechts sind deshalb nur sehr beschränkt möglich.

§ 1   *Nachhaltigkeitsprinzip*

I.   Gedanke und Ausprägungen des Nachhaltigkeitsprinzips

Das Nachhaltigkeitsprinzip ist der *fundamentale, übergeordnete Grundsatz* des
Umweltrechts, «der allem umweltrelevanten Recht eingewobene rote Faden»
(RAUSCH, Umwelt und Raumplanung, Rz. 6).

14

Der *Begriff der Nachhaltigkeit* ist allerdings schillernd; dementsprechend werden mit ihm unterschiedliche Inhalte und Erwartungen verbunden. So ist das
Adjektiv «nachhaltig» zunächst Bestandteil unseres Alltagsvokabulars (wirksam, eindrucksvoll, effektvoll / dauerhaft, anhaltend, langfristig). Im Zusammenhang mit dem Nachhaltigkeitsprinzip unterscheidet man zwischen einem engeren, *ökologischen Verständnis* der Nachhaltigkeit (A.) und dem umfassenden
Begriff der *nachhaltigen Entwicklung* (B.).

15

A.   *Nachhaltigkeit im ökologischen Sinn*

Begriff und Gedanke der Nachhaltigkeit stammen ursprünglich aus der *Forst-
wirtschaft* (historisch weiter zurückblickend MARQUARDT, Umwelt und Recht in
Mitteleuropa; DERS., Nachhaltigkeitsprinzip, 208 f.). So statuierte bereits das
Forstpolizeigesetz von 1902 den Grundsatz der *flächenmässigen Erhaltung* des
Waldes: «Das Waldareal der Schweiz soll nicht vermindert werden» (Art. 31
Abs. 1 FPolG). Die *wirtschaftliche Nutzung* des Waldes wurde auf den natürlicherweise anfallenden Ertrag beschränkt, so dass die Substanz des Waldes erhalten blieb. Aus der Sicht des Umweltschutzes war dies «einer der glücklichsten
und weitsichtigsten Akte der Gesetzgebung» (RAUSCH, Umweltschutzgesetz-
bung, 31).

16

Beim ökologisch verstandenen Nachhaltigkeitsprinzip steht die Regenerierbar-
keit im Vordergrund, vor allem im Zusammenhang mit nachwachsenden Roh-
stoffen. Basierend auf der Erkenntnis, dass die natürlichen Ressourcen unseres
Planeten und seiner Biosphäre begrenzt sind, besteht das Ziel darin, *die natürlichen Lebensgrundlagen den künftigen Generationen ungeschmälert zu erhalten.*
Die Bundesverfassung formuliert diesen Gedanken in Art. 73 treffend wie folgt:

17

> «Bund und Kantone streben ein auf Dauer ausgewogenes Verhältnis zwischen der
> Natur und ihrer Erneuerungsfähigkeit einerseits und ihrer Beanspruchung durch
> den Menschen anderseits an.»

Oder ein wenig salopper ausgedrückt: Man soll nicht das (natürliche) Kapital
aufzehren, sondern von den Zinsen bzw. Erträgen leben. Eine Generation soll
den Planeten Erde nicht in einem schlechteren Zustand weiterreichen, als sie

ihn erhalten hat; denn die Erde soll auch für die künftigen Generationen nutzbar und lebenswert bleiben. Der zentrale Gedanke dieses Prinzips ist also die *Solidarität zwischen der heutigen und den künftigen Generationen*. Das Nachhaltigkeitsprinzip ist somit Ausdruck intergenerationeller Gerechtigkeit.

B. Nachhaltige Entwicklung

18 1987 legte eine UNO-Kommission unter dem Vorsitz der norwegischen Ministerpräsidentin GRO HARLEM BRUNDTLAND einen Bericht mit dem Titel «Our Common Future» vor. Darin wurde der Begriff der nachhaltigen Entwicklung (*«Sustainable Development»*) aufgegriffen, der auf die Stockholmer Umweltkonferenz von 1972 zurückging, die erste Umweltkonferenz im Rahmen der UNO. Die Brundtland-Kommission umschrieb den Begriff der nachhaltigen Entwicklung mit folgender Formel:

> «Nachhaltige Entwicklung ist eine Entwicklung, welche die heutigen Bedürfnisse zu decken vermag, ohne für künftige Generationen die Möglichkeiten zu schmälern, ihre eigenen Bedürfnisse zu decken.»

19 In der Folge entwickelte sich daraus das Postulat, ein Gleichgewicht zwischen der *wirtschaftlichen Entwicklung,* dem *Zustand der Umwelt* und den *sozialen Verhältnissen* herzustellen. Häufig wird hierfür das Bild dreier Säulen verwendet oder gar von einem «magischen Dreieck» gesprochen.

20 Dieser Dreiklang zwischen ökologischer, wirtschaftlicher und sozialer Verträglichkeit stellte einen Kompromiss zwischen den Interessen der *Industrienationen* und denjenigen der *Entwicklungsländer* dar. Solange mehr als eine Milliarde Menschen nicht in der Lage sind, ihre elementarsten Bedürfnisse nach Nahrung, Trinkwasser, Wohnraum und medizinischer Grundversorgung zu befriedigen, sind die Entwicklungsländer verständlicherweise nicht bereit, ihr Interesse an weiterer wirtschaftlicher und sozialer Entwicklung den Anliegen des Umweltschutzes unterzuordnen.

21 Das Konzept der nachhaltigen Entwicklung wurde zum eigentlichen Leitmotiv der UNO-Konferenz über Umwelt und Entwicklung, die 1992 in Rio de Janeiro stattfand. Es schlug sich in der *Rio-Deklaration über Umwelt und Entwicklung* sowie in der *«Agenda 21»* nieder, einem umfassenden Umsetzungsprogramm für das 21. Jahrhundert. Im Gefolge des Erdgipfels von Rio wurden in vielen Staaten Programme und Aktionen lanciert. Auch der Bundesrat formulierte in den Jahren 1997 und 2002 entsprechende Strategien. Weiter wurde 2001 ein «Forum Nachhaltige Entwicklung» geschaffen, an dem sich der Bund, sämtliche Kantone sowie die grösseren Städte beteiligen. Schliesslich sind auf kommunaler, regionaler und kantonaler Ebene verschiedene «Lokale Agenda 21»-Prozesse im Gang.

Allerdings ist die Euphorie von «Rio» angesichts der stockenden Umsetzung – erwähnt sei nur die Weigerung der USA, das Kyoto-Protokoll zur Reduktion der Treibhausgasemissionen aus dem Jahr 1997 zu ratifizieren (Rz. 701) – mittlerweile einer breiten Ernüchterung gewichen. So ging der «Weltgipfel zur Nachhaltigen Entwicklung», die Rio-Nachfolgekonferenz, die 2002 in Johannesburg stattfand («Rio + 10»), zwar mit der Verabschiedung eines Aktionsplanes zur Umsetzung der Agenda 21 und einer politischen Deklaration zu Ende; die erzielten Resultate waren jedoch eher bescheiden.

Das Dreieck Ökologie–Ökonomie–Gesellschaft entspricht dem heute vorherr- 22 schenden Verständnis von nachhaltiger Entwicklung. Diesem Konzept erwuchs allerdings auch *Kritik* (vgl. MARQUARDT, Nachhaltigkeitsprinzip, 212 ff.; EPINEY / SCHEYLI, Strukturprinzipien, 60 ff.; GRIFFEL, Grundprinzipien, Nrn. 18 ff.). In der Tat ist es nicht unproblematisch, das im Kontext der globalen Nord-Süd-Thematik entwickelte Modell unbesehen auf die innerstaatliche Ebene zu übertragen. Da wirtschaftliche Interessen gegenüber ökologischen und sozialen in der Regel die stärkere Durchsetzungskraft besitzen, kann die Einbindung der Letzteren in ein einheitliches Konzept leicht dazu führen, dass die ökologischen und sozialen Aspekte bei konkreten Entscheiden den ökonomischen Interessen hintangestellt werden. Folge davon ist eine Relativierung, eine Verwässerung des Umweltschutzes.

Diese konzeptionelle Schwäche kann – zumindest auf der abstrakten Ebene – 23 eliminiert werden, wenn man das Dreiecksmodell als Verpflichtung versteht, jeweils die *weniger stark ausgeprägten Komponenten* der nachhaltigen Entwicklung zu fördern bzw. zu *optimieren,* so dass im Idealfall ein ausgewogenes, gleichseitiges Dreieck entsteht (vgl. ZIMMERMANN, Sustainable development, 54):

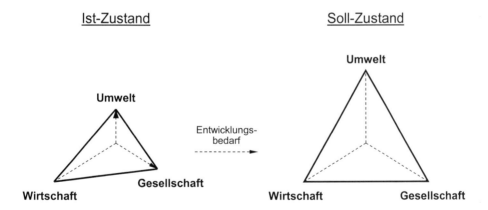

Zur Feststellung des jeweiligen Entwicklungsstandes dienen aussagekräftige *Indikatoren.* So haben die Bundesämter für Statistik (BfS), für Raumentwicklung (ARE) und für Umwelt, Wald und Landschaft (BUWAL) ein Messinstrumentarium mit über hundert Indikatoren entwickelt, das sogenannte Indikatorensystem «Monet» (Monitoring der nachhaltigen Entwicklung).

II. Das Nachhaltigkeitsprinzip als völkerrechtlicher Grundsatz

24 Bis zur Stockholm-Konferenz von 1972 (Rz. 18) war das internationale Umweltrecht als klassisches zwischenstaatliches Nachbarrecht konzipiert. Mit dem Konzept der nachhaltigen Entwicklung löste sich das moderne Umweltvölkerrecht aus diesem nachbarrechtlichen Ansatz und gelangte sozusagen auf eine höhere Entwicklungsebene.

25 Beim Nachhaltigkeitsprinzip handelt es sich allerdings nicht um einen Grundsatz, der aufgrund völkerrechtlichen Vertragsrechts allgemein bindend wäre. Namentlich die Rio-Deklaration und die Agenda 21 gelten als völkerrechtlich unverbindliche Erklärungen, die keine unmittelbaren rechtlichen Wirkungen entfalten. Das Konzept der nachhaltigen Entwicklung hat jedoch mindestens den Charakter von *«soft law»*, d.h. von normativ nicht bzw. noch nicht verfestigten Regeln, die dennoch beachtliche politische Wirkungen entfalten. Darüber hinaus können einzelne konkretisierte Aspekte des Nachhaltigkeitsprinzips kraft spezifischer Vertragsregelungen für die Vertragsstaaten rechtlich verbindlich sein. Umstritten ist, ob sich das Nachhaltigkeitsprinzip bereits zu *Völkergewohnheitsrecht* verdichtet hat (vgl. HELEN KELLER, Kommentar USG, Einführung in das Umweltvölkerrecht, Rz. 50 mit weiteren Hinweisen).

III. Das Nachhaltigkeitsprinzip als Grundsatz der Bundesverfassung

26 Die Bestrebungen, das Nachhaltigkeitsprinzip auf Verfassungsstufe zu verankern, sind jüngeren Datums. Vor «Rio» galt es lediglich als *«generelle Leitidee des USG»* (RAUSCH, Kommentar USG, 1. Aufl. [1985], Art. 1 Rz. 21). Am deutlichsten kam der ursprüngliche Gesetzesrang im Vorentwurf zum USG von 1973 zum Ausdruck; dieser enthielt in Art. 1 Abs. 2 eine Formulierung, die in Art. 73 der neuen BV praktisch wörtlich übernommen wurde.

27 In der *BV von 1874* war der Grundsatz der Nachhaltigkeit noch nicht erwähnt. Auf Verfassungsstufe nahm erstmals der *Landwirtschaftsartikel* von 1996 (Art. 31[octies] aBV; heute Art. 104 BV) ausdrücklich auf das Nachhaltigkeitsprinzip Bezug:

> «[1] Der Bund sorgt dafür, dass die Landwirtschaft durch eine nachhaltige und auf den Markt ausgerichtete Produktion einen wesentlichen Beitrag leistet zur:
> …
> b. Erhaltung der natürlichen Lebensgrundlagen …»

28 Die *neue Bundesverfassung* von 1999 bezieht sich nun bereits in der *Präambel* auf die «Verantwortung gegenüber der Schöpfung» und damit indirekt auf das Nachhaltigkeitsprinzip. Überdies ruft die Präambel ausdrücklich die «Verant-

wortung gegenüber den künftigen Generationen» – den zentralen Gedanken des Nachhaltigkeitsprinzips – in Erinnerung.

Eine prominente Platzierung fand das Nachhaltigkeitsprinzip sodann in Art. 2 BV über die *Staatszwecke:* Gemäss Abs. 2 fördert die Schweizerische Eidgenossenschaft nebst der gemeinsamen Wohlfahrt, dem inneren Zusammenhalt und der kulturellen Vielfalt des Landes auch «die nachhaltige Entwicklung». Gemäss Abs. 4 setzt sie sich für die «dauerhafte Erhaltung der natürlichen Lebensgrundlagen» ein; hierzu hat der Bund namentlich auch bei der Besorgung der *auswärtigen Angelegenheiten* beizutragen (Art. 54 Abs. 2 BV).

Schliesslich wurde dem Abschnitt über *Umwelt und Raumplanung* ein eigener Artikel mit der Sachüberschrift «Nachhaltigkeit» vorangestellt (Art. 73 BV; zum Wortlaut vgl. Rz. 17). Überdies nehmen in jenem Abschnitt verschiedene weitere Bestimmungen auf Aspekte des Nachhaltigkeitsprinzips Bezug.

Der Verfassungsgeber hat damit insgesamt zum Ausdruck gebracht, dass er dem Nachhaltigkeitsprinzip einen sehr hohen Stellenwert einräumt. Allerdings ist nicht zu übersehen, dass er zwischen dem ökologischen und dem umfassenden Verständnis von Nachhaltigkeit schwankte und sich nicht festlegen wollte. Dadurch entstand im Verfassungstext bedauerlicherweise der Eindruck einer gewissen Beliebigkeit. 29

IV. Tragweite des Nachhaltigkeitsprinzips

A. *Programmatischer Charakter des Nachhaltigkeitsprinzips*

Die dauerhafte Erhaltung der natürlichen Lebensgrundlagen ist ein typisches und vorrangiges Staatsziel. Die Bundesverfassung bringt dies im Zweckartikel deutlich zum Ausdruck (Rz. 28). Das Nachhaltigkeitsprinzip begründet eine Verpflichtung des Gesetzgebers, aber auch der übrigen Staatsorgane, auf seine Verwirklichung oder zumindest seine Optimierung hinzuwirken. Konkrete Richtlinien für Gesetzgebung und Politik können ihm allerdings nur mittelbar entnommen werden. Beim Nachhaltigkeitsgrundsatz handelt es sich um eine *richtungsweisende Wertentscheidung des Verfassungsgebers,* welcher vorab programmatischer Charakter zukommt. 30

B. *Fehlende Justiziabilität des Nachhaltigkeitsprinzips*

Das Nachhaltigkeitsprinzip enthält zwar einen verpflichtenden Umsetzungsauftrag an die Adresse der staatlichen Organe (VALLENDER/MORELL, St. Galler Kommentar zur BV, Art. 73 Rz. 26 ff.). Als abstrakte Programmnorm ist es aber nicht justiziabel, d.h. normativ nicht genügend bestimmt, um im Einzelfall 31 *durchsetzbare Rechte und Pflichten des Bürgers* zu begründen. Insbesondere begründet es keine unmittelbaren Rechtsansprüche des Einzelnen, etwa im Sinne eines Grundrechts auf eine menschenwürdige Umwelt. Mangels Justiziabilität des Nachhaltigkeitsprinzips gibt es in der Schweiz auch keine publizierten Gerichtsurteile, die in Anwendung dieses Grundsatzes ergangen wären.

C.   Konkretisierungen des Nachhaltigkeitsprinzips in der Gesetzgebung

32   Mehrere umweltrelevante Gesetze verpflichten sich ausdrücklich oder implizit dem Nachhaltigkeitsprinzip. Dabei geht es vor allem um die ökologische Nachhaltigkeit, zumal die meisten dieser Erlasse vor «Rio» entstanden sind. Oftmals bleibt es allerdings beim blossen Bekenntnis zum Nachhaltigkeitsprinzip im Zweckartikel des jeweiligen Gesetzes, ohne dass spezifische gesetzliche Instrumente zu seiner Umsetzung bereitgestellt würden.

33   So wurde der Zweckartikel des *Umweltschutzgesetzes* (Art. 1 Abs. 1) anlässlich des Erlasses des Gentechnikgesetzes vom 21. März 2003 – in Übereinstimmung mit dessen Art. 1 Abs. 2 Bst. b – wie folgt ergänzt (Änderung kursiv):

> «Dieses Gesetz soll Menschen, Tiere und Pflanzen, ihre Lebensgemeinschaften und Lebensräume gegen schädliche oder lästige Einwirkungen schützen *sowie die natürlichen Lebensgrundlagen, insbesondere die biologische Vielfalt* und die Fruchtbarkeit des Bodens, *dauerhaft* erhalten.»

Im Übrigen hat das Nachhaltigkeitsprinzip im USG jedoch nur einen bescheidenen Niederschlag gefunden. Einzig das *Bodenschutzrecht* (Art. 33–35 USG), welches – im Sinne der ökologischen Nachhaltigkeit – die langfristige Erhaltung der Bodenfruchtbarkeit bezweckt, sieht für den Fall, dass diese gefährdet ist, ein dreistufiges Massnahmenkonzept (Art. 34 USG) mit eigens hierfür geschaffenen Belastungswerten vor (Richt-, Prüf- und Sanierungswerte; vgl. Rz. 63 f., 660).

34   Hervorzuheben ist hingegen das *Waldrecht* mit seinen klassischen Instrumenten der quantitativen Walderhaltung (Art. 1 Abs. 1 Bst. a und Art. 3 WaG). Gemäss Art. 20 Abs. 1 WaG ist der Wald «so zu bewirtschaften, dass er seine Funktionen dauernd und uneingeschränkt erfüllen kann (Nachhaltigkeit)». Dabei sind in jüngerer Zeit nebst quantitativen Aspekten wie Waldfläche und genutzte Holzmenge zunehmend auch qualitative Gesichtspunkte in den Vordergrund gerückt.

Mit der Umschreibung der Waldfunktionen in Art. 1 Abs. 1 Bst. c WaG gelangte der Gesetzgeber relativ früh zu einer bemerkenswerten Übereinstimmung mit dem Konzept der nachhaltigen Entwicklung: Die *Schutzfunktion* des Waldes kann zwanglos als soziale Funktion aufgefasst werden, während die *Nutzfunktion* der ökonomischen Funktion entspricht und die *Wohlfahrtsfunktion* – welche insbesondere den Naturschutz, den Landschaftsschutz und die Erholungsfunktion umfasst – primär ökologisch ausgerichtet ist. In der neuen

Bundesverfassung wurden diese drei Waldfunktionen nun auch auf Verfassungsstufe verankert (Art. 77 Abs. 1 BV).

Ein frühes Abbild des Konzepts der nachhaltigen Entwicklung stellt ferner das 35
Wasserrecht des Bundes dar. Es umfasst in verschiedenen Gesetzen die – historisch gewachsenen – Komponenten *Wasserbau* (sozialer Aspekt), *Wassernutzung* (ökonomischer Aspekt) und *Gewässerschutz* (ökologischer Aspekt), welche 1975 auf Verfassungsstufe zu einer Gesamtkonzeption vereinigt wurden (heute Art. 76 BV; vgl. Rz. 376).

Dementsprechend ist das *Gewässerschutzgesetz* als Teilaspekt der Wassergesetzgebung in erster Linie dem ökologischen Nachhaltigkeitsprinzip verpflichtet. So dient es unter anderem «der Erhaltung natürlicher Lebensräume für die einheimische Tier- und Pflanzenwelt», «der Erhaltung von Fischgewässern» und «der Erhaltung der Gewässer als Landschaftselemente» (Art. 1 Bst. c, d und e GSchG). Die Gewässerschutzverordnung umschreibt ihren Zweck in Art. 1 Abs. 1 wie folgt: «Diese Verordnung soll ober- und unterirdische Gewässer vor nachteiligen Einwirkungen schützen und deren nachhaltige Nutzung ermöglichen.» Zu diesem Zweck formuliert Anhang 1 GSchV ökologische Ziele für Gewässer, welche bei allen in der Verordnung vorgesehenen Massnahmen berücksichtigt werden müssen. Schliesslich beschränkt Art. 43 GSchG über den quantitativen Grundwasserschutz Grundwasserentnahmen mengenmässig auf die Grundwasserneubildung: «Die Kantone sorgen dafür, dass einem Grundwasservorkommen langfristig nicht mehr Wasser entnommen wird, als ihm zufliesst» (Abs. 1 Satz 1).

Die *Natur- und Heimatschutzgesetzgebung* erwähnt den Grundsatz der Nach- 36
haltigkeit zwar nicht ausdrücklich; namentlich der *Biotop-* und der *Artenschutz* sind jedoch an diesem Ziel ausgerichtet (vgl. Art. 78 Abs. 4 BV). In einem weiteren Sinn dienen auch die Bestimmungen über den *Landschafts- und Ortsbildschutz* dem Ziel der Nachhaltigkeit.

Das *Bundesgesetz über die Fischerei* bezweckt – in Übereinstimmung mit dem 37
Verfassungsauftrag von Art. 79 BV –, «die natürliche Artenvielfalt und den Bestand einheimischer Fische, Krebse und Fischnährtiere sowie deren Lebensräume zu erhalten, zu verbessern oder nach Möglichkeit wiederherzustellen» und «bedrohte Arten und Rassen von Fischen und Krebsen zu schützen» (Art. 1 Abs. 1 Bst. a und b BGF). Ferner bezweckt es, «eine nachhaltige Nutzung der Fisch- und der Krebsbestände zu gewährleisten» (Art. 1 Abs. 1 Bst. c BGF). Die Regelung der nachhaltigen Nutzung der Bestände ist Sache der Kantone, ebenso die Erhaltung der natürlichen Artenvielfalt der Fische und Krebse (Art. 3 Abs. 1 Ingress und Bst. a BGF).

Analog bezweckt das *Bundesgesetz über die Jagd und den Schutz wildlebender Säugetiere und Vögel* – wiederum im Sinne von Art. 79 BV –, «die Artenvielfalt und die Lebensräume der einheimischen und ziehenden wildlebenden Säugetiere und Vögel zu erhalten» sowie «bedrohte Tierarten zu schützen» (Art. 1 Abs. 1 Bst. a und b JSG).

38 Das neue *Landwirtschaftsrecht* (siehe dazu auch Rz. 27) hat ein System von «wirtschaftlich lohnenden Anreizen» (Art. 104 Abs. 3 Bst. b BV) eingeführt, welches spezifisch auf das Ziel der (ökologischen) Nachhaltigkeit ausgerichtet ist. Während *allgemeine Direktzahlungen* vergleichbare Ziele verfolgen wie die früheren Subventionen, bezwecken *ökologische Direktzahlungen* (sogenannte Ökobeiträge) die Förderung und Ausdehnung von besonders naturnahen, umwelt- und tierfreundlichen Produktionsformen (Art. 70 Abs. 3, 76 Abs. 1 LwG). Insbesondere sollen Ökobeiträge in Ergänzung zum Natur- und Heimatschutzgesetz die natürliche Artenvielfalt fördern (Art. 76 Abs. 3 LwG). Die Ökobeiträge sind so zu bemessen, dass sich die besondere ökologische Leistung lohnt (Art. 76 Abs. 5 LwG).

    Nicht nur die ökologischen, sondern auch die allgemeinen Direktzahlungen sind an die Erbringung eines *ökologischen Leistungsnachweises* geknüpft (Art. 104 Abs. 3 Bst. a BV; Art. 70 Abs. 1 LwG). Gemäss Art. 70 Abs. 2 LwG umfasst dieser ökologische Leistungsnachweis eine tiergerechte Haltung der Nutztiere, eine ausgeglichene Düngerbilanz, einen angemessenen Anteil an ökologischen Ausgleichsflächen, eine geregelte Fruchtfolge, einen geeigneten Bodenschutz sowie eine Auswahl und gezielte Anwendung der Pflanzenbehandlungsmittel. Wer Beiträge beansprucht, muss gegenüber den Behörden den Nachweis erbringen, dass er die Voraussetzungen erfüllt (Art. 16 DZV). Überdies hängt die Ausrichtung von Direktzahlungen davon ab, dass die für die landwirtschaftliche Produktion massgeblichen Bestimmungen der Gewässerschutz-, der Umweltschutz- (einschliesslich Natur- und Heimatschutz-) sowie der Tierschutzgesetzgebung eingehalten werden (Art. 70 Abs. 4 LwG).

39 Das *Energierecht* widerspiegelt die energiepolitische Neuorientierung, welche 1990 mit der Annahme des Energieartikels (Art. 24[octies] aBV) einsetzte. Dieser Verfassungsartikel, der in der neuen Bundesverfassung ohne materielle Änderungen übernommen wurde (Art. 89 BV), enthält in Abs. 1 – im Sinne des umfassenden Nachhaltigkeitsverständnisses – eine doppelte Zielsetzung: ausreichende, breit gefächerte, sichere, wirtschaftliche und umweltverträgliche Energieversorgung einerseits, sparsamer und rationeller Energieverbrauch anderseits. Das Energiegesetz von 1998 wiederholt diese beiden Zielsetzungen und fügt ihnen – entsprechend dem Verfassungsauftrag von Art. 89 Abs. 2 und 3 BV – die verstärkte Nutzung einheimischer und namentlich erneuerbarer Energien hinzu (Art. 1 EnG). Allerdings haben die Bemühungen, die Weichen sanft in Richtung einer umweltfreundlichen, nachhaltigen Energienutzung zu stellen, mit der Ablehnung der Solar-Initiative, der sogenannten Förderabgabe und der Verfassungsgrundlage für eine Umweltabgabe in der Volksabstimmung vom 24. September 2000 einen herben Rückschlag erlitten.

40 Zentral auf das Ziel der Nachhaltigkeit ausgerichtet ist schliesslich das *Raumplanungsrecht*. Nebst den beiden bereits in der alten Bundesverfassung genannten Zielen der Raumplanung – zweckmässige Nutzung des Bodens und geordnete Besiedlung des Landes (Art. 22[quater] Abs. 1 aBV) – wird in Art. 75 Abs. 1 BV

auch die haushälterische Nutzung des Bodens explizit als Verfassungsziel erwähnt. Mit diesem Ziel, welches schon bisher im Raumplanungsgesetz formuliert war (Art. 1 Abs. 1 RPG), wird das Nachhaltigkeitsprinzip angesprochen (Botschaft über eine neue Bundesverfassung vom 20. November 1996, BBl 1997 I 1 ff., 246). Der quantitative Bodenschutz, der vorab mit den Mitteln der Raumplanung zu verwirklichen ist, bezweckt die langfristige Erhaltung offener Bodenflächen. Darüber hinaus sollen mit raumplanerischen Mitteln auch weitere natürliche Lebensgrundlagen wie Luft, Wasser und Wald geschützt werden (Art. 1 Abs. 2 Bst. a RPG). Insgesamt dient die Raumplanung mit ihren Zielsetzungen, Instrumenten und Verfahren in ganz besonderem Mass dazu, eine nachhaltige Entwicklung zu fördern.

§ 2   *Vorsorgeprinzip*

I.   Bedeutung des Vorsorgeprinzips

Dem Vorsorgeprinzip kommt im Umweltrecht eine herausragende Bedeutung 41
zu. Ohne Prävention, allein mit repressiven und wiederherstellenden Massnahmen, wäre echter Umweltschutz nicht möglich. Der Gesetzgeber brachte dies sehr deutlich zum Ausdruck, indem er in Art. 1 Abs. 1 USG zunächst den Zweck des Umweltschutzgesetzes definierte – entsprechend dem Verfassungsauftrag von Art. 74 Abs. 1 BV – und hernach in Abs. 2 das Vorsorgeprinzip als die zentrale Strategie formulierte, wie der Gesetzeszweck verwirklicht werden soll (TSCHANNEN, Kommentar USG, Art. 1 Rz. 2):

> «Im Sinne der Vorsorge sind Einwirkungen, die schädlich oder lästig werden könnten, frühzeitig zu begrenzen.»

Treffend ist auch die Umschreibung des Vorsorgeprinzips in Art. 31 Abs. 1 der 42
Berner Kantonsverfassung aus dem Jahr 1993 und – gleich lautend – in Art. 29 Abs. 1 der Verfassung des Kantons *Appenzell Ausserrhoden* von 1995:

> «… Sie [die natürliche Umwelt] soll durch staatliche und private Tätigkeiten so wenig wie möglich belastet werden.»

II.   Das Vorsorgeprinzip als Grundsatz der Bundesverfassung

Wie das Nachhaltigkeitsprinzip ist auch das Vorsorgeprinzip heute ein Grund- 43
satz von Verfassungsrang. Die Lehre bejahte dies vereinzelt schon unter Geltung der alten Bundesverfassung (insbesondere RAUSCH, Kommentar USG, 1. Aufl. [1985], Art. 1 Rz. 7, 35). Wirklich thematisiert wurde die Frage des Ranges des Vorsorgeprinzips aber wiederum erst im Rahmen der Reform der Bundesverfassung. Der Verfassungsgeber verankerte das Vorsorgeprinzip mit folgender Formulierung in Art. 74 Abs. 2 Satz 1 BV:

> «Er [der Bund] sorgt dafür, dass solche [d.h. schädliche oder lästige] Einwirkungen vermieden werden.» (Die Ergänzungen in Klammern ergeben sich aus dem Zusammenhang mit Abs. 1.)

Diese Formulierung ist – im Gegensatz zu Art. 1 Abs. 2 USG – zwar nicht sonderlich geglückt (vgl. GRIFFEL, Grundprinzipien, Nr. 70); aus den Materialien geht jedoch eindeutig hervor, dass damit das Vorsorgeprinzip gemeint ist.

III. Elemente des Vorsorgeprinzips

A. *Bekämpfung von Umweltbeeinträchtigungen an der Quelle*

44 Eine Vermeidung von Umweltbelastungen – das vorrangige Ziel des Vorsorge-prinzips – ist nur an der Quelle möglich. Dies gilt insbesondere für den *Immissionsschutz,* wo eine andere Art echter Vorsorge gar nicht denkbar ist (vgl. Rz. 173 ff.). Dementsprechend statuiert Art. 11 Abs. 1 USG folgenden Grundsatz:

> «Luftverunreinigungen, Lärm, Erschütterungen und Strahlen werden durch Mass-nahmen bei der Quelle begrenzt (Emissionsbegrenzungen).»

Ebenso wichtig ist die Bekämpfung an der Quelle beim *Bodenschutz;* denn wenn der Boden einmal mit Schadstoffen belastet ist, lässt er sich kaum noch reinigen. Weiter basiert auch das *Abfallrecht* auf dem Gedanken der Bekämpfung an der Quelle, zumal es die Abfallvermeidung als obersten Grundsatz sta-tuiert (Art. 30 Abs. 1 USG). Schliesslich dürfen *Stoffe* und *Organismen* nicht für Verwendungen «in Verkehr gebracht werden», bei denen sie, ihre Folge- bzw. Stoffwechselprodukte oder Abfälle bei bestimmungsgemässem Umgang die Umwelt oder den Menschen gefährden können (Art. 26 Abs. 1 bzw. 29d Abs. 1 i.V.m. Art. 29a Abs. 1 USG).

Von zunehmender Bedeutung ist der Grundsatz der Bekämpfung an der Quelle auch im *Gewässerschutzrecht,* wo er durch die Einführung des Verursa-cherprinzips im Jahr 1997 eine faktische Aufwertung erfahren hat (vgl. Rz. 121 ff.).

45 Der Grundsatz der Bekämpfung von Umweltbeeinträchtigungen an der Quelle wird im *Lärmschutzrecht* allerdings massiv durchbrochen, insbesondere was den Strassenverkehrslärm anbelangt (vgl. Rz. 289 ff., 297 ff.). Auch mit Bezug auf die durch den Strassenverkehr verursachte *lufthygienische Belastung* hat der Ge-setzgeber das Prinzip der Bekämpfung an der Quelle nur inkonsequent ver-wirklicht (vgl. Rz. 260 ff.).

B. *Entscheidungsregel für den Fall der Unsicherheit*

46 Das Vorsorgeprinzip ist eine Entscheidungsregel für den Fall der Unsicherheit. Dabei erweist es sich als Ausdruck einer *grundsätzlichen Strategie,* wie mit dem *Risiko* bzw. mit der *Ungewissheit* rechtlich umgegangen werden soll. Dieses Charakteristikum des Vorsorgeprinzips hat einen materiellen und einen prozes-sualen Aspekt:

1. *Verzicht auf wissenschaftliche Gewissheit*

47 In materieller Hinsicht muss die Schädlichkeit oder Gefährlichkeit eines be-stimmten Verhaltens bzw. einer bestimmten Situation *nicht mit naturwissen-schaftlicher Genauigkeit erwiesen* sein, um rechtliche Folgen zu haben. Ebenso

wenig muss die Notwendigkeit oder Wirksamkeit einer entsprechenden Massnahme strikt nachgewiesen sein. Art. 1 Abs. 2 USG verlangt eine frühzeitige Begrenzung von Einwirkungen bereits dann, wenn diese schädlich oder lästig werden «könnten». Es genügt also eine einigermassen reelle, plausible, auf Erfahrungswerte gestützte *Wahrscheinlichkeit*. Dabei ist im Zweifelsfall auf das pessimistischere Szenario abzustellen («in dubio pro securitate»; vgl. GRIFFEL, Grundprinzipien, Nr. 76; TSCHANNEN, Kommentar USG, Art. 1 Rz. 33).

2. *Umkehr der Beweislast*

Prozessual wirkt sich dies in konkreten Einzelfällen auf die Verteilung der Beweislast aus. Sobald die Schwelle der hinreichenden Wahrscheinlichkeit überschritten ist, tritt eine *Vermutung der Schädlichkeit bzw. Gefährlichkeit* ein. Dementsprechend verschiebt sich die objektive Beweislast, d.h. das Risiko der Beweislosigkeit, von der Behörde, welche eine Massnahme anordnen will, auf die betroffenen Privaten, die potenziellen Verfügungsadressaten. Diese sind in einem solchen Fall faktisch gezwungen, den Nachweis der Ungefährlichkeit bzw. Unschädlichkeit zu erbringen. Eine rechtliche Beweisführungslast (subjektive Beweislast) obliegt ihnen aufgrund des Vorsorgeprinzips allerdings nicht. 48

C. *Schaffung von «Sicherheitsmargen»*

Nach einer vom Bundesgericht immer wieder verwendeten Formel liegt dem Vorsorgeprinzip «der Gedanke zugrunde, unüberschaubare Risiken zu vermeiden; es schafft eine Sicherheitsmarge, welche Unsicherheiten über längerfristige Wirkungen von Umweltbelastungen berücksichtigt» (BGE 126 II 399, E. 4b [sinngemäss]; 124 II 219, E. 8a; 117 Ib 28, E. 6a; ZBl 1998, 437 ff., E. 2a; vgl. bereits RAUSCH, Kommentar USG, 1. Aufl. [1985], Art. 1 Rz. 19, Art. 8 Rz. 8). Dieser Aspekt des Vorsorgeprinzips ist ein direkter Ausfluss seiner Funktion als Entscheidungsregel für den Fall der Unsicherheit (Rz. 46 ff.). Er verlangt sowohl eine Prognose als auch eine Güterabwägung: Je schwerer die drohende Schädigung wiegt und je grösser die Wahrscheinlichkeit ihres Eintritts ist, desto eingreifendere Massnahmen der Vorsorge sind geboten. 49

Die erforderlichen Sicherheitsmargen sind insbesondere bei der Festlegung von *Belastungsgrenzwerten* zu berücksichtigen (so bereits RAUSCH, Umweltschutzgesetzgebung, 270 f.). In diesem Sinn verlangen Art. 14 und 15 USG, dass bei der Festlegung von Immissionsgrenzwerten auch Erfahrungswissen berücksichtigt wird. Derartiges Erfahrungswissen hat vor allen dort besonderes Gewicht, wo Unsicherheiten über Wirkungszusammenhänge und Wirkungsmechanismen bestehen, solche aufgrund von Erfahrungen Betroffener aber zumindest als sehr wahrscheinlich gelten müssen (SCHRADE/LORETAN, Kommentar USG, Art. 14 Rz. 13; vgl. zum Immissionsgrenzwert im Übrigen Rz. 187 ff., 272, 354). 50

D. Programmatischer Teilgehalt des Vorsorgeprinzips

51 Trotz zahlreichen gesetzlichen Konkretisierungen des Vorsorgeprinzips (Rz. 58 ff.) stehen das Mass und die Mittel der zu treffenden Vorsorge nicht abschliessend fest. Vielmehr muss stets von neuem darum gerungen werden, sowohl im Rahmen der Rechtsetzung als auch bei der Beurteilung von konkreten Einzelfällen. Insofern weist das Vorsorgeprinzip – wie das Nachhaltigkeitsprinzip – eine eminent programmatische Komponente auf, die den Gesetzgeber und die rechtsanwendenden Organe im Sinne eines *Optimierungsgebots* verpflichtet, das Vorsorgeprinzip so gut wie möglich zu konkretisieren, ihnen aber auch einen gewissen Gestaltungsspielraum belässt.

E. Justiziabler Teilgehalt des Vorsorgeprinzips

52 Anders als das Nachhaltigkeitsprinzip ist das Vorsorgeprinzip aber nicht nur ein programmatischer Grundsatz; vielmehr weist es – ähnlich wie das Verhältnismässigkeitsprinzip, das Rechtsgleichheitsgebot oder der Grundsatz des Vertrauensschutzes – auch Gehalte eines justiziablen, d.h. *subsumtionsfähigen Rechtssatzes* auf. So dient das Vorsorgeprinzip im Rahmen der Rechtsanwendung nicht nur als Auslegungshilfe (vgl. dazu Rz. 57), sondern zuweilen auch als direkt anwendbare Norm. In solchen Fällen, in denen weder an eine spezifische gesetzliche Konkretisierung des Vorsorgeprinzips noch an eine andere Norm angeknüpft werden kann, stellt das Vorsorgeprinzip selbst den einschlägigen, unmittelbar anwendbaren Rechtssatz dar, der zur Beantwortung einer Rechtsfrage führt.

53 PIERRE TSCHANNEN wendet hiergegen ein, als Anweisung an die Adresse Privater sei das «nackte Vorsorgeprinzip» *viel zu unbestimmt*. Auch wenn der Gesetzgeber auf Grundsätze und Generalklauseln nicht verzichten müsse, verlange das *Legalitätsprinzip* eine adäquate Normdichte. Insbesondere an den Bürger gerichtete Vorschriften seien so präzis zu formulieren, dass dieser sein Verhalten danach richten und die Folgen eines bestimmten Verhaltens mit einem den Umständen entsprechenden Grad an Gewissheit erkennen könne. Art. 1 Abs. 2 USG erfülle diese rechtsstaatlichen Anforderungen nicht und tauge deshalb allein auch nicht als Verfügungsgrundlage (Kommentar USG, Art. 1 Rz. 28 f.).

54 Diesem gewichtigen Einwand ist insofern Rechnung zu tragen, als sich der justiziable Teilgehalt des Vorsorgeprinzips grundsätzlich nicht auf Bereiche bezieht, die *unmittelbar* die *Rechtsstellung des Einzelnen* betreffen. Wo es hingegen um *Handlungsanweisungen an die Behörden* geht, kommt das Legalitätsprinzip weniger streng zum Tragen, so dass durchaus Spielräume für «Durchgriffe» des Vorsorgeprinzips bestehen, auch wenn sich dies *indirekt* auf die Rechte und Pflichten Privater auswirkt. So verpflichtet das Vorsorgeprinzip die Behörden beispielsweise, die potenziellen Auswirkungen einer geplanten Anlage und die

zu treffenden Emissionsbegrenzungsmassnahmen bereits im Bewilligungszeitpunkt zu beurteilen – gestützt auf eine Prognose – und nicht erst nach Erstellung bzw. Inbetriebnahme der Anlage (Bundesgerichtsurteil in URP 2002, 685 ff., E. 2.3, Schwanden). Eine derartige Verpflichtung lässt sich aus keiner anderen Norm ableiten.

Weitere Beispiele: Das Bundesgericht erachtete es aufgrund des Vorsorgeprinzips nicht nur als zulässig, sondern als geboten, im Rahmen der Beurteilung der lufthygienischen Auswirkungen eines grösseren Bauvorhabens auch die vorhersehbare Erhöhung des Verkehrsaufkommens durch weitere projektierte Bauvorhaben in der näheren Umgebung zu berücksichtigen (BGE 124 II 272, E. 3c, Schlieren).

Im Zusammenhang mit Nachtflügen auf einem Regionalflughafen hielt das Bundesgericht fest, die Grundsätze über die vorsorgliche Emissionsbegrenzung würden es nicht zulassen, dass das Bundesamt für Zivilluftfahrt darauf verzichte, die Einführung zusätzlicher oder präziserer Betriebsrestriktionen für Zeitabschnitte des Tages zu prüfen, die besonders sensibel sind und für die es grundsätzlich erlaubt ist, eine spezifische Regelung zu treffen (BGE 125 II 643 / URP 2000, 337 ff., E. 19b cc–dd, Flughafen Lugano-Agno).

Der Regierungsrat des Kantons Schwyz hatte im Zusammenhang mit einem Strassenprojekt zu prüfen, ob ein Verkehrskreisel einer gesteuerten Lichtsignalanlage vorzuziehen sei. Er bejahte dies mit der Begründung, dass ein Kreisel dem Vorsorgeprinzip besser Rechnung trage, weil die Luftschadstoffe und Lärmimmissionen dadurch reduziert würden (URP 1994, 32 ff., E. 7e, Altendorf).

Erst recht zu bejahen ist die unmittelbare Anwendbarkeit des Vorsorgeprinzips dort, wo klärungsbedürftige Fragen schlicht zu beantworten sind, namentlich wenn das *Verhältnis zwischen verschiedenen gesetzlichen Regelungen* in Frage steht. In einem solchen Fall führt die isolierte Auslegung der betreffenden Normen nicht zum Ziel. 55

Das Bundesgericht entschied in (impliziter) Anwendung des Vorsorgeprinzips, dass die Aufstufung eines Gebiets in die nächst höhere Lärmempfindlichkeitsstufe wegen Lärmvorbelastung gemäss Art. 43 Abs. 2 LSV erst dann zulässig sei, wenn eine Sanierung der emittierenden Anlage – d.h. eine Sanierung an der Quelle – nicht in Betracht komme (ZBl 1996, 407 ff. / URP 1995, 303 ff., E. 5a, Rüschlikon). Hier war also das Verhältnis zwischen der Sanierungspflicht einerseits und der Möglichkeit der Höhereinstufung andererseits zu klären.

Schliesslich kann das Vorsorgeprinzip – über den Anwendungsbereich von Art. 11 Abs. 2 USG hinaus (dazu Rz. 59 und 177 ff.) – in gewissen Ausnahmesituationen eine Rechtsgrundlage für *Bewilligungsverweigerungen* darstellen (vgl. GRIFFEL, Grundprinzipien, Nrn. 132 ff.). 56

So entschied das Verwaltungsgericht des Kantons Zürich, dass die Bewilligung für eine Kompostieranlage mit offener Mietenkompostierung, welche voraussichtlich zu erheblichen Geruchsbelästigungen geführt hätte, «wegen Verletzung des Vorsorgeprinzips zu verweigern» sei. (Bei der Mietenkompostierung wird das Grüngut zu einem hohen und langgezogenen Haufen geschichtet.) Ausschlaggebend war, dass lästige Gerüche von Kompostanlagen durch die Wahl eines geschlossenen Systems weitgehend vermieden werden können. Nach Prüfung der voraussichtlich billigsten Variante, der teilweisen Einhausung mit Biofilter, kam das Gericht zu folgendem Schluss: «Erweist sich demgemäss bereits diese Variante als technisch und betrieblich möglich sowie wirtschaftlich tragbar, so ist die angefochtene Baubewilligung wegen Verletzung des Vorsorgeprinzips und ohne die Prüfung der Realisierbarkeit und wirtschaftlichen Zumutbarkeit weiterer Varianten aufzuheben» (RB 1997 Nr. 109, E. 2 [zusammengefasst in URP 1997, 615 ff., dort E. 9]).

Das Polizei- und Militärdepartement des Kantons Basel-Stadt schützte unter Berufung auf das Vorsorgeprinzip die Verweigerung der Bewilligung für ein privates, etwa 60 Sekunden dauerndes Feuerwerk auf dem Rhein; dies in Anbetracht der damit verbundenen beträchtlichen Schadstoff- und Lärmemissionen (URP 1992, 175 ff., Basel).

F.   Das Vorsorgeprinzip als Auslegungshilfe

57   Eine grosse Bedeutung kommt dem Vorsorgeprinzip als Auslegungs- bzw. Konkretisierungshilfe zu, wenn es also darum geht, den Sinngehalt und die Tragweite einer bestimmten Rechtsnorm zu ermitteln.

Beispiele: Neue ortsfeste Anlagen müssen nach Art. 25 Abs. 1 USG und Art. 7 Abs. 1 Bst. b LSV grundsätzlich die Planungswerte für Lärm einhalten, bestehende, aber wesentlich geänderte Anlagen hingegen bloss die Immissionsgrenzwerte (Art. 8 Abs. 2 LSV). Zur Abgrenzung dieser beiden Kategorien erwog das Bundesgericht, dass der Gesetzgeber mit Art. 25 USG nicht nur neue, vorher noch nicht existierende Anlagen im Auge gehabt habe, sondern auch bestehende Anlagen, die in konstruktiver und funktionaler Beziehung so weit verändert werden, dass das, was von der bisherigen Anlage weiterbestehe, von geringerer Bedeutung erscheine als der erneuerte Teil. Für die Abgrenzung sei unter anderem die dem Gesetz zugrunde liegende Zielsetzung der Vorsorge massgebend (BGE 116 Ib 435 / Pra 1992 Nr. 32, E. 5d bb, Edilbeton S.A.; BGE 123 II 325, E. 4c aa, Murten).

Weiter stellte sich dem Bundesgericht die Frage, ob eine bestehende Anlage, welche bislang keinen oder nur geringfügigen Lärm verursacht hat und nun in eine lärmige Anlage geändert wird, nach Art. 25 USG oder nach Art. 8 LSV zu beurteilen sei, d.h. ob eine derartige Anlage die Planungswerte oder nur die Immissionsgrenzwerte einhalten müsse. Unter Rückgriff auf das Vorsorgeprinzip entschied sich das Bundesgericht für die strengere Behandlung einer solchen Anlage als Neuanlage (URP 1999, 264 ff., E. 3a, Stadt Luzern).

IV. Konkretisierungen des Vorsorgeprinzips in der Gesetzgebung

58   Das Vorsorgeprinzip hat im positiven Gesetzes- und Verordnungsrecht eine ausserordentlich breite und tiefe Konkretisierung erfahren, was seine eingangs (Rz. 41) erwähnte Bedeutung als grundlegende Strategie des Umweltrechts widerspiegelt.

A.   Vorsorgliche Emissionsbegrenzung

59   Die wohl wichtigste Konkretisierung, die manchmal sogar – zu Unrecht – mit dem Vorsorgeprinzip schlechthin gleichgesetzt wird, findet sich in *Art. 11 Abs. 2 USG* betreffend die vorsorgliche Emissionsbegrenzung:

«Unabhängig von der bestehenden Umweltbelastung sind Emissionen im Rahmen der Vorsorge so weit zu begrenzen, als dies technisch und betrieblich möglich und wirtschaftlich tragbar ist.»

Für die Bereiche *Luftreinhaltung* und *nichtionisierende Strahlen* hat der Bundesrat die vorsorgliche Emissionsbegrenzung durch Verordnungen im Sinne von Art. 12 Abs. 2 USG näher konkretisiert. So enthält die Luftreinhalte-Verordnung in den Anhängen 1 bis 4 *Emissionsgrenzwerte* und andere Emissionsbegrenzungsvorschriften, die von neuen stationären Anlagen eingehalten werden müssen (Art. 3 LRV). Die Verordnung über den Schutz vor nichtionisierender Strahlung definiert in Anhang 1 *Anlagegrenzwerte,* welche die von einer Anlage allein erzeugte Strahlung begrenzen (Art. 3 Abs. 6 NISV) und wesentlich tiefer liegen als die Immissionsgrenzwerte (vgl. im Einzelnen Rz. 196, 355, 358 ff.). 60

B. *Umweltverträglichkeitsprüfung*

Eine weitere bedeutende Konkretisierung des Vorsorgeprinzips (wie auch des Prinzips der ganzheitlichen Betrachtungsweise) stellt das in Art. 9 USG vorgesehene Institut der Umweltverträglichkeitsprüfung dar. Die UVP gewährleistet, dass alle umweltrelevanten Aspekte einer Anlage bereits im Projektstadium *vorausschauend erfasst und beurteilt* werden können, also so frühzeitig, dass die Entscheidungsfreiheit auf Seiten der Behörden und die Korrekturmöglichkeiten auf Seiten der Bauträgerschaft noch weitgehend vorhanden sind (vgl. im Einzelnen § 15). 61

C. *Bodenschutz*

Eine starke Ausprägung hat das Vorsorgeprinzip im Bodenschutzrecht erfahren, weil sich der Boden von Belastungen – wenn überhaupt – nur sehr langsam erholt und weil insbesondere schwer abbaubare Schadstoffe wie Blei, Kupfer oder Cadmium im Boden akkumuliert werden. Aus diesem Grund sind Bodenbelastungen wenn immer möglich zum Vornherein zu vermeiden. Im Bodenschutzrecht liegt das Schwergewicht der Massnahmen deshalb ganz besonders auf der Vorsorge (Tschannen, Kommentar USG, Art. 33 Rz. 20). 62

Um Massnahmen der Vorsorge handelt es sich zunächst bei den *allgemeinen Bodenschutzmassnahmen* nach Art. 33 USG, die auf das Ziel der langfristigen Erhaltung der Bodenfruchtbarkeit ausgerichtet sind und bei qualitativ noch unversehrten Böden zum Tragen kommen (Tschannen, a.a.O., Art. 33 Rz. 5, 33). Dementsprechend sind die (in Anhang 1 bis 3 VBBo festgelegten) *Richtwerte,* welche die Belastung angeben, «bei deren Überschreitung die Fruchtbarkeit des Bodens nach dem Stand der Wissenschaft oder der Erfahrung langfristig nicht 63 mehr gewährleistet ist» (Art. 35 Abs. 2 USG), reine Vorsorgewerte (TSCHANNEN, a.a.O., Art. 35 Rz. 3). Sie bezeichnen die oberste Belastung, bei der normalerweise noch von langfristig intaktem Boden gesprochen werden kann, und wollen sicherstellen, dass die Multifunktionalität des Bodens ohne Nutzungseinschränkungen erhalten bleibt. Die Überschreitung eines Richtwerts bedeutet noch nicht, dass die Bodenfruchtbarkeit aktuell beeinträchtigt oder auch nur gefährdet ist. Damit bei einer Überschreitung des Richtwerts genügend Zeit verbleibt, um mit Massnahmen nach Art. 34 Abs. 1 USG weitere Belastungen zu unterbinden, müssen die Richtwerte deutlich unter der Schädlichkeitsschwelle liegen (TSCHANNEN, a.a.O., Art. 35 Rz. 24 f.).

64 Bei einer Überschreitung der Richtwerte kommt das dreistufige Konzept *weiter gehender Massnahmen* gemäss Art. 34 USG zum Tragen. In einer ersten Stufe, dem sogenannten *Quellenstopp* (Abs. 1), verschärfen die Kantone die in Art. 33 USG vorgesehenen allgemeinen Bodenschutzmassnahmen, bis ein weiterer Anstieg der Bodenbelastung verhindert wird (Art. 8 Abs. 2 VBBo). Diese weiter gehenden Massnahmen der ersten Stufe sind immer noch Massnahmen im Rahmen der Vorsorge, zumal sie keine aktuelle oder in naher Zukunft zu erwartende Beeinträchtigung der Bodenfruchtbarkeit voraussetzen. Das Gesetz sieht somit innerhalb des Vorsorgebereichs zwei Massnahmenstufen vor (TSCHANNEN, a.a.O., Art. 34 Rz. 9, 16). Die zweite und dritte Stufe der in Art. 34 USG vorgesehenen weiter gehenden Massnahmen (Nutzungseinschränkung, Abs. 2; Sanierung, Abs. 3) haben – bezogen auf das Schutzgut Boden – hingegen keinen Vorsorgecharakter mehr.

D. Weitere Konkretisierungen

65 Auch Art. 10 USG über den *Katastrophenschutz,* der in der Störfallverordnung näher konkretisiert wird, ist in erster Linie auf die Vorsorge ausgerichtet. Ausserordentliche Ereignisse, die zu einer schweren Schädigung der Umwelt oder des Menschen führen können, sollen durch geeignete Massnahmen vermieden oder in ihren Auswirkungen begrenzt werden (SEILER, Kommentar USG, Art. 10 Rz. 3).

66 Art. 23 USG beauftragt den Bundesrat, *Planungswerte* für *Lärm* festzulegen, welche unter den Immissionsgrenzwerten liegen. Diesem Auftrag ist der Bundesrat in den Anhängen 3 bis 8 der Lärmschutz-Verordnung nachgekommen. Die Planungswerte sollen gewährleisten, dass auch beim Zusammentreffen von Lärm mehrerer Anlagen oder bei einer anderweitigen Zunahme der Lärmbelastung wenigstens die Immissionsgrenzwerte eingehalten bleiben. Es handelt sich somit um ein Instrument der Lärmvorsorge (ZÄCH/WOLF, Kommentar USG, Art. 23 Rz. 8 f., 15 f.; GRIFFEL, Grundprinzipien, Nrn. 105 ff.).

Bei den *umweltgefährdenden Stoffen* wurde der Schutz generell auf die Stufe der 67
möglichen Gefährdung vorverlegt (Art. 26 Abs. 1, 27 Abs. 1 Bst. b, 28 Abs. 1
USG). Dies ist Ausdruck des Vorsorgeprinzips.

Dasselbe gilt für *umweltgefährdende Organismen* (Art. 29a Abs. 1 Bst. a USG). 68
Ein besonderes Gewicht kommt der Vorsorge im Zusammenhang mit gentechnisch veränderten oder pathogenen Organismen zu, weshalb der Gesetzgeber
Bewilligungspflichten für den Freisetzungsversuch und für das Inverkehrbringen solcher Organismen vorsah und eine besondere Sorgfaltspflicht im Zusammenhang mit Einschliessungsmassnahmen statuierte. Art. 2 Abs. 1 GTG hält
nun – in Anlehnung an Art. 1 Abs. 2 USG – ausdrücklich fest, dass Gefährdungen und Beeinträchtigungen durch gentechnisch veränderte Organismen im
Sinne der Vorsorge frühzeitig zu begrenzen sind.

Art. 30 USG, die Grundsatzbestimmung des *Abfallrechts,* ruft in Abs. 1 an erster 69
Stelle kurz und bündig das Vorsorgeprinzip in Erinnerung: «Die Erzeugung von
Abfällen soll soweit möglich vermieden werden.»

Das *Altlastenrecht* ist ebenfalls in weiten Teilen vom Gedanken der Vorsorge ge- 70
prägt (vgl. GRIFFEL, Grundprinzipien, Nr. 117).

Auch im *Gewässerschutzrecht* gilt das Gebot, jede mögliche und zumutbare Vor- 71
sorge zu treffen, um eine Schädigung der Umwelt zu verhindern. Seine spezifische Ausprägung hat es hier in der *allgemeinen Sorgfaltspflicht* gemäss Art. 3
GSchG gefunden (vgl. Bundesgerichtsurteil in URP 1994, 501 ff., E. 4f, Stadt Zürich; Urteil des Verwaltungsgerichts ZH in URP 1998, 232 ff., E. 5b aa). Der Vorsorge dient ferner der *planerische Schutz* der Gewässer durch die Bezeichnung
von Gewässerschutzbereichen sowie die Ausscheidung von Grundwasserschutzzonen und Grundwasserschutzarealen gemäss Art. 19–21 GSchG (Rz. 395 ff.).

Der Gedanke der Vorsorge hat sich auch in weiteren umweltrelevanten Rechts- 72
gebieten niedergeschlagen. Zu erwähnen ist an erster Stelle das *Raumplanungsrecht,* welches in einem frühen Stadium Wesentliches dazu beitragen kann,
potenzielle Nutzungskonflikte zu vermeiden und schädliche oder lästige Umweltbeeinträchtigungen gar nicht erst entstehen zu lassen. Die Bedeutung des
Vorsorgeprinzips geht namentlich aus den in Art. 3 RPG enthaltenen Planungsgrundsätzen hervor: Danach sind Siedlungen so zu gestalten, dass «Wohngebiete
vor schädlichen oder lästigen Einwirkungen wie Luftverschmutzung, Lärm und
Erschütterungen möglichst verschont werden» (Art. 3 Abs. 3 Bst. b RPG). Ferner sollen für öffentliche oder im öffentlichen Interesse liegende Bauten und
Anlagen sachgerechte Standorte bestimmt und dabei «nachteilige Auswirkungen auf die natürlichen Lebensgrundlagen, die Bevölkerung und die Wirtschaft
vermieden oder gesamthaft gering gehalten werden» (Art. 3 Abs. 4 Bst. c RPG).
Aus dem Vorsorgeprinzip ergibt sich insbesondere die Verpflichtung, raumplanerische Massnahmen mit den Anforderungen des Umweltschutzes in Einklang
zu bringen. Sind mehrere Lösungen möglich, so haben die Planungsbehörden
diejenige zu wählen, welche die Umweltbelastung am geringsten hält und im

Hinblick auf die erwünschte Siedlungsentwicklung eine haushälterische Nutzung des Bodens gewährleistet (BGE 116 Ib 265 / Pra 1991 Nr. 90, E. 4c, Chigny).

73 Auch im *Natur- und Heimatschutzrecht* beansprucht das Vorsorgeprinzip Geltung, was namentlich durch die in Art. 3 Abs. 1 und 18 Abs. 1 NHG formulierten Grundregeln zum Ausdruck kommt.

74 Schliesslich versteht das *Energiegesetz* unter einer umweltverträglichen Energieversorgung «den schonenden Umgang mit den natürlichen Ressourcen, den Einsatz erneuerbarer Energien und die Vermeidung schädlicher oder lästiger Einwirkungen auf Mensch und Umwelt» (Art. 5 Abs. 3 EnG).

V. Vorsorgeprinzip und Verhältnismässigkeitsprinzip

75 Komplex ist die Beziehung zwischen dem Vorsorgeprinzip und dem Verhältnismässigkeitsprinzip (Art. 5 Abs. 2 BV; ausführlich GRIFFEL, Grundprinzipien, Nrn. 146 ff.; siehe ferner TSCHANNEN, Kommentar USG, Art. 1 Rz. 40). Die beiden Verfassungsgrundsätze *beeinflussen sich gegenseitig:*

76 Einerseits setzt das *Verhältnismässigkeitsprinzip* – welches absolute Geltung beansprucht – dem Vorsorgeprinzip Schranken: Unverhältnismässiges darf auch im Rahmen der Vorsorge nicht verlangt werden. Das Verhältnismässigkeitsprinzip *begrenzt* mithin die *materielle Tragweite des Vorsorgeprinzips.*

Dabei ist umstritten, ob sich das in Art. 11 Abs. 2 USG enthaltene Kriterium der «wirtschaftlichen Tragbarkeit» mit dem Begriff der «Zumutbarkeit» (Verhältnismässigkeit im engeren Sinn) deckt bzw. welches dieser beiden Kriterien dem anderen vorgeht (siehe dazu GRIFFEL, Grundprinzipien, Nrn. 155 ff., der dem subjektiven Kriterium der Zumutbarkeit gegenüber dem objektivierten Kriterium der wirtschaftlichen Tragbarkeit [vgl. Art. 4 Abs. 3 LRV; Art. 3 Abs. 5 NISV] den Vorrang einräumt). Von nennenswerter praktischer Bedeutung ist die Kontroverse jedoch nicht.

77 Anderseits hat das *Vorsorgeprinzip* auch Auswirkungen auf das Verhältnismässigkeitsprinzip: Es spielt eine Rolle als *Faktor bei der Interessenabwägung,* indem es dem öffentlichen Interesse am Umweltschutz, welches gegen die betroffenen privaten Interessen abzuwägen ist, grösseres Gewicht verleiht. Manchmal wird der Vorsorgegedanke bei der Güterabwägung sogar wie ein eigenständiger Gesichtspunkt behandelt.

Beispiel: Eine Anlage für die Sortierung von Bausperrgut und Bauschutt führte zu verschiedenen Gewässerverunreinigungen, weil sie nicht gegen Niederschläge geschützt war. Die zuständige Behörde ordnete deshalb die Überdachung der Anlage an. Das Verwaltungsgericht des Kantons Zürich bestätigte diese Anordnung mit folgender Begründung: «Angesichts der ... wichtigen Gründe, welche die Errichtung eines Niederschlagsschutzes als geeignete und erforderliche Massnahme erscheinen lassen, steht deren Anordnung auch dann noch in einem vernünftigen Verhältnis zu den Auswirkungen auf die Beschwerdeführerin, wenn erhebliche finanzielle Mittel aufzuwenden sind. Das

Interesse an einer wirksamen Prävention unter Einbezug einer Sicherheitsmarge ... wiegt deutlich höher.» Mit Blick auf «das vom Gesetzgeber stark gewichtete Vorsorgeprinzip» könne nicht von einer unverhältnismässigen Massnahme gesprochen werden (URP 1998, 232 ff., E. 5c und E. 6).

§ 3   *Verursacherprinzip*

I.   Gedanke und Zweck des Verursacherprinzips

Das Verursacherprinzip ist eine *Kostenzurechnungsregel.* Die englische und   78
französische Bezeichnung «polluter pays principle» bzw. «principe pollueur-
payeur» bringen dies deutlicher zum Ausdruck. Das Verursacherprinzip war ursprünglich ökonomisch motiviert (Beseitigung von Wettbewerbsverzerrungen),
dient heute aber auch ökologischen Zielen. Es bezweckt die *Internalisierung externer Kosten,* d.h. die Überwälzung von Kosten, die bei Dritten oder bei der Allgemeinheit anfallen, auf ihre Verursacher. Die Verursacher sollen die gesell-
schaftlichen Kosten ihres Handelns also selbst tragen.

So verursacht beispielsweise der motorisierte Strassenverkehr in der Schweiz ungedeckte externe Folgekosten in Milliardenhöhe. Diese setzen sich zusammen aus Schäden an
Umwelt und Gebäuden, aus Produktionsausfällen aufgrund vorzeitiger Todesfälle, aus
medizinischen Behandlungskosten, zusätzlichen Spitalpflegetagen, Administrativkosten,
«verlorenen» Tagen wegen Arbeitsunfähigkeit etc., aber auch aus immateriellen Einbussen wie körperlichem und seelischem Schmerz oder Verlust an Lebensfreude. Allein die
verkehrsbedingte Luftverschmutzung hat ungedeckte Gesundheitskosten von jährlich
Fr. 1,6 Mia. zur Folge. Hinzu kommen Gebäudeschäden von Fr. 544 Mio. pro Jahr (Bericht über die lufthygienischen Massnahmen des Bundes und der Kantone vom 23. Juni
1999, BBl 1999, 7735 ff., 7741).

Das Verursacherprinzip ist somit das Gegenstück zum *Gemeinlastprinzip,* nach   79
welchem die Kosten von der Allgemeinheit bzw. vom Gemeinwesen getragen
und aus allgemeinen Steuermitteln finanziert werden.

Die grosse Bedeutung des Verursacherprinzips für den Umweltschutz liegt   80
darin, dass es einen *Anreiz für umweltfreundliches Verhalten* schafft. Es handelt
sich um ein Instrument zur *indirekten Verhaltenslenkung* (Rz. 96).

Mit dem (privatrechtlichen) *Haftpflichtrecht* hat das (öffentlichrechtliche) Ver-   81
ursacherprinzip gemeinsam, dass es zu einer Durchbrechung des Grundsatzes
«casum sentit dominus» führt, indem geldwerte Einbussen nicht von den
Betroffenen getragen werden müssen, sondern auf einen Dritten – eben den
Verursacher bzw. den Schädiger – überwälzt werden können (ausführlicher zur
Abgrenzung des Verursacherprinzips vom Haftpflichtrecht GRIFFEL, Grundprinzipien, Nrn. 245 ff.).

II. Begriff des Verursacherprinzips

82 Von grundlegender Bedeutung für das Verständnis des Verursacherprinzips nach schweizerischem Recht ist die Unterscheidung zwischen dem *Verursacherprinzip im weiteren Sinn* (A.) und dem *Verursacherprinzip im engeren Sinn* (B.). Verschiedene Missverständnisse in Lehre und Rechtsprechung sind darauf zurückzuführen, dass diese Unterscheidung nicht immer genügend beachtet wird.

A. *Verursacherprinzip im weiteren Sinn*

83 Wie einleitend erwähnt, bezweckt das Verursacherprinzip die Internalisierung externer Kosten. *Externe Kosten* sind Kosten, die nicht bei ihrem Verursacher entstehen und die er deshalb nicht selbst trägt, sondern die bei Dritten oder bei der Allgemeinheit anfallen. Es handelt sich um Kosten, die ihre Ursache in der Vermeidung, Beseitigung oder Duldung von Umweltbelastungen haben; dementsprechend spricht man von Vermeidungs-, Beseitigungs- und Duldungskosten.

Unter *Internalisierung* versteht man die (Rück-)Überwälzung externer Kosten auf ihre Verursacher.

84 Das Verursacherprinzip im weiteren Sinn unterscheidet sich vom Verursacherprinzip im engeren Sinn dadurch, dass es *keinen direkten Kausalzusammenhang* zwischen einem konkreten umweltschädigenden Verhalten einerseits und den konkret getroffenen Massnahmen bzw. den konkret entstandenen Kosten oder Schäden anderseits verlangt. Es genügt, dass ein bestimmtes Verhalten oder ein bestimmter Zustand als solcher umweltschädigend ist; nicht erforderlich ist, dass man genau weiss, wo im konkreten Fall die Schädigung eintritt und wie hoch im konkreten Fall die Kosten für deren Beseitigung bzw. die zu duldende Restbelastung sind. Bemessungskriterium ist also nicht der von den Betroffenen individuell erlittene Nachteil (GRIFFEL, Grundprinzipien, Nr. 213).

Beim Verursacherprinzip im weiteren Sinn entfällt demnach der Kausalitätsnachweis. Dies ist vor allem deshalb von grosser Bedeutung, weil es sich bei den heutigen Umweltproblemen nur noch sehr beschränkt um monokausale Phänomene handelt. Je zahlreicher die Quellen sind, deren Zusammenwirken bestimmte Nachteile verursacht, desto schwieriger ist es, Kausalzusammenhänge festzustellen und individuell zuzuordnen.

85 An sich müssten für eine umfassende Verwirklichung des so verstandenen Verursacherprinzips sämtliche umweltschädigenden Verhaltensweisen und Zustände, die einzelnen Verursacheranteile sowie die Gesamtsumme der zu internalisierenden externen Kosten bekannt sein. Umweltschädigungen sind jedoch häufig immaterieller Art, und insbesondere Duldungskosten lassen sich oftmals kaum quantifizieren. Aber selbst dann, wenn Schädigungen in Geldwert ausge-

drückt werden können, lässt sich ihre Höhe unter Umständen nur schwer feststellen. Die Internalisierung kommt deshalb dort, wo die externen Kosten einem Verursacher nicht direkt zugeordnet werden können, *mittelbar* zustande: Gestützt auf Wahrscheinlichkeits- und Erfahrungswerte werden die voraussichtlichen durchschnittlichen Vermeidungs- und Beseitigungskosten errechnet und auf die einzelnen Verursacher aufgeteilt; dabei sind Pauschalierungen bis zu einem gewissen Grad unumgänglich. Das Instrument der Überwälzung ist die *öffentliche Abgabe*. Dementsprechend sind im Zusammenhang mit dem Verursacherprinzip im weiteren Sinn – aber nur mit diesem! – auch die Grundsätze des Abgaberechts zu beachten, namentlich die erhöhten Anforderungen an die gesetzliche Grundlage (Rz. 104).

B. Verursacherprinzip im engeren Sinn

Im Gegensatz zum Verursacherprinzip im weiteren Sinn erfordert das Verursacherprinzip im engeren Sinn einen *direkten Kausalzusammenhang* zwischen einem konkreten umweltschädigenden oder umweltgefährdenden Verhalten bzw. Zustand und den daraus konkret entstandenen externen Kosten. Zu internalisieren sind nach diesem Begriffsverständnis also nur die *quantifizierbaren* und *individualisierbaren* (externen) Vermeidungs-, Beseitigungs- oder Duldungskosten, d.h. diejenigen bezifferbaren externen Kosten, die sich einem konkreten Verursacher zurechnen lassen. Dem Verursacherprinzip im engeren Sinn kommt somit eine viel bescheidenere Tragweite zu als dem Verursacherprinzip im weiteren Sinn (GRIFFEL, Grundprinzipien, Nr. 218). 86

Der Verfassungs- bzw. Gesetzgeber hat in Art. 74 Abs. 2 Satz 2 BV und in Art. 2 USG lediglich das Verursacherprinzip im engeren Sinn verwirklicht. Erfasst werden nur diejenigen Kosten, die quantifiziert und einem bestimmten Verursacher individuell zugerechnet werden können; denn Art. 2 USG schreibt vor, dass es sich um Kosten für «*Massnahmen nach diesem Gesetz*» handeln muss («Wer Massnahmen nach diesem Gesetz verursacht, trägt die Kosten dafür»; gleich lautend nun auch Art. 3a GSchG und Art. 2 Abs. 2 GTG). Es geht also um Kosten, die bei einem bestimmten, vom Gesetz näher bezeichneten Handlungspflichtigen anfallen, der mit dem Verursacher nicht identisch zu sein braucht. Überdies fallen Duldungskosten nach der vom Verfassungs- und Gesetzgeber gewählten, engen Konzeption grundsätzlich ausser Betracht, da das Dulden einer Umweltbelastung bzw. freiwillige Abhilfemassnahmen der Betroffenen keine «Massnahmen nach diesem Gesetz» darstellen (siehe allerdings Rz. 108); Art. 74 Abs. 2 Satz 2 BV erwähnt denn auch nur die «Kosten der Vermeidung und Beseitigung». 87

Zu den «Massnahmen nach diesem Gesetz» zählen auch Massnahmen, die in den Ausführungsverordnungen zum USG bzw. zum GSchG, in umweltrelevanten Verordnungsbestimmungen zu andern Bundesgesetzen sowie im kantonalen Ausführungsrecht vorgesehen sind (SEILER, Kommentar USG, Art. 2 Rz. 55).

III. Begriff des Verursachers

88 Der Begriff des Verursachers wird im positiven Recht, insbesondere im Umweltschutzgesetz, nicht näher definiert. Sowohl der «*Eigentümer*» (Art. 20 Abs. 2, 25 Abs. 3 USG) als auch der «*Inhaber*» (Art. 31b, 31c Abs. 1, 32 USG) als auch der «*Betreiber*» (Art. 10 Abs. 1 USG) können Verursacher sein. Dasselbe gilt für den «*Hersteller*» (Regierungsrat Aargau in ZBl 1996, 128 ff., E. 4d). Auch der «*Anbieter*» von Waren, namentlich der Betreiber eines Einkaufszentrums, kann Verursacher des Kundenverkehrs sein (BGE 125 II 129, E. 10b, Belp). Ferner spielt es keine Rolle, ob es sich beim Verursacher um ein Privatrechtssubjekt, ein Gemeinwesen, eine öffentlichrechtliche Körperschaft oder eine öffentlichrechtliche Anstalt handelt.

89 Lehre und Rechtsprechung greifen deshalb – in Ermangelung einer überzeugenderen Lösung – auf den polizeirechtlichen Begriff des *Störers* zurück: «Als Verursacher gelten die Störer im polizeirechtlichen Sinn» (Bundesgerichtsurteil in URP 1994, 501 ff., E. 3, Stadt Zürich). Dabei können sowohl Verhaltensstörer als auch Zustandsstörer Verursacher sein. *Verhaltensstörer* ist, wer durch sein eigenes Verhalten – d.h. sein Tun oder Unterlassen – oder durch das Verhalten Dritter, für die er verantwortlich ist, die öffentliche Ordnung und Sicherheit unmittelbar stört oder gefährdet. Als *Zustandsstörer* wird bezeichnet, wer die tatsächliche oder rechtliche Herrschaft über Sachen innehat, welche die Polizeigüter unmittelbar stören oder gefährden. Nebst dem Eigentümer kommen beispielsweise auch Mieter, Verwalter oder Beauftragte als Zustandsstörer in Betracht (HÄFELIN/MÜLLER, Rz. 2490 ff.; vgl. zum Verhältnis zwischen dem Störerprinzip und dem Verursacherprinzip GRIFFEL, Grundprinzipien, Nrn. 330 ff.).

Aus der Gleichsetzung der Begriffe des Störers und des Verursachers ergibt sich das Erfordernis der *Unmittelbarkeit* der Verursachung (sogenannte Unmittelbarkeitstheorie). In der Kausalkette entferntere, lediglich mittelbare Verursachungen scheiden aus (BGE 118 Ib 407, E. 4c; 114 Ib 44, E. 2a).

Weiter folgt aus dem Störerprinzip, dass es für die Bejahung der Verursachereigenschaft nicht auf ein konkretes *Verschulden* ankommt; denn ein solches ist nicht Voraussetzung der Störereigenschaft (BGE 127 I 60, E. 5c, Muri; 114 Ib 44, E. 2c cc). Die Eigenschaft als Störer bzw. Verursacher bestimmt sich vielmehr ausschliesslich nach objektiven Kriterien. (Dennoch ist das Verschulden nicht ohne jede Bedeutung; es spielt eine wichtige Rolle bei der Aufteilung der Kosten unter mehreren Verursachern [Rz. 130].)

Zu beachten ist, dass die Qualifikation als Verursacher nicht zwangsläufig be- 90
deutet, dass die betreffende Person auch kostentragungspflichtig ist. Namentlich
bei einer *Mehrheit von Verursachern* sagt der Begriff des Verursachers noch
nichts darüber aus, wie die Kosten unter den Verursachern letztlich zu verteilen
sind (dazu Rz. 129 ff.). Es gilt also: Jeder Störer ist zwar Verursacher, aber nicht
jeder Verursacher ist automatisch kostentragungspflichtig.

IV. Das Verursacherprinzip als Grundsatz der Bundesverfassung

Bis vor kurzem war das Verursacherprinzip ein Grundsatz des einfachen Geset- 91
zesrechts, allerdings prominent zum Ausdruck gebracht in *Art. 2 USG*. Eine
gleich lautende Bestimmung fand 1997 auch Eingang ins Gewässerschutzgesetz
(Art. 3a GSchG).

Anlässlich der Reform der Bundesverfassung wurde das Verursacherprinzip – 92
gewissermassen im Sog des Nachhaltigkeits- und des Vorsorgeprinzips – in den
Verfassungsrang gehoben. Unmittelbar nach dem Vorsorgeprinzip ist es nun in
Art. 74 Abs. 2 Satz 2 BV verankert:

> «Die Kosten der Vermeidung und Beseitigung [schädlicher oder lästiger Einwir-
> kungen] tragen die Verursacher.» (Die Ergänzung in Klammern ergibt sich aus dem
> Zusammenhang mit Abs. 1.)

Die Erwähnung im Verfassungstext änderte allerdings nichts daran, dass das
Verursacherprinzip – um operabel zu sein – *gesetzlich vorgesehen* sein muss und
wie bisher durch das Gesetz modifiziert oder durchbrochen werden kann. Insofern kann man von einem «unechten Verfassungsprinzip» sprechen (GRIFFEL,
Grundprinzipien, Nr. 229).

Art. 74 Abs. 2 Satz 2 BV statuiert – ebenso wie Art. 2 USG, Art. 3a GSchG
und Art. 2 Abs. 2 GTG – lediglich das *Verursacherprinzip im engeren Sinn* (siehe
Rz. 87).

Bemühungen, auf Verfassungsstufe das *Verursacherprinzip im weiteren Sinn* zu 93
verankern, waren bisher wenig erfolgreich. So arbeitete die nationalrätliche
Kommission für Verkehr und Fernmeldewesen 1999 aufgrund einer Parlamentarischen Initiative zwar einen Verfassungsartikel über die «Kostenwahrheit im
Verkehr» aus (zum Wortlaut vgl. GRIFFEL, Grundprinzipien, Nr. 329); die Vor-
lage scheiterte in der Folge jedoch bereits in der Kommission. Immerhin erfolgte
für den Bereich des Güterstrassenverkehrs mit der *leistungsabhängigen Schwerverkehrsabgabe* (LSVA) ein wichtiger Schritt. Durch die LSVA soll der Schwerverkehr die ihm zurechenbaren Wegekosten sowie die Kosten zulasten der Allgemeinheit langfristig decken (vgl. Rz. 228 ff.).

V. Elemente des Verursacherprinzips

A. *Verursacherprinzip als Kostenzurechnungsprinzip*

94 Das Verursacherprinzip ist ein reines Kostenzurechnungsprinzip. Es sagt nichts darüber aus, ob eine Umweltbelastung zu vermeiden, nach ihrer Entstehung zu beseitigen oder aber zu dulden ist. Aus dem Verursacherprinzip können nach herrschender Auffassung – anders als im deutschen Recht – insbesondere *keine Verhaltenspflichten* abgeleitet werden (GRIFFEL, Grundprinzipien, Nrn. 232 f., 236; RAUSCH, Umweltschutzgesetzgebung, 226; DERS., Kommentar USG, 1. Aufl., Art. 2 Rz. 3; SEILER, Kommentar USG, Art. 2 Rz. 34; anders STEINER, Verursacherprinzip, 23, 77 f.).

95 Dies hindert den Gesetzgeber allerdings nicht daran, den Verursacher durch eine *besondere Vorschrift* explizit oder implizit zu verpflichten, eine Massnahme zu ergreifen. Die Verhaltenspflicht ist dann aber nicht ein Ausfluss des Verursacherprinzips, sondern der betreffenden gesetzlichen Regelung.

Beispiele: Pflicht zur Emissionsbegrenzung (Art. 11 USG); Sanierungspflicht (Art. 16–18 USG); Pflicht zur Durchführung von Untersuchungs-, Überwachungs- und Sanierungsmassnahmen bei belasteten Standorten (Art. 20 AltlV); Pflicht, für besondere Massnahmen zum bestmöglichen Schutz, für Wiederherstellung oder für angemessenen Ersatz zu sorgen, wenn sich eine Beeinträchtigung schutzwürdiger Lebensräume nicht vermeiden lässt (Art. 18 Abs. 1ter NHG).

In diesen Fällen stellt sich auch das Problem der Kostenüberwälzung nicht; denn die mit den entsprechenden Massnahmen einhergehenden Kosten fallen zum Vornherein beim handlungspflichtigen Verursacher an.

B. *Verursacherprinzip als Instrument zur indirekten Verhaltenslenkung*

96 Die Internalisierung externer Kosten hat unmittelbar keinen Einfluss auf das Ausmass der Umweltbelastung. Mittelbar werden die Verursacher durch die Kostentragungspflicht jedoch veranlasst, den ökologischen Folgen ihres Verhaltens Rechnung zu tragen und nach Wegen zu suchen, die Belastung zu reduzieren. Dies kann durch technische Verbesserungen oder durch die Einschränkung umweltbelastender Tätigkeiten erfolgen. Das Verursacherprinzip ist demnach ein Instrument zur indirekten Verhaltenslenkung, ein *Anreiz zu umweltfreundlichem Verhalten*. Darin liegt seine Bedeutung für den Umweltschutz.

97 Eine indirekte Verhaltenslenkung kann allerdings nicht nur durch negative, sondern auch durch *positive wirtschaftliche Anreize* erfolgen. Solche bezwecken zwar nicht die Verwirklichung des Verursacherprinzips, können aber ebenfalls der Erreichung ökologisch wünschbarer Ziele dienen. Hauptbeispiel sind die Direktzahlungen des Landwirtschaftsrechts (Rz. 38).

C. Programmatischer Charakter des Verursacherprinzips

Das Verursacherprinzip beschränkt sich auf die Forderung, externe Kosten zu internalisieren. Über das genaue Mass, die Berechnung und die Verteilung dieser Kosten sagt es nichts aus. Es weist dem Gesetzgeber aber die Richtung, in welche dieser tätig werden soll, um das Ziel – den Schutz der natürlichen Umwelt – zu erreichen. Insofern enthält das Verursacherprinzip – im Sinne eines *Optimierungsgebots* – eine ausgesprochen programmatische Komponente. 98

D. Justiziabler Teilgehalt des Verursacherprinzips?

Das *Verursacherprinzip als solches* ist normativ nicht genügend bestimmt, um im Einzelfall durchsetzbare Rechte und Pflichten der Bürger zu begründen. Es handelt sich also nicht um einen justiziablen Rechtssatz, sondern um ein weiter konkretisierungsbedürftiges Prinzip. 99

Umstritten ist hingegen, ob dies auch gilt, soweit die Anwendung von *Art. 2 USG* in Frage steht. Von der jüngeren Lehre wird die direkte Anwendbarkeit von Art. 2 USG mehrheitlich verneint (so SEILER, Kommentar USG, Art. 2 Rz. 38; STEINER, Verursacherprinzip, 97 ff., 236 f.; VALLENDER / MORELL, Umweltrecht, 137 Rz. 43; WAGNER PFEIFER, Umweltrecht I, 40), ebenso vom Bundesgericht in verschiedenen obiter dicta (BGE 123 I 248, E. 3c; 125 I 449, E. 1b, publiziert in URP 2000, 135 ff., Deponie Teuftal AG). Diese Äusserungen sind jedoch oftmals nicht näher begründet und beruhen meist auf einer ungenügenden Unterscheidung zwischen dem Verursacherprinzip im engeren und im weiteren Sinn. Weshalb Art. 2 USG die unmittelbare Anwendung – die normale und deshalb zu vermutende Rechtsfolge einer konditionalen Rechtsnorm – versagt sein soll, ist nicht einzusehen; dies umso weniger, als die Bestimmung – anders als Art. 32a USG (Rz. 113) und Art. 60a GSchG (Rz. 123) – keinen Konkretisierungsauftrag an den kantonalen Gesetzgeber enthält und normativ ausreichend bestimmt ist, um einer Subsumtion zugänglich zu sein (siehe zum Ganzen GRIFFEL, Grundprinzipien, Nrn. 243 f., 254). 100
Beispiel: siehe Rz. 111.

Der Anwendungsbereich von Art. 2 USG ist allerdings sehr beschränkt, und zwar über die Eingrenzung, die sich aus dem Begriff des Verursacherprinzips im engeren Sinn ergibt, hinaus. Soweit die Kosten nämlich beim *Gemeinwesen* anfallen, greifen Art. 48 und Art. 59 USG als leges speciales Platz (Rz. 124 ff. und 127 f.). 101

Soweit die Kosten bei einem Privaten anfallen und es sich beim Verursacher ebenfalls um einen Privaten handelt, begründet Art. 2 USG aufgrund seiner öffentlichrechtlichen Natur keinen direkten Anspruch gegenüber dem Verursacher. Die *Kostenüberwälzung unter Privaten* hat deshalb mittelbar zu erfolgen, unter Zwischenschaltung des Staates. Hierzu ist zwar kein ergänzendes materielles Recht erforderlich; hingegen bedarf es *ergänzender verfahrensrecht-* 102 *licher Regelungen* (analog Art. 32d Abs. 3 USG; vgl. Rz. 118), damit die Verwaltungsbehörden tätig werden können. Andernfalls bleibt Art. 2 USG in dieser Konstellation eine lex imperfecta.

VI. Verursacherprinzip und Legalitätsprinzip

103   Die Überwälzung externer Kosten auf den Verursacher muss gesetzlich vorgesehen sein. Das Verursacherprinzip steht somit – trotz seiner Aufnahme in die Bundesverfassung (Art. 74 Abs. 2 Satz 2 BV) – vollumfänglich unter dem *Gesetzesvorbehalt*. Es kommt nur insoweit zum Tragen, als es in einem hinreichend bestimmten Rechtssatz vorgesehen ist (Erfordernis des Rechtssatzes); mindestens die Grundzüge der Regelung müssen zudem in einem Gesetz im formellen Sinn enthalten sein (Erfordernis der Gesetzesform). Fehlt eine gesetzliche Regelung, so gilt der allgemeine Grundsatz «casum sentit dominus»; danach muss jeder den von ihm erlittenen Schaden selber tragen, wenn nicht ausnahmsweise eine Rechtsnorm die Abwälzung des Schadens auf einen Dritten erlaubt.

    Ob Art. 2 USG eine genügende gesetzliche Regelung des *Verursacherprinzips im engeren Sinn* darstellt, ist umstritten (siehe Rz. 100).

104   Beim *Verursacherprinzip im weiteren Sinn,* welches mittels öffentlicher Abgaben umzusetzen ist, richten sich die Anforderungen an die gesetzliche Grundlage nach den strengeren Grundsätzen des Abgaberechts (vgl. dazu HÄFELIN/MÜLLER, Rz. 2693 ff.).

105   Weil das Verursacherprinzip unter dem Vorbehalt des Gesetzes steht, ist es dem Gesetzgeber unbenommen, diesen Grundsatz näher auszugestalten, zu modifizieren oder zu durchbrechen. Der Gesetzgeber hat von dieser Möglichkeit denn auch ausgiebig Gebrauch gemacht (Rz. 106 ff.). Aufgrund des programmatischen Charakters der Verursacherprinzips (Rz. 98) – der durch die Verankerung in der Verfassung erheblich verstärkt wurde – ist der Gesetzgeber allerdings gehalten, das Verursacherprinzip *soweit als möglich zu verwirklichen.*

VII. Konkretisierungen bzw. Abweichungen vom Verursacherprinzip in der Gesetzgebung

A. *Lärmschutzrecht*

1. *Lärm öffentlicher oder konzessionierter ortsfester Anlagen*

106   Überschreiten die Lärmimmissionen in der Umgebung von Strassen, Flughäfen, Eisenbahnanlagen oder anderen öffentlichen oder konzessionierten ortsfesten

Anlagen bestimmte Belastungsgrenzwerte, so müssen die Eigentümer der vom Lärm betroffenen Gebäude *Schallschutzfenster* einbauen oder ähnliche immissionsseitige bauliche Massnahmen treffen (sogenannte passive Schallschutzmassnahmen). Bei Altanlagen – d.h. Anlagen, die beim Inkrafttreten des USG am 1. Januar 1985 bereits bestanden – ist der Alarmwert massgebend (Art. 20 Abs. 1 USG; Rz. 289 ff.), bei später errichteten oder wesentlich geänderten Anlagen der Immissionsgrenzwert (Art. 25 Abs. 3 USG; Rz. 299). Die Kosten für solche Schallschutzmassnahmen tragen die *Eigentümer der lärmigen Anlage* (Art. 20 Abs. 2, 25 Abs. 3 USG; abweichend Art. 10 des Bundesgesetzes über die Lärmsanierung der Eisenbahnen vom 24. März 2000, wonach der Bund die Kosten trägt [Abs. 1], und zwar auch bei Altanlagen zur Hälfte bereits ab Überschreitung der IGW [Abs. 2]). Die Kostentragungspflicht trifft somit die Anlageneigentümer als Zustandsstörer (und damit meistens die öffentliche Hand), nicht aber die Verhaltensstörer, d.h. die Betreiber oder Inhaber der Fahrzeuge.

Allerdings steht dem Anlageneigentümer bei Altanlagen – in Abweichung vom Verursacherprinzip – der *Entlastungsbeweis* nach Art. 20 Abs. 2 USG offen, wenn schon zum Zeitpunkt der Baueingabe des in Frage stehenden, vom Lärm betroffenen Gebäudes die Immissionsgrenzwerte überschritten wurden (Bst. a) oder wenn das Projekt der lärmigen Anlage in diesem Zeitpunkt bereits öffentlich aufgelegt war, so dass eine Überschreitung der IGW vorausgesehen werden konnte (Bst. b; Art. 10 des Bundesgesetzes über die Lärmsanierung der Eisenbahnen sieht diese Entlastungsmöglichkeit hingegen nicht vor). 107

Bemerkenswert ist, dass bei öffentlichen oder konzessionierten ortsfesten Anlagen – sozusagen als «Gegenleistung» für das Tolerieren einer sehr hohen Lärmbelastung – wenigstens ein Teil der *Duldungskosten* internalisiert wird. Da der Lärm durch passive Schallschutzmassnahmen nicht beseitigt, sondern lediglich im Innern der Räume gedämpft wird, handelt es sich bei den damit verbundenen Kosten nicht um Beseitigungskosten. 108

2. *Planen und Bauen in lärmbelasteten Gebieten*

Neue Bauzonen für Wohngebäude oder andere Gebäude, die dem längeren Aufenthalt von Personen dienen, dürfen nur ausgeschieden werden, wenn die Planungswerte eingehalten werden können, nötigenfalls durch planerische, gestalterische oder bauliche Massnahmen (Art. 24 Abs. 1 USG). Dasselbe gilt für bestehende, aber *noch nicht erschlossene* Bauzonen, die erschlossen werden sollen (Art. 24 Abs. 2 USG). 109

Wer ein *neues Gebäude* erstellt, das dem längeren Aufenthalt von Personen dient, muss einen angemessenen baulichen Schutz gegen Aussen- und Innenlärm sowie gegen Erschütterungen vorsehen (Art. 21 Abs. 1 USG). Dies gilt sowohl innerhalb wie ausserhalb lärmbelasteter Gebiete. Neubauten sowie wesentliche Änderungen von Gebäuden in *lärmbelasteten Gebieten* dürfen grund- 110 sätzlich nur bewilligt werden, wenn durch die Anordnung der lärmempfindlichen Räume auf der dem Lärm abgewandten Seite des Gebäudes oder durch bauliche oder gestalterische Massnahmen, die das Gebäude gegen Lärm abschirmen, die Immissionsgrenzwerte eingehalten werden können (Art. 22 Abs. 2 USG; Art. 31 Abs. 1 LSV). Ist die Einhaltung der IGW auch durch solche Massnahmen nicht möglich, darf die Bewilligung dennoch erteilt werden, wenn an der Errichtung des Gebäudes ein überwiegendes Interesse besteht (Art. 31 Abs. 2 LSV, kritisch dazu Rz. 309 ff.). In diesem Fall gelten verschärfte Anforderungen an die Schalldämmung der Aussenbauteile (Art. 32 Abs. 2 LSV).

111 Nach herrschender Auffassung haben die *betroffenen Grundeigentümer* die Kosten für die in Art. 21, 22 und 24 USG vorgesehenen Lärmschutzmassnahmen selbst zu tragen (BGE 120 Ib 76, E. 3c–d und E. 4a, Altendorf; weitere Hinweise bei GRIFFEL, Grundprinzipien, Nrn. 259 ff.). Für die Kosten im Zusammenhang mit Baubewilligungen in lärmbelasteten Gebieten wird dies in Art. 31 Abs. 3 LSV ausdrücklich so geregelt. Bei den Massnahmen gemäss Art. 21, 22 und 24 USG handelt es sich indessen um «Massnahmen nach diesem Gesetz», so dass hier – mangels abweichender gesetzlicher Regelung – ohne weiteres Art. 2 USG Platz greifen würde (GRIFFEL, Grundprinzipien, Nr. 262). Die Anwendung von Art. 2 USG hätte mit Bezug auf die Person des kostenpflichtigen Verursachers zwar gewisse Zuordnungsprobleme zur Folge; diese Zuordnungsprobleme stellen sich jedoch nicht grundsätzlich anders als bei Art. 20 Abs. 2 und 25 Abs. 3 USG, wo sie der gesetzlichen Regelung ebenfalls immanent sind (Rz. 106 ff.). Folgte man der hier vertretenen Betrachtungsweise, so erwiese sich Art. 31 Abs. 3 LSV im Übrigen als gesetzeswidrig.

B. Abfallrecht

112 Gemäss Art. 32 Abs. 1 USG trägt der *Inhaber* der Abfälle – der mindestens Zustandsstörer und damit (Mit-)Verursacher ist – die Kosten der Entsorgung, sofern der Bundesrat die Kostentragung nicht anders regelt. Dieser Grundsatz bezieht sich sowohl auf die Siedlungsabfälle – d.h. die aus Haushalten stammenden Abfälle und Abfälle vergleichbarer Zusammensetzung (Art. 3 Abs. 1 TVA) –, deren Entsorgung den Kantonen obliegt (Art. 31b Abs. 1 USG), als auch auf die übrigen Abfälle, die vom Inhaber zu entsorgen sind (Art. 31c Abs. 1 USG). Art. 32 Abs. 2 USG sieht eine subsidiäre Kostentragungspflicht der Kantone vor, wenn der Inhaber der Abfälle nicht ermittelt werden kann oder zahlungsunfähig ist.

113 Mit Bezug auf die «übrigen Abfälle» fallen die Entsorgungskosten zum Vornherein beim entsorgungspflichtigen Inhaber an und müssen deshalb nicht speziell internalisiert werden. Für die *Siedlungsabfälle*, welche dem kantonalen Entsorgungsmonopol unterstehen, trifft dies hingegen nicht zu. Um das Verursacherprinzip auch für diesen Bereich operabel zu machen, reicht Art. 2 USG nicht aus; vielmehr bedarf es der Konkretisierung durch den kantonalen Ge-

setzgeber, weil die Entsorgungskosten insgesamt zwar quantifizierbar, den einzelnen Verursachern aber nicht individuell zurechenbar sind. Die Kosteninternalisierung hat hier somit die Grenze zum Verursacherprinzip im weiteren Sinn überschritten (ungenau BGE 129 I 290, E. 2.2, Arosa, wo von einer Konkretisierung des «allgemeinen Verursacherprinzips» gemäss Art. 2 USG und Art. 74 Abs. 2 BV gesprochen wird).

Aus diesem Grund wurde mit der Revision des Gewässerschutzgesetzes von 1997 ein neuer *Art. 32a* ins Umweltschutzgesetz eingefügt. Dieser enthält einen Gesetzgebungsauftrag an die Kantone, die Kosten für die Entsorgung der Siedlungsabfälle mit Gebühren oder anderen Abgaben den Verursachern zu überbinden (Abs. 1). Bei der Ausgestaltung der Abgaben sind unter anderem «die Art und die Menge des übergebenen Abfalls» zu berücksichtigen (Bst. a). Dabei verbleibt den Kantonen ein erheblicher Gestaltungsspielraum, insbesondere die Wahl zwischen einer ausschliesslich mengenabhängigen Gebühr und einer mengenabhängigen Gebühr in Kombination mit einer mengenunabhängigen Grundgebühr (sogenanntes Splitting-Modell; BGE 125 I 449, E. 3b bb–cc, Deponie Teuftal AG). Unzulässig ist heute hingegen die Finanzierung durch Steuermittel oder durch Gebühren, die keinen Bezug zur anfallenden Abfallmenge aufweisen. Mit Art. 32a USG nicht vereinbar ist beispielsweise die Bemessung der Kehrichtentsorgungsgebühr nach dem Gebäudeversicherungswert (Bundesgerichtsurteil in URP 1998, 739 ff., E. 2b, Flims) oder nach dem Frischwasserverbrauch (BGE 129 I 290, E. 3.2, Arosa; vgl. zum Ganzen HUBER-WÄLCHLI, Finanzierung, 50 ff.).

Art. 32a Abs. 2 USG lässt allerdings zu, dass die Entsorgung von Siedlungsabfällen ausnahmsweise auf andere Weise als durch kostendeckende und verursachergerechte Abgaben finanziert wird, falls die umweltverträgliche Entsorgung sonst gefährdet wäre. Ein ernsthaftes Problem stellt in diesem Zusammenhang das «kostengünstige» Verbrennen von Abfällen in Hausfeuerungen und Cheminées dar, welches bedenkliche Ausmasse angenommen hat. So werden in der Schweiz nach Schätzungen des BUWAL jährlich 30 000 bis 60 000 Tonnen Abfall illegal verbrannt. Mit ihren widerrechtlichen Entsorgungsmethoden produzieren die Privathaushalte mittlerweile mehr als doppelt so viel Dioxine und Furane – die zu den giftigsten organischen Verbindungen gehören – wie sämtliche Sondermüll- und Kehrichtverbrennungsanlagen zusammen!

Schliesslich erteilt Art. 32a[bis] USG dem Bundesrat die Kompetenz zur Einführung einer *vorgezogenen Entsorgungsgebühr* für Produkte, die nach Gebrauch bei zahlreichen Inhabern als Abfälle anfallen und im Hinblick auf die Behandlung oder Verwertung getrennt erfasst werden müssen. Dadurch wird die spätere Entsorgung dieser Produkte bereits bei deren Inverkehrsetzung verursachergerecht vorfinanziert, so dass nachträglich erhobene Abgaben entfallen. 114

C. Altlastenrecht

In den nächsten 20 bis 25 Jahren müssen in der Schweiz von den rund 50 000 mit Schadstoffen belasteten Standorten 3 000 bis 4 000 saniert werden. Hierfür wird 115 mit Gesamtkosten von rund 5 Mia. Franken gerechnet. Dementsprechend ist die Frage der Kostentragung von grosser praktischer Bedeutung. Der Gesetzgeber erliess aus diesem Grund anlässlich der USG-Revision von 1995 in *Art. 32d USG* eine detaillierte Regelung.

116 Im Altlastenrecht kommt das Verursacherprinzip im engeren Sinn zur Anwendung, da die konkret verursachten Beseitigungskosten bekannt und – von allfälligen Beweisschwierigkeiten abgesehen – individuell zurechenbar sind. Art. 32d Abs. 1 USG («Der Verursacher trägt die Kosten der Sanierung») wiederholt somit nur den Grundsatz von Art. 2 USG.

117 Im Anschluss daran konkretisiert Art. 32d Abs. 2 USG die Kostenverteilung zwischen *mehreren Verursachern,* wobei sich die Regelung an die privatrechtliche Regressordnung von Art. 50/51 OR anlehnt: Primär trägt der schuldhafte Verhaltensstörer die Sanierungskosten, subsidiär – mit vollständiger Entlastungsmöglichkeit – der schuldlose Zustandsstörer.

Mit der Übernahme dieser Grundsätze aus einem anderen Regelungsbereich (vgl. Rz. 129) hat der Gesetzgeber allerdings zu wenig bedacht, dass das Verhältnis zwischen dem Zustandsstörer und dem Verhaltensstörer in vielen Fällen bereits vom Privatrecht erfasst wird. Was soll beispielsweise gelten, wenn der Verhaltensstörer (= Verkäufer) sein Grundstück im Wissen um eine mögliche Altlast zu einem entsprechend tieferen Preis veräusserte und dafür die kaufrechtliche Sachgewährleistung für Mängel ausschloss? Soll er trotzdem nach der Regel von Art. 32d Abs. 2 USG die ganzen Sanierungskosten tragen müssen? Der Gesetzgeber hat hier (freilich ohne entsprechende Absicht) eine unharmonische Überlappung zwischen einer öffentlichrechtlichen und einer privatrechtlichen Ordnung geschaffen.

118 Die materielle Regelung in Art. 32d Abs. 2 USG wird schliesslich ergänzt durch eine verfahrensrechtliche: Die Behörde erlässt eine *Kostenverteilungsverfügung,* wenn der Sanierungspflichtige dies verlangt oder die Behörde die Sanierung selber vornimmt (Abs. 3). Das Verhältnis einer solchen Verfügung zum zivilrechtlichen Urteil ist ebenfalls nicht restlos klar.

119 Angesichts der zahlreichen Fragen, die in diesem Zusammenhang offen geblieben sind, soll Art. 32d USG einer *Revision* unterzogen und präzisiert werden (vgl. den Bericht der nationalrätlichen Kommission für Umwelt, Raumplanung und Energie vom 20. August 2002 zur Parlamentarischen Initiative Altlasten/Untersuchungskosten, BBl 2003, 5008 ff.; Stellungnahme des Bundesrates vom 28. Mai 2003, a.a.O., 5043 ff.).

120 Schliesslich schafft Art. 32e USG die Grundlage für eine *Abgabe zur Finanzierung von Sanierungen.* Die Regelung weicht insofern vom Verursacherprinzip ab, als sie auch den Inhaber einer nicht sanierungspflichtigen Deponie dazu verpflichtet, Sanierungen von Altlasten mitzufinanzieren, obwohl er diese weder durch sein Verhalten verursacht hat noch als Zustandsstörer dafür einstehen müsste. Die Abgabe kann deshalb als Kostenanlastungssteuer und als Zwecksteuer qualifiziert werden (TSCHANNEN, Kommentar USG, Art. 32e Rz. 12 ff.).

D. Gewässerschutzrecht

In den letzten vier Jahrzehnten wurden rund 40 Mia. Franken in den Bau von   121
Kanalisationen und Kläranlagen investiert. Die Finanzierung erfolgte nicht
nach dem Verursacherprinzip, sondern in erheblichem Ausmass mit *Subventionen des Bundes*. Dies war notwendig, um die rechtzeitige Erstellung der Infrastrukturanlagen zu gewährleisten. Heute ist diese Phase weitgehend abgeschlossen.

Dieser Umstand auf der einen, die angespannte Finanzlage des Bundes auf
der anderen Seite bewogen den Gesetzgeber dazu, mit der Revision des Gewässerschutzgesetzes von 1997 einen *Systemwechsel* vorzunehmen und die Subventionstatbestände fast vollständig abzubauen. Stattdessen wurde im Gewässerschutzrecht mit Art. 3a und 60a GSchG generell das Verursacherprinzip
eingeführt. Umweltpolitische Überlegungen spielten dabei allerdings bloss eine
untergeordnete Rolle.

Art. 3a GSchG hat nicht nur den gleichen Wortlaut, sondern auch die gleiche be-   122
schränkte Tragweite wie Art. 2 USG. Er betrifft lediglich das Verursacherprinzip
im engeren Sinn.

Von erheblich grösserer Bedeutung ist *Art. 60a GSchG* über die *Finanzierung*   123
von Abwasseranlagen, der die Abkehr vom bisherigen Subventionssystem auf
operable Weise umsetzt. Es handelt sich dabei nicht um eine Konkretisierung
von Art. 3a GSchG (so die Botschaft zur Änderung des Gewässerschutzgesetzes
vom 4. September 1996, BBl 1996 IV 1217 ff., 1229), sondern – wie bei Art. 32a
USG – um eine Konkretisierung des darüber hinausgehenden Verursacherprinzips im weiteren Sinn.

Art. 60a GSchG ist analog aufgebaut wie der gleichzeitig erlassene Art. 32a
USG. Auch er weist die Kantone an, dafür zu sorgen, dass (hier) die Kosten «für
Bau, Betrieb, Unterhalt, Sanierung und Ersatz der Abwasseranlagen, die öffentlichen Zwecken dienen», durch *kostendeckende und verursachergerechte Gebühren* oder andere Abgaben finanziert werden (Abs. 1). Eine Finanzierung der
Abwasserbeseitigung durch Steuern ist deshalb nicht mehr zulässig. Der überwiegende Teil der Kosten wird durch variable Verbrauchsgebühren abgedeckt,
die sich nach Art und Menge des erzeugten Abwassers zu richten haben (Bst. a).
Gemäss Art. 60a Abs. 2 GSchG kann von einer kostendeckenden und verursachergerechten Finanzierung ausnahmsweise abgesehen werden, wenn die umweltverträgliche Entsorgung des Abwassers dadurch gefährdet würde (ausführlich zum Ganzen KARLEN, Abwasserabgaben, 546 ff.).

E. Gebührenerhebung für Amtshandlungen

Art. 2 USG regelt die Zuordnung der Kosten, die aufgrund von «Massnahmen   124
nach diesem Gesetz» entstehen, insbesondere derjenigen, die nicht beim Verur-

sacher selbst, sondern bei Dritten anfallen. Ist dieser Dritte die öffentliche Hand, so kommt als lex specialis Art. 48 USG zum Tragen. Dessen Abs. 1 gestattet die Überwälzung von Kosten für «*Bewilligungen*», «*Kontrollen*» und «*besondere Dienstleistungen nach diesem Gesetz*». Dabei muss die Überwälzung in Form von Gebühren erfolgen.

125 Welche staatlichen Leistungen im Einzelnen gebührenpflichtig sind, wird in Art. 48 USG nicht gesagt; ebenso wenig ist die Berechnungsgrundlage geregelt. Art. 48 USG selbst stellt deshalb keine gesetzliche Grundlage für die Erhebung von Abgaben dar. Vielmehr setzt eine Gebührenerhebung *ergänzendes Ausführungsrecht* in Form eines Tarifs voraus (Abs. 2), welches den spezifischen abgaberechtlichen Grundsätzen zu genügen hat (BGE 119 Ib 389, E. 4e, Stadt Zürich).

126 Der Vollzug des Umweltschutzgesetzes umfasst zahlreiche Amtshandlungen, die nicht einem einzelnen Verursacher *individuell zugerechnet* werden können (Beispiele: Ausarbeiten von Massnahmenplänen oder Lärmbelastungskatastern; Erfassen der mit Altlasten belasteten Standorte). In diesen Fällen trägt grundsätzlich der Staat die Kosten. Zur Abgrenzung zwischen individuell zurechenbaren (und damit überwälzbaren) und nicht individuell zurechenbaren Kosten vgl. BGE 119 Ib 389, E. 4c, Stadt Zürich.

F. Antizipierte Ersatzvornahme

127 Art. 59 USG, der inhaltlich auf Art. 8 des Gewässerschutzgesetzes von 1971 zurückgeht (heute: Art. 54 GSchG), regelt die Kostentragung im Falle der sogenannten antizipierten Ersatzvornahme (= unmittelbarer Vollzug):

> «Die Kosten von Massnahmen, welche die Behörden zur Abwehr einer unmittelbar drohenden Einwirkung sowie zu deren Feststellung und Behebung treffen, werden dem Verursacher überbunden.»

Diese Bestimmung kommt – über ihren Wortlaut hinaus – nicht nur bei *zeitlicher Dringlichkeit* zur Anwendung, sondern auch dann, wenn der Störer zur Abwehr oder Beseitigung der Gefahr aus tatsächlichen oder rechtlichen Gründen zum Vornherein *nicht in der Lage* ist und einzig die Behörden über die hierfür notwendigen Mittel verfügen. In beiden Fällen tritt an die Stelle der Pflicht zur Abwehr oder Beseitigung der Störung (Realleistungspflicht) die Pflicht zur Bezahlung der Kosten. Voraussetzung des unmittelbaren Vollzuges ist das Vorliegen einer schweren, unmittelbar drohenden Gefährdung oder einer bereits eingetretenen schweren Störung im Sinne der polizeilichen Generalklausel.

128 Wie Art. 2 USG ermöglicht auch Art. 59 USG nur eine Internalisierung quantifizierbarer und individuell zurechenbarer Kosten (Verursacherprinzip im engeren Sinn).

VIII. Mehrheit von Verursachern

Sind mehrere Verursacher vorhanden, so bestimmt die Qualifikation einer Person als Störer bzw. Verursacher erst den Kreis der potenziell Kostenpflichtigen. Wie die Kosten im Falle einer solchen *Haftungskonkurrenz* unter verschiedene Verursacher zu verteilen sind, ist im Gesetz lediglich im Zusammenhang mit Altlastensanierungen geregelt (Art. 32d Abs. 2 USG). Diese Bestimmung beruht jedoch ihrerseits auf einer reichhaltigen Praxis, die sich im Rahmen der antizipierten Ersatzvornahme bei Gewässerverunreinigungen entwickelt hat. Während die ältere Praxis von einer Art Solidarhaftung der verschiedenen Störer ausging, gilt heute – in Anlehnung an die haftpflichtrechtlichen Regeln von Art. 50 Abs. 2 und 51 Abs. 2 OR – der Grundsatz der *anteilsmässigen Kostentragung*. Dabei haben sich zwei Hauptregeln (Rz. 130 f.) und einige Hilfsregeln (Rz. 132 ff.) herausgebildet (vgl. zum Ganzen GRIFFEL, Grundprinzipien, Nrn. 284 ff.): 129

– *Bemessung der Haftungsquote nach dem (subjektiven) Verschulden:* In erster Linie trägt der schuldhafte Verhaltensstörer, in letzter Linie der schuldlose Zustandsstörer die Kosten (BGE 102 Ib 203, E. 5c, Littau; Bundesgerichtsurteil in URP 1998, 152 ff., E. 4d). Hauptkriterium ist das subjektive Verschulden. Während dieses für die Feststellung der Verursachereigenschaft keine Rolle spielt (Rz. 89), kommt ihm im Zusammenhang mit der Kostenaufteilung ein entscheidendes Gewicht zu. Dabei hat die Qualifizierung als Verhaltens- oder Zustandsstörer keine selbständige Bedeutung; massgebend ist allein das Verschulden. 130

– *Bemessung der Haftungsquote nach dem (objektiven) Ursachenanteil:* Neben dem Verschulden ist auch zu berücksichtigen, in welchem objektiven Verhältnis die einzelnen Teilursachen zur entstandenen Gefahr bzw. zum eingetretenen Schaden einerseits und zu den übrigen Teilursachen andererseits stehen (Bundesgerichtsurteil in ZBl 1982, 541 ff., E. 4e, Niederhasli). Einem Verursacher, der nur einen kleinen Teil des Schadens zu verantworten hat, können selbst dann nicht die gesamten Kosten auferlegt werden, wenn er grob schuldhaft gehandelt hat. 131

Weiter erachten es Lehre und Rechtsprechung als zulässig, auch auf die *wirtschaftliche Leistungsfähigkeit* der Verursacher Rücksicht zu nehmen. Dagegen ist nichts einzuwenden, solange diese Rücksichtnahme aus Gründen der Billigkeit zu einer Reduktion der vom betreffenden Verursacher zu tragenden Kosten führt. Fragwürdig ist hingegen der umgekehrte Fall, in dem einem Verursacher wegen seiner wirtschaftlichen Potenz ein grösserer Kostenanteil auferlegt wird; denn dies führt «durch die Hintertür» zu einer teilweisen Wiedereinführung der Solidarhaftung. 132

133 Kann ein Kostenanteil nicht eingebracht werden, weil der betreffende Verursacher unbekannt oder zahlungsunfähig ist oder weil sich die Ursache – beispielsweise bei einer seit Jahrzehnten bestehenden Altlast – nicht mehr genau eruieren lässt, so stellt sich die Frage, wer die *Ausfallkosten* zu tragen hat. Nach der überwiegend vertretenen Auffassung können solche Kostenanteile auf die *übrigen Verursacher* verlegt werden. Dies ist jedoch problematisch, weil auch dies nichts anderes als eine partielle Wiedereinführung der Solidarhaftung bedeutet. Demzufolge muss – was allerdings umstritten ist – der Staat die Ausfallkosten tragen.

134 Trotz allem Bemühen, abstrakte Kriterien zu formulieren, bleibt die Aufteilung der Kosten unter verschiedene Verursacher in hohem Mass eine Frage des *pflichtgemässen Ermessens.* In diesem Rahmen besteht auch Raum für Billigkeitsüberlegungen.

135 Zu beachten ist, dass die soeben dargelegten Regeln für die Kostenverteilung lediglich im Zusammenhang mit dem *Verursacherprinzip im engeren Sinn* zur Anwendung gelangen. Zwar ist beim Verursacherprinzip im weiteren Sinn das Vorhandensein einer Mehrzahl bzw. einer Vielzahl von Verursachern sogar begriffsimmanent; die Aufteilung erfolgt hier jedoch – anhand einer pauschalierenden Zumessung – auf dem Weg der öffentlichen Abgabe.

IX. Verursacherprinzip und Lenkungsabgaben

136 *Lenkungsabgaben* sind Abgaben, mit deren Erhebung der Staat bezweckt, die Abgabepflichtigen zu einem bestimmten Verhalten zu veranlassen. Die Lehre unterscheidet zwischen Lenkungssteuern, Lenkungskausalabgaben und reinen Lenkungsabgaben. Das Bundesgericht betrachtet Lenkungsabgaben demgegenüber nicht als eine eigene Abgabenkategorie (BGE 125 I 182, E. 4c, IATA).

137 *Umweltlenkungsabgaben* sind Lenkungsabgaben, die einen Anreiz für umweltpolitisch erwünschtes Verhalten schaffen. Als marktwirtschaftliche Instrumente können sie alternativ oder parallel zu polizeirechtlichen Verboten und Geboten eingesetzt werden. Sie führen zu einer Internalisierung externer Kosten und setzen keinen direkten Kausalzusammenhang zwischen einem bestimmten umweltschädigenden Verhalten oder Zustand und den konkret entstandenen Kosten oder Schäden voraus. Es handelt sich somit um ein Instrument zur Verwirklichung des Verursacherprinzips im weiteren Sinn. Allerdings erfolgt bei Lenkungsabgaben eine gewisse *Schwerpunktverlagerung von der Kostenanlastungs- zur Anreizfunktion.* Je grösser der Lenkungseffekt, desto kleiner ist der Kostenanlastungseffekt. So dienen reine Lenkungsabgaben ausschliesslich der Verhaltenslenkung; im Idealfall – wenn sie ihr Steuerungsziel vollständig erreichen – werfen sie überhaupt keinen Ertrag ab.

Für einen konsequenten und umfassenden Umweltschutz sind Lenkungsabga- 138
ben von grosser Bedeutung. Dementsprechend sah der fortschrittliche Vorentwurf zum Umweltschutzgesetz von 1973 «Abgaben zur Durchsetzung des Verursacherprinzips» vor (Art. 41–45; vgl. RAUSCH, Umweltschutzgesetzgebung,
154, 231 ff.). Im Umweltschutzgesetz von 1983 verzichtete der Gesetzgeber zunächst jedoch gänzlich auf das Instrument der Lenkungsabgabe. Erst mit der
Revision von 1995 wurde eine Lenkungsabgabe auf *flüchtigen organischen Verbindungen* (Art. 35a USG) sowie auf *Heizöl «Extraleicht»* mit einem Schwefelgehalt von mehr als 0,1 Prozent eingeführt (Art. 35b USG). Ferner gilt seit dem
1. Januar 2004 eine Lenkungsabgabe auf *Benzin* und *Dieselöl* mit einem Schwefelgehalt von mehr als 0,001 Prozent (Art. 35b[bis] USG). Ausführlicher zum Ganzen Rz. 216 ff.; zur leistungsabhängigen Schwerverkehrsabgabe siehe Rz. 228 ff.,
zur CO_2-Abgabe Rz. 708 ff.

Fazit: Insgesamt wurde bis heute vom Instrument der Lenkungsabgabe nur in 139
bescheidenem Umfang Gebrauch gemacht. Von einer Implementierung des
Verursacherprinzips (im weiteren Sinn) kann in er Schweiz daher erst ansatzweise gesprochen werden. Die Aufnahme des Verursacherprinzips (im engeren
Sinn) in die Bundesverfassung darf darüber nicht hinwegtäuschen.

§4   Weitere Prinzipien

I.   Prinzip der ganzheitlichen Betrachtungsweise

Umweltschutz ist eine typische *Querschnittsaufgabe*. Sie erfordert deshalb eine   140
vernetzte, ganzheitliche Sicht- und Handlungsweise.

A.   Der (erweiterte) Anwendungsbereich von Art. 8 USG

Das «Prinzip der ganzheitlichen Betrachtungsweise» wird üblicherweise mit   141
Art. 8 USG in Verbindung gebracht, der unter dem Randtitel «Beurteilung von
Einwirkungen» Folgendes statuiert:

> «Einwirkungen werden sowohl einzeln als auch gesamthaft und nach ihrem Zu-
> sammenwirken beurteilt.»

Dieser Grundsatz beruht auf der Erfahrung, dass einzelne Belastungen der Umwelt für sich allein betrachtet oftmals von geringer Bedeutung sind, in ihrem
Zusammenwirken aber zu ernsthaften Beeinträchtigungen führen können
(RAUSCH / KELLER, Kommentar USG, Art. 8 Rz. 1). Unter solchen *Kombinations-*
wirkungen versteht man

– *additive Effekte,* bei denen sich die Wirkungen verschiedener Einwirkungen summieren;

– *synergistische Effekte,* bei denen sich die Wirkungen verschiedener Einwirkungen über die Summierung hinaus gegenseitig verstärken;

– *Rückkoppelungseffekte,* welche Auswirkungen auf andere Umweltbereiche
  haben.

Trotz der Regelung von Art. 8 USG ist es jedoch häufig nur beschränkt oder   142
überhaupt nicht möglich, derartige Kombinationseffekte zu erfassen. So fällt es
bereits innerhalb *gleichartiger Einwirkungen* nicht leicht, Kombinationswirkun-
gen – z.B. zwischen verschiedenen Luftschadstoffen – zu ermitteln und zu beurteilen. Mit Bezug auf den Lärm hält Art. 40 Abs. 2 LSV explizit fest, dass die
Belastungsgrenzwerte auch dann überschritten sind, «wenn die Summe
gleichartiger Lärmimmissionen, die von mehreren Anlagen erzeugt werden, sie
überschreitet». E contrario heisst dies, dass das Zusammenwirken ungleicharti-
ger Lärmimmissionen keinen Einfluss auf die in Dezibel ermittelten Werte hat,
weil eine zuverlässige Gesamtbeurteilung verschiedener Lärmarten nach dem
heutigen Stand der Lärmforschung noch nicht möglich ist. So kann beispielsweise der Lärm eines Gastwirtschaftsbetriebes nicht einfach zu dem bereits vorhandenen Verkehrslärm hinzuaddiert werden (Bundesgerichtsurteil in URP
1997, 495 ff., E. 4b). Immerhin wurde vor kurzem eine Methode entwickelt, um

der Doppelbelastung zwischen dem Flughafen Zürich und dem Militärflugplatz Dübendorf Rechnung zu tragen (sogenannte «Fluglärm-Summation»). Analoge Schwierigkeiten bestehen bei der Festlegung von Bodenbelastungswerten, weil das Zusammenwirken der verschiedenen chemischen, physikalischen und biotischen Faktoren in naturwissenschaftlicher Hinsicht zahlreiche Fragen offen lässt.

Noch viel schwieriger ist es, das Zusammenwirken *verschiedenartiger Immissionsarten* zu beurteilen – z.B. Lärm in Kombination mit Luftverunreinigungen – und das Ergebnis bei der Festlegung der einzelnen Immissionsgrenzwerte zu berücksichtigen (SCHRADE/LORETAN, Kommentar USG, Art. 13 Rz. 14a).

Für den Umgang mit gentechnisch veränderten Organismen schreibt Art. 6 Abs. 4 GTG nun ausdrücklich vor, dass auch die Zusammenhänge mit Gefährdungen und Beeinträchtigungen beachtet werden sollen, die nicht von gentechnisch veränderten Organismen herrühren.

143 Der Anwendungsbereich von Art. 8 USG ist von seinem Wortlaut her auf *Einwirkungen* im Sinne von Art. 7 Abs. 1 USG beschränkt. Die soeben erwähnten Schwierigkeiten bei der ganzheitlichen Beurteilung von Einwirkungen, aber auch die Notwendigkeit, ausserhalb des durch den Einwirkungsbegriff abgesteckten Rahmens eine ganzheitliche Betrachtung vorzunehmen, haben dazu geführt, dass der Grundsatz der ganzheitlichen Betrachtungsweise meist in einem weiteren Zusammenhang angerufen wird, ohne spezifische Bezugnahme auf Einwirkungen.

So hat das Bundesgericht unter Berufung auf das Prinzip der ganzheitlichen Betrachtungsweise klargestellt, dass einer Anlage – z.B. einem Einkaufszentrum – auch *Sekundäremissionen* zuzurechnen sind, namentlich die vom Besucher- und Kundenverkehr verursachten Luftverunreinigungen und Lärmbelastungen in der näheren und weiteren Umgebung (BGE 125 II 129, E. 4, Belp; 124 II 272, E. 2a, Schlieren; 120 Ib 436, E. 2a bb, Crissier). Bei dieser Frage geht es nicht um die Beurteilung der Einwirkungen an sich, sondern um deren Zurechenbarkeit zu einer bestimmten Anlage, d.h. um die Festlegung der «Systemgrenzen» der Anlage.

B. Konkretisierungen des Prinzips der ganzheitlichen Betrachtungsweise in der Gesetzgebung

144 Der Gesetzgeber hat verschiedene Instrumente geschaffen, die eine ganzheitliche Betrachtungsweise gewährleisten sollen.

1. Umweltverträglichkeitsprüfung

145 Zu erwähnen ist an erster Stelle das Instrument der Umweltverträglichkeitsprüfung (ausführlich § 15). Dieses stellt nicht nur eine Konkretisierung des Vorsorgeprinzips (Rz. 61), sondern auch ein vorrangiges Instrument zur Verwirklichung einer ganzheitlichen Betrachtungsweise dar. Es stellt sicher, dass bei

Projekten, «welche die Umwelt erheblich belasten können» (Art. 9 Abs. 1 USG), sowohl in sachverhaltsmässiger wie in rechtlicher Hinsicht eine «frühzeitige und umfassende Prüfung» (Art. 5 Abs. 3 UVPV) stattfindet.

Das Institut der UVP dient demnach bereits als solches der Verwirklichung des Prinzips der ganzheitlichen Betrachtungsweise. Darüber hinaus prägte dieses Prinzip auch die nähere Ausgestaltung des Rechts der UVP, wie sie vom Gesetz- und Verordnungsgeber vorgenommen und durch Lehre und Rechtsprechung verfeinert und ergänzt wurde. So hat das Bundesgericht beispielsweise die Regel formuliert, «dass die Aufteilung eines Ausbauvorhabens in verschiedene Teilschritte und Bewilligungsverfahren nicht zum Resultat führen darf, dass die Gesamtauswirkungen des Ausbaus ungeprüft bleiben» (BGE 124 II 293, E. 26b, Flughafen Zürich). 146

2. Massnahmenplan

Ein weiteres wichtiges Instrument zur Gewährleistung einer ganzheitlichen Betrachtungsweise ist der im Lufthygienerecht vorgesehene Massnahmenplan (Rz. 208 ff.). Ein solcher ist immer dann notwendig, wenn feststeht oder zu erwarten ist, «dass schädliche oder lästige Einwirkungen von Luftverunreinigungen durch mehrere Quellen verursacht werden» (Art. 44a Abs. 1 USG). Nach der Rechtsprechung des Bundesgerichts handelt es sich beim Massnahmenplan um ein *Koordinationsinstrument,* «um in komplexen Situationen aus einer Gesamtbetrachtung heraus die geeigneten und verhältnismässigen Massnahmen zur Verbesserung der Luftqualität auszuwählen und anzuordnen» (erstmals BGE 118 Ib 26, E. 5d, Herisau). Eine Gesamtbetrachtung ist erforderlich, um die Vielzahl der verschiedenen Emissionsquellen erfassen und die erforderlichen Massnahmen in sachgerechter Weise aufeinander abstimmen zu können; ferner soll sie die Koordination unter verschiedensten Behörden und Ämtern auf den Stufen Bund, Kanton und Gemeinde gewährleisten. 147

3. Weitere Konkretisierungen

Im Bodenschutzrecht ermöglicht das mit der USG-Revision von 1995 erweiterte System von *Bodenbelastungswerten* (Richt-, Prüf-, Sanierungswerte) «eine gesamtheitliche Beurteilung des Zustandes des Bodens» (Botschaft zu einer Änderung des Bundesgesetzes über den Umweltschutz vom 7. Juni 1993, BBl 1993 II 1445 ff., 1512). 148

Um eine institutionelle Ausprägung des Prinzips der ganzheitlichen Betrachtungsweise handelt es sich bei den in Art. 42 USG vorgesehenen *Umweltschutzfachstellen* des Bundes und der Kantone. Das Gesetz weist ihnen eine zentrale Funktion im Rahmen der Umweltverträglichkeitsprüfung zu, wo ihnen – nebst den in Art. 9 Abs. 2 und 5 USG ausdrücklich erwähnten Aufgaben – insbeson- 149

dere die materielle Koordination obliegt. Darüber hinaus nehmen die Umweltschutzfachstellen weitere Aufgaben wahr, die in besonderem Mass eine ganzheitliche Sichtweise erfordern (vgl. BRUNNER, Kommentar USG, Art. 42 Rz. 10 ff.).

150 Eine wesentliche Grundlage und ein wichtiges Instrument für eine ganzheitliche
Betrachtungsweise stellt schliesslich die systematische *Umweltbeobachtung* dar,
zu welcher die Behörden von Bund und Kantonen aufgrund verschiedener Bestimmungen verpflichtet sind (vgl. Art. 44 USG; Art. 27 und 39 LRV; Art. 37a
LSV; Art. 33 FrSV; Art. 23 ESV; Art. 27a NHV).

C. Pflicht zur ganzheitlichen Betrachtung als Ursprung des Koordinationsgebots

151 In seinem Leitentscheid «Chrüzlen» aus dem Jahr 1990 (BGE 116 Ib 50) verpflichtete das Bundesgericht die rechtsanwendenden Organe, d.h. Verwaltungsbehörden und Gerichte, zur *formellen* und *materiellen Koordination* ihrer
Entscheide. Dabei stützte es die Koordinationspflicht – häufig als «Koordina-
tionsprinzip» bezeichnet (vgl. dazu GRIFFEL, Grundprinzipien, Nr. 492) – gleich
auf eine ganze Palette möglicher Rechtsgrundlagen (insbesondere auf die raumplanerische Abstimmungspflicht, das Verbot der Vereitelung oder wesentlichen
Erschwerung des Bundesrechts, die derogatorische Kraft des Bundesrechts und
das Willkürverbot). Genau besehen lässt sich das Gebot der formellen (d.h. verfahrensmässigen) Koordination indes auf dasjenige der materiellen (d.h. inhaltlichen) Koordination zurückführen. Dieses wiederum wurzelt im Erfordernis
einer harmonisierten, umfassenden und alle massgeblichen tatsächlichen Faktoren berücksichtigenden Rechtsanwendung; mit anderen Worten: im Prinzip der
ganzheitlichen Betrachtungsweise (GRIFFEL, Grundprinzipien, Nrn. 417 ff.).

D. Ganzheitlichkeitsprinzip als ungeschriebener Grundsatz der Bundesverfassung

152 Die zahlreichen in der Rechtsordnung anzutreffenden Erscheinungsformen
einer ganzheitlichen Betrachtungsweise – etwa die Pflicht zur gesamthaften Beurteilung von Einwirkungen (Art. 8 USG), zur umfassenden Interessenabwägung (Art. 24 Bst. b RPG; Art. 5 Abs. 2 WaG; Art. 33 Abs. 1 GSchG; Art. 3 Abs. 1
NHG) oder zur formellen und materiellen Koordination (Art. 25a RPG; Art.
62a und 62b RVOG) – lassen sich als Ausprägungen eines *einheitlichen Prinzips*
auffassen, welches *der gesamten Rechtsordnung zugrunde liegt*. In Lehre und
Rechtsprechung ist dies allerdings noch nicht allgemein anerkannt. Ein solches
«Ganzheitlichkeitsprinzip» kann als *ungeschriebenes Verfassungsprinzip* verstanden werden, das mit dem Grundsatz der Einheit und Widerspruchsfreiheit
der Rechtsordnung verknüpft ist und eine stark programmatische Komponente
aufweist. Im Sinne eines Optimierungsgebots verpflichtet es sowohl den Ge-

setzgeber als auch die rechtsanwendenden Organe zu einer ganzheitlichen Sichtweise, zur *Harmonisierung divergierender öffentlicher und privater Interessen.* Auf der Stufe der Rechtsanwendung hat dies eine generelle Verpflichtung zur umfassenden Interessenabwägung zur Folge, sofern und soweit das positive Recht hiefür Raum lässt (ausführlich GRIFFEL, Grundprinzipien, Nrn. 443 ff.).

II. Kooperationsprinzip

A. *«Kooperationsprinzip» als heterogene Sammelbezeichnung*

«Kooperationsprinzip» ist ein etwas schillernder Sammelbegriff für eine Vielzahl unterschiedlicher Erscheinungen: kooperativer Föderalismus (im Bundesstaat), Selbstregulierung (unter Privaten), Zusammenarbeit zwischen Staat und Wirtschaft usw. Es handelt sich nicht um einen spezifisch umweltrechtlichen Grundsatz. Im Umweltrecht bringt der Gedanke der Kooperation indessen zum Ausdruck, dass Umweltschutz nicht allein mit hoheitlichem Vollzug polizeirechtlicher Gebote und Verbote gewährleistet werden kann, sondern dass es hierzu der *Unterstützung,* des *Miteinbezuges des privaten Sektors* bedarf. Die Etikette «Kooperationsprinzip» steht also letztlich für ein modernes, partnerschaftliches Verständnis des Gesetzesvollzuges (vgl. zum Ganzen etwa PFENNINGER, Informelles Verwaltungshandeln; MAEGLI, Gesetzmässigkeit; DERS., Vereinbarungen; MARTI, Selbstregulierung). **153**

B. *Kooperationsprinzip und Legalitätsprinzip*

Der Staat ist auch im Rahmen kooperativer Handlungsformen (z.B. verwaltungsrechtlicher Vertrag, informelles Verwaltungshandeln) an die rechtsstaatlichen Grundsätze gebunden, insbesondere an das Legalitätsprinzip und an das Rechtsgleichheitsgebot. Kooperatives Verwaltungshandeln praeter oder gar contra legem ist nicht zulässig. Die Tragweite und die nähere Ausgestaltung des Kooperationsprinzips richten sich vielmehr nach dem konkreten Inhalt der einschlägigen Rechtsnormen. Das Kooperationsprinzip ist somit *vollständig in das Legalitätsprinzip eingebunden.* **154**

C. *Konkretisierungen des Kooperationsprinzips in der Gesetzgebung*

1. *Zusammenarbeit mit der Wirtschaft*

Anlässlich der Gesetzesrevision von 1995 wurde ein neuer Abschnitt über die «Zusammenarbeit mit der Wirtschaft» mit einem neuen Art. 41a ins Umweltschutzgesetz eingefügt. Dessen Abs. 1 lautet wie folgt: **155**

«Der Bund und, im Rahmen ihrer Zuständigkeit, die Kantone arbeiten für den Vollzug dieses Gesetzes mit den Organisationen der Wirtschaft zusammen.»

Diese Bestimmung ist sehr allgemein gehalten und hat deshalb vorab programmatischen Charakter; sie enthält keine konkreten Anweisungen für bestimmte Situationen (BRUNNER, Kommentar USG, Art. 41a Rz. 94). Im Weiteren verpflichtet sie die staatlichen Organe nicht zur Zusammenarbeit mit einzelnen Betrieben, sondern mit den *Organisationen der Wirtschaft*. Dadurch soll gefördert werden, dass sich die Wirtschaft entsprechend organisiert, um umweltpolitische Ziele zu formulieren und Massnahmen umzusetzen.

156 Der in Art. 41a Abs. 1 USG statuierte Grundsatz wurde gleich lautend ins *Energiegesetz* aufgenommen (Art. 2 Abs. 2 EnG). Der bundesrätliche Entwurf wollte gar einen «Vorrang von Massnahmen der Wirtschaft» einführen, was vom Parlament allerdings nicht übernommen wurde. Das *CO_2-Gesetz* enthält zwar keinen entsprechenden Grundsatz, sieht aber ebenfalls verschiedentlich die Zusammenarbeit mit der Wirtschaft vor.

2. Förderung und Berücksichtigung freiwilliger Massnahmen der Wirtschaft, insbesondere von Branchenvereinbarungen

157 Für die *Ausführungsrechtsetzung* hat der Gesetzgeber in Art. 41a Abs. 2 und 3 USG zwei Regelungen erlassen, die zu einer gewissen Verlagerung von Rechtsetzungsaufgaben vom Staat auf die Wirtschaft führen. Zunächst sind Bund und Kantone verpflichtet, vor dem Erlass von Ausführungsvorschriften *freiwillige Massnahmen der Wirtschaft* zu «prüfen» (Abs. 3 Satz 1). Sodann können sie *Branchenvereinbarungen* – d.h. privatrechtliche, unter Wirtschaftssubjekten abgeschlossene Vereinbarungen – durch die Vorgabe mengenmässiger Ziele und entsprechender Fristen «fördern» (Abs. 2). Soweit möglich und notwendig, «übernehmen» sie Branchenvereinbarungen ganz oder teilweise in das Ausführungsrecht (Abs. 3 Satz 2). Der Staat erlässt in diesem Fall also selbst die Ausführungsvorschriften; inhaltlich entsprechen diese aber mindestens teilweise den Branchenvereinbarungen. Erfahrungen mit Branchenlösungen wurden bisher hauptsächlich im Bereich der Abfallentsorgung gesammelt.

158 Analoge Regelungen enthält das *Energiegesetz* (Art. 2 Abs. 3, 17 Abs. 2 EnG). Darüber hinausgehend kann staatliches Verordnungsrecht hier teilweise durch Vereinbarungen zwischen den Organisationen der Wirtschaft ersetzt werden (Art. 17 Abs. 1 EnG). Derartige Vereinbarungen haben also – anders als im Anwendungsbereich des Umweltschutzgesetzes – normvertretenden Charakter.

3. Auslagerung von Vollzugsaufgaben («Outsourcing»)

159 Gemäss Art. 43 USG können die Vollzugsbehörden «öffentlichrechtliche Körperschaften oder Private mit Vollzugsaufgaben betrauen, insbesondere mit der

Kontrolle und Überwachung» (analog: Art. 49 Abs. 3 GSchG; Art. 16 Abs. 2 und 3 EnG). Diese Bestimmung bezieht sich ausschliesslich auf den *Vollzug im engeren Sinn* und stellt keine Grundlage für die Übertragung von Rechtsetzungsbefugnissen dar (BGE 118 Ib 367, E. 9d).

In der Praxis werden am häufigsten periodische Kontrollen im Sinne von Art. 45 USG ausgelagert. Die Aufzählung der übertragbaren Aufgaben in Art. 43 USG ist indes nicht abschliessend; so können auch Aufgaben wie etwa Information und Beratung, die Entsorgung von Siedlungsabfällen, die Durchführung von Bodenuntersuchungen oder Erhebungen über die Umweltbelastung übertragen werden (BRUNNER, Kommentar USG, Art. 43 Rz. 15). Eine Auslagerung setzt voraus, dass der aussenstehende Aufgabenträger den Vollzug mindestens gleich gut wahrnehmen kann wie die ordentliche Vollzugsbehörde (BRUNNER, a.a.O., Rz. 8).   160

4. Weitere Konkretisierungen

Gemäss Art. 39 Abs. 3 USG muss der Bundesrat vor dem Erlass von Verordnungen die Kantone und die «interessierten Kreise» anhören. Dieser *Anhörungspflicht* kommt im Umweltrecht ein besonderes Gewicht zu, weil das USG über weite Teile nur sehr knappe, abstrakte Regelungen enthält, deren Tragweite in hohem Mass vom konkretisierenden Verordnungsrecht abhängt.   161

Art. 16 Abs. 3 USG verpflichtet die Behörden, vor der Anordnung erheblicher Sanierungsmassnahmen vom Inhaber der Anlage *Sanierungsvorschläge* einzuholen. Ob es sich hierbei um einen Anwendungsfall des Kooperationsprinzips oder lediglich um eine Ausprägung des Anspruchs auf rechtliches Gehör handelt, ist in der Lehre umstritten.   162

Schliesslich bezieht Art. 43a USG privatrechtliche Systeme zur Bewertung und Verbesserung des betrieblichen Umweltschutzes – sogenannte *Umweltmanagement-Systeme* (UMS) – ins Umweltschutzgesetz ein. Der Bundesrat wird allerdings nicht ermächtigt, diese Systeme materiell zu regeln, sondern lediglich, sie einzuführen, d.h. die Voraussetzungen dafür zu schaffen, dass sie in der Schweiz operativ werden können.   163

Umweltmanagement befasst sich mit dem Management des betrieblichen und produktebezogenen Umweltschutzes im Unternehmen. Während das *Umweltaudit* ein betriebsinternes Hilfsmittel darstellt, um zu überprüfen, ob das Umweltmanagement-System die selbst festgelegten Auditkriterien erfüllt, handelt es sich beim *Zertifizierungsaudit* um eine betriebsexterne Prüfung durch eine akkreditierte Zertifizierungsstelle. In der Schweiz haben bis Mitte 2003 über 1 000 Industrie-, Gewerbe- und Dienstleistungsunternehmen bzw. öffentliche Verwaltungen ein Zertifikat nach der internationalen Norm ISO 14001 erworben.

Die Behörden können die freiwilligen Vorleistungen solcher Unternehmen berücksichtigen und durch einen entsprechenden Abbau von Kontrollen honorieren. Ein Rechtsanspruch zertifizierter Betriebe auf Vollzugserleichterungen besteht indessen nicht.

III. Lastengleichheitsprinzip

A. Lastengleichheit als Aspekt der Rechtsgleichheit

164 Das durch die bundesgerichtliche Rechtsprechung entwickelte Lastengleichheitsprinzip ist eine Konkretisierung des allgemeinen Rechtsgleichheitsgebots
(Art. 8 Abs. 1 BV).

B. Anwendungsbereich und Tragweite des Lastengleichheitsprinzips

165 Nach der bisherigen Rechtsprechung beschränkt sich der Grundsatz der Lastengleichheit im Zusammenhang mit dem Umweltrecht auf *Bauvorhaben in
lufthygienischen Belastungsgebieten,* d.h. in Gebieten, in denen Immissionsgrenzwerte für Luftschadstoffe erreicht oder überschritten sind. Er verbietet,
verschärfte Emissionsbegrenzungsmassnahmen im Sinne von Art. 11 Abs. 3
USG (Rz. 197 ff.) nur bei Neubauten bzw. neuen Anlagen anzuordnen oder
diese gänzlich zu untersagen, ohne von den bereits vorhandenen Emittenten
einen gleichwertigen Beitrag zur Verbesserung der Luftqualität zu verlangen.
Emissionsreduktionen dürfen also nicht einseitig zulasten von Neuanlagen vorgenommen werden; «andernfalls könnten in gewissen Gebieten überhaupt
keine neuen Anlagen mehr zugelassen werden» (BGE 118 Ib 26, E. 5d, Herisau).

166 Zentrales Koordinationsinstrument, um eine übermässige Gesamtbelastung der
Luft lastengleich zu reduzieren, ist der *Massnahmenplan* (Rz. 208 ff.). Verschärfte Emissionsbegrenzungen sind grundsätzlich in Übereinstimmung mit
der kantonalen Massnahmenplanung anzuordnen, es sei denn, dass eine solche
fehlt oder *ungenügend* ist (Pra 1998 Nr. 82 / URP 1998, 50 ff., E. 3d; BGE 119 Ib
480, E. 7a, Schwerzenbach). Weiter unterscheidet das Bundesgericht zwischen
durchschnittlichen und *überdurchschnittlichen* Emittenten; bei Letzteren ist die
Bindung verschärfter Emissionsbegrenzungen an den Massnahmenplan ebenfalls lockerer (vgl. BGE 124 II 272, E. 5, Schlieren; URP 1995, 498 ff., E. 4b und
E. 4d, Grancia; siehe dazu auch Rz. 246).

167 Anfänglich führte das Lastengleichheitsprinzip praktisch ausschliesslich dazu,
dass vom Umweltschutzgesetz vorgeschriebene Emissionsbegrenzungsmassnahmen bei der Errichtung oder Änderung von Anlagen nicht angeordnet und
umgesetzt wurden. Je länger sich der Erlass der Massnahmenpläne jedoch ver-
zögerte und je mehr deren verbreitetes Ungenügen offenbar wurde, desto stärker verschob sich in der bundesgerichtlichen Rechtsprechung der Akzent von
der Schonung der Neuemittenten zur unmittelbaren Anordnung verschärfter
Emissionsbegrenzungen im Einzelfall. In der jüngsten Rechtsprechung spielt
das Lastengleichheitsprinzip kaum noch eine nennenswerte Rolle.

Klar ungenügend waren bisher die Bemühungen, unter dem Aspekt der Lasten- 168
gleichheit auch die Emissionen *bestehender Anlagen* zu reduzieren. In einem
jüngeren Entscheid hielt das Bundesgericht den Finger auf diesen Punkt: Dass
die Kantone bzw. Gemeinden in den Massnahmenplangebieten die bestehenden
Parkierungsanlagen bei Einkaufszentren ab einer bestimmten Grösse nicht der
Pflicht zur Parkplatzbewirtschaftung unterstellen (insbesondere durch Einführung einer Gebührenpflicht), könne auf die Dauer nicht hingenommen werden
(BGE 125 II 129, E. 10b, Belp). Direkten Einfluss auf die Umsetzung solcher
Massnahmen kann das Bundesgericht – welches konkrete Einzelfälle zu entscheiden hat – jedoch nicht nehmen; hier wären die politischen Behörden und
insbesondere der Gesetzgeber gefordert, die Massnahmenpläne zu ergänzen
und wo nötig entsprechende gesetzliche Grundlagen zu schaffen. Hernach
müssten die Massnahmen von den Vollzugsbehörden umgesetzt werden.

2. Teil

Immissionsschutz

§ 5 Öffentlichrechtlicher Immissionsschutz im Allgemeinen

I. Terminologie; Sachbereich

Art. 74 BV verlangt nach einer Gesetzgebung über den Schutz des Menschen 169
und seiner natürlichen Umwelt vor schädlichen oder lästigen *«Einwirkungen»*.
Ursprünglich war das eine begriffliche Anlehnung an Art. 684 ZGB, wonach
jedermann verpflichtet ist, «bei der Ausübung seines Eigentums ... sich aller
übermässigen Einwirkung auf das Eigentum der Nachbarn zu enthalten» (vgl.
hierzu auch Rz. 336). Doch bereits im Laufe der Entstehungsgeschichte des
Umweltschutzartikels der aBV (Art. 24[septies] von 1971) hat sich der öffentlichrechtliche Einwirkungsbegriff vom Nachbarrecht des ZGB zu emanzipieren
begonnen. Nach heutigem Verständnis umfasst er jegliche anthropogene Umweltbelastung, wie das in der folgenden Legaldefinition zum Ausdruck kommt:
«Einwirkungen sind Luftverunreinigungen, Lärm, Erschütterungen, Strahlen,
Gewässerverunreinigungen oder andere Eingriffe in Gewässer, Bodenbelastungen, Veränderungen des Erbmaterials von Organismen oder der biologischen
Vielfalt, die durch den Bau und Betrieb von Anlagen, durch den Umgang mit
Stoffen, Organismen oder Abfällen oder durch die Bewirtschaftung des Bodens
erzeugt werden» (Art. 7 Abs. 1 USG).

Der Terminus *Immissionsschutz* dient als Sammelbegriff für diejenigen Mass- 170
nahmen, die darauf abzielen, eine der folgenden vier Formen von Einwirkungen
zu vermeiden bzw. einzudämmen:

- Luftverschmutzung, das heisst Veränderungen des natürlichen Zustandes
  der Luft (einschliesslich lästige Dünste)
- Lärm, das heisst unerwünschter Schall
- Erschütterungen, das heisst wahrnehmbare Schwingungen des Bodens
- Strahlung (Genaueres hierzu unter Rz. 172).

Innerhalb dieses Spektrums unterscheidet man zwischen Emissionen und 171
Immissionen: Luftverunreinigungen, Lärm usw. «werden beim Austritt aus
Anlagen als Emissionen, am Ort ihres Einwirkens als Immissionen bezeichnet»
(Art. 7 Abs. 2 USG). Dabei sind mit «Anlagen» nicht nur ortsfeste Einrich-
tungen, sondern sämtliche Quellen von Emissionen, namentlich auch Motor-
fahrzeuge, gemeint (vgl. Art. 7 Abs. 7 USG, zitiert in Rz. 727).

Speziell zum Strahlenschutz: Die nichtionisierenden Strahlen (elektrische und 172
magnetische Felder) fallen in den Geltungsbereich des USG. Bezüglich der

ionisierenden Strahlen hingegen verweist es auf die «Strahlenschutz- und die Atomgesetzgebung» (Art. 3 Abs. 2).

Dessen ungeachtet unterliegen Atomanlagen der UVP gemäss dem USG (Rz. 733).

II. Konzeptionelles

A. *Grundsatz der Bekämpfung von Umweltbelastungen an der Quelle*

173   Das USG hält in Art. 11 Abs. 1, dem ersten Satz seines dem Immissionsschutz gewidmeten Kapitels, fest: «Luftverunreinigungen, Lärm, Erschütterungen und Strahlen werden durch Massnahmen bei der Quelle begrenzt (Emissionsbegrenzungen).»

174   Für die Lufthygiene ist dies eine reine Selbstverständlichkeit (verschmutzte Luft kann man nicht wie Abwasser sammeln und einer zentralen Reinigungsanlage zuführen). Ebenso für den Schutz vor Erschütterungen und vor Strahlen. Was dagegen den Schutz vor Lärm betrifft, kennen wir neben den Massnahmen an der Quelle – der Lärmbekämpfung im eigentlichen Sinne – auch Massnahmen auf Seiten der Betroffenen, sogenannte passive Schallschutzmassnahmen (Lärmschutzfenster). Effektiv geben, wie sich noch zeigen wird, die einschlägigen Vorschriften in bedenklicher Weise Spielraum, um auf solche – nicht befriedigenden und dem Störerprinzip widersprechenden – Ersatzlösungen auszuweichen.

175   Umweltrechtliche Verantwortung für induzierten Verkehr: «Bekämpfung an der Quelle» bedeutet nicht, dass den Inhabern von Betrieben keine Auflagen zur Herabsetzung der Belastungen gemacht werden können, die der mit dem Betrieb verbundene Personen- und Güterverkehr bewirkt. Gegenteils werden diese Belastungen umweltrechtlich dem Betriebsinhaber zugerechnet (SCHRADE/LORETAN, Kommentar USG, Art. 11 Rz. 17c mit Hinweisen auf die bundesgerichtliche Praxis). Deshalb ist es beispielsweise zulässig, die Öffnungszeiten von grenznahen Tankstellen am Abend und an Feiertagen zu beschränken, um die durch den sogenannten Benzintourismus verursachten Immissionen einzudämmen (BGE 119 Ia 378, Sottoceneri).

176   Ebenso versteht es sich, dass neben den einzelnen Verkehrsmitteln – Motorfahrzeuge, Eisenbahnen, Flugzeuge – auch die Verkehrsanlagen – Strassen, Bahnlinien, Flugplätze – Quellen im genannten Sinne sind.

B. *Zweistufiges Schutzkonzept*

177   Das in Art. 11 Abs. 2 und 3 umschriebene zweistufige Schutzkonzept des USG gehört zu dessen Haupterrungenschaften, ist aber ohne Vorkenntnisse nicht leicht verständlich. Um darüber hinwegzuhelfen, wird im Folgenden etwas ausgeholt.

Das Konzept kombiniert auf sinnvolle Weise die Idee der Nutzbarmachung (relativ) umweltfreundlicher Techniken mit der Idee der Gewährleistung einer Mindest-Umweltqualität.

178

Die erstere geht dahin, Umweltbelastungen, die sich mit technischen Mitteln ohne weiteres vermeiden lassen, auch effektiv zu vermeiden. Mit diesem – in der Doktrin als Konzept der *optimalen Technologie* bezeichneten – Ansatz arbeitet das Recht schon lange.

Er prägte namentlich den öffentlichrechtlichen Immissionsschutz im Arbeitsgesetz von 1964: «Der Arbeitgeber ist verpflichtet, zum Schutze von Leben und Gesundheit der Arbeitnehmer sowie zum Schutze der Umgebung des Betriebes vor schädlichen und lästigen Einwirkungen alle Massnahmen zu treffen, die nach der Erfahrung notwendig, nach dem Stande der Technik anwendbar und den Verhältnissen des Betriebes angemessen sind» (Art. 6 Abs. 1 ArG in der ursprünglichen Fassung; heute beschlägt jene Bestimmung nur noch den Arbeitnehmerschutz).

Die Erfahrung lehrte jedoch, dass das Schutzziel meist verfehlt wird, wenn die umweltrechtliche Regelung sich darauf beschränkt, eine bereits verfügbare bessere Umwelttechnik zur Norm (für neue [und allenfalls auch für bestehende] ortsfeste Anlagen bzw. für neu in den Verkehr gelangende Motorfahrzeuge, Chemikalien usw.) zu erheben. Einerseits blieben nämlich an sich mögliche umwelttechnische Fortschritte in Branchen, die daran kein eigenes Interesse haben, überhaupt aus. Und andererseits wurde manche realisierte Verminderung der Umweltbelastung pro Produktionseinheit durch eine Vermehrung der Produktion gewissermassen eingeholt respektive übertroffen.

Daraus erwuchs im Vorfeld des ersten Entwurfs zum USG das Postulat, weiterhin bei der jeweils besten verfügbaren Technik anzusetzen, jedoch darüber hinaus auch Emissionsbegrenzungen dergestalt zu verlangen, dass die *Immissionen* nirgends übermässig sind, dass sie also bestimmte, im Lichte des verfassungsmässigen Schutzauftrages zu definierende *Obergrenzen* ausnahmslos einhalten (Rausch, Thesen von 1972). Systemanalytisch gesprochen wird damit die Einhaltung quantifizierter Umweltqualitätsziele zur Randbedingung für die Entfaltung der Technik gemacht.

In diesem Sinne regelt nun Art. 11 USG mit Abs. 2 eine erste und mit Abs. 3 eine zweite Stufe des Immissionsschutzes: «Unabhängig von der bestehenden Umweltbelastung sind Emissionen im Rahmen der Vorsorge so weit zu begrenzen, als dies technisch und betrieblich möglich und wirtschaftlich tragbar ist» (Abs. 2). «Die Emissionsbegrenzungen werden verschärft, wenn feststeht oder zu erwarten ist, dass die Einwirkungen unter Berücksichtigung der bestehenden Umweltbelastung schädlich oder lästig werden» (Abs. 3).

179

Dabei bedeutet die explizite Unabhängigkeit der ersten Stufe «von der bestehenden Umweltbelastung», dass die vorsorglichen Emissionsbegrenzungen stets anwendbar sind, also auch da, wo die aus den Emissionen resultierenden Immissionen unterhalb der kritischen Schwelle der Schädlichkeit bzw. Lästigkeit liegen. Ob diese Grenze eingehalten ist, beurteilt sich anhand der Immissions-

180

grenzwerte (IGW). Wird ein IGW überschritten, hat man es mit einer Konstellation der zweiten Stufe zu tun, was jeweils nach zur Abhilfe geeigneten verschärften Emissionsbegrenzungen ruft.

Hervorgehoben sei, dass das Gesetz in dieser zweiten Stufe im Unterschied zur ersten weder betriebliche Gegebenheiten noch Überlegungen zur Wirtschaftlichkeit der erforderlichen Verschärfungen als limitierende Faktoren anerkennt. Das ist nur konsequent, geht es hier doch darum, *übermässige* Belastungen *unbedingt* zu vermeiden (Mindest-Umweltqualität im Allgemeininteresse, kein Raum für gegenläufige Partikulärinteressen).

Damit ist aber nicht gesagt, im Zusammenhang mit verschärften Emissionsbegrenzungen sei das Verhältnismässigkeitsprinzip unbeachtlich; vgl. das BGE-Zitat unter Rz. 253, ferner BGE 127 II 306, E. 8, Segelflugschule Schänis.

181   Die Tragweite der vorstehend beschriebenen Strategie reicht über den Immissionsschutz hinaus. Den Vorschriften zum Bodenschutz liegt ein analoges zweistufiges Schutzkonzept zugrunde, und auch die Regelung des qualitativen Gewässerschutzes sowie die Störfallverordnung haben eine entsprechende Prägung.

III. Aufgabenteilung zwischen Bund und Kantonen

182   Auf Grund von Art. 74 Abs. 1 und 3 BV gilt für den öffentlichrechtlichen Immissionsschutz grosso modo folgende Ordnung: Der Bund definiert durch Gesetz und Verordnung die sachlichen Anforderungen (materiellrechtliche Rechtsetzung); für den Vollzug dieser Vorschriften (Rechtsanwendung) sind die Kantone bzw. nach Massgabe des kantonalen Rechts die Gemeinden verantwortlich. In einzelnen Bereichen – Hauptbeispiele: umweltgefährdende Stoffe und Organismen (Gentechnologie), Eisenbahnwesen und Luftfahrt – obliegt auch der Vollzug einer Behörde des Bundes.

183   Die einschlägigen bundesrechtlichen Vorschriften sind in der Regel abschliessender Natur, lassen also keinen Spielraum für abweichendes kantonales Recht. Hingegen gibt es Regelungsbereiche, in denen die Kantone eine *eigene* Sachkompetenz haben, die sie für Zwecke des Immissionsschutzes nutzen können. Zu diesen Materien gehören etwa die baurechtlichen Vorschriften betreffend die minimal erforderliche und die maximal zulässige Anzahl Parkplätze auf privatem Grund (Einfluss auf das Motorfahrzeugverkehrsaufkommen und damit auf Luftverschmutzung und Lärm). Ebenso die Bestimmungen eines kantonalen Baugesetzes, wonach für grössere Bauvorhaben eine genügende Erschliessung durch den öffentlichen Verkehr eine Bewilligungsvoraussetzung darstellt.

Zur unzweifelhaften Bundesrechtskonformität einer solchen kantonalrechtlichen Regelung und zu ihrer immissionsschutzrechtlichen Funktion: Bundesgerichtsurteil in URP 2001, 1061 ff., Kino- und Einkaufszentrum Adliswil; Bundesgerichtsurteil in URP 2002, 441 ff., Einkaufszentrum im Industriegebiet von Dietikon.

An sich müssten die Kantone und Gemeinden die Anliegen des Immissions- 184
schutzes bereits in ihrer Richt- und Nutzungsplanung berücksichtigen. Nach den
Planungsgrundsätzen des RPG sollen nämlich «Wohn- und Arbeitsgebiete einander zweckmässig zugeordnet und durch das öffentliche Verkehrsnetz hinreichend erschlossen sein» und «Wohngebiete vor schädlichen oder lästigen Einwirkungen … möglichst verschont werden» (Art. 3 Abs. 3 Bst. a und b RPG).
Die raumplanerische Praxis liess sich indessen davon nur sehr wenig inspirieren.
So gesehen fällt dem Lufthygiene- und Lärmbekämpfungsrecht des Bundes
auch die Aufgabe zu, Versäumnisse der Raumplanung zu kompensieren.

Das eben Gesagte gilt aber mutatis mutandis auch für die Planungsent-
scheide des Bundes selbst in den Bereichen Nationalstrassenbau, Eisenbahnbau
und Infrastruktur der Luftfahrt.

§ 6   Lufthygienerecht

Die Unterscheidung von nominalem und funktionalem Umweltrecht ist in der 185
Einleitung zu diesem Buch erläutert worden (Rz. 2).

I.   Nominales Lufthygienerecht

Das nominale Lufthygienerecht ist in den Grundzügen im USG (Art. 11 und 12 186
[vorn § 5 II. B.], Art. 13 und 14, Art. 16 – 18) und im Übrigen in der per 1. März
1986 in Kraft getretenen Luftreinhalte-Verordnung (LRV) niedergelegt.

A.   *Instrumentarium zur Verwirklichung des zweistufigen Schutzkonzepts*

1.   *Immissionsgrenzwerte*

Funktion: Die IGW dienen der Abgrenzung zwischen den nicht-übermässigen 187
und den übermässigen, das heisst schädlichen bzw. lästigen Einwirkungen und
damit zwischen den beiden Stufen des zweistufigen Schutzkonzepts.

Der Struktur nach ist ein lufthygienischer IGW die maximal zulässige Konzen- 188
tration eines bestimmten Schadstoffs in der (Aussen-)Luft. Für das troposphärische (bodennahe) Ozon beispielsweise gilt ein IGW von 120 µg/m^3 (als
Mittelwert über eine Stunde, der höchstens einmal pro Jahr überschritten sein
darf; daneben besteht auch ein IGW mit einer Mittelungszeit von einem Mo-
nat).

Die IGW finden sich nicht im Gesetz selbst; sie werden vom Bundesrat «durch 189
Verordnung» festgesetzt (Art. 13 Abs. 1 USG).

Kriterien zur Festlegung: Das USG verlangt vom Bundesrat generell (nicht nur 190
bezüglich des Sachbereichs Lufthygiene), die IGW so festzulegen, dass sie «auch
die Wirkungen der Immissionen auf Personengruppen mit erhöter Empfind-
lichkeit, wie Kinder, Kranke, Betagte und Schwangere» berücksichtigen (Art. 13
Abs. 2). Spezifisch mit Bezug auf die lufthygienischen IGW verlangt es eine
Festlegung in der Weise, dass «nach dem Stand der Wissenschaft oder der Erfahrung Immissionen unterhalb dieser Werte: *a.* Menschen, Tiere und Pflanzen,
ihre Lebensgemeinschaften und Lebensräume nicht gefährden; *b.* die Bevölkerung in ihrem Wohlbefinden nicht erheblich stören; *c.* Bauwerke nicht beschädi-
gen; *d.* die Fruchtbarkeit des Bodens, die Vegetation und die Gewässer nicht beeinträchtigen» (Art. 14).

191 Diesem Auftrag ist der Bundesrat mit Anhang 7 der LRV nachgekommen, worin IGW (samt zugehöriger statistischer Definition [Mittelungszeit]) für die wichtigsten Luftschadstoffe aufgelistet sind. Dazu zählen Schwefeldioxid, Stickstoffdioxid, Kohlenmonoxid, das bereits erwähnte (troposphärische) Ozon, der als krebserzeugend geltende lungengängige Schwebestaub – Fachterminus: PM 10 (Partikel mit einem Durchmesser von weniger als 10 μm) – sowie einige Schwermetalle.

192 Für Gebiete, in denen ein oder mehrere IGW überschritten sind, hat sich die (auch im Folgenden verwendete) Bezeichnung «lufthygienisches Belastungsgebiet» eingebürgert.

2. Emissionsbegrenzungen

a) Typologie

193 Das USG bezeichnet die an der Quelle zu ergreifenden Massnahmen nicht im Einzelnen, umschreibt sie aber – mit Art. 12 Abs. 1 – typologisch. (Diese Gesetzesbestimmung betrifft, ihrer systematischen Stellung im Kapitel «Luftverunreinigungen, Lärm, Erschütterungen und Strahlen» entsprechend, nicht bloss die Lufthygiene, doch ist sie teilweise allein auf diese zugeschnitten.)

194 An erster Stelle figuriert dabei der *Emissionsgrenzwert*. Darunter wird in der Lufthygiene die maximal zulässige Konzentration eines bestimmten Schadstoffes in der (einer Anlage oder einem Fahrzeug entströmenden) Abluft verstanden; so zum Beispiel für Chlor 5 mg/m^3 (Ziff. 62 i.V.m. Ziff. 61 des LRV-Anhanges 1).

195 Als *weitere Typen von Emissionsbegrenzungen* benennt Art. 12 Abs. 1 Bau- und Ausrüstungsvorschriften, Vorschriften über Brenn- und Treibstoffe, Betriebsvorschriften und Verkehrsvorschriften (Veranschaulichungen dieser Instrumente folgen zum Teil sogleich und im Übrigen in späteren Zusammenhängen).

Ausserdem sieht die nämliche Gesetzesbestimmung Vorschriften über die «Wärmeisolation von Gebäuden» vor. Der Bundesrat erliess jedoch keine entsprechenden Vorschriften (der Entwurf zur diesbezüglichen Verordnung scheiterte im Vernehmlassungsverfahren am Widerstand kantonaler Regierungen). Daher blieb die Regelung dieser lufthygienisch durchaus wichtigen Materie dem kantonalen Recht überlassen. Viele Kantone kennen eine baurechtliche Bestimmung, welche die SIA-Norm 180, Wärme- und Feuchteschutz im Hochbau, für verbindlich erklärt; andere haben eigene Vorschriften aufgestellt. – In Art. 89 Abs. 4 BV heisst es nun etwas sibyllinisch, für Massnahmen in diesem Bereich seien «vor allem» die Kantone zuständig.

b) Vorsorgliche und verschärfte Emissionsbegrenzungen

196 Die generell anwendbaren *vorsorglichen Emissionsbegrenzungen* sind in den Anhängen der LRV statuiert. Bedingt durch die Komplexität der Materie, hat

man es dabei mit einem umfangreichen Regelwerk zu tun. Die nachfolgenden Angaben skizzieren dieses in groben Zügen.

– Emissionsgrenzwerte für zahlreiche Schadstoffe. Die LRV normiert sie einerseits (in Anhang 1) für den betreffenden Stoff als solchen und andererseits (in anschliessenden Anhängen) spezifisch – mithin im Sinne von leges speciales – bezüglich der Emissionen bestimmter Anlagetypen, wie z.B. Kehrichtverbrennungsanlagen, Feuerungsanlagen (Raumheizung und Erzeugung von Prozesswärme), Zementöfen, Anlagen zur Produktion von Vinylchlorid (nebst einigen weiteren Anlagen der chemischen Industrie), Anlagen zum Beschichten und Bedrucken mit organischen Stoffen oder Räucheranlagen.

– Für bestimmte Anlagen, Geräte oder Maschinen geltende Ausrüstungsvorschriften. Illustrationen: Gaspendelsysteme für Tankstellen; Aktivkohlefilter zur Reinigung der Abluft von Textilreinigungsanlagen, die mit halogenierten Kohlenwasserstoffen betrieben werden; Partikelfilter für Baumaschinen auf Grossbaustellen (nicht direkt in der LRV, sondern in einer darin ausdrücklich vorgesehenen, seit 1. September 2002 in Kraft stehenden BUWAL-Richtlinie zur Luftreinhaltung auf Baustellen geregelt).

– Typenprüfungspflicht für Feuerungsanlagen und energetische Anforderungen an solche Anlagen; periodische Ölfeuerungskontrolle. (Gesetzliche Grundlage für die Typenprüfungspflicht: Art. 40 USG; für die Ölfeuerungskontrolle: Art. 45 USG.)

– Beschränkung des Schwefelgehaltes des Heizöls und des Bleigehaltes des Benzins – seit 1. Januar 2000 lässt die LRV nur noch unverbleites Benzin zu – sowie weitere der Lufthygiene dienende Anforderungen an Brenn- und Treibstoffe.

Verschärfter Emissionsbegrenzungen bedarf es von Gesetzes wegen (Rz. 179 f.) 197 überall da, wo eine IGW-Überschreitung feststeht oder zu erwarten ist. Die LRV spricht das als Pflicht der Vollzugsbehörden sowohl im Zusammenhang mit neuen wie im Zusammenhang mit bestehenden stationären Anlagen an (Art. 5 und Art. 9).

Von näheren Angaben zur inhaltlichen Ausgestaltungen der Verschärfungen 198 sieht die LRV ab, weil sie (ob richtiger- oder unrichtigerweise, bleibe hier dahingestellt) davon ausgeht, dass das über die vorsorglichen Emissionsbegrenzungen hinaus Erforderliche sich nicht generell-abstrakt, sondern nur situativ bestimmen lässt. Immerhin findet man in den LRV-Bestimmungen zum Massnahmenplan (dazu dann Rz. 208 ff.) typologische Anhaltspunkte, namentlich in dem Sinne, dass bei Verkehrsanlagen «bauliche, betriebliche, verkehrslenkende oder -beschränkende Massnahmen» in Betracht kommen (Art. 32 Abs. 2 Bst. b).

Da also die verschärften Begrenzungen im Einzelnen nicht durch Verordnungs- 199 recht determiniert sind, ist es Aufgabe der Vollzugsbehörde selbst, diese Massnahmen so zu konturieren, dass der Zweck des Art. 11 Abs. 3 USG, IGW-Überschreitungen unbedingt zu vermeiden bzw. zu beheben, erreicht wird.

Das steht durchaus in Einklang mit Art. 12 Abs. 2, wonach «Emissionsbegrenzungen durch Verordnungen oder, soweit diese nichts vorsehen, durch unmittelbar auf dieses Gesetz abgestützte Verfügungen vorgeschrieben» werden.

Die eben zitierte USG-Bestimmung ist auch als Ermächtigung der rechtsanwendenden Behörden zu verstehen, allfällige echte Lücken des Verordnungsrechts zu schliessen (wozu Art. 4 LRV nähere Vorschriften enthält).

3. Sanierungspflicht und Massnahmenplanung

a) Grundsätzliche Gleichbehandlung von neuen und alten Anlagen

200 Die Unterscheidung von neuen und alten Anlagen bezieht sich grundsätzlich auf das Datum des Inkrafttretens des USG (1. Januar 1985); vgl. aber auch Rz. 203.

201 Neue Anlagen sind selbstverständlich nur bewilligungsfähig, wenn sie die lufthygienischen Anforderungen erfüllen: die vorsorglichen Emissionsbegrenzungen in jedem Falle und die verschärften Emissionsbegrenzungen da, wo solche gemäss dem im Vorangegangen beschriebenen System erforderlich sind.

202 Müssten diesen Anforderungen *nur* die neuen Anlagen genügen, blieben die Ziele der Lufthygiene auf lange Zeit hinaus unerreichbar. Das USG unterstellt deshalb in seinem mit «Sanierungen» überschriebenen Abschnitt (Art. 16 – 18) die bestehenden Anlagen – im Schrifttum ist die Bezeichnung «alte Anlagen» gebräuchlicher – im Prinzip der gleichen Ordnung wie die neuen Anlagen. (Der Geltungsbereich der Art. 16 – 18 USG umfasst nebst der Lufthygiene auch die andern Teildisziplinen des Immissionsschutzes.)

b) Hauptregeln der Sanierungspflicht

203 Sanierungspflichtig ist jede ortsfeste Anlage, die nicht alle Anforderungen des jeweils geltenden Rechts erfüllt (vgl. Art. 16 Abs. 1 USG). Damit ist auch gesagt, dass neu hinzukommende lufthygienische Vorschriften bisher rechtskonforme Anlagen zu sanierungsbedürftigen Anlagen machen können. So erforderte beispielsweise die vor ein paar Jahren in die LRV eingefügte Vorschrift betreffend Gaspendelsysteme für Tankstellen eine entsprechende Nachrüstung sämtlicher damals bestehenden Tankstellen.

204 Der Inhaber der Anlage muss nicht von sich aus den Sanierungsbedarf erkennen und tätig werden. Vielmehr eröffnet die zuständige Behörde ein Sanierungsverfahren, in welchem sie ihm als erstes Gelegenheit gibt, einen eigenen Sanierungsvorschlag zu machen (Art. 16 Abs. 3 USG), wobei es sich versteht, dass die Behörde diesen gutzuheissen hat, wenn er zielkonform ist. Das Verfahren mündet entweder in eine Sanierungsverfügung oder in einen einer solchen

inhaltlich gleichwertigen verwaltungsrechtlichen Vertrag zwischen dem Anlageninhaber und dem Gemeinwesen. In der Praxis behilft man sind allerdings oft auch mit informellen Absprachen zwischen der Verwaltung und dem Sanierungspflichtigen.

Die in die Verfügung bzw. in den Vertrag aufzunehmende Sanierungsfrist beträgt in der Regel fünf Jahre (Art. 10 LRV, der auch die Voraussetzungen für die Festsetzung von kürzeren oder längeren Fristen statuiert). 205

Falls sich eine reguläre Sanierung «im Einzelfall» als «unverhältnismässig» erweist, sind dem Anlageninhaber «Erleichterungen» zu gewähren (Art. 17 Abs. 1 USG). Sie können in inhaltlichen Abstrichen gegenüber dem normalen Sanierungsmassstab oder darin bestehen, dass die Sanierungsfrist länger als gewöhnlich bemessen wird. Sie dürfen aber nicht dazu führen, dass die lufthygienischen IGW «überschritten werden» bzw. bleiben (Art. 17 Abs. 2 USG). Demzufolge besteht in den *lufthygienischen Belastungsgebieten* (zum Begriff: Rz. 192) wenn überhaupt, dann nur wenig Spielraum für einzelfallweise Erleichterungen. 206

Mit der ordentlichen Sanierungsfrist von fünf Jahren wird dem Gebot des Vertrauensschutzes (Art. 5 Abs. 3 BV) Rechnung getragen. Auf diesen Grundsatz berufen kann sich freilich nur, wer seine Anlage im ehedem rechtskonformen Zustand *beibehält*. Entscheidet sich der Inhaber einer Anlage jedoch, diese wesentlich umzugestalten, fällt die bisherige Vertrauensgrundlage dahin. Daher besagt eine – in der Praxis nicht selten und mitunter gerade bei besonders umweltbelastenden Anlagen unbeachtet bleibende – USG-Bestimmung, dass eine «sanierungsbedürftige Anlage nur umgebaut oder erweitert werden» darf, «wenn sie gleichzeitig saniert wird» (Art. 18 Abs. 1). 207

c)   Massnahmenplanung

Funktion: Der Massnahmenplan ist mit der LRV, und zwar bereits mit deren ursprünglichen Fassung, gestützt auf Art. 16 USG (Sanierungspflicht) als Koordinationsinstrument zum Zwecke eingeführt worden, «die verschiedenen Vollzugsbehörden im Hinblick auf den Erlass der Sanierungsverfügungen … auf ein gemeinsames, in sich geschlossenes Konzept zu verpflichten.» So ANDRÉ SCHRADE (der massgeblich an der Ausarbeitung der LRV beteiligt war) in der 1. Auflage des USG-Kommentars (Art. 16 Rz. 39). 208

Im Zuge der USG-Revision vom 21. Dezember 1995 wurde der Massnahmenplanung durch Einfügung von Art. 44a eine zusätzliche gesetzliche Grundlage gegeben, so dass sich nun das, was zuvor unmittelbar in der LRV statuiert war, dem Gesetz entnehmen lässt: «Steht fest oder ist zu erwarten, dass schädliche oder lästige Einwirkungen von Luftverunreinigungen durch mehrere Quellen verursacht werden, so erstellt die zuständige Behörde einen Plan der Massnahmen, die zur Verminderung oder Beseitigung dieser Einwirkungen innert angesetzter Frist beitragen» (Art. 44a Abs. 1 USG).

209   Rechtswirkung: Der Massnahmenplan ist lediglich behördenverbindlich, nämlich «für die Behörden ..., die von den Kantonen mit Vollzugsaufgaben betraut sind» (Art. 44a Abs. 2 Satz 1). Positiv bedeutet dies: Die zuständigen Verwaltungsinstanzen müssen ihn im Einzelfall umsetzen – sei es mittels Verfügung, sei es durch Abschluss eines öffentlichrechtlichen Vertrages mit dem Anlageninhaber. Negativ ist damit gesagt, dass er gegenüber den Anlageninhabern keine unmittelbar rechtsgestaltende Wirkung entfaltet. Aus diesem Grund ist gegen den Massnahmenplan als solchen auch kein Rechtsmittel gegeben.

Der Massnahmenplan qualifiziert sich also nicht als ein Rechtssetzungsakt, der das Instrument der verschärften Emissionsbegrenzungen schafft. Dieses besteht vielmehr kraft Art. 11 Abs. 3 i.V.m. Art. 12 USG, und mithin haben die verschärften Emissionsbegrenzungen ihre Rechtsgrundlage nicht im Massnahmenplan, sondern im Gesetz selbst.

Zur Rechtsnatur des Massnahmenplans: EPINEY, Plan des mesures, 13 f.; JAAG, Massnahmenplan, 139 ff.; LORETAN, Kommentar USG, Art. 44a Rz. 60; ZÜRCHER, 98 ff.; Bundesgerichtsurteil in URP 2001, 1061 ff., E. 2b, Kino- und Einkaufszentrum Adliswil.

210   Die LRV besagt, dass die Kantone ihre Massnahmenpläne «innert dreier Jahre nach Inkrafttreten dieser Verordnung», das heisst bis spätestens 1. März 1989 erstellen (Art. 42 Abs. 3 i.V.m. Art. 31 und Art. 35). An diesem Stichtag war noch in keinem Kanton ein Massnahmenplan beschlossen worden; vom Teilmassnahmenplan Feuerungsanlagen des Regierungsrates des Kantons Zürich vom 14. Juni 1989 abgesehen, leistete man sich Fristüberschreitungen von zwischen einem und acht Jahren. In der Folge wurde auch die am 1. März 1994 endende Frist zur Umsetzung der Massnahmenpläne (Art. 33 Abs. 1 LRV) in den meisten Kantonen massiv überschritten.

211   Was den (in Art. 32 LRV abstrakt umschriebenen) *Inhalt* des Massnahmenplans betrifft, müssen an dieser Stelle einige dem Massnahmenplan des Kantons Zürich entnommene Beispiele genügen:

–   Punktuelle Verschärfung der LRV-Bestimmungen betreffend Feuerungsanlagen und stationäre Verbrennungsmotoren, z.T. in Form strengerer Emissionsbegrenzungen, z.T. in Form kürzerer Sanierungsfristen für Altanlagen

–   Diverse besondere Massnahmen bei industriellen und gewerblichen Betrieben mit hohen Emissionen von flüchtigen organischen Verbindungen (VOC)

–   Nachrüstung der beim Kanton und bei den Gemeinden im Einsatz stehenden dieselbetriebenen Nutzfahrzeuge (wie Linienbusse und Kehrichtsammelwagen) mit Partikelfiltern zwecks Reduktion der PM-10-Emissionen

–   Absenkung der Höchstgeschwindigkeit für Motorfahrzeuge auf Strassen in übermässig belasteten Gebieten (vgl. dazu auch Rz. 251)

–   Verpflichtung des Flughafenhalters, die Landegebühren nach den Emissionscharakteristika der Flugzeuge zu differenzieren (heute auch im Luftfahrtsrecht des Bundes verankert).

Generellere Ausführungen zur Ausgestaltung von Massnahmenplänen finden sich bei LORETAN, Kommentar USG, Art. 44a Rz. 13–30.

Die LRV hält die Kantone auch dazu an, regelmässig die Wirksamkeit der Mass-   212
nahmen zu überprüfen und die Pläne «bei Bedarf» anzupassen (Art. 33 Abs. 3 Satz 1).

Einer Ergänzung der Massnahmenpläne bedarf es namentlich dann, wenn der   213
Bundesrat einen neuen IGW in die LRV aufnimmt. Ein wichtiger Anwendungsfall sind die beiden seit 1. März 1998 in Kraft stehenden PM-10-IGW (20 µg/m^3
als Jahresmittelwert und 50 µg/m^3 als Mittelwert über 24 Stunden; PM 10 gelten,
wie bereits erwähnt, als kanzerogen). Diese IGW sind «in Städten und Agglo-
merationen sowie generell im Bereich stark befahrener Strassen grossräumig
überschritten» (BUWAL, Massnahmen zur Reduktion der PM-10-Emissionen,
Bern 2001 [Umwelt-Materialien, Nr. 136], 13). Bislang haben aber erst ganz wenige Kantone damit begonnen, eine entsprechende Nachführung ihres Massnahmenplans in die Wege zu leiten.

4.   Tragweite des Massnahmenplans in Bewilligungsverfahren

Es versteht sich, dass die im Massnahmenplan figurierenden verschärften Emis-   214
sionsbegrenzungen auch bei der Bewilligung neuer Anlagen im lufthygienischen
Belastungsgebiet anzuordnen sind; andernfalls würden ja «sanierungsreife Neuanlagen» zugelassen. Das Gleiche gilt auch für Bewilligungen wesentlicher
Änderungen bestehender Anlagen. (Eine wesentliche Änderung wird im Umweltrecht generell der Errichtung einer neuen Anlage gleichgestellt; vgl. auch
Art. 2 Abs. 4 LRV sowie Art. 18 Abs. 1 USG [zitiert in Rz. 207]).

Eine andere Frage ist, ob die Bewilligungsbehörden für neue bzw. wesentlich   215
geänderte Anlagen im lufthygienischen Belastungsgebiet *einzig* Auflagen machen dürfen, welche bereits auch im Massnahmenplan figurieren. Aus folgenden
Gründen kann der Massnahmenplan insoweit kein numerus clausus sein:
    Wie schon gesagt, haben die verschärften Emissionsbegrenzungen ihre
Rechtsgrundlage im USG selbst. Die betreffenden Gesetzesvorschriften (Art.
11 und 12) und ebenso die sich darauf beziehenden LRV-Bestimmungen (Art. 5
und 9) sind unmittelbar anwendbares Recht; sie bedürfen nicht gewissermassen
einer Nachschöpfung durch die einzelne Kantonsregierung in Form des Massnahmenplans. Die gegenteilige Annahme liefe beispielsweise darauf hinaus, die
Kantone darüber entscheiden zu lassen, ab welchem Zeitpunkt die vorerwähnten IGW für PM 10 in Bewilligungsverfahren für neue bzw. wesentlich geänderte Anlagen zu berücksichtigen sind. (Zwischen einer solchen LRV-Änderung
und der entsprechenden Nachführung des Massnahmenplans vergehen erfahrungsgemäss in den meisten Kantonen viele Jahre). Das stünde in Widerspruch
zur Pflicht der Kantone, das geltende Bundesrecht zu vollziehen (Art. 74 Abs. 3
BV; Art. 36 USG). Und mit der 1995 erfolgten Einfügung von Art. 44a in das

USG (zusätzliche, explizitere gesetzliche Grundlage des Instruments des Massnahmenplans) wurde denn auch nicht ein solcher systemwidriger Vollzugs-Aufschub beabsichtigt.

Ausführlicher (mit Einbezug von Literatur und Praxis): HERIBERT RAUSCH, Rechtsgutachten vom 30. Juni 2002 zu lufthygienischen Auflagen im Zusammenhang mit Schüttguttransporten durch Lastwagen zuhanden von Fachbehörden der Kantone Aargau, Bern und Zürich, www.cerclair.ch/de/index.html. Auf der gleichen Linie: Urteil des Verwaltungsgerichtes SG in URP 2003, 748 ff., E. 3, Säntispark.

B. Lenkungsabgaben im Dienste der Lufthygiene

1. Lenkungsabgaben des USG

216 Das vorstehend dargestellte, von Anfang an im USG angelegte Instrumentarium ist in jüngerer Zeit bezüglich bestimmter Luftschadstoffe durch Lenkungsabgaben ergänzt worden. Das Verhalten der Verursacher von Umweltbelastungen mit solchen finanziellen Anreizen zu beeinflussen wird schon seit Jahrzehnten postuliert (vgl. zum Zusammenhang zwischen Lenkungsabgaben und Verursacherprinzip Rz. 137 ff.). Die Idee leuchtet nicht nur per se ein, sondern hat auch im Lichte von empirisch belegten Nebeneffekten herkömmlicher Abgaben (Ausweichstrategien der Abgabesubjekte von Steuern und Kausalabgaben) ein grosses Potenzial. Der Expertenentwurf von 1973 zum USG nahm den Gedanken auf und sah den Einsatz von Lenkungsabgaben mit breitem Anwendungsbereich vor, erlitt aber politischen Schiffbruch. Wieder aufgegriffen wurde die Idee, von folgenlosen parlamentarischen Vorstössen abgesehen, erst mit der USG-Revision vom 21. Dezember 1995. In der diesbezüglichen Botschaft des Bundesrates heisst es dazu: «Eine besonders wichtige Aufgabe besteht darin, das umweltpolitische Instrumentarium mit marktwirtschaftlichen Instrumenten zu ergänzen» (BBl 1993, 1445 ff., 1447).

217 Aus jener USG-Revision gingen eine Abgabe auf flüchtigen organischen Verbindungen (VOC) und eine Abgabe auf dem Schwefelgehalt von Heizöl hervor (Art. 35a bzw. Art. 35b). Eine USG-Novelle vom 20. Juni 2003 brachte sodann eine Abgabe auf dem Schwefelgehalt von Treibstoffen (Art. 35b[bis]). Die Einzelheiten sind in je einer separaten Verordnung geregelt.

218 Die Ausgestaltung dieser drei Lenkungsabgaben auf Gesetzesstufe weist folgende Hauptmerkmale auf: Bezeichnung des Abgabeobjektes und der Abgabesubjekte; Bezifferung der Obergrenze des vom Bundesrat zu regelnden Abgabesatzes (je «zuzüglich der Teuerung ab Inkrafttreten» der betreffenden Gesetzesbestimmung); gleichmässige Verteilung des gesamten Abgabeertrages an die Bevölkerung (Modus procedendi gemäss Verordnungsrecht: Überweisung vom Bund an die Krankenversicherungen; Gutschrift durch diese zugunsten eines jeden Versicherten).

a) VOC-Abgabe

Kontext: Die flüchtigen organischen Verbindungen gehören zu den Ursachen   219
der (umgangssprachlich als Sommersmog bezeichneten) gesundheitsschädigend
hohen Ozon-Konzentrationen. Die hierfür geltenden IGW werden in weiten
Teilen des Landes chronisch überschritten.

Hauptsächliches Abgabeobjekt sind die in Farben, Lacken und Reinigungsmit-   220
teln enthaltenen (weitgehend substituierbaren) VOC, wohingegen die Treib-
und Brennstoffe ausgenommen bleiben. Abgabepflichtig ist, wer die betreffenden Substanzen einführt, sie als Hersteller in Verkehr bringt oder selber (zur
Herstellung von Produkten) verwendet.

Effekt: Die seit 1. Januar 2000 erhobene VOC-Abgabe erwies sich als wirksam,   221
indem der Ausstoss der von ihr erfassten Stoffe beträchtlich zurückging. Ihr
Lenkungseffekt wird noch deutlicher sein, wenn der Bundesrat den Maximal-
Abgabesatz zur Anwendung bringt.

Der ursprüngliche Abgabesatz von einem Franken pro Kilogramm VOC wurde per 1. Januar 2003 auf drei Franken angehoben; das gesetzliche Maximum liegt bei fünf Franken.

b) Abgabe auf dem Schwefelgehalt von Heizöl

Der Grenzwert der LRV für den Schwefelgehalt von Heizöl – 0,2 % (Masse) –   222
reicht aus, um eine Überschreitung des Schwefeldioxid-IGW zu verhindern. Anlass zur Einführung dieser auf die Erhöhung des Marktanteiles von schwefel-
armem Heizöl, das heisst von solchem mit einem Schwefelanteil von maximal
0,1 %, abzielenden Lenkungsabgabe gab also allein das Vorsorgeprinzip.

Abgabeobjekt ist das Heizöl mit einem 0,1 % (Masse) übersteigenden Schwe-   223
felgehalt. Abgabepflichtig sind die Hersteller im Inland und die Importeure.

Effekt: Die ab 1. Juli 1998 geschuldete Abgabe (zwölf Franken pro 1000 kg) be-   224
wog den einzigen inländischen Hersteller zur vollständigen und die Importeure
zu einer fast vollständigen Umstellung auf das schwefelarme Heizöl.

c) Abgabe auf dem Schwefelgehalt von Treibstoffen

Hier besteht das Lenkungsziel in der Einführung von praktisch schwefelfreien   225
Treibstoffen, da diese eine technische Voraussetzung sind für den (auch in der
EU angestrebten) Übergang zu einer besseren Motorentechnologie, welche sich
zugleich durch eine substanzielle Verringerung der Schadstoffemissionen und
durch Reduktion des Kraftstoffverbrauchs (Beitrag zur Absenkung der CO_2-
Emissionen) auszeichnet.

Abgabeobjekt sind Benzin und Dieselöl mit einem Schwefelgehalt von mehr als   226
0,001 % (Masse), Abgabesubjekt die Importeure und die Hersteller im Inland.

227 Ein Abgabesatz von «wenigen Rappen pro Liter» (gesetzliches Maximum: 5 Rappen) «dürfte» gemäss der bundesrätlichen Botschaft zur USG-Änderung von 2003 (BBl 2002, 6464 ff.) «ausreichen, um schwefelhaltigen Treibstoff vom Markt zu verdrängen» (S. 6465). Die Entschwefelung werde ausserdem «einen signifikant positiven Einfluss auf die Stickoxid(NO_x)-, die Kohlenwasserstoff(HC)- und die Partikelemissionen der bestehenden Fahrzeugflotte» (herkömmliche Motorentechnologie) haben (a.a.O. S. 6472). Die Abgabe wird seit 1. Januar 2004 mit einem Satz von 3 Rappen erhoben, und bereits auf den gleichen Zeitpunkt hin haben effektiv alle Schweizer Mineralölgesellschaften schwefelfreie Treibstoffe angeboten. Der höhere Preis wird durch den verminderten Treibstoffverbrauch mehr als kompensiert.

2. Leistungsabhängige Schwerverkehrsabgabe (LSVA)

228 Die LSVA kommt hier im lufthygienischen Zusammenhang zur Sprache, weil der Lastwagenverkehr mit seinen in den letzten vier Jahrzehnten hohen Zuwachsraten zu einer der Hauptursachen der starken Belastung der Luft durch Stickoxid und PM 10 wurde. (Sein Anteil an den entsprechenden Frachten ist massiv überproportional zu seinem Anteil von heute circa 10 % am Volumen des Motorfahrzeugverkehrs insgesamt.) Dabei versteht es sich, dass die LSVA auch unter andern Gesichtspunkten von Interesse ist.

229 Das Ende 1997 erlassene und samt zughöriger Ausführungsverordnung seit Anfang 2001 in Kraft stehende einschlägige Bundesgesetz – SVAG – stützt sich auf Art. 85 BV, dessen Vorläuferbestimmung Volk und Stände in der Abstimmung vom 20. Februar 1994 angenommen hatten.

Nebenbei sei vermerkt, dass der erste Anlauf zur Einführung der LSVA einige Jahre zuvor mit einer Volksinitiative des VCS unternommen worden war und dass unser Land heute in dieser Sache als europäischer Pionier gewürdigt wird.

230 Die LSVA qualifiziert sich nicht als reine Lenkungsabgabe, sondern als eine Mischform von Fiskal- und Lenkungsabgabe: Der Abgabeertrag geht zu einem Drittel an die Kantone, die diesen Anteil in erster Linie zur Deckung von Kosten des Strassenwesens zu verwenden haben; die andern zwei Drittel stehen dem Bund zur Finanzierung der Grossvorhaben des öffentlichen Verkehrs (NEAT, BAHN 2000, Anschlüsse an das europäische Hochgeschwindigkeitsbahnnetz) sowie für die Lärmsanierung der Eisenbahnen zur Verfügung. Insoweit hat man es mit einer Zwecksteuer zu tun. Zugleich soll die LSVA als wirtschaftlicher Anreiz zur Verlagerung des Güterverkehrs von der Strasse auf die Schiene wirken, hat sie also auch eine Lenkungsfunktion. Das Gesetz spricht von der LSVA als «Beitrag» dazu, «dass: a. die Rahmenbedingungen der Schiene im Transportmarkt verbessert werden; b. die Güter vermehrt mit der Bahn befördert werden» (Art. 1 Abs. 2).

Zum Verlagerungsziel siehe Art. 84 Abs. 2 BV (Alpenschutzinitiative, angenommen ebenfalls in der Abstimmung vom 20. Februar 1994), Art. 196 Ziff. 1 BV (Frist von «zehn Jahren nach der Annahme der Volksinitiative» für die vollständige Verlagerung des alpenquerenden Gütertransitverkehrs auf die Schiene) sowie Bundesgesetz zur Verlagerung von alpenquerendem Güterverkehr auf die Schiene vom 8. Oktober 1999 (SR 740.1). Das Ganze ist auch auf dem Hintergrund des Faktums zu sehen, dass der Güterverkehr auf der Strasse zwischen 1970 und 2000 um 453 % zunahm (Personenverkehr auf der Strasse: 197 %; Bruttoinlandprodukt: 155 %). Vgl. auch Rz. 263.

Die LSVA wird auf den in der Schweiz verkehrenden Motorfahrzeugen mit einem Gesamtgewicht von mehr als 3,5 Tonnen erhoben. Dies mit gewissen, namentlich den öffentlichen Linienverkehr und die Fahrzeuge der Landwirtschaft betreffenden Ausnahmen. Der Abgabesatz bemisst sich nicht allein nach der Leistung (Tonnenkilometer); er differenziert auch nach den Abgascharakteristika der Fahrzeuge (Emissionskategorien). Für Reisecars besteht eine Sonderregelung (Pauschalierung nach Gewichtskriterien). Abgabesubjekte sind die Fahrzeughalter und bei ausländischen Fahrzeugen zusätzlich die Fahrzeugführer. 231

Das SVAG beziffert die – derzeit noch nicht ausgeschöpfte – Obergrenze der Abgabe mit 3 Rappen pro Tonnenkilometer (zuzüglich Teuerung). Nach dem Landverkehrsabkommen (Abkommen zwischen der Europäischen Gemeinschaft und der Schweizerischen Eidgenossenschaft über den Güter- und Personenverkehr auf Schiene und Strasse [SR 0.740.72]) darf sie jedoch höchstens 2,75 Rappen pro Tonnenkilometer (zuzüglich Teuerung) betragen. 232

Vorgesehen ist, die heutigen Abgabesätze bei Eröffnung des Eisenbahn-Basistunnels der Lötschberglinie, spätestens jedoch per 1. Januar 2008 entsprechend zu erhöhen. Der danach zu erwartende Ertrag der LSVA wird auf jährlich 1,5 Mia. Franken geschätzt.

Wie weit die LSVA auch ihre Lenkungsfunktion erfüllt, lässt sich noch kaum beurteilen. Die auf Grund des Landverkehrsabkommens erfolgte Erhöhung der Gewichtslimite für Lastwagen von 28 auf 40 Tonnen (Änderung von Art. 9 SVG per 1. Januar 2001) hat der Lastwagenbranche einen Produktivitätsgewinn gebracht, was für sich allein eine Zunahme des Güterverkehrs auf der Strasse erwarten liesse. Vermag die LSVA diesen Effekt zu kompensieren? Darüber kann man zur Zeit nur Mutmassungen anstellen. 233

Etwa so: Dass die Mehrzahl der Politiker fest an den Erfolg glaubt, spricht nach der Erfahrung für den Misserfolg. Wir halten es allerdings mit dem Arzt, der in einer Kurzgeschichte von ALFRED POLGAR den Angehörigen des Patienten sagt, zum Pessimismus bestehe «kein Anlass. Ebenso wenig zum Optimismus.»

II. Funktionales Lufthygienerecht

A. Sachbereich Verkehr

1. Motorfahrzeugverkehr

a) Abgasgrenzwerte

234 Für die Motorfahrzeuge bestehen Emissionsbegrenzungen, die gesetzessystematisch zum Strassenverkehrsrecht gehören. Gemäss Art. 4 USG «müssen» die gestützt auf andere Bundesgesetze erlassenen «Vorschriften über Umwelteinwirkungen durch Luftverunreinigungen» (sowie durch Lärm usw.) den Anforderungen des USG, insbesondere dessen Art. 11 (Bekämpfung an der Quelle; zweistufiges Immissionsschutzkonzept), «entsprechen». Demnach müssten die Abgasvorschriften zumindest so griffig ausgestaltet sein, dass in der Motorentechnik erzielte wesentliche Fortschritte umgehend zur Norm für neu in den Verkehr gelangende Fahrzeuge erhoben werden.

235 Tatsächlich galten denn auch bei uns eine Zeit lang *strengere* Abgasgrenzwerte als in den meisten andern Ländern: Durch Änderung der betreffenden strassenverkehrsrechtlichen Verordnung übernahm der Bundesrat mit Wirkung für die ab 1. Oktober 1987 importierten Automobile die in den USA im Jahre 1983 eingeführten Normen, die damals zu den strengsten gehörten. (Progressiver als die Schweiz waren neben den USA auch Kanada, Schweden, Japan und Australien.)

Damit löste der Bundesrat sein im Jahre 1975 gegebenes Versprechen ein, von der abgaspolitischen Passivität, die im Januar 1972 in einer Resolution des Europarates kritisiert worden war, zum Primat des Rechts gegenüber der Technik zu konvertieren: Er beabsichtige, in Sachen Luftverschmutzung durch Motorfahrzeugabgase – wie das auch der Nationalrat (bei der Behandlung einer im November 1972 eingereichten Motion) gefordert hatte – «vermehrt Einfluss auszuüben und die Entwicklung nicht einfach als schicksalsgegeben hinzunehmen. Es sollen neue Rahmenbedingungen gesetzt werden, die das freie Spiel der Marktwirtschaft so beeinflussen, dass es mit den langfristigen Anforderungen an eine saubere, ruhige und lebensfreundliche Umwelt im Einklang steht» (Bericht des Bundesrates an die Bundesversammlung vom 20. November 1974, BBl 1975, 25 ff., 27). Dieser Kurswechsel bzw. dessen Ankündigung diente dann auch als indirekter Gegenvorschlag zu einer von Studierenden der Hochschule St. Gallen zustandgebrachten abgaspolitischen Volksinitiative, mit deren Annahme fortschrittliche Emissionsbegrenzungen in der Verfassung verankert worden wären (Albatros-Initiative, abgelehnt in der Abstimmung vom 25. September 1977).

236 Aus integrationspolitischen Gründen beendete der Bundesrat dann aber im Jahre 1995 den schweizerischen «Alleingang». Seither sind unsere Abgasgrenzwerte mit denen der EU *identisch* (direkte Verweisung in der VTS auf die betreffenden EU-Normen).

237 Die Abgasvorschriften der EU orientierten sich damals noch stärker an Brancheninteressen als am Luftreinhalteziel, sind aber inzwischen strenger geworden. Die für Neuwagen seit 2001 geltende Norm EURO 3 stellt gegenüber ihren

Vorgängern einen markanten Fortschritt dar (der ohne den Schrittmacherdienst des vorangegangenen schweizerischen «Alleingangs» länger auf sich hätte warten lassen). Die bevorstehende Einführung der Norm EURO 4 wird weitere Verbesserungen bringen.

Was speziell die Lastwagen betrifft, sei angefügt: Dadurch, dass Fahrzeuge mit schlechten Abgascharakteristika durch die LSVA höher belastet werden (Rz. 231), wirkt diese als wirtschaftlicher Anreiz für die Transportunternehmer, rascher auf Fahrzeuge umzustellen, deren Motoren weniger Schadstoffe emittieren.

b) Verkehrsbeschränkungen

Wie bereits erwähnt, spricht das USG in Art. 12 Abs. 1 auch «Verkehrsvor- 238 schriften» als Typus der Emissionsbegrenzungen an. Das Strassenverkehrsrecht macht seinerseits den Immissionsschutz als eines der Kriterien für örtliche Verkehrsanordnungen namhaft. Insonderheit kann die zuständige Behörde die allgemeine Höchstgeschwindigkeit für bestimmte Strassenstrecken herabsetzen (Art. 3 Abs. 4 und Art. 32 Abs. 3 SVG; Ausführungsbestimmungen in der Signalisationsverordnung). Dies nicht nur auf Innerorts-, sondern auch auf Ausserortsstrecken einschliesslich Autobahnen (speziell hierzu: Rz. 251).

c) Motor abstellen

Nach Art. 34 Abs. 2 VRV ist der Motor «auch bei kürzeren Halten», also ins- 239 besondere beim Stillstand des Fahrzeugs in einer Kolonne vor einem Rotlicht, «abzustellen, wenn dies das Wegfahren nicht verzögert» (was offenbar sehr vielen Angehörigen der Verkehrspolizei ebenso unbekannt ist wie den meisten gewöhnlichen Fahrzeuglenkern).

2. Luftfahrt

Die gesetzessystematisch zum Luftfahrtsrecht gehörenden Abgas-Emissions- 240 grenzwerte für Strahltriebwerke sind seit je international vereinheitlicht (Verweisung in der VEL auf ICAO-Normen). Auch hier gilt, dass die Rechtsvereinheitlichung auf tiefem Schutzniveau erfolgte und die Lufthygiene erst in jüngerer Zeit zu einem ernsthaft verfolgten Anliegen geworden ist.

B. Sachbereich Energie

Der *Verfassungsartikel* zur Energiepolitik gebietet dem Bund und den Kanto- 241 nen, sich «im Rahmen ihrer Zuständigkeiten» für «eine ausreichende, breit gefächerte, sichere, wirtschaftliche und umweltverträgliche Energieversorgung sowie für einen sparsamen und rationellen Energieverbrauch» einzusetzen (Art. 89 Abs. 1 BV; zuvor: Art. 24^{octies} aBV, eingefügt 1990). Rechtsetzung und Rechtsanwendung im Sachbereich Energie haben mithin auch der Luftreinhaltung zu dienen. Man denke hier namentlich an den direkten Zusammenhang zwischen der Höhe des Verbrauchs von fossiler Energie – Kohle, Heizöl, Erdgas; Treibstoffe – und der Menge der bei ihrer Verbrennung emittierten Schadstoffe.

242 Das *Energiegesetz* (EnG; in Kraft seit 1. Januar 1999) strebt «die Sicherstellung einer wirtschaftlichen und umweltverträglichen Bereitstellung und Verteilung» von Energie, deren «sparsame und rationelle Nutzung» sowie eine «verstärkte Nutzung einheimischer und erneuerbarer Energien» an (Art. 1 Abs. 2).

Abgesehen von allgemeinen Grundsätzen, von den Vorschriften betreffend bestimmte Pflichten der Unternehmungen der öffentlichen Energieversorgung und von einer gewissen Einflussnahme auf den spezifischen Energieverbrauch bestimmter Anlagen, Fahrzeuge und Geräte, baut das EnG hauptsächlich auf Förderungsmassnahmen der folgenden Art: Information durch das Bundesamt für Energie und kantonale Fachstellen (Art. 10); Bundesbeiträge an die Aus- und Weiterbildung von Energiefachleuten (Art. 11) und an die «forschungsnahe Entwicklung neuer Energietechnologien» (Art. 12); Globalbeiträge des Bundes an «Kantone mit eigenen Programmen zur Förderung von Massnahmen zur sparsamen und rationellen Energienutzung sowie zur Nutzung von erneuerbaren Energien und Abwärme» (Art. 15).

Im Jahre 2002 bezogen 24 Kantone solche Globalbeiträge (Gesamtbetrag: rund 13 Mio. Franken).

243 Erreicht wurde im Einzelnen viel und im Ganzen wenig. Während die gesamte volkswirtschaftliche Wertschöpfung (gemessen am realen Inlandprodukt) zwischen 1990 und 1999 um 6 % anstieg, nahm der Energieverbrauch in der gleichen Periode um 10 % zu. Der Hauptgrund für diesen Rückgang der Energie-Effizienz ist im höheren Treibstoffverbrauch zu sehen (Verkehrswachstum; vgl. Rz. 230 und Rz. 263).

III. Aus der Rechtsprechung

A. *Betriebliche Anlagen*

1. *Vorbemerkungen*

244 Die Zeiten, als ein rauchender Fabrikschlot das passende Sinnbild für die Aufgabe der Lufthygiene war, sind vorbei. Nicht dass die Industrie heutzutage keine Schadstoffe mehr emittieren würde, aber die LRV sowie auch freiwillig ergriffene Massnahmen brachten in diesem Sektor manche Verbesserung.

Zu rechtlichen Auseinandersetzungen zwischen Industrieunternehmungen und Vollzugsbehörden über Fragen des Lufthygienerechts kommt es nur noch selten.

Auch der Anteil der Heizungen an der Luftverschmutzung ist heute geringer als ehedem. Das verdankt sich hauptsächlich den im Zuge der LRV-Revision von 1991 eingeführten strengen Stickoxid-Emissionsgrenzwerten für Ölfeuerungen, womit der Übergang zur sogenannten Low-NO$_x$-Technik eingeleitet wurde. (Diese ist von einer schweizerischen Unternehmung entwickelt und dann auch international mit Erfolg vermarktet worden – ein Beispiel für den wirtschaftlichen Nutzen einer aktiven Umweltrechtspolitik.)

Einen hohen Stellenwert haben heute hingegen neben den Strassen und Flug- 245 plätzen (hinten, Abschnitt B) die Einkaufszentren und ähnliche Betriebe, deren lufthygienische Problematik zur Hauptsache nicht in ihren eigenen Emissionen, sondern im motorisierten Besucherstrom besteht. Auf solche sogenannte publikumsintensive Einrichtungen entfallen etwa 10 % der gesamten Fahrleistung des motorisierten Individualverkehrs.

2. Betriebe mit hohem Verkehraufkommen (publikumsintensive Einrichtungen)

Das Bundesgericht war verschiedentlich mit der Frage befasst, ob in lufthygie- 246 nischen Belastungsgebieten Bauvorhaben mit einem grossen Parkplatzangebot bewilligungsfähig sind. Seine Antwort fiel *unterschiedlich* aus, je nachdem, ob der induzierte Verkehr bloss durchschnittliche oder überdurchschnittliche Emissionen verursacht. So besagen die jüngsten beiden Entscheide (in denen auch die rationes decidendae vorangegangener Bundesgerichtsurteile resümiert werden): Die einem Dienstleistungszentrum mit 750 Parkplätzen zuzurechnenden Motorfahrzeugemissionen sind nicht überdurchschnittlich (nicht gewichtiger als diejenigen einer an gleichem Standort denkbaren Mehrzahl von kleinen Dienstleistungsbetrieben) und deshalb steht hier die übermässige Luftbelastung der Erteilung der Baubewilligung nicht entgegen (BGE 123 II 337 / URP 1997, 590 ff., Wallisellen). Umgekehrt verursacht eine gemischte Überbauung, bestehend aus einem Einkaufszentrum mit Restaurant und Tankstelle, einem Bürogebäude und sieben Mehrfamilienhäusern, mit insgesamt 450 Parkplätzen überdurchschnittliche Emissionen. Daher darf dieses Bauvorhaben tel quel nicht bewilligt werden; eine substanzielle Reduktion des Parkplatzangebots ist hier als verschärfte Emissionsbegrenzung zwingend (BGE 124 II 272 / URP 1998, 197 ff., Schlieren).

Erwähnt sei ferner ein seinerzeit grosses Aufsehen erregender älterer Entscheid: Bundesgerichtsurteil in URP 1995, 498 ff. (Einkaufszentrum in der Gemeinde Grancia, Verweigerung der Bewilligung einer nachträglichen Erhöhung der Parkplatzzahl).

Die Baubewilligungsbehörde darf dem Betreiber eines Einkaufszentrums in 247 einem lufthygienischen Belastungsgebiet als Massnahme der verschärften Emissionsbegrenzung die Auflage machen, die Kundenparkplätze zu bewirtschaften, d.h. eine Benutzungsgebühr zu erheben. Eine solche Auflage fällt unter den Begriff der Betriebsvorschriften im Sinne von Art. 12 Abs. 1 Bst. c USG (BGE 125 II 129/URP 1999, 224 ff., E. 7–10, Coop in Belp [Praxisänderung]).

3. Landwirtschaftsbetriebe

248 Die Nachbarn von Jauchesilos haben Anrecht auf Schutz vor lästigen Geruchseinwirkungen nach Massgabe des Vorsorgeprinzips. Solche Anlagen müssen zu allen betroffenen Wohnhäusern einen Mindestabstand einhalten, auch wenn sich die diesbezügliche LRV-Bestimmung (Anhang 2, Ziff. 512) allein auf den Abstand gegenüber Bauzonen bezieht (BGE 126 II 43, Düdingen).

249 Die lufthygienischen Vorschriften sind auch auf Geruchsbelästigungen durch Tiermasthallen anwendbar. Ein Landwirt kann die einem Dritten für einen Wohnbau erteilte Baubewilligung nicht mit dem Argument anfechten, dieser komme seinem Schweinemastbetrieb zu nahe, denn die umweltrechtlichen Vorschriften richten sich in aller Regel an den Verursacher der Emissionen, nicht an die Betroffenen (Bundesgerichtsurteil in BR 2000, 27).

B. Verkehrsanlagen

1. Nationalstrassen

250 Nach bundesgerichtlicher Rechtsprechung macht der Bau neuer Nationalstrassenabschnitte in lufthygienischen Belastungsgebieten zwar flankierende verkehrslenkende bzw. verkehrsbeschränkende Massnahmen nötig, doch brauchen diese im Zeitpunkt, da die zuständige Behörde das Strassen-Ausführungsprojekt genehmigt, noch nicht beschlossen zu sein; es genügt, dass die kantonale Regierung die Zusage macht (bei welcher sie vom Bundesgericht im Entscheiddispositiv jeweils «behaftet» wird), den Massnahmenplan auf den Zeitpunkt der Inbetriebnahme der neuen Strasse hin zweckdienlich zu ergänzen. Der jüngste Entscheid auf dieser Linie erging im Jahre 1996 im Zusammenhang mit der Westumfahrung der Stadt Zürich (BGE 122 II 165 ff./URP 1996, 382 ff.; in E. 12 der amtlichen Publikation sind die vier vorangegangen, analogen Urteile aufgelistet).

Diese Praxis ist auf Kritik gestossen, namentlich weil sie zu einer diskutablen Besserstellung von (gewichtigen) staatlichen Vorhaben gegenüber (weniger gewichtigen) privaten Vorhaben hin tendiert. Vgl. die Urteilsbesprechungen von THEO LORETAN in URP 1992, 650 ff. («Schlachthofverbindung» Basel, Ausbau der Grauholzautobahn, Ausführungsprojekt Greng – Löwenberg) und von PETER HÄNNI und BERNHARD WALDMANN in BR 1996, 72 ff. (Westumfahrung der Stadt Zürich). Auch muss gesagt werden, dass die Klausel, mit welcher das

Bundesgericht die Kantonsregierung bei ihrem Versprechen «behaftet», als Verlegenheitslösung anmutet, denn im – gar nicht unwahrscheinlichen – Fall, dass es der Kantonsregierung nicht gelingt, ihr Versprechen wahrzumachen, steht dem Bundesgericht ihr gegenüber keine Weisungsbefugnis zu.

Zum Nationalstrassenrecht generell sei auf die Monographie von ADRIAN STRÜTT verwiesen (siehe Literaturverzeichnis).

Im Jahre 1995 hatte der Bundesrat eine lufthygienisch motivierte Tempolimite 251 auf dem Autobahnabschnitt im Raum Luzern auf Beschwerde hin aufgehoben. Inzwischen änderte er seine Praxis dahingehend, dass diese Massnahme geeignet ist, im Nahbereich der Strasse zur Verminderung der Stickoxidbelastung beizutragen, und dass sie da zur Anwendung gelangen kann, wo sich eine verschärfte Emissionsbegrenzung als notwendig erweist, weil der Stickoxid-IGW nachweislich überschritten ist. Dementsprechend wurden beispielsweise die Beschwerden gegen die Tempolimite von 100 km/h auf dem Nationalstrassenabschnitt zwischen Winterthur-Töss und Winterthur-Wülflingen und gegen die Tempolimite von 60 km/h im Raum zwischen Zürich-Letten und Zürich-Aubrugg abgewiesen (Entscheid des Bundesrates in URP 2000, 805 ff.; analoger Bundesratsentscheid betreffend Autobahnen um Bern: VPB 2001 Nr. 87).

2. Flughäfen

Im Zusammenhang mit der Rahmenkonzession für die 5. Ausbauetappe des 252 Flughafens Zürich-Kloten befand das Bundesgericht: An den Landesflughäfen besteht ein gesamtschweizerisches Interesse, und das USG lässt eine gewisse Privilegierung von Verkehrsanlagen gegenüber andern Verursachern von Immissionen zu. Wie nach der Rechtsprechung zum Nationalstrassenbau ist deshalb der Ausbau des Flughafens zulässig, obschon sein Betrieb wesentlich zur heute gegebenen Überschreitung des Stickoxid-IGW beiträgt, doch hat die zuständige Behörde auch geeignete Gegenmassnahmen anzuordnen (BGE 124 II 293, E. 22 i.V.m. E. 18a).

Diese Argumentation steht in einem Spannungsverhältnis zum Gesetz. Das USG kennt nämlich jene gewisse Privilegierung von Verkehrsanlagen nur insoweit, als es um Fragen der Lärmbekämpfung geht (Art. 20 und Art. 25).

Dem vorstehend bezeichneten Bundesgerichtsentscheid Folge gebend, machte 253 das UVEK im Rahmen der Plangenehmigung der 5. Bauetappe (Verfügung vom 5. November 1999) dem Flughafen eine Auflage betreffend Begrenzung der Stickoxid-Frachten auf 2400 Tonnen pro Jahr. Die von der SAir Group und mitbeteiligten Fluggesellschaften hiergegen gerichtete Verwaltungsgerichtsbeschwerde wies das Bundesgericht ab (BGE 126 II 522, E. 18 ff.). Dabei führte es namentlich aus:

«Was die Rüge betrifft, der Emissionsplafond könnte zu einer – als wirtschaftlich untragbar erachteten – Bewegungslimitierung führen, ist einzuräumen, dass eine künftige Begrenzung der Flugbewegungszahl nicht ausgeschlossen werden kann, falls tatsächlich keine anderen emissionsreduzierenden Massnahmen mehr zur Verfügung stehen. Dass eine solche Einschränkung den wirtschaftlichen Interessen zuwiderliefe, trifft zweifellos zu, ändert aber nichts daran, dass auch die Landesflughäfen dem Umweltschutzrecht des Bundes unterstehen ... Nach heute geltendem Recht sind aber verschärfte Emissionsbegrenzungen, die unter anderem in Verkehrs- und Betriebsvorschriften bestehen können, unabhängig von der wirtschaftlichen Zumutbarkeit anzuordnen (Art. 11 Abs. 3 in Verbindung mit Art. 12 Abs. 1 lit. c USG). Vorausgesetzt wird nur, dass ein angemessenes Verhältnis zwischen dem Nutzen der Massnahmen und der Schwere der damit verbundenen Nachteile bestehe ... Im Weiteren schlösse auch der Zulassungszwang eine Bewegungszahl-Beschränkung aus ökologischen Gründen nicht aus. Aus Sicht des internationalen Rechts hindert der Zulassungszwang die einzelnen Staaten nicht, die Benützung der Flughäfen einzuschränken oder an gewisse Bedingungen zu knüpfen. Verlangt wird lediglich, dass die zur Verfügung stehenden sog. slots (Zeitnischen für die Landung und den Start) dem Grundsatze nach allen Luftfahrtunternehmen offen gehalten werden und deren Zuteilung nicht nach diskriminierenden Kriterien erfolgt ... Auch das schweizerische Recht sieht keinen absoluten Zulassungszwang vor. Nach Art. 36 Abs. 2 LFG wird der Konzessionär mit der Erteilung der Betriebskonzession verpflichtet, den Flughafen 'unter Vorbehalt der im Betriebsreglement festgelegten Einschränkungen' für alle Luftfahrzeuge im nationalen und internationalen Verkehr zur Verfügung zu stellen. Ein Zulassungszwang besteht demnach für den Flughafenhalter nur im Rahmen der in der Betriebskonzession und im Betriebsreglement umschriebenen Bedingungen, die sich unter anderem nach den schweizerischen Umweltschutzbestimmungen zu richten haben» (E. 22b).

Die ungewöhnliche Länge des obigen Zitates rechtfertigt sich dadurch, dass in den politischen Auseinandersetzungen um den Flughafen Zürich-Kloten beständig behauptet wird, betriebliche Einschränkungen kämen aus rechtlichen Gründen nicht in Frage.

IV. Querbeziehungen; Staatsvertragsrecht

A. *Querbeziehungen innerhalb des nominalen Umweltrechts*

254 Ähnlich wie eine Vorschrift nominal einem anderen Regelungsbereich, funktional aber dem Umweltrecht zugehörig sein kann, finden sich einzelne der Lufthygiene dienende Bestimmungen auch in Verordnungen zu andern Teilbereichen des USG. So etwa bestimmte Anforderungen an den Betrieb von Kehrichtverbrennungsanlagen in einer der Verordnungen zu Art. 30 ff. betreffend Abfälle.

255 Zudem gibt es Überschneidungen zwischen dem Lufthygienerecht und dem Sachbereich der unter die Art. 26 ff. samt zugehöriger Verordnung fallenden umweltgefährdenden Stoffe (wie z.B. halogenierte organische Verbindungen, Cad-

mium und Quecksilber) und ebenso zwischen dem Lufthygienerecht und dem mit den Art. 33 ff. USG samt zugehöriger Verordnung angestrebten Bodenschutz (einzelne Luftfremdstoffe sind wesentliche Ursachen der Beeinträchtigung der Bodenfruchtbarkeit).

B. *Lufthygienische Ziele verfolgendes Staatsvertragsrecht*

Mit der allgemeinen Zunahme der Luftverschmutzung in der zweiten Hälfte des 256 letzten Jahrhunderts ist auch deren *transnationale Dimension* immer deutlicher geworden. Dies führte zu einer Reihe von lufthygienisch motivierten multinationalen Abkommen, denen die Schweiz ausnahmslos beitrat. Die wichtigsten Bestimmungen dieser Staatsverträge sind im Panorama des Umweltrechts (siehe Literaturverzeichnis) zusammengestellt.

Hier soll eine sich auf folgende Angaben beschränkende Übersicht genügen: 257 Titel des Abkommens einschliesslich Jahr seines Abschlusses (wobei man sich bewusst sein muss, dass multinationale Vereinbarungen manchmal erst mehrere Jahre nach ihrer Unterzeichnung ratifiziert werden und in Kraft treten) sowie eine stichwortartige Charakterisierung seines Gegenstandes.

– Übereinkommen von 1979 über weiträumige grenzüberschreitende Luftverunreinigung (Genfer Abkommen; SR 0.814.32). Rahmenvertrag, Basis der hernach bezeichneten Protokolle (SR 0.814.321 ff.).

– Protokoll von 1985 zum Übereinkommen von 1979, betreffend die Verringerung von Schwefelemissionen oder ihres grenzüberschreitenden Flusses um mindestens 30 % (Helsinki-Abkommen). Reduktion je im einzelnen Vertragsstaat um 30 % gegenüber 1980 per spätestens 1993.

– Protokoll von 1994 zum Übereinkommen von 1979, betreffend die weitere Verringerung von Schwefelemissionen (Oslo-Abkommen). Neue, nunmehr für jeden Signatarstaat individuelle Reduktionsziele; Etappierung bis 2010. Angestrebte gesamthafte Reduktion gegenüber dem Basisjahr 1980: 60 %.

– Protokoll von 1988 zum Übereinkommen von 1979, betreffend die Bekämpfung von Stickstoffoxiden oder ihres grenzüberschreitenden Flusses (Sofia-Abkommen). Absenkung der Emissionen auf das im einzelnen Signatarstaat 1987 gegebene Ausmass innert sechs Jahren.

– Protokoll von 1991 zum Übereinkommen von 1979, betreffend die Verringerung der Emissionen flüchtiger organischer Verbindungen (VOC) oder ihres grenzüberschreitenden Flusses. Ziel: Verringerung der VOC bis 1999 um mindestens 30 % bezogen auf ein Basisjahr zwischen 1984 und 1990. Mittel: Umstellung auf fortschrittliche Technologien (wie z.B. die bereits zuvor erwähnten Gaspendelsysteme für Tankstellen) innert fünf Jahren ab Inkrafttreten des Protokolls.

– Protokoll von 1998 zum Übereinkommen von 1979, betreffend die Verringerung der persistenten organische Schadstoffe. Aufhebung der Produktion und Verbot der Verwendung bestimmter (auf einer UNEP-Liste figurierenden) toxischer Pestizide. Begrenzung der Emissionen bestimmter bei Verbrennungsprozessen anfallenden Substanzen (worunter Dioxin) mittels fortschrittlicher Technologien.

– Protokoll von 1998 zum Übereinkommen von 1979, betreffend die Verringerung der Schwermetalle. Ziel: Substanzielle Senkung der Emissionen von Kadmium, Blei und Quecksilber gegenüber einem zwischen 1985 und 1995 frei wählbaren Referenzjahr (Schweiz: 1985). Mittel: Einsatz fortschrittlicher Technik bei Verbrennungsanlagen, Reduktion des Schwermetallgehalts von Batterien und Akkumulatoren, Verbot der Benzinverbleiung.

258 Im gleichen Zusammenhang ist ferner von Interesse:

– Die *Energiecharta,* ein von allen europäischen sowie einigen weiteren Staaten im Jahre 1994 unterzeichneter Staatsvertrag, verpflichtet die Vertragsparteien (unter anderem) zu einer an der Lufthygiene orientierten Energiepolitik. Sie werden «insbesondere die Energieeffizienz verbessern, Quellen für erneuerbare Energien erschliessen und nutzen, die Verwendung sauberer Brennstoffe fördern und Technologien und technologische Mittel einsetzen, welche die Verschmutzung verringern» (Art. 19 Abs. 1 Bst. d).

– Das *Landverkehrsabkommen* zwischen der Schweiz und der EU nimmt (unter anderem) eine koordinierte Verkehrspolitik «auf dem Gebiet des Güter- und Personenverkehrs» in Aussicht, die darauf abzielt, «ein effizientes Verkehrssystem mit den Anforderungen des Umweltschutzes in Einklang zu bringen und so eine auf Dauer tragbare Mobilität zu gewährleisten» (Art. 30 Abs. 1).

259 Verweisung: Das Staatsvertragsrecht zum Schutz der Ozonschicht kommt in § 14 zur Sprache; ebenso die Klimakonvention.

V. Würdigung

260 Das geltende Lufthygienerecht ist an sich geeignet, die Luftverschmutzung auf das mit dem ihm zugrundeliegenden Verfassungsartikel vereinbare Mass zurückzuführen. Effektiv gelungen ist dies hinsichtlich Schwefeldioxid und Kohlenmonoxid, bislang aber nicht mit Bezug auf Stickoxid, Ozon und kanzerogenen Feinstaub (PM 10). Dies nicht etwa bloss punktuell; vielmehr lebt ein grosser Teil der Bevölkerung in Gebieten, in denen ein oder mehrere IGW chronisch überschritten werden – bezüglich PM 10 beispielsweise: 60 Prozent (Stand 2003).

Als Erklärung für diesen Missstand stand zunächst das Phänomen im Vorder- 261
grund, das man gemeinhin als *Vollzugsdefizit* bezeichnet: mangelnde behördliche Bereitschaft (oder Kraft), dem geltenden Umweltrecht Nachachtung zu ver-
schaffen. Namentlich missachteten die Kantonsregierungen die in der LRV
gesetzten Fristen von fünf Jahren für die Erstellung des Massnahmenplans und
von weiteren fünf Jahren für dessen Umsetzung.

Nachdem inzwischen der Vollzugsauftrag ernster genommen worden ist, erklärt 262
sich nun die ungenügende Zielerreichung überwiegend mit einem *anderen* Phänomen, für das noch kein prägnanter Begriff besteht – mit der Tatsache nämlich,
dass staatliche Entscheide (Rechtsetzung, Allokation von Mitteln, Sachplanung)
in anderen Sachbereichen oft die verfassungsmässigen Ziele des Umweltschutzes und auch der Raumplanung ignorieren.

Trefflich – mit einem Anflug von (motivierter) Ironie – beleuchtet hat dies das Bundesgericht hinsichtlich des Sachbereichs Luftfahrt: Analysiert man «die luftfahrtrechtliche
Ordnung», zeigt sich, «dass die Gesetzes- und Verordnungsbestimmungen über den Bau
und Betrieb von Flugplätzen nicht gerade als Musterbeispiel für klare und stufenge-
rechte Normsetzung gelten können. Die zunächst vom Gesetzgeber ... gewollte und später wohl eher in Kauf genommene Lückenhaftigkeit der gesetzlichen Regelung ist auch
zur Zeit noch nicht behoben. Den Behörden ist es nicht gelungen, durch eine ... [recht-
lich befriedigende] Praxis die gesetzgeberischen Mängel auszubessern. Auf sich warten
lässt gleichfalls die abschliessende planerische und normative Einbindung der Landesflughäfen in das System der Raumplanung und des Umweltschutzrechtes ... Offensicht-
lich haben weder die Gesetzgebung noch die Planung auf dem Gebiet der Luftfahrt
mit der rasanten Entwicklung im Flugwesen Schritt gehalten» (BGE 124 II 293,
E. 10, Flughafen Zürich-Kloten, Rahmenkonzession für die 5. Ausbauetappe).

Ein solches der Einheit der Rechtsordnung zuwiderlaufendes «Eigenleben» 263
führen bislang sowohl die Luftfahrt wie das Strassenwesen (das Regime der
Eisenbahn-Grossvorhaben zwar ebenfalls, doch mit weniger gravierenden Auswirkungen). Ohne diese Anomalie wäre das enorme Wachstum des Motorfahrzeugverkehrs und des Luftverkehrs, das sie zu Hauptverursachern der heutigen Umweltprobleme avancieren liess, kaum denkbar.

Der Personenverkehr auf Strasse und Schiene nahm seit 1950 (gemessen in Personen-
kilometern) um das Siebenfache zu; der Anteil des öffentlichen Verkehrs ging dabei von
gut 50 % auf weniger als 20 % zurück. – Im Güterverkehr (Tonnenkilometer), der in der
gleichen Periode noch stärker anwuchs, sank der Anteil der Bahn von ehemals zwei Dritteln auf wenig mehr als einen Drittel. – Der Luftverkehr (Personenkilometer) hat sich
zwischen 1980 und 1995 verdoppelt; und er ist so energieintensiv, dass heute von der in
der Schweiz für den Verkehr insgesamt verbrauchten Energie rund ein Fünftel auf das
hier getankte Kerosin entfällt.

Speziell zum Strassenbau: Gemäss dem Luftreinhalte-Konzept des Bundesrates 264
(Bericht an die Bundesversammlung vom 10. September 1986; BBl 1986, 269 ff.)
soll *auf einen weiteren Ausbau des Nationalstrassennetzes verzichtet* werden
(Massnahme A 3). Dahinter steht die Erkenntnis, dass das Denkmuster der «Be-
wältigung» des Motorfahrzeugverkehrs mittels Erweiterung seiner Infrastruktur eine Illusion ist; in Wirklichkeit führen neue Strassen stets zu einer Ver-

kehrsexpansion. Sehr deutlich zeigte sich das beim Gotthard-Strassentunnel. Bei dessen Einweihung im Herbst 1980 sagte der Vertreter des Bundesrates: «Dieser Tunnel ist kein Korridor für den Schwerverkehr.» Zuvor passierten pro Werktag weniger als 100 Lastwagen die Gotthardroute, zwanzig Jahre später waren es 4000.

Mit der Zunahme des Verkehrs steigen auch die von ihm verursachten externen Kosten an: Luftverschmutzung (Atemwegerkrankungen und vorzeitige Todesfälle; Einbussen in der Landwirtschaft; Gebäudeschäden), Treibhausgase, Verlärmung, Zerschneidung der Landschaft, Verunstaltung des Siedlungsbildes, Landentwertung. Dabei geht es um Milliardenbeträge; siehe Rz. 78.

265 Die gegenwärtige Verkehrspolitik schafft das Problem, das sie zu lösen wähnt. Zu überwinden ist das nicht leicht. Zwar gibt es kein Recht auf beliebige Mobilität und besteht «kein Anspruch darauf …, dass bestimmte Verkehrsanlagen bereitgestellt würden und ohne Einschränkung betrieben werden könnten» (BGE 126 II 522, E. 22d). Zwar wird in der Präambel der BV die Verantwortung «gegenüber der Schöpfung» und «gegenüber den künftigen Generationen» evoziert und steht in der Präambel der Aarhus-Konvention (Rz. 720 und Rz. 773), dass jeder Mensch einerseits das Recht, «in einer seiner Gesundheit und seinem Wohlbefinden zuträglichen Umwelt zu leben», und andererseits auch damit korrespondierende Pflichten hat. Doch bringt all das wenig, solange sich nicht eine den Vorrang der existentiellen Rechtsgüter vor dem scheinbar schrankenlosen Mobilitätsbedürfnis verinnerlichende *Werthaltung* Bahn bricht.

So bleibt die Wirksamkeit des Lufthygienerechts – und ebenso des Lärmbekämpfungsrechts – in nicht geringem Ausmasse davon abhängig, wie sich die Verkehrspolitik weiterentwickelt.

§ 7   *Lärmbekämpfungsrecht*

I. Nominales Lärmbekämpfungsrecht

Das nominale Lärmbekämpfungsrecht ist in den Grundzügen im USG geregelt   266
(Art. 11 und 12, Art. 13 und 15, Art. 16 – 18 sowie Art. 19 – 25). Die zugehörige
Lärmschutz-Verordnung (LSV) trat am 1. April 1987 in Kraft. (Zu weiteren
Ausführungsvorschriften siehe Rz. 312 ff.).

Für einen Teilbereich bestehen spezialgesetzliche Grundlagen: Bundesgesetz   267
über die Lärmsanierung der Eisenbahnen vom 24. März 2000 (SR 742.144; in
Kraft seit 1. Oktober 2000) und zugehörige Ausführungsverordnung vom
14. November 2000 (SR 742.144.1; in Kraft seit 15. Dezember 2001).

A. *Eigenheiten im Vergleich zum Lufthygienerecht*

Über die in den beiden vorangegangenen Paragraphen beleuchteten allgemein-   268
gültigen Regeln hinaus kennt das USG «Zusätzliche Vorschriften für den Schutz
vor Lärm und Erschütterungen» (so die Überschrift zu Art. 19 ff.).
Der Schutz vor Erschütterungen bleibt hier ausgeklammert. Angemerkt sei lediglich,
dass er in der Praxis vergleichsweise wenig Probleme aufgibt und dass einschlägige Ver-
ordnungsvorschriften noch nicht bestehen, jedoch geplant sind.

Der Sache nach geht es dabei weniger um «Zusätze» zu den Grundregeln als um   269
Abweichungen davon. Einerseits wird der Grundsatz der Bekämpfung von
Umweltbelastungen an der Quelle nicht konsequent durchgeführt: Schall-
schutzmassnahmen auf Seiten der Betroffenen; Einschränkung der zulässigen
Grundstücksnutzung. Und andererseits erleidet hier das zweistufige Immis-
sionsschutzkonzept Einbrüche, indem bestehende Anlagen, die übermässigen
Lärm erzeugen, nicht in jedem Falle saniert werden müssen und unter Umstän-
den sogar *neue* übermässigen Lärm erzeugende Anlagen bewilligungsfähig sind.

Das USG ermöglicht solche Abweichungen zugunsten von «Strassen, Flug-   270
häfen, Eisenbahnanlagen oder anderen öffentlichen oder konzessionierten ortsfesten Anlagen» (Art. 20 Abs. 1 und Art. 25 Abs. 3). Für die übrigen Anlagen,
namentlich industrielle und gewerbliche Betriebe, gelten die normalen Regeln.

B. System der Belastungsgrenzwerte; Messung und Bewertung von Lärm; Auswirkungen des Lärms auf den Menschen

1. System der Belastungsgrenzwerte

a) Kategorien

271 Anders als das Lufthygienerecht arbeitet das Lärmschutzrecht nicht allein mit IGW als Beurteilungsmassstab, sondern auch mit dem strengeren Planungswert und dem largeren Alarmwert.

272 Der *IGW* hat wie im Lufthygienerecht die Funktion der Grenzziehung zwischen nicht-übermässigen und übermässigen (schädlichen bzw. lästigen) Einwirkungen. Das spezifische Kriterium für seine Festlegung durch den Bundesrat lautet, «dass nach dem Stand der Wissenschaft oder der Erfahrung Immissionen unterhalb dieser Werte die Bevölkerung in ihrem Wohlbefinden nicht erheblich stören» (Art. 15 USG; des Nähern zu diesem Kriterium: WOLF, Kommentar USG, Art. 15 Rz. 22 ff.).

273 Dem *Planungswert* liegt das Vorsorgeprinzip zugrunde: Wo die Lärmbelastung heute noch gering ist, gilt es zu vermeiden, dass die Immissionsgrenzwerte (umgangssprachlich gesagt) ausgeschöpft werden. «Für die Planung neuer Bauzonen und für den Schutz vor neuen lärmigen ortsfesten Anlagen» hat der Bundesrat daher «unter den Immissionsgrenzwerten» liegende «Planungswerte für Lärm» festzusetzen (Art. 23 USG).

274 Der *Alarmwert* dient zur Abgrenzung der Fälle, in denen die Lärmbelastung den IGW so stark überschreitet, dass eine Sanierung dringlich ist (Art. 19 USG).

b) Differenzierung

275 In den Anhängen 3 ff. der LSV findet sich für folgende Lärmquellen je ein eigenes Grenzwertschema (Immissionsgrenzwerte, Planungswerte und Alarmwerte): Strassenverkehr, Eisenbahnen, zivile Flugplätze, Industrie- und Gewerbe, Schiessanlagen, Militärflugplätze.

276 Weil Lärm in der Nacht wesentlich stärker als am Tag stört, sind die Belastungsgrenzwerte für die Nacht um einiges strenger als für den Tag – in der Regel um 10 dB(A). (Zu dieser Masseinheit: Rz. 281).

277 Zudem differenzieren die Grenzwertschemata nach der Lärmempfindlichkeit der betroffenen Gebiete. Dies durch Zuordnung von Empfindlichkeitsstufen zu unterschiedlichen raumplanerischen Nutzungen (Art. 43 LSV): I. Zonen mit erhöhtem Lärmschutzbedürfnis, namentlich Erholungszonen; II. Zonen, in denen keine störenden Betriebe zugelassen sind, namentlich Wohnzonen und Zonen für öffentliche Bauten und Anlagen; III. Zonen, in denen mässig störende Betriebe zugelassen sind, namentlich Wohn- und Gewerbezonen (Mischzonen) so-

wie Landwirtschaftszonen; IV. Zonen, in denen stark störende Betriebe zugelassen sind, namentlich Industriezonen.

c)   Beispiel eines Grenzwertschemas; ergänzende Hinweise

Belastungsgrenzwerte für Strassenverkehrslärm (LSV-Anhang 3, Ziff. 2)   278

Empfindlichkeits-stufe	Planungswert Lr in dB(A)		Immissionsgrenzwert Lr in dB(A)		Alarmwert Lr in dB(A)	
	Tag	Nacht	Tag	Nacht	Tag	Nacht
I	50	40	55	45	65	60
II	55	45	60	50	70	65
III	60	50	65	55	70	65
IV	65	55	70	60	75	70

Zur Bedeutung von «Lr» siehe Rz. 283.

Die vom Bundesrat erst am 12. April 2000 (13 Jahre nach Inkrafttreten der LSV)   279
festgesetzten Belastungsgrenzwerte für den Lärm der *Landesflughäfen* (Genf und Zürich-Kloten) waren wesentlich larger als diejenigen für alle anderen Lärmarten. Auf Grund von Verwaltungsgerichtsbeschwerden (insbesondere von Gemeinden) gegen die Plangenehmigung für die 5. Ausbauetappe des Flughafens Zürich-Kloten unterzog das Bundesgericht jenes Grenzwertschema einer akzessorischen Prüfung. Es kam zum Schluss, dass die fraglichen Werte «aus dem gesetzlichen Rahmen von Art. 15 und Art. 13 Abs. 2 USG (vgl. auch Art. 74 Abs. 1 und 2 BV)» fallen, somit ungültig sind, und dass an ihrer Stelle die seinerzeit von der Eidgenössischen Expertenkommission für die Beurteilung von Lärm-Immissionsgrenzwerten vorgeschlagenen Belastungsgrenzwerte anwendbar sind (BGE 126 II 522, E. 46).

Vgl. hierzu auch PETER HÄNNI, Flughafenlärm: Die Grenzwerte der Verordnung und ihre Gesetzeswidrigkeit, BR 2001, 55 ff.

Durch Änderung des betreffenden LSV-Anhanges schuf dann der Bundesrat am 30. Mai 2001 neue, weitgehend gesetzeskonforme Belastungsgrenzwerte. Nicht problemgerecht ist allerdings die geringe Gewichtung einer hohen Fluglärmbelastung zu den Tagesrandstunden in den Gebieten, die während der übrigen Zeiten nicht fluglärmbelastet sind (Mittelungszeit-Problem).

Bestehen für eine Lärmquelle *keine* Belastungsgrenzwerte, muss die Vollzugs-   280
behörde den Beurteilungsmassstab selber bestimmen, wobei sie sich an den gleichen Kriterien wie der Bundesrat beim Erlass von Grenzwerten zu orientieren hat (Art. 40 Abs. 3 LSV). Typische Anwendungsbeispiele: Sportanlagen (BGE 115 Ib 446, E. 3b, Hasle bei Burgdorf), Schuss- und Zwitschereinrichtung zum Schutz eines Rebberges vor Vogelfrass (Bundesgerichtsurteil in ZBl 2000, 33 ff., E. 4 und E. 5b, Flurlingen), Kirchenglocken (BGE 126 II 366, Bubikon).

2. Messung und Bewertung von Lärm

a) Schalldruckpegel-Masseinheit dB(A)

281 Schall ist eine wellenförmige Luftdruckschwankung. Die Dezibel-Skala setzt bei der Hörschwelle (vom menschlichen Ohr nicht wahrnehmbare Luftdruckschwankung) an und reicht bis 130. Eine Erhöhung um 3 Dezibel bedeutet eine Verdoppelung, eine Erhöhung um 10 Dezibel eine Verzehnfachung des Schalldruckpegels (logarithmischer Massstab). Das «(A)» steht für den sogenannten A-Filter, einen Korrekturfaktor, der dem Umstand Rechnung trägt, dass der Mensch tiefe und hohe Töne als weniger laut wahrnimmt als mittelhohe Töne.

Eine Veränderung um 10 dB(A), die wie gesagt eine Zu- bzw. Abnahme der Schallintensität um den Faktor 10 repräsentiert, *empfinden* wir bloss als Verdoppelung bzw. Halbierung des Lärms.

282 Geräusche im Bereich bis 30 dB(A) sind sehr leise (Flüstern, Blätterrauschen). Ein mit nicht mehr als 40 dB(A) belastetes Wohnquartier gilt als ruhig. Bei 55 dB(A) fühlen sich etwa 15 % der Betroffenen erheblich gestört, bei 65 dB(A) – je nach Lärmart – zwischen 30 % (Eisenbahnlärm) und 60 % (Strassenverkehrslärm).

Ein Lastwagen erzeugt (im Abstand von 5 m) ca. 90 und ein Grossraumflugzeug (im Abstand von 250 m) gegen 110 dB(A). Ebensoviel wird neben einem Presslufthammer gemessen.

b) Methode der Beurteilung

283 Die lärmbekämpfungsrechtlichen Belastungsgrenzwerte beziehen sich auf den in dB(A) ausgedrückten «Beurteilungspegel Lr» (Art. 38 Abs. 1 LSV). Dieser berücksichtigt neben der Intensität, Häufigkeit und Dauer der (gemessenen bzw. berechneten) Lärmereignisse auch die spezifische Störwirkung der einzelnen Lärmart (Strassenverkehrslärm, Eisenbahnlärm usw.).

Genaueres hierzu bei WOLF, Kommentar USG, Vorbemerkungen zu Art. 19 – 25, Rz. 18 mit Verweisungen.

3. Auswirkungen des Lärms auf den Menschen

284 Die durch Lärmimmissionen verursachten Beeinträchtigungen umfassen – je nach Intensität und Dauer – Konzentrationsstörungen, Behinderung der Kommunikation, Störung des Schlafes und dadurch bedingte Leistungsabnahme, nachteilige Auswirkungen auf das vegetative Nervensystem (Ausschüttung von Stresshormonen, Anstieg des Blutdrucks und der Herzfrequenz und dieserhalb Erhöhung des Herzinfarktrisikos).

In lärmbelasteten Gebieten werden bis zu vier Mal mehr Schlaf- und Beruhigungsmittel konsumiert als in ruhigen Wohngebieten (BFS, Umweltstatistik Schweiz Nr. 1: Lärm, Bern 1994, 8).

Dazu kommen – bei einer längerdauernden Belastung von über 85 dB(A) – 285
irreversible Gehörschäden. «Statistiken zeigen, dass die lärmbedingten Hör-
schäden am Arbeitsplatz deutlich abgenommen haben. Hingegen haben die
durch die Freizeitbelastung, hauptsächlich durch laute Musik, entstandenen
Höreinbussen bei Jugendlichen ein bedenkliches Ausmass angenommen: Ein
Drittel der Jugendlichen im Alter von 15 bis 25 Jahren weist eine Höreinbusse
auf» (BFS, Umwelt Schweiz, 186).

C. Vorschriften betreffend lärmerzeugende Anlagen

1. Bestehende Anlagen: Frage nach der Sanierungspflicht

a) Reguläre Sanierung

Anlagen, die beim Inkrafttreten des Gesetzes bereits bestanden, müssen grund- 286
sätzlich saniert werden, wenn sie die Ursache bzw. eine wesentliche Teilursache
dafür sind, dass in ihrer Umgebung der massgebende *IGW* bei lärmempfindlichen Räumen überschritten ist (Art. 13 Abs. 1 LSV; logische Folgerung aus
Art. 16 Abs. 1 USG).

Als lärmempfindliche Räume gelten «Räume in Wohnungen, ausgenommen Küchen
ohne Wohnanteil, Sanitärräume und Abstellräume» sowie «Räume in Betrieben, in denen sich Personen regelmässig während längerer Zeit aufhalten, ausgenommen Räume
für die Nutztierhaltung und Räume mit erheblichem Betriebslärm» (Art. 2
Abs. 6 LSV).

Eine Sanierungspflicht besteht auch insoweit, als die übermässigen Einwirkungen bei unüberbauten Grundstücken auftreten, für die in der Raumplanung
eine lärmempfindliche Nutzung (Hauptbeispiele: Wohnen, Arbeiten) vorgesehen ist; dies aber nur, wenn das betreffende Grundstück bereits erschlossen ist
(Art. 13 Abs. 4 Bst. a LSV [e contrario]).

Was es mit der Sanierung (wiederum: grundsätzlich) zu erreichen gilt, ist jeden- 287
falls die Einhaltung der zuvor überschrittenen IGW (Art. 13 Abs. 2 Bst. b LSV).
Neben dieses Minimalziel tritt die Idee der optimalen Technologie, und deshalb
sollte jeweils auch geprüft werden, ob sich mit technisch und betrieblich möglichen sowie wirtschaftlich tragbaren Massnahmen ein weitergehender Schutz
vor Beschallung realisieren lässt (Art. 13 Abs. 2 Bst. a LSV). In der Praxis ist es
freilich meist schon schwer genug, die Lärmbelastung auf das Mass des IGW
herabzusetzen.

Die Prüfung der Verhältnismässigkeit einer an sich notwendigen Sanierungs- 288
massnahme kann zu Erleichterungen führen (Art. 17 Abs. 1 USG; Art. 14 Abs. 1
LSV). Damit dürfen die Vollzugsbehörden einem Sanierungspflichtigen jedoch
höchstens soweit entgegenkommen, dass wenigstens die Alarmwerte «nicht
überschritten werden» (Art. 17 Abs. 2 USG; vgl. auch Art. 14 Abs. 2 LSV).

b)   Passive Schallschutzmassnahmen statt eigentlicher Sanierung

289   Die Ausführungen unter den nächsten drei Randziffern beziehen sich auf Art. 20 Abs. 1 USG, der gesetzestechnisch etwas unglücklich daherkommt (wohinter eine Hemmung stehen dürfte, das sachlich Fragwürdige klar auszusprechen). Er lautet wie folgt: «Lassen sich die Lärmimmissionen auf bestehende Gebäude in der Umgebung von bestehenden Strassen, Flughäfen, Eisenbahnanlagen oder anderen öffentlichen oder konzessionierten ortsfesten Anlagen durch Massnahmen bei der Quelle nicht unter den Alarmwert herabsetzen, so werden die Eigentümer der betroffenen Gebäude verpflichtet, Räume, die dem längeren Aufenthalt von Personen dienen, mit Schallschutzfenstern zu versehen oder durch ähnliche bauliche Massnahmen zu schützen.»

Art. 20 Abs. 2 beantwortet die Frage, wer «die Kosten für die notwendigen Schallschutzmassnahmen» zu tragen hat. Siehe hierzu Rz. 106 f.

290   Der vorstehend zitierte Art. 20 Abs. 1 USG ist hinsichtlich Strassen, Flughäfen usw. als lex specialis zu verstehen. Er lässt insoweit – abweichend von Art. 17 Abs. 2 – *implizit* zu, dass der Alarmwert auf Dauer überschritten bleibt. Unter welchen Voraussetzungen man das hinzunehmen hat, kommt in der Wendung «Lassen sich … nicht …» bloss andeutungsweise zum Ausdruck. Unzweifelhaft ist aber eine permanente Lärmbelastung jenseits des Alarmwertes – der ja definitionsgemäss die «Dringlichkeit» einer Sanierung indiziert (Art. 19 USG) – derart bedenklich, dass sie auf die Fälle beschränkt bleiben sollte, in denen die irregulär hohen Immissionen unvermeidbar sind, weil die Sanierung an der Quelle praktisch undurchführbar wäre oder exorbitant teuer zu stehen käme; man denke hier etwa an die Eintunnelung einer Strasse in dicht besiedeltem Gebiet. Differenzierter: ZÄCH / WOLF, Kommentar USG, Art. 20 Rz. 22 – 25.

291   Kommt die zur Anordnung von Sanierungen zuständige Behörde zum Schluss, die Alarmwert-Überschreitung sei statthaft, muss sie die Eigentümer der betreffenden Gebäude zum Einbau von *Schallschutzfenstern* verpflichten (Art. 15 Abs. 1 LSV). Diese reduzieren nur den bei geschlossenen Fenstern im Gebäudeinnern wahrnehmbaren Lärm, vermögen also die unterbleibende Immissionsbegrenzung nur beschränkt zu kompensieren.

Zu andern in Betracht kommenden Massnahmen und zur Frage, ob ausnahmsweise auf passive Schallschutzmassnahmen zu verzichten ist: Art. 15 Abs. 2 und 3 LSV; ZÄCH / WOLF, Kommentar USG, Art. 20 Rz. 30 ff.

292   Sofern nach Art. 20 Abs. 1 USG eine Überschreitung des Alarmwertes hinzunehmen wäre, ist logischerweise auch eine Überschreitung «nur» des Immissionsgrenzwertes tolerierbar. Diesfalls sind keine passiven Schallschutzmassnahmen bei den durch den Lärm einer bestehenden Anlage betroffenen Gebäuden erforderlich (Art. 20 Abs. 1 USG und Art. 15 Abs. 1 LSV e contrario; zum Spezialfall des Bundesgesetzes über die Lärmsanierung der Eisenbahnen siehe Rz. 295).

c)   Fristen

Die Vollzugsbehörden haben die Fristen für Sanierungen und Schallschutzmass-   293
nahmen «nach deren Dringlichkeit» festzusetzen, welche sich nach dem Ausmass der Überschreitung der IGW, nach der Anzahl der von Lärm betroffenen
Personen sowie nach dem Verhältnis von Kosten und Nutzen beurteilt (Art. 17
Abs. 1 und 2 LSV). In jedem Falle müssen aber die betreffenden Massnahmen
«spätestens 15 Jahre nach Inkrafttreten» der LSV, also bis Ende März 2002
«durchgeführt sein» (Art. 17 Abs. 3 LSV).

Weitgehend, wenngleich mit beträchtlichen Unterschieden von Kanton zu   294
Kanton, realisiert wurden vor Ablauf der Maximalfrist nebst den bei privaten
Anlagen (Industrie, Gewerbe) auch die bei Schiessanlagen erforderlichen Mass-
nahmen.

Bei den Eisenbahnen wollte die Sanierung nicht recht in Fahrt kommen. Nach-   295
dem sich die Bahnunternehmungen dann ausserstande erklärt hatten, den
Endtermin einzuhalten, wurde ihnen mit dem Bundesgesetz über die Lärmsanierung der Eisenbahnen die Frist wie folgt *erstreckt*: für technische Massnahmen an den Schienenfahrzeugen (Stichwort weniger laute Bremsen) bis zum
31. Dezember 2009 und für bauliche Massnahmen an den Anlagen (Lärmschutz-
wände) sowie für Schallschutzmassnahmen an belärmten Gebäuden bis zum
31. Dezember 2015 (Art. 3).
       Gewissermassen zum Ausgleich für diese Nachgiebigkeit macht das Gesetz
präzise Zielvorgaben: Bahnseitige Massnahmen «sollen netzweit mindestens
zwei Drittel der schädlichem oder lästigem Lärm ausgesetzten Bevölkerung vor
diesem Lärm schützen» (Art. 2 Abs. 3 Satz 1). «Das restliche Drittel der Bevölkerung ist durch Schallschutzmassnahmen an Gebäuden zu schützen» (Art. 2
Abs. 3 Satz 2). Die erste dieser beiden Vorschriften garantiert zwei Dritteln der
Betroffenen eine Reduktion des Eisenbahnlärms auf das Mass des IGW (was
durch Art. 19 Abs. 1 der Ausführungsverordnung verdeutlicht wird). Die zweite
könnte für sich allein dahingehend verstanden werden, zum Schutz der übrigen
von Lärm über dem IGW betroffenen Personen seien passive Schallschutzmassnahmen (id est in der Regel Lärmschutzfenster) zwingend. Aus einer andern Bestimmung ergibt sich indessen, dass die Grundeigentümer (wie nach
Art. 20 Abs. 1 USG) nur dann zu solchen Massnahmen (auf Kosten des Bundes)
verpflichtet werden, wenn auch der Alarmwert überschritten ist (Art. 10 Abs. 1
des Spezialgesetzes). Immerhin ersetzt der Bund (anders als nach Art. 20 Abs. 2
USG) den sich *freiwillig* für solche Massnahmen entscheidenden Grundeigentümern die Hälfte der Kosten (Art. 10 Abs. 2 des Spezialgesetzes).

Wie dem für die Eisenbahnen zuständigen Bundesamt gelang es auch den für   296
das Strassenwesen (einschliesslich Nationalstrassen) zuständigen kantonalen
Behörden nicht, die zu treffenden Massnahmen rechtzeitig zu planen (vgl.
Art. 19 LSV betreffend Strassensanierungsprogramme) und bis 31. März 2002
umzusetzen; an diesem Stichtag war von den sanierungsbedürftigen Strassen-

strecken erst rund ein Drittel saniert. Soweit bekannt, wird der Bundesrat bald einen Beschluss fassen, der den Endtermin bezüglich der Nationalstrassen auf Ende März 2015 und bezüglich der Hauptstrassen und übrigen Strassen auf Ende März 2018 verschiebt.

Nach heutigem Wissensstand kommt der Gesamtaufwand für Sanierungen an Strassen und passive Schallschutzmassnahmen auf 3,5 Mia. Franken zu stehen – ein Beispiel für Kostenfolgen versäumter Vorsorge.

2. Neue Anlagen sowie Änderungen bestehender Anlagen: Frage nach der Bewilligungsfähigkeit

a) Neue Anlagen: Regel und erste Relativierung

297 Im Prinzip dürfen neue Anlagen nur errichtet werden «wenn die durch diese Anlagen allein erzeugten Lärmimmissionen die Planungswerte in der Umgebung nicht überschreiten» (Art. 25 Abs. 1 USG). Ob diese Bedingung erfüllt ist, wird rechnerisch, aufgrund der Emissionscharakteristika der Anlage, ermittelt. Erweist sich eine darüber hinausgehende Immissionsbegrenzung als technisch und betrieblich möglich sowie wirtschaftlich tragbar, soll sie angeordnet werden (Art. 7 Abs. 1 Bst. a LSV).

Die zitierte Gesetzesbestimmung läuft auf eine relativ strenge Begrenzung der zulässigen Emissionen einer jeden neuen Anlage hinaus. Ein milderer Massstab hätte zur Folge, dass der kumulierte Lärm einer Mehrzahl von (neuen und bestehenden) Anlagen rasch die Grenze zur Übermässigkeit erreicht.

298 Die Bewilligungsbehörde kann jedoch «Erleichterungen» gewähren, wenn an der Anlage «ein überwiegendes öffentliches, namentlich auch raumplanerisches Interesse» besteht und zudem «die Einhaltung der Planungswerte zu einer unverhältnismässigen Belastung für das Projekt führen» würde (Art. 25 Abs. 2 Satz 1 USG). Daran anschliessend (Satz 2) heisst es, dass solche Erleichterungen eine Grenze im IGW finden; dies jedoch «unter Vorbehalt» von Absatz 3».

b) Neue Anlagen: zweite Relativierung, kompensatorische passive Schallschutzmassnahmen

299 Art. 25 Abs. 3 USG besagt (wie Art. 20 Abs. 1: bloss implizit), dass bei der Errichtung von Strassen, Flughäfen, Eisenbahnanlagen sowie anderen öffentlichen bzw. konzessionierten Anlagen die Bewilligungsbehörde eine IGW-Überschreitung gestatten kann. Tut sie das, so hat sie gemäss der nämlichen Vorschrift die Eigentümer der lärmbelasteten bestehenden Gebäude zum Einbau von Schallschutzfenstern auf Kosten des Erstellers der Anlage zu verpflichten.

Zu allenfalls als Alternative zu Schallschutzfenstern in Betracht kommenden Massnahmen und zu den Voraussetzungen für einen ausnahmsweisen Verzicht auf passive Schallschutzmassnahmen: Art. 10 Abs. 2 und 3 LSV. Zur Kostentragung im Einzelnen: Art. 11 LSV. Vgl. zum Ganzen auch Wolf, Kommentar USG, Art. 25 Rz. 81 ff.

c)   Gleichbehandlung wesentlicher Änderungen bestehender Anlagen

Nach Art. 8 und 10 LSV sind *wesentliche* Änderungen (dieser Begriff ist in   300
Art. 8 Abs. 3 näher umschrieben) von Anlagen, welche im Zeitpunkt des Inkrafttretens der LSV bereits bestanden, unter den gleichen Voraussetzungen bewilligungsfähig bzw. nicht-bewilligungsfähig wie die Errichtung neuer Anlagen.
Nach WOLF (Kommentar USG, Art. 25 Rz. 48) ist Art. 8 LSV «mit den gesetzlichen Vorgaben nur zum Teil vereinbar.» Doch fällt seine (durchaus zutref-
fende) Analyse der Rechtslage nach dem Gesetz selbst im Ergebnis nicht so
erheblich anders aus, dass dafür die Formel «Gleichbehandlung wesentlicher
Änderungen bestehender Anlagen» nicht als jedenfalls weitgehend adäquat erscheint. Präzisiert werden muss allerdings, dass der für die Unterscheidung zwischen neuen und bestehenden Anlagen massgebende Zeitpunkt, entgegen dem
Wortlaut von Art. 8 LSV, das Datum des Inkrafttretens des USG ist (BGE 123
II 325, E. 4c, Murten).

D.   *Vorschriften betreffend lärmempfindliche Nutzungen*

Bei den nachfolgend dargestellten, nominal umweltrechtlichen Vorschriften   301
geht es um Anforderungen an Bauzonen (so die Sachüberschrift zu Art. 24
USG) und um Baubewilligungen in lärmbelasteten Gebieten (Sachüberschrift
zu Art. 22 USG); funktional gehören sie also zum Planungs- und Baurecht. Sie
zielen darauf ab, zu verhindern, dass zusätzliche lärmexponierte Bausubstanz
entsteht.

1.   *Neue Bauzone bzw. bestehende, aber noch nicht erschlossene Bauzone*

Vorbemerkung: Das USG spricht in seinen hier interessierenden Bestimmun-   302
gen von «Bauzonen für Wohngebäude oder andere Gebäude, die dem längeren
Aufenthalt von Personen dienen.» Die LSV braucht stattdessen die – der ratio
legis besser entsprechende und daher auch im Folgenden übernommene – Wendung «Bauzonen für Gebäude mit lärmempfindlichen Räumen» und gibt eine
präzise Umschreibung des Begriffs «Lärmempfindliche Räume» (Art. 2 Abs. 6,
zitiert in Rz. 286).

Neue Bauzonen für Gebäude mit lärmempfindlichen Räumen dürfen «nur in   303
Gebieten vorgesehen [recte: ausgeschieden] werden, in denen die Lärmimmissionen die Planungswerte» (Rz. 273) «nicht überschreiten oder in denen diese
Werte durch planerische, gestalterische oder bauliche Massnahmen eingehalten
werden können» (Art. 24 Abs. 1 Satz 1 USG). *Nicht* als Ausscheidung einer
neuen Bauzone gilt «die Umzonung von Bauzonen» (Satz 2, eingefügt im Zuge
der USG-Revision von 1995). Das kann – etwa beim Wechsel von einer Indus-
trie- und Gewerbezone zu einer Wohnzone – problematisch sein. (Vgl. hierzu
auch SCHAUB, Umnutzungen.)

304 Sind die Planungswerte in einer *bereits bestehenden, aber noch nicht erschlossenen Bauzone* für Gebäude mit lärmempfindlichen Räumen überschritten, so ist diese «einer weniger lärmempfindlichen Nutzungsart zuzuführen, sofern nicht durch planerische, gestalterische oder bauliche Massnahmen im überwiegenden Teil der Zone die Planungswerte eingehalten werden können» (Art. 24 Abs. 2 USG). Der Formulierung nach steht hier die Umzonung im Vordergrund, der Sache nach besagt diese Gesetzesbestimmung jedoch in erster Linie, dass eine solche Bauzone «nur soweit *erschlossen* werden» darf (so Art. 30 LSV [Hervorhebung beigefügt]), als die Einhaltung der Planungswerte gewährleistet ist.

305 Zur Vermeidung von Missverständnissen sei betont, dass mit «bauliche Massnahmen» im vorliegenden Zusammenhang nicht etwa Schallschutzfenster, sondern Vorrichtungen gemeint sind, welche den Lärm vom Zoneninnern abhalten (Lärmschutzwälle oder -wände).

2. Neues Gebäude und wesentliche Änderung eines bestehenden Gebäudes

a) Einhaltung der IGW als Baubewilligungsvoraussetzung

306 Vorbemerkung: Im Folgenden wird wiederum statt von «dem längeren Aufenthalt von Personen» dienenden Gebäuden (Terminologie des Gesetzes) von «Gebäuden mit lärmempfindlichen Räumen» gesprochen (adäquatere Terminologie der LSV).

307 In erster Annäherung gilt: Baubewilligungen für neue, d.h. nach Inkrafttreten des Gesetzes erstellte Gebäude mit lärmempfindlichen Räumen dürfen nur da erteilt werden, wo «die Immissionsgrenzwerte nicht überschritten» sind (Art. 22 Abs. 1). Das bedeutet freilich nicht, dass eine vorgegebene höhere Lärmbelastung einem Neubau immer entgegensteht. Letztlich geht es nämlich allein darum, dass die Lärmbelastung bei den lärmempfindlichen Räumen nicht übermässig ist. (Man missverstehe das «bei» nicht als «in»; zu ermitteln ist jeweils, ob der Grenzwert «in der Mitte der offenen Fenster» der betreffenden Räume des vorgesehenen Gebäudes eingehalten sein wird [Art. 39 Abs. 1 Satz 1 LSV].) Dementsprechend ist ein Neubauprojekt auch dann bewilligungsfähig, wenn die Einhaltung des IGW durch eine «Anordnung der lärmempfindlichen Räume auf der dem Lärm abgewandten Seite des Gebäudes» und/oder dadurch gewährleistet ist, dass auf dem Baugrundstück «Massnahmen» getroffen werden, die «das Gebäude gegen Lärm abschirmen» (Art. 31 Abs. 1 LSV in sinngerechter Verdeutlichung von Art. 22 Abs. 2 USG).

308 Was die wesentliche Änderung eines bereits bestehenden, d.h. vor Inkrafttreten des USG erstellten Gebäudes mit lärmempfindlichen Räumen betrifft, stellt die LSV diese (ebenfalls in Art. 31 Abs. 1) einem Neubau gleich. Dies durchaus zu Recht; vgl. WOLF, Kommentar USG, Art. 22 Rz. 14 f. mit Hinweisen auf die Gesetzesmaterialien.

b)   Ausnahmebewilligungen

Da die Immissionsgrenzwerte im Einflussbereich von Verkehrsanlagen weithe- 309
rum überschritten sind, wäre zu erwarten, dass für überaus zahlreiche Bauvorhaben keine Baubewilligung erhältlich ist. In der Praxis trifft das Gegenteil zu.
Dies rührt daher, dass die meisten Baubehörden regelmässig auch dann eine
Ausnahmebewilligung erteilen, wenn die in der LSV statuierten, kumulativen
(unter der nächsten Randziffer wiedergegebenen) Voraussetzungen hierfür
nicht gegeben sind.

Nach Art. 31 Abs. 2 LSV beurteilt sich die Zulässigkeit von Ausnahmebewilli- 310
gungen nach zwei materiellen und einem formellen Kriterium:

–   Erste Voraussetzung ist, dass die in Rz. 307 spezifizierten Mittel nicht ange-
     wendet werden können oder nicht zum Ziel der Einhaltung des IGW füh-
     ren würden.

–   Zweitens muss «an der Errichtung des Gebäudes ein überwiegendes Inte-
     resse» bestehen. Das Interesse an der baulichen Nutzung der betreffenden
     Parzelle kann, weil es *in jedem Fall* gegeben ist, für sich allein kein «über-
     wiegendes Interesse» sein. Zur Rechtfertigung von Ausnahmebewilligun-
     gen bedarf es also jeweils einer fallspezifischen Besonderheit (Näheres bei
     WOLF, Kommentar USG, Art. 22 Rz. 34 f.; eine Illustration folgt unter Rz. 339).

–   Dazu kommt drittens, dass ein positiver Ausnahmebewilligungsentscheid
     nur ergehen darf, wenn ihm «die kantonale Behörde zustimmt.» (Die LSV
     geht hier davon aus, dass Baubewilligungen von Gemeindebehörden erteilt
     werden, effektiv kann die Baubewilligungszuständigkeit aber auch bei
     einer kantonalen Behörde liegen.)

Nach schweizerischem Rechtsstaatsverständnis bedarf jede auf Verordnungs- 311
stufe normierte Ausnahmeregelung einer Grundlage im *Gesetz*. Daran fehlt es
hier aber. Bei WOLF, Kommentar USG, Art. 22 Rz. 33, heisst es dazu: «Der Wortlaut von Art. 22 sieht keine Ausnahmen vor. Aus den Materialien ist jedoch ersichtlich, dass der Gesetzgeber dem Bundesrat die Kompetenz einräumen
wollte, auf dem Verordnungsweg Ausnahmetatbestände einzuführen; er dachte
dabei insbesondere an Baulücken im überbauten Gebiet (Amtl. Bull. N 1983
1165). Zu beachten ist auch, dass der mit Art. 31 Abs. 2 LSV geschaffene Ausnahmetatbestand bei der Gesetzesrevision von 1995 bekannt war und vom Gesetzgeber nicht beanstandet wurde. An der Gesetzmässigkeit der in Art. 31
Abs. 2 LSV vorgesehenen Ausnahme ist daher nicht zu zweifeln.» Dem ist zu
widersprechen: Eine blosse gesetzgeberische Absicht, den Bundesrat zu einer
Ausnahmeregelung zu ermächtigen, ist nicht kompetenzbegründend. Und der
Umstand, dass die Mitglieder der Bundesversammlung eine vom Bundesrat geschaffene Rechtsnorm zwar (vielleicht) kennen, aber nicht deren Kompetenz-
widrigkeit (so sie ihnen denn bewusst ist) ansprechen, vermag seinerseits die
mangelnde gesetzliche Grundlage nicht zu substituieren.

E. Sonstige Regelungsgegenstände des nominalen Lärmbekämpfungsrechts (blosse Verweisungen)

312   Typenprüfung von Rasenmähern und Baumaschinen: Art. 5 LSV.

313   Bauliche und betriebliche Massnahmen zur Begrenzung des Baulärms: Art. 6 LSV, Baulärm-Richtlinie des BUWAL vom 2. Februar 2000.

314   Schutz vor gehörschädigender Beschallung durch Lautsprecher, insbesondere in Diskotheken: Verordnung über den Schutz des Publikums von Veranstaltungen vor gesundheitsgefährdenden Schalleinwirkungen und Laserstrahlen vom 24. Januar 1996 (SR 814.49; in Totalrevision).

315   Schallschutz gegen Aussen- und Innenlärm an neuen Gebäuden mit lärmempfindlichen Räumen: Art. 21 USG, Art. 32 ff. LSV (bauphysikalische Anforderungen, hauptsächlich in Form von Verweisungen auf die SIA-Norm 181 [Schallschutz im Hochbau]).

II. Funktionales Lärmbekämpfungsrecht

A. Motorfahrzeugverkehr

316   Nach Art. 53 VTS dürfen die durch Motorfahrzeuge erzeugten Geräusche «das technisch vermeidbare Mass, insbesondere die Grenzwerte des Anhangs 6, nicht überschreiten» und sind Auspuffvorrichtungen «mit wirksamen und dauerhaften Schalldämpfern auszurüsten.» In Anhang 6 sind die Emissionsgrenzwerte für die einzelnen Motorfahrzeugkategorien aufgelistet, grösstenteils in Form von Verweisungen auf entsprechende EU-Normen.

317   Gestützt auf den im lufthygienischen Zusammenhang bereits angesprochenen Art. 3 Abs. 4 SVG kann die zuständige Behörde lokale Verkehrsanordnungen auch zum Zweck der Lärmbekämpfung verfügen; so etwa ein auf einer Quartierstrasse für Motorfahrzeuge geltendes Nachtfahrverbot oder Durchgangsverkehrsverbot.

318   Im SVG und zugehörigen bundesrätlichen Verordnungen finden sich diverse weitere, ausschliesslich oder unter anderem der Lärmbekämpfung dienende Regelungen, von denen hier nur folgende drei relieviert seien:
   –   Allgemeine Pflicht, bei der Benützung von Motorfahrzeugen vermeidbare Belästigungen zu unterlassen (auf Verordnungsstufe z.B. dahingehend konkretisiert, dass fortgesetztes unnötiges Herumfahren in Ortschaften untersagt ist; ebenso hohe Drehzahlen des Motors beim Fahren in niedrigen Gängen).
   –   Grundsätzliches Verbot des Betriebs von Lautsprechern an Motorfahrzeugen.

– Nachtfahrverbot (von 22 h bis 5 h) und Sonntagsfahrverbot für Lastwagen. Die grosse Bedeutung dieser beiden gesetzlichen (auf Verordnungsstufe [kompetenzgemäss] partiell gelockerten) Verbote für die Lärmbekämpfung ist evident. Das Nachtfahrverbot steht jedoch in Gefahr, aus europapolitischen Gründen aufgegeben zu werden (wie Ende 2000 die 28-Tonnen-Limite für Lastwagen, die zuvor in behördlichen Verlautbarungen konstant als Eckpfeiler der schweizerischen Verkehrspolitik bezeichnet worden war).

Eine vollständigere Darstellung der strassenverkehrsrechtlichen Lärmbekämpfungsvorschriften (samt Bezeichnung der einzelnen Gesetzes- und Verordnungsbestimmungen) ist im Panorama des Umweltrechts zu finden.

B. Luftfahrt

Wie die Abgas-Emissionsgrenzwerte sind auch die Lärm-Emissionsgrenzwerte 319 für Strahltriebwerke international vereinheitlicht. Die VEL (eine der Verordnungen zum LFG) verweist auf die betreffenden ICAO-Normen. Diese entsprachen schon lange nicht mehr dem Stand der Technik; zur Rechtfertigung führte die ICAO die «Interessen der Entwicklungsländer» ins Feld. Nachdem aber die Luftfahrtsindustrie im eigenen Interesse weniger laute Triebwerke entwickelt hatte, zog die ICAO vor kurzem nach.

Das LFG bzw. zugehörige Verordnungen enthalten einige weitere der Lärmbe- 320 kämpfung dienende Vorschriften, worunter:

– Verbot des Flugs ziviler Luftfahrzeuge mit Überschallgeschwindigkeit

– Auf den Helikopterverkehr zugeschnittene grundsätzliche Unzulässigkeit von Aussenlandungen (ausserhalb von Flugplätzen), Erteilung von Bewilligungen hierfür

– Beschränkung von Aussenlandungen im Gebirge (über 1100 m.ü.M.) auf die hierfür speziell bezeichneten Plätze (derzeit bestehen 43 Gebirgslandeplätze).

Eine etwas breitere Darstellung der luftfahrtsrechtlichen Lärmbekämpfungsvorschriften (samt Bezeichnung der einzelnen Gesetzes- und Verordnungsbestimmungen) findet sich im Panorama des Umweltrechts.

III. Aus der Rechtsprechung

A. Lärmerzeugende Anlagen

1. Generelles

Ob eine neue Anlage (in casu: ein Gemeindewerkhof) die Planungswerte ein- 321 hält, ist im Baubewilligungsverfahren zu prüfen; diese Abklärung auf die Zeit nach Erstellung bzw. Inbetriebnahme der Anlage zu verschieben, widerspricht dem Vorsorgeprinzip (Bundesgerichtsurteil in URP 2002, 685 ff., Schwanden).

322 Dass eine geplante private Anlage (in casu: eine Autowasch- und Staubsaugeranlage) die massgeblichen Planungswerte (hier diejenigen für Industrie- und Gewerbelärm) einhält, schliesst nicht aus, zwecks Schutz der Nacht- und Sonntagsruhe die Betriebszeiten mit einer Auflage zur Baubewilligung zu beschränken (in diesem Falle auf Montag bis Donnerstag von 7 h bis 19 h). Vielmehr hat eine solche Auflage in Art. 7 Abs. 1 Bst. a LSV (Rz. 297) eine klare Rechtsgrundlage (Urteil des Verwaltungsgerichtes ZH vom 12. September 2001, VB.2001.00111).

2. Industrielle und gewerbliche Betriebe und dergleichen

323 Der (amtlich bewilligte) Nachtbetrieb einer Geflügelschlächterei in der Kernzone von Kappelen bewirkte bei einer benachbarten Wohnliegenschaft eine Überschreitung des massgebenden IGW. Der Gemeinderat verfügte deshalb, dass in der Zeit zwischen 19 h und 6 h keine Arbeiten im Freien (Güterumschlag) und auch keine Arbeiten verrichtet werden dürfen, bei denen Lärm nach aussen dringen kann. Dieses Verbot hielt der Überprüfung durch die kantonalen Rechtsmittelinstanzen und das Bundesgericht stand; es ist freilich aufzuheben, wenn die Betriebsinhaberin mit anderweitigen betrieblichen und/oder baulichen Massnahmen gewährleistet, dass der IGW in der Nachbarschaft eingehalten bleibt (BGE 118 Ib 234).

324 Bei der Umwandlung eines nur einem beschränkten Personenkreis offenstehenden Clublokals in ein der Allgemeinheit zugängliches Café-Restaurant muss die zuständige Behörde sicherstellen, dass der erweiterte Betrieb USG- und LSV-konform ist; es genügt nicht, den Inhaber auf Ruhe und Ordnung zu verpflichten. Braucht in einem solchen Fall nach kantonalem Recht kein baurechtliches Verfahrens durchgeführt zu werden, kann die umweltrechtliche Prüfung im Rahmen eines spezialgesetzlichen Verfahrens – etwa dem für die Erteilung des Wirtepatentes – erfolgen, sofern dieses eine öffentliche Planauflage mit Einsprachemöglichkeit vorsieht (Urteil des Kantonsgerichtes VS in URP 1999, 725 ff.).

325 Eine Umstellung von einem gewöhnlichen Restaurant zu einem Nachtlokal qualifiziert sich als vollständige Zweckänderung. Als solche muss sie (gemäss der ausdrücklichen Vorschrift von Art. 2 Abs. 2 LSV) den Anforderungen an neue Anlagen genügen. Die Bewilligung für dieses Vorhaben in einer Wohnzone mit der Empfindlichkeitsstufe II (vgl. Rz. 277) ist zu verweigern, wenn sonst die Anwohner regelmässig durch Lärm erheblich gestört würden (Bundesgerichtsurteil vom 21. März 2001, 1A.213/2000, Oekingen).

Auch für ein vor langem (vor Inkrafttreten des USG) ohne Baubewilligung in 326
einer Landwirtschaftszone errichtetes Tierasyl, für das nun eine nachträgliche
Bewilligung verlangt wird, gelten die Vorschriften für neue Anlagen. Um die
Störung Dritter durch Hundegebell zu beschränken, darf die Bewilligungsbehörde gestützt auf Art. 12 Abs. 1 Bst. c USG («Betriebsvorschriften») dem Betrieb die Auflage machen, maximal acht Hunde zu beherbergen (Bundesgerichtsurteil in URP 2001, 1101 ff., Braunau TG).

3. Strassen und Parkplätze

Zeigt die Immissionsprognose für eine neue Strasse, dass die Planungswerte ein- 327
gehalten sein werden, so steht damit die Genehmigungsfähigkeit des Projektes
noch nicht fest. Es ist auch zu prüfen, ob Massnahmen, die sich im Sinne von
Art. 11 Abs. 2 USG (und Art. 7 Abs. 1 Bst. a LSV) als «technisch und betrieblich
möglich und wirtschaftlich tragbar» erweisen, eine weitergehende Emissionsbegrenzung erlauben. Dabei ist die Frage der wirtschaftlichen Tragbarkeit, weil
sich Strassen nicht mit Wirtschaftsbetrieben vergleichen lassen, «nach den Kriterien des Verhältnismässigkeitsprinzips» zu beantworten. Daraus folgt, dass die
Einhaltung der Belastungsgrenzwerte «meist nur dann» nicht genügt, «wenn mit
relativ geringem Aufwand eine wesentliche zusätzliche Reduktion der Emissionen erreicht werden kann» (BGE 124 II 517, E. 5a, Umfahrung Flims, unter Hinweis auf SCHRADE / LORETAN, Kommentar USG, Art. 11 Rz. 34b).

Die dem Bauherrn einer Einfamilienhaussiedlung von der Bewilligungsbehörde 328
auferlegte Pflicht, anstelle von oberirdischen Parkplätzen zwecks Lärmverminderung eine Tiefgarage zu erstellen, entspricht dem umweltrechtlichen Vorsorgeprinzip. Eine solche Massnahme ist verhältnismässig und wirtschaftlich tragbar, da den erwarteten Mehrkosten ein Gewinn an Wohnqualität und damit
zugleich auch ein Mehrwert gegenüberstehen (Bundesgerichtsurteil in ZBl
1998, 437 ff., Dürnten).

4. Flugplätze

Bei der Behandlung von Verwaltungsgerichtsbeschwerden gegen die Betriebs- 329
konzession und die Rahmenkonzession für den Flughafen Lugano-Agno (Ausbau des Flugfeldes zu einem Regionalflugplatz) befand das Bundesgericht (unter anderem), dass das UVEK darin den Verkehr in den Nachtrandstunden
ungenügend beschränkte und dass die Anwohner Anspruch auf periodische Ermittlung der Lärmbelastung und auf Veröffentlichung der betreffenden Daten
durch das BAZL haben (BGE 125 II 643 / URP 2000, 337 ff.).

Mit einer Auflage zur Plangenehmigung der 5. Bauetappe des Flughafens Zü- 330
rich-Kloten verpflichtete das UVEK die Flughafenbetreiberin, ihr Betriebsreglement dergestalt zu ändern, dass die Nachtflugsperre – sie beginnt für einen

Teil der Flugbewegungen um 22 h und für die übrigen um 24 h – nicht mehr um 5 h, sondern eine halbe Stunde später endet. Die SAir Group und mitbeteiligte Fluggesellschaften fochten diese Auflage an und beriefen sich dabei auf Art. 39a Abs. 2 VIL, worin es heisst: «Landungen gewerbsmässiger Flüge bei den Landesflughäfen Genf und Zürich sind ... *a.* erlaubt zwischen 22 und 24 Uhr und nach 05 Uhr; *b.* verboten zwischen 24 und 05 Uhr.» Das Bundesgericht erkannte jedoch, dass die Art. 39 ff. der VIL eine blosse «Minimalordnung» darstellen, «die bei Bedarf verschärft werden kann» (BGE 126 II 522, E. 39b). Es gab aber auch den von zahlreichen lärmbetroffenen Personen und Gemeinden gestellten Anträgen nicht statt, Starts und Landungen zur Nachtzeit *stärker* zu beschränken.

331 Das Bundesamt für Zivilluftfahrt genehmigte ein neues Betriebsreglement für den Heliport Gsteigwiler, mit dem die Zahl der zulässigen Flugbewegungen von jährlich 1440 auf 3000 erhöht und das zuvor geltende Flugverbot an allgemeinen Feiertagen auf den Eidgenössischen Buss- und Bettag beschränkt wurde. Auf Antrag verschiedener Beschwerdeführer hob die REKO UVEK die Lockerung bezüglich der Feiertage auf. Mit einem Rückweisungsentscheid hielt sie zudem das BAZL an, den drei in der gleichen Region bestehenden Helikopterflugfeldern (neben Gsteigwiler: Schattenhalb und Lauterbrunnen) aus Lärmschutzgründen je ein Einsatzgebiet zur exklusiven Bedienung zuzuweisen. In beiden Punkten hiess das Bundesgericht die Verwaltungsgerichtsbeschwerde der Betreiberin des Heliport gut. Dies im Wesentlichen deshalb, weil solche Massnahmen nicht gegenüber einem einzigen oder wenigen Betreibern von Helikopterflugfeldern angeordnet werden dürfen; dem Gebot der Gleichbehandlung von Konkurrenten kann nur über entsprechende Änderungen des Sachplans Infrastruktur der Luftfahrt entsprochen werden (BGE 128 II 292 / URP 2002, 669 ff.) Auf der gleichen Linie: BGE 129 II 331 / URP 2003, 332 ff. betreffend den Flugplatz Samedan (E. 3.2 und 4).

5. Schiessplätze

332 Für öffentliche Anlagen kommen besondere Sanierungserleichterungen in Betracht (Rz. 289 f.). Gemäss einer LSV-Bestimmung gelten Schiessanlagen «als öffentliche Anlagen, wenn sie für Schiessübungen nach den Artikeln 62 und 63 des Militärgesetzes benötigt werden» (Anhang 7, Ziff. 1 Abs. 3). Die betreffenden 300-Meter-Schiessanlagen dienen grossenteils ausser der Durchführung jener obligatorischer Übungen auch der Durchführung von privaten Anlässen (Sportschiessen). *Insoweit* können die Anlagenbetreiber (Gemeinden, Schützenvereine) einer Sanierungsanordnung nicht die Interessen der «Gesamtverteidigung» (vgl. Art. 5 USG und Art. 14 Abs. 1 Bst. b LSV) entgegenhalten. Vielmehr müssen sie entweder die Anlage baulich sanieren (was sie aus finanziellen Gründen in vielen Fällen nicht tun werden) oder den privaten Schiessbetrieb nach Massgabe des regulären Sanierungsziels einschränken (BGE 119 Ib 463 / URP 1994, 69 ff., Schützenverein Risch, mit Verweisungen auf ältere Entscheide).

6. Diverse weitere Lärmquellen

Die Lärmbekämpfungsvorschriften des USG und der LSV sind in erster Linie   333
auf Geräusche zugeschnitten, die als unerwünschter Nebeneffekt des Betriebs
von Anlagen, Fahrzeugen usw. auftreten. Es gibt aber auch Schalleinwirkungen,
die den eigentlichen Zweck einer Tätigkeit ausmachen. So das Bimmeln der
Kuhglocken, das Musizieren und das Halten von Reden unter Verwendung von
Lautsprechern im öffentlichem Raum. Soweit sich solche Aktivitäten in Lärm-
belästigungen auswirken, deren Verhinderung zugleich den verfolgten Zweck
vereiteln würde, muss es gewöhnlich bei zeitlichen Einschränkungen sein Be-
wenden haben. «Dabei ist eine Interessenabwägung vorzunehmen zwischen
dem Ruhebedürfnis der Bevölkerung und dem Interesse an der lärmverursa-
chenden Tätigkeit. Zu beachten sind insbesondere der Charakter des Lärms,
Zeitpunkt, Dauer und Häufigkeit seines Auftretens sowie die Lärmempfindlichkeit bzw. die Lärmvorbelastung der betroffenen Zone … Den örtlichen Behörden ist ein gewisser Beurteilungsspielraum zuzugestehen, soweit es sich um An-
lässe mit lokaler Ausprägung oder Tradition handelt» (Bundesgerichtsurteil in
URP 2003, 685 ff., E 2.4, Thal SG, mit Verweisungen).

Was im Besonderen das von einem Teil der Bevölkerung als lästig empfun-
dene Läuten von Kirchenglocken betrifft, steht ausser Frage, dass das USG und
die LSV «grundsätzlich» auch darauf anwendbar sind. Es darf, «auch soweit es
Teil der Religionsausübung darstellt und unter dem Schutz der Glaubens- und
Gewissensfreiheit steht …, zum Schutz der öffentlichen Ruhe gewissen Einschränkungen unterworfen werden» (gleiches Urteil, E. 2.1, ebenfalls mit Verweisungen).

Ein künstlich und auf Dauer angelegter Weiher fällt unter den Anlagebegriff   334
des Art. 7 Abs. 7 USG. Für das von einem solchen Biotop ausgehende Froschge-
quake gibt es keine Belastungsgrenzwerte; es muss deshalb im Einzelfall «direkt
nach den Grundsätzen des Gesetzes beurteilt» werden. «Ähnlich wie beim Kir-
chengeläut die religös-kulturelle Bedeutung» ist hier «bei der Beurteilung des
Lärms hinsichtlich seiner Lästigkeit» zu berücksichtigen, dass – man beachte
den Feinsinn des folgenden Diktums – «dem Quaken von Fröschen im Rhyth-
mus der Jahreszeiten ein fester Platz zukommt» (Urteil des Verwaltungsgerichtes ZH in URP 2000, 242 ff., E. 4a und 4b).

Ohne auf Einzelheiten einzugehen sei angefügt, dass nach der Rechtsprechung   335
auch von Kinderspielplätzen auf die Nachbarschaft einwirkender Lärm den
Vorschriften des USG und der LSV unterworfen ist (BGE 123 II 74, Randogne).

7. Tragweite des Lärmbekämpfungsrechts für das Nachbarrecht

Einem Urteil des Bundesgerichts betreffend Lärmimmissionen eines Hotel-   336
und Restaurationsbetriebs, gegen die sich ein Nachbar auf zivilprozessualem
Weg wehrte, lässt sich entnehmen: Der privatrechtliche und der öffentlichrecht-

liche Immissionsschutz stehen an sich selbständig nebeneinander. Die Idee der Einheit der Rechtsordnung verlangt jedoch nach einer Mitberücksichtigung der Normen des jeweils anderen Rechtsgebiets. So sind da, wo es das nach Art. 684 Abs. 2 ZGB gerechtfertigte, vom Nachbarn zu duldende Mass der Einwirkungen zu ermitteln gilt, auch die den Anhängen der LSV festgelegten Belastungsgrenzwerte heranzuziehen. Fehlt es daran (für den Lärm von Gaststätten gibt es kein Grenzwertschema), bleibt das öffentliche Lärmbekämpfungsrecht insofern beachtlich, als der Zivilrichter den in Art. 43 LSV definierten Empfindlichkeitsstufen (Rz. 277) Rechnung zu tragen hat (BGE 126 III 223).

Zum Einfluss von Denkmustern des privatrechtlichen Immissionsschutzes auf die Praxis zum Lärmbekämpfungsrecht nach USG und LSV siehe die Anmerkungen von ALAIN GRIFFEL in URP 2001, 932 f. zu einem Bundesgerichtsurteil betreffend Erweiterung eines Quartierrestaurants durch eine Gartenwirtschaft (URP 2001, 923 f.). Weitere Publikationen zum Verhältnis zwischen dem privatrechtlichen und dem öffentlichrechtlichen Immissionsschutz sind im Literaturverzeichnis unter folgenden Namen zu finden: AUER, BIANCHI, ETTLER (Rechtswegwahl), MARTI (Verhältnis; Zusammenlegung), MEIER-HAYOZ, MEYER, RASELLI, REY, ZUFFEREY (Valeurs limites).

B.   Lärmempfindliche Nutzungen

337   Die kommunale Nutzungsplanung bedarf der Genehmigung durch eine kantonale Behörde (Art. 26 Abs. 2 RPG). Erfolgt eine Umzonung (in casu in eine Zone für Sportanlagen), ohne dass dem betreffenden Gebiet auch eine Empfindlichkeitsstufe (für die neue Nutzung) zugeschieden wird, ist ein positiver Bewilligungsentscheid im Lichte von Art. 44 Abs. 2 LSV, wonach «Empfindlichkeitsstufen» (unter anderem) bei einer «Änderung der Nutzungszonen ... zugeordnet» werden, von vornherein unzulässig (Bundesgerichtsurteil in URP 1989, 268 ff., Erlenbach ZH).

338   Liegt die Lärmbelastung in einer bestehenden, aber noch nicht erschlossenen Wohnzone über dem Planungswert, darf diese nicht zwecks Erstellung einer Wohnsiedlung erschlossen werden (Art. 24 Abs. 2 USG). Der Zürcher Regierungsrat hat deshalb einem Quartierplan für ein solches Gebiet in der Umgebung des Flughafens Zürich-Kloten die Genehmigung zu Recht verweigert (Urteil des Verwaltungsgerichtes ZH in URP 2001, 494 ff.).

339   Das für eine Ausnahmebewilligung nach Art. 31 Abs. 2 LSV (Rz. 310) erforderliche überwiegende Interesse ist zu bejahen, wenn eine Gemeinde eine Unterkunft zur vorübergehenden Unterbringung von Asylbewerbern erstellen muss und dafür einzig ein Standort zur Verfügung steht, an welchem die IGW überschritten sind (Urteil des Verwaltungsgerichtes BE in URP 1994, 21 ff., E. 6g).

Zu verneinen ist das überwiegende Interesse hingegen bezüglich einer geplanten Wohnüberbauung in einem stark fluglärmbelasteten Gebiet – Überschreitung der IGW um 6 dB(A) –, und zwar dann, wenn raumplanungsrechtliche Kriterien (Schliessung einer Baulücke in einem bereits überbauten Gebiet) für eine Ausnahmebewilligung sprächen (Bundesgerichtsurteil in URP 2003, 832 ff., Vernier).

In einem Baubewilligungsverfahren für einen Neubau im Einflussbereich einer sanierungsbedürftigen lärmigen Anlage (in casu: einer Schiessanlage) darf die zukünftige, als Effekt der Sanierung dieser Lärmquelle zu erwartende Lärmverminderung nur dann berücksichtigt werden, wenn das betreffende Sanierungsprojekt bereits öffentlich aufgelegt ist; andernfalls hat die Baubewilligungsbehörde von der aktuellen Belastung auszugehen und die Baubewilligung gegebenenfalls zu verweigern (Bundesgerichtsurteil in URP 1999, 419 ff., Binningen; vgl. hierzu auch Art. 36 Abs. 2 LSV). 340

IV. Würdigung

In seiner Botschaft zum in der Volksabstimmung von 1971 (mit dem imposanten Stimmenverhältnis von 12:1 angenommenen) Umweltschutzartikel der Bundesverfassung hielt der Bundesrat zum Lärmproblem fest: «Die Belästigungen können beim Menschen dazu führen, dass die Leistungsfähigkeit und die Lebensfreude, der Naturgenuss, das Gefühl der Ungestörtheit, das private Leben überhaupt beeinträchtigt werden. Darin liegt ein Angriff auf die Persönlichkeit und damit auf die Freiheit» (BBl 1970, 761 ff., 776). So wahr das ist, so wenig ist ein korrespondierender politischer Wille wirksam geworden. Kein Wunder also, dass die Schweiz gegenüber damals nicht weniger, sondern mehr verlärmt ist. 341

Wie weit wir heute vom Ziel der Lärmbekämpfung entfernt sind, zeigen (in Verbindung mit Rz. 278 und Rz. 284 f.) folgende Fakten: «Strassenverkehr: Beinahe 60 Prozent der Wohnbevölkerung in rund 1,75 Millionen Wohnungen (rund 57 Prozent des Wohnungsbestands) sind während des Tages einer Verkehrslärmbelastung von über 55 dB(A) ausgesetzt, über die Hälfte davon gar einer Belastung, die über 60 dB(A) liegt. In der Nacht sind gegen zwei Drittel der Bevölkerung Lärmbelastungswerten [recte: Lärmbelastungen] von mehr als 45 dB(A) ausgesetzt … Schienenverkehr: Entlang der 3000 Streckenkilometer der SBB wohnen 38 000 Personen, die einem Lärmpegel über dem Alarmwert gemäss Lärmschutz-Verordnung ausgesetzt sind. Weitere 227 000 Anwohnerinnen und Anwohner sind von Lärm betroffen, der über dem Immissionsgrenzwert liegt. Insgesamt sind dies rund 5 Prozent der Bevölkerung … Flugverkehr: … Die zivilen Flugplätze, Gebirgslandeplätze und Militärflugplätze belasten zusammen 158 Quadratkilometer der Schweiz mit Fluglärm von über 60 Dezibel. 13 Quadratkilometer liegen in Siedlungszonen. Die drei grossen Schweizer Flughäfen Zürich, Genf und Basel tragen mit 60 Prozent am meisten zu den lärmbelasteten Flächen bei, obwohl nur 27 Prozent aller Flugbewegungen auf sie entfallen. Über 100 000 Personen wohnen in der Schweiz in Gebieten, in denen die Immissionsgrenzwerte überschritten werden …» (BFS, Umwelt Schweiz, 185). 342

343 Problemgerecht gedacht, müsste das Gesetz den Haupt-Lärmquellen – Strassen, Bahnlinien und Flughäfen – mindestens so entschieden begegnen wie den sonstigen Lärmquellen (industrielle und gewerbliche Betriebe und dergleichen). Das USG lässt jedoch den Haupt-Lärmquellen eine *privilegierte* Behandlung zukommen. Im Ergebnis müssen sich dann exempli gratia die Anwohner eines Tea-Rooms mit Terrassenbetrieb keinen von diesem stammenden lästigen Lärm gefallen lassen (illustrativ: BGE 123 II 325, E. 4c, Murten), wohingegen den Anwohnern des grössten Flughafens nicht einmal eine angemessene Nachtruhe zuteil wird.

Vgl. zu dieser Inkonsequenz und der daraus resultierenden Ineffizienz der Lärmbekämpfungsvorschriften des USG auch ALAIN GRIFFEL, Lärmbekämpfung in der Schweiz – Eine Standortbestimmung aus rechtlicher Sicht, NZZ vom 2. Mai 2002.

Am Rande sei hier noch bemerkt, dass die dem geltenden Lärmbekämpfungsrecht eigene Vernachlässigung des Gebotes, Umweltbelastungen an der Quelle zu bekämpfen, sich in Immobilien-Wertverlusten in Milliardenhöhe auswirkt.

344 Die Privilegierung der lautesten Anlagen ist nicht nur sachlich verfehlt, sondern auch *verfassungsrechtlich* höchst fragwürdig. Mit der Zuständigkeit des Bundesgesetzgebers in Sachen Lärmbekämpfung geht ein entsprechender *Schutzauftrag* einher (vgl. BGE 126 II 300/URP 2000, 634 ff., E. 5a, Liestaler Bandtagschiessen; man beachte auch das Recht auf körperliche Unversehrtheit gemäss Art. 10 Abs. 2 BV). Dieser Auftrag bleibt soweit *unerfüllt,* als das Gesetz übermässige, sprich: den IGW überschreitende Einwirkungen zulässt. Mit Blick auf die Gesundheit der Betroffenen nicht vertretbar ist jedenfalls, dass das USG passive Schallschutzmassnahmen nur insoweit vorschreibt, als Verkehrsanlagen Lärm erzeugen, der sogar den Alarmwert übersteigt (gl. M. ZÄCH/WOLF, Kommentar USG, Art. 20 Rz. 51).

345 Zur materiellrechtlichen Schwäche des USG (und damit zwangsläufig auch der LSV) kam jüngstens eine beispiellos gnädige Reaktion auf Fristüberschreitung hinzu: Die ursprünglich für alle sanierungsbedürftigen Anlagen massgebende Maximalfrist von 15 Jahren erscheint auch für Strassen und Eisenbahnanlagen nicht als knapp bemessen, wenn man sich die grossen verfügbaren Kapazitäten im Bausektor sowie die rechtlich gesicherte Finanzierung der erforderlichen Massnahmen (zweckgebundene Erträge der Mineralölsteuer und der LSVA) vergegenwärtigt. Dennoch sind die Versäumnisse bei der Sanierung von Strassen und Eisenbahnlinien zuerst behördlich toleriert und dann mit einer Verdoppelung der Maximalfrist (vgl. Rz. 296) legalisiert worden.

§ 8   *Nichtionisierende Strahlen*

I.   Zum Problembereich

Terminologisches: Als «nichtionisierend» wird an sich jegliche Strahlung be-   346
zeichnet, die nicht genügend Energie aufweist, um die Bausteine der Materie
und der Lebewesen (Atome, Moleküle) zu verändern, also neben elektrischen
und magnetischen Feldern auch Wärmestrahlung, sichtbares Licht und Ultraviolettstrahlung. Im vorliegenden Zusammenhang geht es jedoch allein um
elektrische und magnetische Felder.

Von der natürlichen Strahlung (Erdmagnetfeld) abgesehen, entsteht nichtioni-   347
sierende Strahlung namentlich beim Betrieb von Stromleitungen, Radio- und
Fernsehsendern, Mobilfunkanlagen, elektrischen und elektronischen Geräten
(Computer, Mikrowellenofen, Mobiltelefon u.a.m.) sowie gewissen medizinischen Geräten. Zahl und Vielfalt solcher Quellen nichtionisierender Strahlung
haben in jüngerer Zeit sehr stark zugenommen.
    Während bei elektrotechnischen Anlagen das Magnetfeld als unerwünsch-
ter Nebeneffekt auftritt, ist es bei Sendeanlagen bestimmungsgemäss (Informa-
tionstransportmittel).

Nichtionisierende Strahlen bergen ein erwiesenes und ein nicht erwiesenes Ri-   348
siko. Wissenschaftlich erhärtet ist, dass ihre thermische Wirkung (Erwärmung
des Körpergewebes durch Absorption von Energie) je nach Intensität zu ge-
sundheitlichen Schäden führen kann. Umgekehrt fehlen gesicherte Erkenntnisse darüber, ob Belastungen, deren thermische Wirkung vernachlässigbar gering ist, in anderer Weise nachteilige Auswirkungen auf den Organismus haben
können. Hierzu gibt es lediglich Erfahrungen in Einzelfällen.

Wie bekannt, stösst vor allem der – telekommunikationsrechtlichen Vorgaben des   349
Bundes entsprechende – Ausbau der Mobilfunknetze in der Bevölkerung auf
Widerstand; viele Bewilligungsentscheide werden gerichtlich angefochten.

Die Mobilfunknetze sind wabenartig aufgebaut; jede Zelle hat eine eigene Ba-   350
sisstation. In städtischen Gebieten beträgt der Zellendurchmesser einige hundert Meter, in ländlichen Gebieten einige Kilometer.

II. Grundzüge der rechtlichen Regelung

A. Massgebende Vorschriften; Anwendungsbereich

351   Die nichtionisierende Strahlung fällt unter den Einwirkungsbegriff des USG und damit in den Geltungsbereich der in vorangegangen Paragraphen zur Darstellung gebrachten gesetzlichen Vorgaben betreffend die Bekämpfung von Umweltbelastungen an der Quelle, das zweistufige Schutzkonzept und das dessen Verwirklichung dienende Instrumentarium (Immissionsgrenzwerte, Emissionsbegrenzungen, Sanierungspflicht).

Im Einzelnen geregelt ist dieser Sachbereich in der Verordnung über den Schutz vor nichtionisierender Strahlung (NISV; in Kraft seit 1. Februar 2000).

352   Den Vorschriften der NISV unterstehen die ortsfesten Anlagen, die elektrische und magnetische Felder mit einer Frequenz von 0 Hertz bis 300 Gigahertz erzeugen. Dazu gehören neben Hochspannungsleitungen und Mobilfunkantennen beispielsweise auch (mit Wechselstrom betriebene) Eisenbahnen und Strassenbahnen.

Vom Anwendungsbereich der NISV *ausgenommen* bleiben Strahleneinwirkungen bei medizinischer Behandlung sowie innerhalb von Betrieben (wofür aber SUVA-Richtlinien bestehen) und von militärischen Anlagen, ferner Strahleneinwirkungen durch diverse Geräte, beispielsweise Kochherde und Mobiltelefone.

B. Regelungskonzept

353   Die Verordnung arbeitet mit IGW und mit sogenannten Anlagegrenzwerten. Die folgenden Ausführungen zeigen die Bedeutung dieser Limiten auf (wobei ausser bei wörtlichen Zitaten davon abgesehen wird, die Bestimmungen der NISV und ihrer beiden Anhänge im Einzelnen zu bezeichnen).

354   Die *IGW* basieren auf Richtlinien der Internationalen Kommission zum Schutz vor nichtionisierender Strahlung (ICNIRP) und sind nach Frequenzbereichen differenziert. Sie dienen dem Schutz vor erwiesenermassen gesundheitsgefährdender Strahlung und müssen deshalb «überall eingehalten sein, wo sich Menschen aufhalten können» (Art. 13 Abs. 1).

355   Die viel strengeren *Anlagegrenzwerte* sind vom Vorsorgeprinzip inspiriert. Auf sie ist jedoch nur an den Orten mit empfindlicher Nutzung abzustellen. Als solche Orte gelten namentlich «Räume in Gebäuden, in denen sich Personen regelmässig während längerer Zeit aufhalten» (Art. 3 Abs. 3 Bst. a NISV).

Der für einen bestimmten Anlagetyp – Beispiel: Sendeanlagen für Mobilfunk und drahtlose Teilnehmeranschlüsse – geltende Anlagegrenzwert muss, anders als der IGW, lediglich von der *einzelnen* Anlage eingehalten werden. So gesehen handelt es sich beim Anlagegrenzwert nicht um eine Obergrenze der zulässigen Strahlungseinwirkung, sondern um eine spezielle Erscheinungsform des Emissionsgrenzwertes (Begrenzung der aus *einer* Quelle stammenden Belastung an einem Ort mit empfindlicher Nutzung).

Wie das Lärmbekämpfungsrecht greift auch die NISV in die Nutzungsplanung 356 aus. Neue Bauzonen dürfen nur da festgelegt werden, «wo die Anlagegrenzwerte ... von bestehenden und raumplanungsrechtlich festgesetzten geplanten Anlagen eingehalten sind ...» (Art. 16 NISV).

Die Ausführungen unter Rz. 353 ff. blieben auf Eckpunkte beschränkt. Als weiterfüh- 357 rende Literatur eignen sich Heft 2/1 und Heft 2/2 des URP-Jahrgangs 2003, in denen die von einer Reihe von Fachleuten an einer VUR-Tagung gehaltenen Referate (mit ergänzenden Verweisungen auf Literatur und Rechtsprechung) wiedergegeben sind.
Hervorgehoben seien: GRIFFEL, Mobilfunkanlagen, und WALKER, Rechtsfragen. Aufschlussreich auch GRIFFEL, Herausforderung. Er kritisiert die IGW der NISV als – entgegen der Auffassung des Bundesgerichts (Rz. 358) – nicht mit dem Vorsorgeprinzip in Einklang stehend.

III. Aus der Rechtsprechung zu Mobilfunkanlagen

A.   *Fragen betreffend die Handhabung der NISV*

Nach heutigem Wissensstand wird die NISV dem Vorsorgeprinzip gerecht. Sie 358 stellt eine abschliessende Regelung dar. Die Vollzugsbehörden dürfen deshalb nicht gestützt auf Art. 12 USG eine weitergehende Begrenzung der Strahlung verlangen (BGE 126 II 399, E. 3 und 4, Dotzingen). «Diese starre Regelung dient der Rechtssicherheit. Da sie jedoch die einzelfallweise Berücksichtigung des technischen Fortschritts ausschliesst, muss der Verordnungsgeber [Bundesrat] periodisch prüfen, ob die vorsorgliche Emissionsbegrenzung ... noch dem von Art. 11 Abs. 2 geforderten Standard entspricht oder angepasst werden muss» (Bundesgerichtsurteil in URP 2003, 823 ff., E. 4, Zürich [Orange], unter Hinweis auf SCHRADE / LORETAN, Kommentar USG, Art. 11 Rz. 25).

Gemäss NISV (Anhang I, Ziff. 62 Abs. 1) gelten zwei Sendeantennen, die «in 359 einem engen räumlichen Zusammenhang» stehen, als *eine* Anlage (und zwar auch dann, wenn sie verschiedenen Mobilfunkbetreibern gehören), was zur Folge hat, dass die *kombinierte* Strahlung der beiden Antennen den Anlagegrenzwert nicht überschreiten darf. Das trifft jedenfalls dann zu, wenn der Abstand zwischen den beiden Antennen bloss 40 m beträgt (Bundesgerichtsurteil in URP 2002, 427 ff. und in ZBl 2002, 429 ff., E. 3, Zürich [Orange]). Ab welcher Distanz ein enger räumlicher Zusammenhang zu verneinen ist, wurde dabei ausdrücklich offen gelassen.

Vgl. die kritischen Bemerkungen von CLEMENS V. ZEDTWITZ zu diesem Urteil in ZBl 2002, 438 ff.

360 Unter den Begriff «Räume in Gebäuden, in denen sich Personen regelmässig während längerer Zeit aufhalten» fallen nur Räume im üblichen Sinne des Wortes und somit weder Balkone noch Dachterrassen oder Terrassen von Attikawohnungen (BGE 128 II 378, Zürich [diAx/TDC]); Bundesgerichtsurteil vom 19. Mai 2003, 1A.201/2002, Basel).

361 Künftig mögliche weitergehende Nutzungen von bereits überbauten Grundstücken sind bei der Ermittlung der Orte mit empfindlicher Nutzung in der Regel nicht zu berücksichtigen. Werden solche Nutzungsreserven dann aber realisiert, müssen die Sendeanlagen auch an den neu entstandenen Orten mit empfindlicher Nutzung den Anlagegrenzwert einhalten (BGE 128 II 340, Locarno; Bundesgerichtsurteil in URP 2002, 780 ff., Oberwinterthur).

Erhellende Bemerkungen zu dieser Rechtsprechung finden sich im Abschnitt «Baureserven» (S. 111 f.) des VUR-Tagungsbeitrages von U. WALKER (siehe Rz. 357).

B. Konnexe weitere Fragen

1. Zulässige und unzulässige Standorte

362 Mobilfunkanlagen gehören als Einrichtungen der Siedlungsinfrastruktur grundsätzlich in eine Bauzone. Ausserhalb von Bauzonen dürfen sie nur errichtet werden, wenn sie dort standortgebunden sind, was gewöhnlich nicht zutrifft. Ein generelles kommunales Verbot, Mobilfunkantennen in Bauzonen zu erstellen, ist daher unzulässig (Entscheid des Regierungsrates GR in URP 2000, 267 ff.).

363 Eine Standortgebundenheit ausserhalb der Bauzonen besteht bei folgender Konstellation: Die Antenne dient der Versorgung von Siedlungs- und von Landwirtschaftsgebiet; das letztere lässt sich nur durch Wahl eines Standortes innerhalb der Landwirtschaftszone abdecken (Urteil des Verwaltungsgerichtes BE in BVR 2002, 263 ff.).

364 Nicht bewilligungsfähig ist ein Antennenstandort innerhalb eines durch kantonales Recht geschützten Heckenbiotops (Urteil des Verwaltungsgerichtes BE in BVR 2002, 400 ff. und in URP 2002, 690 ff.).

365 Was Antennen in bundesrechtlich geschützten Moorlandschaften betrifft, kommt es auf die Schutzzielverträglichkeit (vgl. Rz. 602) an. Sie wurde für eine Anlage bejaht, welche der Versorgung einer innerhalb des Schutzobjekts liegenden Siedlung dient und dank geschickter Gestaltung relativ unauffällig ist (Urteil des Verwaltungsgerichtes BE in URP 2001, 948 ff. [mit Anmerkungen der Redaktion]), hingegen verneint für eine Antenne mit vier Hohlspiegeln auf einem 30 m hohen Mast, die als technischer Fremdkörper wahrgenommen worden wäre (Bundesgerichtsurteil in URP 2003, 731 ff.). (In beiden Entscheiden ging es um die Moorlandschaft Gurnigel-Gantrisch).

2. Parteistellung und Beschwerdelegitimation

Vorbemerkung: Entscheide über die Errichtung neuer und die Änderung bestehender Mobilfunkanlagen fallen – anders als z.b. Plangenehmigungen für Hochspannungsleitungen – nicht in den Zuständigkeitsbereich einer Bundesbehörde, sondern (vorbehältlich hier nicht interessierender Sonderfälle) in den Zuständigkeitsbereich der Kantone (Art. 17 NISV) und ergehen gewöhnlich im Baubewilligungsverfahren. 366

Zur Frage, wer – nebst dem Gesuchsteller – im Bewilligungsverfahren Parteistellung beanspruchen und in der Folge auch Rechtsmittel ergreifen kann, hat das Bundesgericht eine grosszügige Praxis entwickelt, die auch dem Rechtsschutzbedürfnis besonders «elektrosensibler» Betroffener entgegenkommt: alle Personen (Grundeigentümer, Mieter und Pächter) innerhalb eines Perimeters, in welchem die Strahlung einen Zehntel des Anlagegrenzwertes erreichen kann (Bundesgerichtsurteil in URP 2003, 697 ff., E. 2.2. und E. 2.3., Meggen, mit Verweisungen auf vorangegangene Entscheide). 367

3. Teil

Gewässerschutz; Waldrecht; Natur- und Heimatschutz

§ 9   *Gewässerschutz*

I.   Entstehung und Entwicklung der Gewässerschutz-gesetzgebung

A.   *Entwicklung bis Mitte des 20. Jahrhunderts*

Die Gesetzgebung über den Gewässerschutz war in der Schweiz die erste, die   368
ausschliesslich dem Umweltschutz diente. Bereits das *Bundesgesetz betreffend
die Fischerei von 1888* (BS 9 XVI 564) enthielt das Verbot, «in Fischgewässer
Fabrikabgänge oder andere Stoffe von solcher Beschaffenheit und in solchen
Mengen einzuwerfen oder einfliessen zu lassen, dass dadurch der Fisch- oder
Krebsbestand geschädigt wird» (Art. 21 Abs. 1). Ferner statuierte das Fischereigesetz eine Bewilligungspflicht für das Einleiten von Abwässern, insbesondere
aus industriellen, gewerblichen und landwirtschaftlichen Betrieben. Die Fi-
schereigesetzgebung des Bundes hatte allerdings nicht den Gewässerschutz im
Allgemeinen, sondern nur die Fischereiinteressen im Auge (RAUSCH, Umweltschutzgesetzgebung, 69 f.).

Im Zentrum der Bemühungen stand im 19. Jahrhundert denn auch nicht die   369
Reinhaltung der Gewässer, sondern der *Schutz des Menschen vor den Gefahren
des Wassers*. Das Schweizer Mittelland war geprägt von verzweigten Wasserläu-
fen, die sich durch weite Ebenen schlängelten. Die Flusstäler wurden regelmässig grossräumig überschwemmt. Sie waren deshalb für die Menschen unbe-
wohnbar und liessen nur eine geringe landwirtschaftliche Nutzung zu. Dies
führte zu den grossen Gewässerkorrektionen (Umgestaltung der Linthebene,
Juragewässerkorrektion, Rheinregulierung) sowie zu einer Vielzahl kleinerer
Verbauungen. Hinzu kam die Bekämpfung von Erosion und Hangrutschungen
durch Massnahmen des Wasserbaus und der Forstpolizei. Heute sind die Flüsse
weitgehend begradigt und eingedämmt, die Sumpfwiesen durch Meliorationen
und Drainagen trockengelegt.

Aufgrund der Entwicklung der Elektrotechnik setzte mit der Wende vom 19.   370
zum 20. Jahrhundert in grösserem Umfang die *Nutzung der Wasserkraft* ein. 1908
erhielt der Bund die Oberaufsicht über die Nutzbarmachung der Wasserkräfte,
insbesondere für die Elektrizitätsproduktion (Art. 24bis aBV). 1916 wurde das
Bundesgesetz über die Nutzbarmachung der Wasserkräfte (Wasserrechtsgesetz)
erlassen, welches – nach einer grösseren Teilrevision im Jahr 1996 – heute noch
in Kraft steht. Die Wasserkraftnutzung bildete in den ersten Jahrzehnten des 20.
Jahrhunderts den zentralen Gegenstand des Wasserrechts.

Die zunehmende Industrialisierung, das Aufkommen neuer Methoden in der   371
Landwirtschaft und der steigende Verbrauch synthetischer Waschmittel sowie

anderer in die Schwemmkanalisation gelangender Haushaltprodukte hatten einen kontinuierlichen Anstieg der *Gewässerverschmutzung* zur Folge. Dies führte zu mehreren Typhus- und Choleraepidemien, ferner zu massiven Eingriffen in die Pflanzen- und Tierwelt. Zwar war 1926 die erste Kläranlage erstellt worden, doch sahen sich die Kantone und Gemeinden ausserstande, der Problematik Herr zu werden. 1953 wurde dem Bund deshalb eine umfassende Kompetenz zur Gesetzgebung über die Reinhaltung der Gewässer eingeräumt (Art. 24^{quater} aBV) – und der Gewässerschutz als erster Bereich des Umweltschutzes in der Verfassung verankert. «Vom Schutz des Menschen vor dem Wasser führte damit der Weg über die Wasserkraftnutzung zum Schutz des Wassers vor dem Menschen» (JAGMETTI, Kommentar aBV, Art. 24 Rz. 3).

B. Seitherige Entwicklung

1. Das Gewässerschutzgesetz von 1955

372 Mit dem Bundesgesetz über den Schutz der Gewässer gegen Verunreinigung von 1955 (AS 1956, 1533) machte der Bund von seiner umfassenden Rechtsetzungskompetenz Gebrauch, allerdings nur zurückhaltend. So nahm er sehr stark Rücksicht auf die wirtschaftliche Belastung der Pflichtigen – insbesondere der Landwirtschaft – und unterliess es, die Kantone zu verpflichten, bei bestehenden Ableitungen Sanierungsmassnahmen anzuordnen. Das Ungenügen des Gesetzes bzw. seines Vollzuges manifestierte sich in einer weiterhin zunehmenden Gewässerverschmutzung (RAUSCH, Umweltschutzgesetzgebung, 70 f.).

2. Das Gewässerschutzgesetz von 1971

373 Die Mängel des ersten Gewässerschutzgesetzes führten schliesslich zu einer Totalrevision. Das zweite, 1971 erlassene Gewässerschutzgesetz (AS 1972, 950) bezweckte ebenfalls den *qualitativen Gewässerschutz,* d.h. den Schutz der Gewässer gegen Verunreinigung; dabei wurden der Verunreinigung «alle andern schädlichen physikalischen, chemischen oder biologischen Veränderungen des Wassers gleichgestellt» (Art. 2 Abs. 2; vgl. Art. 4 Bst. d des geltenden GSchG).

374 Darüber hinaus kam dem GSchG von 1971 eine ausserordentlich grosse Bedeutung für die *Raumplanung* zu. Art. 19 und 20 des Gesetzes regelten die Erteilung von Baubewilligungen innerhalb bzw. ausserhalb des generellen Kanalisationsprojektes (vgl. dazu Rz. 387). Dabei lautete Art. 20 wie folgt (Satz 1):

> «Baubewilligungen für Gebäude und Anlagen ausserhalb des im generellen Kanalisationsprojekt abgegrenzten Gebietes dürfen nur erteilt werden, sofern der Gesuchsteller ein sachlich begründetes Bedürfnis nachweist.»

Dieses «sachlich begründete Bedürfnis» für eine Bewilligungserteilung konnte im Wesentlichen nur noch bei landwirtschaftlichen oder sonstwie standortgebundenen Bauten und Anlagen bejaht werden (vgl. BGE 107 Ib 219, E. 3c aa, Meikirch, mit weiteren Hinweisen). Dadurch wurde das zentrale Anliegen der Raumplanung – die *Trennung von Baugebiet und Nichtbaugebiet* – durch das GSchG von 1971 bereits vorweggenommen, einige Jahre vor dem Erlass des Raumplanungsgesetzes.

Weiter enthielt das GSchG von 1971 in Art. 8 die erste gesetzliche Regelung des 375 *Verursacherprinzips,* und zwar im Zusammenhang mit der antizipierten Ersatzvornahme bei Gewässerverunreinigungen (Rz. 127 f.).

3. Der Wasserwirtschaftsartikel der Bundesverfassung von 1975

Mit dem Erlass von Art. 24bis aBV im Jahr 1975 (heute: Art. 76 BV) führte die in 376 Rz. 368 ff. in Umrissen skizzierte Entwicklung auf Verfassungsstufe zu einer Synthese, zu einer *Gesamtkonzeption des Wasserrechts* (JAGMETTI, Kommentar aBV, Art. 24 Rz. 4, Art. 24bis Rz. 1; die geläufige Bezeichnung «Wasserwirtschaftsartikel» ist insofern zu eng, als nicht nur die Nutz-, sondern auch die Schutzinteressen erfasst werden). Damit erhielt der Bund die Kompetenz zur Gesetzgebung auf dem gesamten Gebiet des Wasserhaushaltes. Auf Gesetzesstufe blieben die einzelnen Sachbereiche des Wasserhaushaltes (Wasserbau, Wassernutzung, Gewässerschutz) indes weiterhin in verschiedenen Erlassen geregelt.

Der Verfassungsgeber brachte die von ihm angestrebte ganzheitliche Betrachtungsweise in Art. 24bis Abs. 1 aBV mit der Formulierung zum Ausdruck, dass der Bund «in Berücksichtigung der gesamten Wasserwirtschaft ... im Gesamtinteresse liegende Grundsätze» aufzustellen habe. Im redaktionell gestrafften Art. 76 BV ist dieses Element verloren gegangen.

Die verfassungsrechtliche Ordnung des Wasserhaushaltes ist freilich nach wie 377 vor durch zwei Gegensätze geprägt: «Den Interessen an der Nutzung der Gewässer steht das Bedürfnis nach ihrem qualitativen und quantitativen Schutz gegenüber, und die Interessen der Kantone an der möglichst uneingeschränkten Aufrechterhaltung ihrer wirtschaftlich ausserordentlich bedeutenden Nutzungshoheit kollidieren mit den langjährigen Bestrebungen des Bundes nach Erweiterung seiner Kompetenzen» (TRÖSCH, St. Galler Kommentar zur BV, Art. 76 Rz. 17).

Die Nutzungen des Wassers durch den Menschen sind denn auch äusserst vielfältig. Stichwortartig seien nur die wichtigsten genannt: Trinkwasserversorgung und Hygiene; Brauchwasser für die Industrie; Bewässerung; Energiegewinnung; Erholung und Sport; Fischerei; Schifffahrt; Kühlung und Wärmegewinnung.

Im Bereich des Gewässerschutzes erfolgte mit dem Wasserwirtschaftsartikel 378 eine Erweiterung des Gesetzgebungsauftrages: Zum qualitativen Schutz der Gewässer, der bereits vorher Sache des Bundes war, trat deren *quantitativer Schutz* hinzu; die Verpflichtung nämlich, Bestimmungen zum Schutz angemessener *Restwassermengen* zu erlassen (zum – etwas weiteren – Begriff des quantitativen Gewässerschutzes vgl. ECKERT, Restwassermengen, 3 ff.). Das GSchG von 1971 erwies sich damit bereits nach wenigen Jahren als revisionsbedürftig.

4. Das Gewässerschutzgesetz von 1991

379 Die verfassungsrechtlich vorgeschriebenen Bestimmungen über die Restwassermengen wurden mit dem dritten und heute noch in Kraft stehenden Gewässerschutzgesetz – demjenigen vom 24. Januar 1991 – erlassen. Zwischen der Volksabstimmung über den Verfassungsartikel und dem Inkrafttreten des neuen Gesetzes am 1. November 1992 waren allerdings fast siebzehn Jahre vergangen (zur Entstehungsgeschichte vgl. ECKERT, Restwassermengen, 18 ff.). Das GSchG von 1991 regelt nun sowohl den qualitativen als auch den quantitativen Gewässerschutz.

Der Gesetzgeber hatte zunächst keine ernsthaften Anstrengungen unternommen, den Verfassungsauftrag zur Festlegung angemessener Restwassermengen umzusetzen. Erst unter dem Druck einer Volksinitiative – der Initiative «zur Rettung unserer Gewässer» – sah er sich veranlasst, eine entsprechende Regelung zu erlassen. Das totalrevidierte Gewässerschutzgesetz stellte einen indirekten Gegenvorschlag zu jener Initiative dar – ein Beispiel für die grosse Bedeutung von Volksinitiativen für die Entwicklung des Umweltrechts.

380 1998 wurde die heute geltende *Gewässerschutzverordnung* (GSchV) erlassen, welche die Allgemeine Gewässerschutzverordnung von 1972 ablöste. Anhang 1 GSchV enthält neu *ökologische Ziele für Gewässer*. Diese streben – vereinfachend ausgedrückt – bei allen gewässerschutzrechtlichen Massnahmen als Ziel naturnahe Gewässer an und nennen entsprechende Kriterien. Werden bei einem Gewässer aus irgendeinem Grund Massnahmen nach der Gewässerschutzverordnung getroffen, so sind dabei die ökologischen Ziele zu berücksichtigen (Art. 1 Abs. 2 GSchV).

II. Reinhaltung der Gewässer (qualitativer Gewässerschutz)

A. Allgemeine Sorgfaltspflicht und Verunreinigungsverbot

381 Art. 3 GSchG statuiert unter der Sachüberschrift «*Sorgfaltspflicht*» Folgendes:

> «Jedermann ist verpflichtet, alle nach den Umständen gebotene Sorgfalt anzuwenden, um nachteilige Einwirkungen auf die Gewässer zu vermeiden.»

Diese allgemeine Sorgfaltspflicht besteht auch dann, wenn ein Gewässer die Anforderungen an die Wasserqualität gemäss Anhang 2 GSchV erfüllt. Sie erweist sich damit als gewässerschutzrechtliche Ausprägung des *Vorsorgeprinzips*. Die Sorgfaltspflicht zwingt namentlich Industrie und Gewerbe, Massnahmen der Vorsorge entsprechend dem jeweiligen Stand der Technik zu treffen (HUBER-WÄLCHLI/KELLER, Rechtsprechung, 4 f.). Wer seiner Sorgfaltspflicht nicht nachkommt, macht sich nach Art. 71 Abs. 1 Bst. a GSchG strafbar.

Weiter enthält das Gewässerschutzgesetz in Art. 6 – anders als das Umwelt- 382 schutzgesetz – ein generelles *Verunreinigungsverbot:*

> «Es ist untersagt, Stoffe, die Wasser verunreinigen können, mittelbar oder unmittelbar in ein Gewässer einzubringen oder sie versickern zu lassen» (Abs. 1).

Gemäss Abs. 2 derselben Bestimmung ist es auch untersagt, solche Stoffe ausserhalb eines Gewässers abzulagern oder auszubringen, sofern dadurch die konkrete Gefahr einer Verunreinigung des Wassers entsteht. Wer dergestalt die Gefahr einer Verunreinigung des Wassers schafft, erfüllt den Straftatbestand von Art. 70 Abs. 1 Bst. a GSchG (vgl. dazu etwa die Urteile des Obergerichs ZH in URP 2001, 965 ff. [vom Bundesgericht bestätigt in URP 2003, 279] und in URP 2003, 769 ff.).

Jede Verunreinigung im Sinn von Art. 4 Bst. d GSchG, die nicht ausdrücklich erlaubt ist, ist also verboten. Erlaubt ist – als Ausnahme vom Verunreinigungsverbot – das Einleiten oder Versickernlassen von verschmutztem Abwasser, sofern es behandelt wird und eine Bewilligung der Behörde vorliegt (Art. 7 Abs. 1 GSchG).

Beispiel: Zum Schutz der einheimischen Krebse und weiterer Wassertiere in einem Weiher wollten die zuständigen kantonalen Behörden ein grosses Vorkommen des amerikanischen Roten Sumpfkrebses mit einem fenthionhaltigen und damit giftigen Mittel bekämpfen. Die Massnahme hätte ihre gesetzliche Grundlage in verschiedenen Bestimmungen des Fischereigesetzes gefunden, verstiess jedoch gegen das gewässerschutzrechtliche Verunreinigungsverbot. Das Bundesgericht stellte grundsätzliche Überlegungen zum methodischen Vorgehen bei Normenkonflikten an und kam zum Schluss, dass sich die mit dem Gifteinsatz verbundene Verletzung von Art. 6 Abs. 1 GSchG nur rechtfertigen liesse, wenn sich eine gewässerschutzrechtskonforme Massnahme wie ein Einsatz von Raubfischen als unwirksam erwiese und auch andere Massnahmen wie das Austrocknen oder Ausbaggern des Weihers nicht als vorteilhafter erscheinen würden (BGE 125 II 29, Küsnacht).

B. *Abwasserbeseitigung*

Im Gegensatz zu verschmutzter Luft kann verschmutztes Abwasser gereinigt 383 werden. Seit 1960 wurden deshalb grosse Anstrengungen unternommen, möglichst alle Abwässer einer *Reinigungsanlage* zuzuführen (wobei die Erstellung von Kläranlagen bereits früher eingesetzt hatte). In dieser Zeitspanne erfolgten Investitionen von rund 40 Milliarden Franken in den Bau von Kanalisationen und Kläranlagen; dies mit beachtlichem Erfolg: Während im Jahr 1965 lediglich das Abwasser von 14 Prozent aller Einwohnerinnen und Einwohner der Schweiz in eine Kläranlage gelangte, sind es heute nicht weniger als 97 Prozent. Die Schweiz nimmt damit im internationalen Vergleich einen Spitzenrang ein. Bei den verbleibenden 3 Prozent der Bevölkerung ist ein Anschluss nicht sinnvoll, da diese in abgelegenen, schwach besiedelten Gebieten wohnen. Der Bau von Kanalisationen ist deshalb praktisch abgeschlossen (BUWAL, Umwelt Schweiz, 37; BFS, Umwelt Schweiz, 126, 128).

In den rund 1 000 Abwasserreinigungsanlagen können biologisch leicht abbaubare organische Stoffe, bis zu 95 Prozent der Phosphorverbindungen (je nach Reinigungsstufe) und viele andere organische Substanzen aus den Abwässern entfernt werden, in einigen Anlagen auch Stickstoff. Die übrigen chemischen Substanzen sowie schwer oder nicht abbaubare Stoffe gelangen hauptsächlich in den *Klärschlamm* und bleiben zu einem kleineren Teil im gereinigten Abwasser (BUWAL, Umwelt Schweiz, 37).

Bis anhin wurden etwa 40 Prozent des Klärschlamms auf landwirtschaftlichen Flächen verwertet. Dadurch gelangten jährlich rund 200 Tonnen Schwermetalle in den Boden. Zur diesbezüglichen Revision der Stoffverordnung vgl. Rz. 664.

384   *Abwasser* ist das «durch häuslichen, industriellen, gewerblichen, landwirtschaftlichen oder sonstigen Gebrauch veränderte Wasser, ferner das in der Kanalisation stetig damit abfliessende Wasser sowie das von bebauten oder befestigten Flächen abfliessende Niederschlagswasser» (Art. 4 Bst. e GSchG). Dazu gehört auch das von Strassen, Dächern und anderen befestigten Flächen abfliessende, potenziell verschmutzte Meteorwasser (Bundesgerichtsurteil in URP 1998, 734 ff., E. 4c, Stadt Zürich).

385   Die Gewässerschutzgesetzgebung sieht für die Einleitung und Versickerung von Abwasser unterschiedliche Massnahmen vor, je nach dem, ob das Abwasser verschmutzt ist oder nicht. *Verschmutztes Abwasser* ist Abwasser, «das ein Gewässer, in das es gelangt, verunreinigen kann» (Art. 4 Bst. f GSchG). Art. 3 GSchV nennt Kriterien, aufgrund derer die Behörde im Einzelfall beurteilen muss, ob Abwasser als verschmutzt gilt oder nicht (Abs. 1 und 2); ferner werden Fälle aufgezählt, in denen von bebauten oder befestigten Flächen abfliessendes Niederschlagswasser in der Regel als nicht verschmutzt gilt (Abs. 3; vgl. LAGGER, Gewässerschutzrecht, 478).

1.   Entwässerungsplanung

386   Abwasserbeseitigung bedarf zunächst der Planung, damit die geeigneten Vorkehrungen zur Gewährleistung eines sachgemässen Gewässerschutzes und einer zweckmässigen Siedlungsentwässerung getroffen und aufeinander abgestimmt werden können. Art. 7 Abs. 3 GSchG schreibt den Kantonen deshalb vor, für eine *kommunale* und, soweit notwendig, für eine *regionale Entwässerungsplanung* zu sorgen. In Art. 4 und 5 GSchV wird dies konkretisiert.

387   Der in Art. 5 GSchV geregelte *generelle Entwässerungsplan (GEP)* – der kommunale Entwässerungsplan in der Terminologie von Art. 7 Abs. 3 GSchG – dient der Planung auf kommunaler Stufe (wobei er auch das Gebiet mehrerer Gemeinden umfassen kann). Er bezeichnet hauptsächlich die Standorte für zentrale Abwasserreinigungsanlagen sowie die Gebiete, für welche öffentliche Kanalisationen zu erstellen sind; ferner legt er etwa fest, wo nicht verschmutztes Abwasser versickern bzw. in ein oberirdisches Gewässer eingeleitet werden soll, wo das von bebauten oder befestigten Flächen abfliessende Niederschlagswas-

ser getrennt vom übrigen Abwasser beseitigt werden soll, wo andere Systeme als zentrale Abwasserreinigungsanlagen anzuwenden sind und wie das Abwasser in diesen Gebieten zu beseitigen ist (Art. 5 Abs. 2 GSchV). Der GEP entspricht im Wesentlichen dem früheren «generellen Kanalisationsprojekt» (GKP) gemäss der Allgemeinen Gewässerschutzverordnung von 1972 und hat sich als Planungsinstrument für die Erstellung der notwendigen Abwasseranlagen bewährt (LAGGER, Gewässerschutzrecht, 479).

Der *regionale Entwässerungsplan (REP)* gemäss Art. 4 GSchV ist nicht einfach   388
ein genereller Entwässerungsplan für ein grösseres Gebiet, sondern ein übergeordneter Plan, der die Rahmenbedingungen festlegt, nach denen sich die generellen Entwässerungspläne der Gemeinden auszurichten haben. Ein REP bezieht sich auf ein begrenztes, hydrologisch zusammenhängendes Gebiet, ist aber nur für Gebiete erforderlich, in denen aufgrund spezieller Umstände besondere Anforderungen an die Gewässerschutzmassnahmen gestellt oder die Massnahmen koordiniert werden müssen (LAGGER, Gewässerschutzrecht, 479). Der REP ist für die Planung und Festlegung der Gewässerschutzmassnahmen in den Gemeinden verbindlich (Art. 4 Abs. 4 GSchV).

2. Erstellungs-, Anschluss- und Abnahmepflicht

Verschmutztes Abwasser (Rz. 385) darf grundsätzlich weder in ein Gewässer   389
eingeleitet werden noch versickern, sondern muss behandelt werden (Art. 7 Abs. 1 GSchG). Zu diesem Zweck haben die Kantone für die *Erstellung öffentlicher Kanalisationen und zentraler Abwasserreinigungsanlagen* zu sorgen (Art. 10 Abs. 1 GSchG). Einzig in abgelegenen oder dünn besiedelten Gebieten darf das verschmutzte Abwasser durch andere Systeme als durch zentrale Abwasserreinigungsanlagen behandelt werden, wobei aber der Schutz der ober- und unterirdischen Gewässer gewährleistet sein muss (Art. 10 Abs. 2 GSchG).

Die blosse Erstellung der Infrastrukturanlagen allein genügt freilich noch nicht.   390
Art. 11 Abs. 1 GSchG statuiert deshalb eine *Anschlusspflicht:*

> «Im Bereich öffentlicher Kanalisationen muss das verschmutzte Abwasser in die Kanalisation eingeleitet werden.»

Die Verpflichtung zum Kanalisationsanschluss gilt somit für den *Bereich öffentlicher Kanalisationen.* Dieser umfasst in erster Linie die *Bauzonen* im Sinne von Art. 15 RPG (Art. 11 Abs. 2 Bst. a GSchG), geht indessen darüber hinaus. Das Gesetz sieht zwei Tatbestände vor, bei deren Vorliegen eine Parzelle bzw. ein Gebiet *ausserhalb der Bauzonen* ebenfalls zum Bereich öffentlicher Kanalisationen gezählt wird:

–   Dies betrifft zunächst *«weitere Gebiete, sobald für sie eine Kanalisation erstellt worden ist»* (Art. 11 Abs. 2 Bst. b GSchG; vgl. dazu HUBER-WÄLCHLI / KELLER, Rechtsprechung, 14 f.). Es handelt sich dabei um bestehende Gebäudegruppen ausserhalb der Bauzonen (z.B. Weiler), für welche die besonderen Verfahren der Abwasserbeseitigung gemäss Art. 13 GSchG (Rz. 393) keinen ausreichenden Schutz der Gewässer gewährleisten oder nicht wirtschaftlich sind (Art. 10 Abs. 1 Bst. b GSchG). Das Gemeinwesen ist deshalb verpflichtet, für derartige Gebäudegruppen eine Kanalisation zu erstellen. (Zur Frage, ob in solchen Gebieten trotz Fehlens einer entsprechenden gesetzlichen Regelung Ausnahmen von der Anschlusspflicht möglich sind, vgl. das Urteil des Verwaltungsgerichts BE in URP 1999, 805 ff., E. 2c, Rüschegg.)

– Darüber hinaus umfasst der Bereich öffentlicher Kanalisationen auch *«weitere Gebiete, in welchen der Anschluss an die Kanalisation zweckmässig und zumutbar ist»* (Art. 11 Abs. 2 Bst. c GSchG). Die unbestimmten Rechtsbegriffe «zweckmässig» und «zumutbar» werden in Art. 12 Abs. 1 GSchV präzisiert. Danach ist ein Anschluss von verschmutztem Abwasser an die öffentliche Kanalisation ausserhalb von Bauzonen zweckmässig, «wenn er sich einwandfrei und mit normalem baulichem Aufwand herstellen lässt» (Bst. a); zumutbar ist er, «wenn die Kosten des Anschlusses diejenigen für vergleichbare Anschlüsse innerhalb der Bauzone nicht wesentlich überschreiten» (Bst. b; zur Frage, welche Kosten zu den Anschlusskosten zu zählen sind, vgl. die Urteile des Verwaltungsgerichts BE in URP 1999, 805 ff., E. 3b–d, Rüschegg, sowie URP 2002, 225 ff., E. 2e–h und E. 3a–i, Wyssachen).

Beispiele: X. war Eigentümer eines Ferienhauses ausserhalb der Bauzone. Das Gebäude bestand aus einem Wohnzimmer, einem Schlafzimmer, einer Küche, einem WC, einer Dusche sowie einer geschlossenen und einer offenen Veranda. Das verschmutzte Abwasser gelangte in eine Klärgrube. Das Ferienhaus lag rund 120 m von der Kanalisationsleitung entfernt. Die zuständige Gemeindebehörde verpflichtete X., das Gebäude an die öffentliche Kanalisation anzuschliessen. Das Bundesgericht bestätigte diesen Entscheid und bejahte sowohl die Zweckmässigkeit als auch die Zumutbarkeit eines Kanalisationsanschlusses. Hinsichtlich der Zweckmässigkeit hielt es dafür, die erforderliche Untergrabung der Kantonsstrasse stelle kein Hindernis dar, welches den Anschluss übermässig erschwere. Mit Bezug auf die Zumutbarkeit hatte es Anschlusskosten von insgesamt Fr. 18 000 bis Fr. 20 000 bzw. von Fr. 6 000 bis Fr. 6 700 pro Einwohnergleichwert nicht zu beanstanden. Der Einwohnergleichwert richte sich nicht nach der konkreten Nutzung des Gebäudes, sondern – in objektivierter Betrachtungsweise – nach der möglichen Nutzung bei voller Auslastung. Da das fragliche Ferienhaus während des ganzen Jahres bewohnbar war, bestätigte das Bundesgericht die vorinstanzliche Annahme von drei Einwohnergleichwerten (URP 2001, 994 ff., Obstalden).

Demgegenüber verneinte das Verwaltungsgericht des Kantons Bern die Zumutbarkeit von Anschlusskosten in Höhe von Fr. 16 000 bis Fr. 17 000 für ein Gebäude, das keinen Wasseranschluss im Gebäudeinneren aufwies, nur während rund 30 Tagen im Jahr benutzt wurde und dessen Toilettenabwasser mangels Spülung ohnehin nicht in die Kanalisation abgeleitet worden wäre (URP 1999, 805 ff., E. 3e, Rüschegg; weiteres Beispiel: Urteil des Verwaltungsgerichts ZH in URP 2003, 252 ff.).

Das Gegenstück zur Anschlusspflicht ist die in Art. 11 Abs. 3 GSchG vorgese- **391**
hene *Abnahmepflicht:*

> «Der Inhaber der Kanalisation ist verpflichtet, das Abwasser abzunehmen und der
> zentralen Abwasserreinigungsanlage zuzuführen.»

Die Abnahmepflicht ist allerdings keine unbedingte. So werden die Anforderungen an die Einleitung von Industrieabwasser – d.h. von Abwasser aus gewerblichen und industriellen Betrieben (Anhang 3.2 Ziff. 1 Abs. 1 GSchV) – sowie von anderem verschmutztem Abwasser in die Kanalisation ergänzt oder
verschärft, «wenn durch die Einleitung ... der Betrieb der öffentlichen Kanalisation erschwert oder gestört werden kann» (Art. 7 Abs. 2 GSchV). Bemerkenswert ist, dass es sich hier um eine gewässerschutzrechtliche Ausprägung des
zweistufigen Schutzkonzepts handelt, welches vor allem dem öffentlichrechtlichen Immissionsschutz, aber auch weiteren Materien des Umweltrechts zugrunde liegt (vgl. Rz. 177 ff.).

Art. 12 GSchG regelt verschiedene *«Sonderfälle im Bereich öffentlicher Kanali-* **392**
sationen». Zunächst verpflichtet Abs. 1 – wiederum im Sinne des zweistufigen
Schutzkonzepts – zur *Vorbehandlung von Abwasser,* das der Kanalisation zugeführt werden soll, wenn es den Anforderungen an die Einleitung nicht entspricht. Dies kann beispielsweise die Verpflichtung nach sich ziehen, in einem
Restaurant einen Fettabscheider einzubauen (BGE 119 Ib 492, Lausanne;
Bundesgerichtsurteil in URP 2002, 417 ff., L'Abbaye).

Gemäss Art. 12 Abs. 3 GSchG *darf nicht verschmutztes Abwasser, welches
stetig anfällt* (z.B. Sicker-, Quell- oder Kühlwasser), weder direkt noch indirekt
einer zentralen Abwasserreinigungsanlage zugeleitet werden. Derartiges «Fremd-
wasser» würde in einer Kanalisation zu einer unerwünschten Abwasserverdün-
nung führen, weshalb man es am Ort seines Anfalls versickern lassen oder direkt
dem nächsten Vorfluter zuleiten soll (Art. 7 Abs. 2 GSchG). Die Kantone haben
bis spätestens am 1. November 2007 dafür zu sorgen, dass die Wirkung der Abwasserreinigungsanlagen nicht mehr durch stetig anfallendes, nicht verschmutztes Abwasser beeinträchtigt wird (Art. 76 GSchG).

Schliesslich gestattet Art. 12 Abs. 4 GSchG *Landwirtschaftsbetrieben mit
einem erheblichen Rindvieh- und Schweinebestand,* ihr häusliches Abwasser
unter bestimmten Voraussetzungen zusammen mit der Gülle landwirtschaftlich
zu verwerten. Erheblich ist der Rindvieh- und Schweinebestand eines Landwirtschaftsbetriebes für die Befreiung vom Kanalisationsanschluss, wenn er mindestens acht Düngergrossvieheinheiten (DGVE) umfasst (Art. 12 Abs. 3 GSchV;
zum Begriff der Düngergrossvieheinheit vgl. Rz. 405). Der Gesetzgeber ging davon aus, dass eine landwirtschaftliche Verwertung des Abwassers auch aus der
Sicht des Gewässerschutzes vorteilhaft ist, weil landwirtschaftliche Gülle ohnehin im Verhältnis von ca. 1,5:1 mit Wasser verdünnt werden muss, um ausgebracht werden zu können. Es ist sinnvoller, dafür häusliches Abwasser zu
verwenden als Trinkwasser. Im Gegensatz zum früheren Recht ist eine landwirtschaftliche Verwertung des Abwassers unter den Voraussetzungen von Art. 12

Abs. 4 GSchG generell zulässig, also auch innerhalb des Bereichs öffentlicher Kanalisationen (vgl. zum Ganzen ARNOLD BRUNNER, Landwirtschaft, 542 ff.; HUBER-WÄLCHLI / KELLER, Rechtsprechung, 18 f.).

393 *Ausserhalb des Bereichs öffentlicher Kanalisationen* ist das Abwasser entsprechend dem Stand der Technik zu beseitigen (Art. 13 Abs. 1 GSchG). Als zulässige Entsorgungsmöglichkeiten gelten – je unter bestimmten Voraussetzungen – die Einleitung in Gewässer (Art. 6 GSchV), das Versickernlassen (Art. 8 GSchV) und die Verwertung zusammen mit dem Hofdünger (Art. 12 Abs. 4 GSchG). Kommt keines dieser Verfahren in Frage, muss das verschmutzte Abwasser in einer abflusslosen Grube gesammelt und regelmässig einer zentralen Abwasserreinigungsanlage oder einer besonderen Behandlung zugeführt werden (Art. 9 Abs. 1 GSchV). Die Kantone haben dafür zu sorgen, dass die Anforderungen an die Wasserqualität gemäss Anhang 2 GSchV erfüllt werden (Art. 13 Abs. 2 GSchG).

3. Kostentragung

394 Für die Erstellung der Infrastrukturanlagen werden von den Grundeigentümern seit jeher Beiträge (Vorzugslasten) oder Anschlussgebühren erhoben, für die Benutzung der Anlagen Betriebsgebühren. Die Abgaben mussten früher allerdings nicht verursachergerecht nach der Art und der Menge des erzeugten Abwassers bemessen werden. Ausserdem wurde die Erstellung von Kanalisationen und Abwasserreinigungsanlagen zu einem erheblichen Teil durch Bundessubventionen und somit indirekt durch Steuermittel – also nach dem Gemeinlastprinzip – finanziert. Erst mit der Revision des Gewässerschutzgesetzes von 1997 erfolgte eine konsequente Hinwendung zum Verursacherprinzip (Rz. 121 ff.).

C. Planerischer Schutz der Gewässer, insbesondere des Grundwassers

395 Rund ein Fünftel aller Wasserreserven in der Schweiz liegt als Grundwasser im Untergrund. Das Grundwasser ist nicht nur für die Vegetation von grosser Bedeutung, sondern stellt auch die wichtigste Ressource für das Trinkwasser dar. Etwa 80 Prozent des Trinkwasserverbrauchs werden in der Schweiz aus diesem Vorkommen gedeckt; knapp die Hälfte davon bedarf keiner Aufbereitung (BUWAL, Umwelt Schweiz, 34; BFS, Umwelt Schweiz, 112, 126; ausführlich zum Ganzen BOSE, Grundwasser).

396 Das Gewässerschutzgesetz sieht in Art. 19–21 drei planerische Instrumente zum Schutz der Gewässer vor: Gewässerschutzbereiche, Grundwasserschutzzonen und Grundwasserschutzareale. Die entsprechenden Bestimmungen befinden sich zwar im Kapitel über die Reinhaltung der Gewässer; gleichwohl dienen sie nicht nur dem qualitativen, sondern auch dem quantitativen Gewässerschutz

(LAGGER, Gewässerschutzrecht, 485). Die Kantone haben die Gewässerschutzbereiche, Grundwasserschutzzonen und Grundwasserschutzareale sowie die Grundwasseraustritte, -fassungen und -anreicherungsanlagen, die für die Wasserversorgung von Bedeutung sind, in *Gewässerschutzkarten* festzuhalten (Art. 30 GSchV). Bei den Gewässerschutzzonen gemäss Art. 19 ff. GSchG handelt es sich um besondere Elemente der nutzungsplanerischen Ordnung, allerdings nicht um eigentliche Nutzungszonen im Sinne des Raumplanungsgesetzes (BGE 121 II 39, E. 2b aa, Corsier-sur-Vevey; 120 Ib 287, E. 3c cc, Genf).

Art. 19 Abs. 1 GSchG verpflichtet die Kantone zunächst, ihr gesamtes Gebiet nach der Gefährdung der ober- und unterirdischen Gewässer in *Gewässerschutzbereiche* einzuteilen. Sie bezeichnen dabei die besonders gefährdeten und die übrigen Bereiche (Art. 29 Abs. 1 GSchV). In den besonders gefährdeten Bereichen bedürfen die Erstellung und die Änderung von Bauten und Anlagen sowie Grabungen, Erdbewegungen und ähnliche Arbeiten einer kantonalen Bewilligung (Art. 19 Abs. 2 GSchG). Die besonders gefährdeten Bereiche umfassen die Gewässerschutzbereiche A_u und A_o zum Schutz unter- bzw. oberirdischer Gewässer; ferner die Zuströmbereiche Z_u und Z_o zum Schutz der entsprechenden Einzugsgebiete (vgl. im Einzelnen Art. 29 Abs. 1 Bst. a–d, Art. 31 f. sowie Anhang 4 Ziff. 11 und 21 GSchV; LAGGER, Gewässerschutzrecht, 485 ff.). 397

Weiter haben die Kantone für die im öffentlichen Interesse liegenden Grundwasserfassungen und -anreicherungsanlagen *Grundwasserschutzzonen* auszuscheiden und die dafür notwendigen Eigentumsbeschränkungen festzulegen (Art. 20 Abs. 1 GSchG). Die Kantone bzw. Gemeinden erlassen entsprechende Schutzzonenpläne und Schutzzonenreglemente. Grundwasserschutzzonen werden eingeteilt in den Fassungsbereich (Zone S1), die engere Schutzzone (Zone S2) und die weitere Schutzzone (Zone S3; vgl. Art. 29 Abs. 2 und Anhang 4 Ziff. 12 GSchV), was abgestufte Nutzungseinschränkungen nach sich zieht. So sind in der Zone S3 beispielsweise industrielle und gewerbliche Betriebe untersagt, von denen eine Gefahr für das Grundwasser ausgeht, in der Zone S2 bereits jegliche Anlagen, sofern nicht wichtige Gründe eine Ausnahme rechtfertigen und eine Gefährdung der Trinkwassernutzung ausgeschlossen werden kann. In der Zone S1 sind bloss noch bauliche Eingriffe und andere Tätigkeiten zulässig, die der Trinkwasserversorgung dienen, ferner das Liegenlassen von Mähgut (vgl. Anhang 4 Ziff. 221–223 GSchV; anwendbar sind weiter die einschlägigen Bestimmungen der Verordnung über den Schutz der Gewässer vor wassergefährdenden Flüssigkeiten [VWF] sowie der Stoffverordnung). Art. 44 Abs. 2 Bst. a GSchG untersagt ausserdem in sämtlichen Schutzzonen das Ausbeuten von Kies, Sand oder anderem Material (weiterführend zum Ganzen HUBER-WÄLCHLI/KELLER, Rechtsprechung, 20 ff.; P. M. KELLER, Grundwasserschutzzonen, 540 ff.; LAGGER, Gewässerschutzrecht, 487 ff.). 398

Schliesslich scheiden die Kantone *Grundwasserschutzareale* aus, die für die künftige Nutzung und Anreicherung von Grundwasservorkommen von Bedeutung sind (Art. 21 Abs. 1 Satz 1 GSchG). Die Areale werden so ausgeschieden, 399 dass die Standorte der Grundwasserfassungen und -anreicherungsanlagen zweckmässig festgelegt werden können und eine entsprechende Ausscheidung der Grundwasserschutzzonen möglich ist (Art. 29 Abs. 3 und Anhang 4 Ziff. 13 GSchV). In den Grundwasserschutzarealen dürfen keine Bauten und Anlagen erstellt oder Arbeiten ausgeführt werden, die künftige Nutzungs- und Anreicherungsanlagen beeinträchtigen könnten (Art. 21 Abs. 1 Satz 2 GSchG; vgl. auch Anhang 4 Ziff. 23 GSchV).

D. Weitere Regelungen

1. Abwassertechnische Voraussetzungen für die Erteilung von Baubewilligungen

400 Dem Gewässerschutzgesetz von 1971 kam eine ausserordentlich grosse Bedeutung im Zusammenhang mit der Raumplanung zu (Rz. 374). Demgegenüber konnte sich das GSchG von 1991 – nach dem Erlass des Raumplanungsgesetzes – auf die Regelung der abwassertechnischen Voraussetzungen für die Erteilung von Baubewilligungen beschränken.

Eine Baubewilligung setzt unter anderem voraus, dass das Land erschlossen ist (Art. 22 Abs. 2 Bst. b RPG). Mit Bezug auf die abwassertechnische Erschliessung wird dieses Erfordernis in Art. 17 GSchG präzisiert: *Im Bereich öffentlicher Kanalisationen* – d.h. innerhalb der Bauzonen sowie der Gebiete ausserhalb der Bauzonen gemäss Art. 11 Abs. 2 GSchG (vgl. dazu Rz. 390) – dürfen Baubewilligungen für Neu- und Umbauten nur erteilt werden, wenn gewährleistet ist, dass das verschmutzte Abwasser in die Kanalisation eingeleitet oder landwirtschaftlich verwertet wird (Bst. a). Art. 18 Abs. 1 GSchG lässt Ausnahmen lediglich für kleinere Gebäude und Anlagen zu, die aus zwingenden Gründen noch nicht an die Kanalisation angeschlossen werden können, sofern der Anschluss kurzfristig möglich ist und das Abwasser in der Zwischenzeit auf eine andere befriedigende Weise beseitigt wird.

401 *Ausserhalb des Bereichs öffentlicher Kanalisationen* muss die zweckmässige Beseitigung des Abwassers durch besondere Verfahren gewährleistet sein (vgl. Rz. 393), damit eine Baubewilligung erteilt werden kann (Art. 17 Bst. b GSchG).

2. Umgang mit wassergefährdenden Flüssigkeiten

402 Art. 22–26 GSchG regeln – näher ausgeführt in der VWF – den Umgang mit wassergefährdenden Flüssigkeiten, d.h. mit Flüssigkeiten, die Wasser physikalisch, chemisch oder biologisch nachteilig verändern können (Art. 2 Abs. 1 VWF). Die Inhaber von Anlagen mit wassergefährdenden Flüssigkeiten haben die zum Schutz der Gewässer erforderlichen *baulichen und apparativen Vorrichtungen* zu erstellen, diese regelmässig zu kontrollieren und für deren einwandfreien Betrieb sowie deren Wartung zu sorgen (Art. 22 Abs. 1 GSchG). Die

Errichtung, Änderung und Erweiterung solcher Anlagen bedürfen einer *Bewilligung* der kantonalen Behörde (Art. 22 Abs. 2 GSchG), wobei Art. 10 Abs. 2 VWF bestimmte kleinere Anlagen von der Bewilligungspflicht ausnimmt. Die Kantone sorgen für die notwendigen *Sammelstellen* für wassergefährdende Flüssigkeiten und für deren unschädliche Verwertung oder Beseitigung (Art. 22 Abs. 4 GSchG). Von der Regelung erfasst werden auch *Stoffe,* die vermischt mit Flüssigkeiten zu wassergefährdenden Flüssigkeiten werden (Art. 25 GSchG).

3. Anforderungen an landwirtschaftliche Betriebe

Die landwirtschaftliche Bodennutzung hat von allen wirtschaftlichen Aktivitä- 403 ten den grössten Einfluss auf die Gewässer und die Biodiversität. Sie beansprucht mehr als einen Drittel der Gesamtfläche der Schweiz und ist damit der flächenintensivste Wirtschaftssektor des Landes. Zudem sind die Mengen der von der Landwirtschaft in die Umwelt ausgebrachten Stoffe wie Dünger, Pestizide und Antibiotika im Vergleich zu anderen Wirtschaftszweigen mit Abstand am grössten (MAURER, Beschränkung, 620). Aus diesem Grund enthält das Gewässerschutzgesetz spezifische Anforderungen an landwirtschaftliche Betriebe. Zusätzlich gelten die Bestimmungen der *Stoffverordnung* über Pflanzenschutzmittel und Dünger (Anhänge 4.3 und 4.5 StoV).

a) Verwertung des Hofdüngers

In erster Linie beschränkt das GSchG die Verwertung des Hofdüngers, d.h. von 404 Gülle, Mist und Silosäften aus der Nutztierhaltung (Art. 4 Bst. g GSchG). Die Gülle sämtlicher Schweine und Kühe zusammengenommen entspricht in der Schweiz mehr als 35 Millionen Einwohnergleichwerten. Sie hätte deshalb, würde sie abgeleitet, eine erheblich grössere Umweltbelastung zur Folge als das gesamte übrige Abwasser. Trotz jahrelangen Bemühungen ist es nicht gelungen, Gülle unter wirtschaftlich tragbaren Voraussetzungen so zu reinigen, dass sie bedenkenlos in Gewässer eingeleitet werden könnte. Ausserdem drängt sich die Gülle – anders als häusliches oder industrielles Abwasser – aufgrund ihres Nährstoffgehalts für die landwirtschaftliche Verwertung geradezu auf. Eine Verwertung des Hofdüngers verstösst denn auch nicht gegen das Verunreinigungsverbot von Art. 6 GSchG (dazu Rz. 382), wenn sie auf fachlich einwandfreie Weise erfolgt; denn die mit dem Regen in den Boden eindringenden Düngstoffe werden in diesem Fall von den Pflanzenwurzeln aufgenommen oder durch die Bodenteilchen gebunden.

Eine Überdüngung des Bodes hat nicht nur schädliche Auswirkungen auf die 405 Gewässer, sondern auch auf die landwirtschaftlichen Kulturen. Dies führt zum Einsatz chemischer Hilfsstoffe, die wiederum neue Gefahren für die Gewässer schaffen. Zur umweltverträglichen Verwertung des Hofdüngers (vgl. Art. 14 Abs. 2 GSchG) und zur Erreichung einer ausgeglichenen Düngerbilanz (vgl.

Art. 14 Abs. 1 GSchG) *beschränkt das Gesetz die pro Hektare und Jahr maximal zulässige Hofdüngermenge* auf *drei Düngergrossvieheinheiten* (Art. 14 Abs. 4 GSchG; zu den Abweichungen von diesem Grundsatz vgl. Art. 14 Abs. 6 und 7 GSchG und Art. 25 GSchV). Der Begriff «Düngergrossvieheinheit» (DGVE) dient der Ermittlung der gewässerschutzrelevanten Düngstoffmenge, die aus einer Nutztierhaltung gesamthaft anfällt. Dabei entspricht eine DGVE dem durchschnittlichen jährlichen Anfall von Gülle und Mist einer ausgewachsenen Kuh (Art. 14 Abs. 8 GSchG; der Nährstoffanteil einer DGVE beträgt 105 kg Stickstoff und 15 kg Phosphor [Art. 23 GSchV]). Die Zahl der zulässigen Nutztiere in einem landwirtschaftlichen Betrieb ist somit abhängig von den zur Verfügung stehenden Verwertungsflächen (kritisch zum gesetzlichen Maximalwert von 3 DGVE/ha Bose, Ausgewählte Probleme, 202).

406 Aus gewässerschützerischen und pflanzenbaulichen Gründen darf Hofdünger während der Wintermonate nicht ausgebracht werden (vgl. Anhang 4.5 Ziff. 321 Abs. 2 StoV). Die Betriebe müssen deshalb über *Lagereinrichtungen* mit einer Kapazität von mindestens drei Monaten verfügen (Art. 14 Abs. 3 GSchG; vgl. auch die Übergangsbestimmung in Art. 77 GSchG; kritisch zum gesetzlichen Minimum Bose, Ausgewählte Probleme, 202; Arnold Brunner, Landwirtschaft, 543; zur Frage, ob die Dimensionierung der Lagereinrichtungen auf die aktuelle oder die maximal zulässige Bewirtschaftungsintensität auszurichten ist, vgl. das Urteil des Verwaltungsgerichts ZH in URP 2000, 847 f., E. 3, Bertschikon [VB.2000.00028]).

b) Anforderungen an die Bodenbewirtschaftung

407 Gewässerverschmutzungen entstehen nicht nur durch unsorgfältig oder im Übermass ausgebrachten Dünger, sondern auch durch unsachgemässe Bodenbearbeitungen und Anbautechniken. So gilt der Stickstoffverlust unbewachsener Böden als wichtige Ursache der Nitratanreicherung im Grundwasser. Auch kann der Einsatz bestimmter Pestizide das Grundwasser verunreinigen. Schliesslich kann die Bodenverdichtung durch schwere Landmaschinen oder das Brachliegen von Ackerböden eine Bodenerosion zur Folge haben, die ihrerseits zu Verunreinigungen von Oberflächengewässern durch Pestizidreste und Düngerphosphate im abgeschwemmten Humus führt (vgl. Botschaft zur Volksinitiative «zur Rettung unserer Gewässer» und zur Revision des Bundesgesetzes über den Schutz der Gewässer vom 29. April 1987, BBl 1987 II 1061 ff., 1123 ff.). Art. 27 Abs. 1 GSchG verpflichtet deshalb die Landwirte – allerdings in sehr allgemeiner Weise –, Böden «entsprechend dem Stand der Technik so zu bewirtschaften, dass die Gewässer nicht beeinträchtigt werden, namentlich nicht durch Abschwemmung und Auswaschung von Düngern und Pflanzenbehandlungsmitteln».

III. Sicherung angemessener Restwassermengen (quantitativer Gewässerschutz)

Die Nutzung der Wasserkraft für die Stromproduktion hat zur Folge, dass 408 Hydrodynamik und Ökomorphologie vieler mittlerer und grosser Fliessgewässer kaum mehr von den natürlichen Ereignissen wie Niederschlag, Schneeschmelze und Trockenheit geprägt sind. Im weiten Umkreis von Stauseen werden Bäche angezapft und in kilometerlange Stollensysteme abgeleitet, was den Wasserhaushalt ganzer Regionen beeinträchtigt. In solchen Gebieten liegen die Fliessgewässer im Extremfall während mehreren Monaten des Jahres trocken, und zwar nicht nur unterhalb der Staumauern. Ungenügende Restwassermengen führen dazu, dass Fliessgewässer ihre biologischen Funktionen für die Tier- und Pflanzenwelt nicht mehr erfüllen können (BUWAL, Umwelt Schweiz, 44; BFS, Umwelt Schweiz, 116 f.).

Die *Restwassermenge* ist die Abflussmenge eines Fliessgewässers, die nach einer 409 oder mehreren Entnahmen von Wasser verbleibt (Art. 4 Bst. k GSchG). Bei einem Wasserkraftwerk bildet die Flussstrecke zwischen der Ausleitung und der Wiedereinleitung des Kraftwerkwassers die Restwasserstrecke (vgl. Urteil des Verwaltungsgerichts BE in URP 1996, 843 ff., E. 5, Wannenfluh).

A. *Bewilligungspflicht für Wasserentnahmen*

Art. 29 Bst. a GSchG statuiert zunächst eine Bewilligungspflicht für die über den 410 Gemeingebrauch hinausgehende Entnahme von Wasser aus einem *Fliessgewässer mit ständiger Wasserführung*. Ein Fliessgewässer weist eine ständige Wasserführung auf, wenn seine «Abflussmenge Q_{347}» grösser als Null ist (Art. 4 Bst. i GSchG), d.h. wenn es – im Durchschnitt einer zehnjährigen Messperiode – an 347 oder mehr Tagen im Jahr Wasser führt und die Abflussmenge durch Stauung, Entnahme oder Zuleitung von Wasser nicht wesentlich beeinflusst ist (Art. 4 Bst. h GSchG; vgl. auch Art. 59 GSchG; ECKERT, Restwassermengen, 44 ff.; HUBER-WÄLCHLI / KELLER, Rechtsprechung, 6 ff.; zu den Gründen, weshalb Gewässer mit einer geringeren Wasserführung vom Geltungsbereich der Restwasserbestimmungen ausgenommen wurden, siehe Botschaft GSchG [Rz. 407], 1126). Die Mittelung über zehn Jahre gewährleistet, dass auch Gewässer, die in niederschlagsarmen Jahren nur wenig Wasser führen, noch unter die Restwasserbestimmungen fallen (Botschaft GSchG [Rz. 407], 1107).

Beispiel: 1983 stellte das Elektrizitätswerk Obwalden (EWO) ein Gesuch für den Ausbau des Lungerersee-Kraftwerks. 1995 erteilte der Regierungsrat des Kantons Obwalden dem EWO die für die zweite und dritte Ausbauetappe erforderliche Konzession. Dabei legte er für die Giswiler Laui keine Restwassermenge fest. Die Giswiler Laui weist im Bereich der vorgesehenen Wasserfassung eine Abflussmenge Q_{347} auf, die grösser als Null ist; hingegen versickert sie bachabwärts während rund 200 Tagen im Jahr zumindest auf einer kurzen Strecke vollständig. Damit stellte sich dem Bundesgericht die Frage, ob ein

Fliessgewässer mit ständiger Wasserführung nur vorliegt, wenn das Gewässer auf seiner ganzen Restwasserstrecke eine Abflussmenge Q_{347} aufweist, die grösser als Null ist, oder ob es – entsprechend Art. 33 Abs. 1 Satz 1 GSchV – genügt, dass das Gewässer an der für die Wasserentnahme vorgesehenen Stelle ständig Wasser führt. Das Bundesgericht kam zum Schluss, dass Gewässer mit Versickerungsabschnitten nicht zum Vornherein von den Restwasserbestimmungen und damit von der Bewilligungspflicht ausgenommen seien, und bejahte die Gesetzeskonformität von Art. 33 Abs. 1 Satz 1 GSchV (BGE 126 II 283, E. 3, Kanton Obwalden).

Bewilligungspflichtig ist ferner die über den Gemeingebrauch hinausgehende Entnahme von Wasser aus *Seen* oder *Grundwasservorkommen,* welche die Wasserführung eines Fliessgewässers mit ständiger Wasserführung wesentlich beeinflussen (Art. 29 Bst. b GSchG). In diesem Fall ist das Fliessgewässer sinngemäss nach Art. 31 ff. GSchG zu schützen (Art. 34 GSchG; vgl. auch das Bundesgerichtsurteil in ZBl 2001, 530 ff., E. 5b, Flims, betreffend die Entnahme von Wasser für eine Beschneiungsanlage aus einem bestehenden Staubecken eines Elektrizitätswerks; kritisch dazu HUBER-WÄLCHLI / KELLER, Rechtsprechung, 30).

411 Die Bewilligungspflicht gemäss Art. 29 GSchG – die neben dem allfälligen Erfordernis einer Konzession nach Art. 38 ff. WRG besteht – bezweckt die Sicherstellung angemessener Restwassermengen. Sie gewährleistet namentlich den verfahrensmässigen Rahmen für die *umfassende Berücksichtigung und Abwägung aller massgebenden Interessen,* welche für oder gegen die Entnahme sprechen (BGE 120 Ib 233, E. 5a, Kanton Thurgau). Abgesehen von geringfügigen Entnahmen (Art. 30 Bst. b GSchG) sowie von bestimmten Entnahmen zur Trinkwasserversorgung (Art. 30 Bst. c GSchG) kann die Bewilligung nur erteilt werden, wenn im Gewässer eine angemessene Restwassermenge verbleibt (Art. 30 Bst. a GSchG). Bei Wasserentnahmen aus mehreren Gewässern ist mit Bezug auf jedes einzelne Gewässer zu klären, unter welchen Voraussetzungen die gewässerschutzrechtliche Bewilligung erteilt werden kann und ob diese Voraussetzungen erfüllt sind (BGE 120 Ib 233, E. 5a, Kanton Thurgau).

412 Die Bewilligung gemäss Art. 29 GSchG umfasst auch die *fischereirechtliche Bewilligung* nach Art. 8 BGF (Art. 8 Abs. 4 BGF; BGE 125 II 18, E. 4a bb, Wynau; Bundesgerichtsurteil in URP 2003, 235 ff., E. 5.2, Giessbach).

B. Festsetzung angemessener Restwassermengen

413 Die Festsetzung der Restwassermengen erfolgt in mehreren Schritten (vgl. im Einzelnen ECKERT, Restwassermengen, 56 ff.; HUBER-WÄLCHLI / KELLER, Rechtsprechung, 31 ff.):

414 – Ausgangspunkt ist die *Mindestrestwassermenge* gemäss Art. 31 Abs. 1 GSchG, die sozusagen das quantitative Existenzminimum für die wichtigsten vom Gewässer abhängigen Lebensgemeinschaften darstellt. Sie muss grundsätzlich bei allen Fliessgewässern mit ständiger Wasserführung unter-

halb einer Wasserentnahme eingehalten werden. Ausgangsgrösse für die Festlegung der Mindestrestwassermenge ist die Abflussmenge Q₃₄₇ (Rz. 410). Die in Art. 31 Abs. 1 GSchG vorgenommene Abstufung beruht auf empirischen Naturbeobachtungen und trägt dem Umstand Rechnung, dass kleine Gewässer auf Wasserentnahmen empfindlicher, grosse dagegen weniger empfindlich reagieren als mittelgrosse (vgl. Botschaft GSchG [Rz. 407], 1130 f.)

– Die Mindestmenge nach Art. 31 Abs. 1 GSchG reicht in der Regel noch   415
nicht aus, um den minimalen Schutz der wichtigsten Funktionen eines Gewässers – das qualitative Existenzminimum – zu gewährleisten. Abs. 2
schreibt deshalb zwingend eine *Erhöhung der Restwassermenge* vor, wenn
bestimmte, in Bst. a–e näher umschriebene Anforderungen nicht erfüllt
sind. Anstelle einer Erhöhung kommen auch andere Massnahmen baulicher, betrieblicher oder sonstiger Natur in Frage, sofern diese gesamthaft
betrachtet sinnvoll sind und nicht einzelnen gesetzlichen Teilzwecken zuwiderlaufen; andernfalls ist eine Erhöhung der Restwassermenge die allei-
nige Lösungsmöglichkeit.

– Gemäss Art. 32 GSchG kann die Mindestrestwassermenge in bestimmten,   416
genau bezeichneten *Ausnahmefällen* tiefer angesetzt werden. Die Bestimmung erlaubt also eine Unterschreitung des quantitativen und/oder des
qualitativen Existenzminimums der Gewässer und damit eine Abweichung
von der verfassungsmässig vorgeschriebenen Sicherung angemessener
Restwassermengen. Aus diesem Grund bedürfen derartige Ausnahmen
einer besonders sorgfältigen Abklärung und Begründung (PESTALOZZI,
Restwassermengen, 720).

– Die minimale Restwasserführung, wie sie durch Art. 31 GSchG gewährleis-   417
tet wird, soll das Gewässer unterhalb der Wasserentnahme gerade noch
überleben lassen. Dies genügt den verfassungsrechtlichen Anforderungen
an eine Sicherung angemessener Restwassermengen indessen nicht. Art. 33
GSchG schreibt deshalb zwingend die *Erhöhung der Mindestrestwassermenge* aufgrund einer *umfassenden Interessenabwägung* vor. Ziel dieser
Interessenabwägung im Einzelfall ist es, Restwassermengen festzulegen,
die den verschiedenen Schutzinteressen soweit als möglich und damit in
höherem Masse Rechnung tragen, als dies Art. 31 GSchG zu gewährleisten
vermag (Botschaft GSchG [Rz. 407], 1136).
Art. 33 Abs. 1 GSchG verlangt eine «Abwägung der Interessen für
und gegen die vorgesehene Wasserentnahme». Abs. 2 zählt Interessen für,
Abs. 3 Interessen gegen die Wasserentnahme auf. Die beiden Aufzählungen
sind jedoch nicht abschliessend (BGE 125 II 18, E. 4a bb, Wynau); vielmehr
sind sämtliche relevanten Interessen in die Beurteilung miteinzubeziehen.
Die ausdrücklich genannten Interessen müssen bei der Abwägung aber in
jedem Fall berücksichtigt werden (Botschaft GSchG [Rz. 407], 1137 f.). Ein

Verzicht auf die Interessenabwägung ist mit dem Bundesrecht nicht vereinbar (BGE 120 Ib 233, E. 7c, Kanton Thurgau). Eine Interessenabwägung nach Art. 33 GSchG ist – entgegen der Regelung in Art. 33 Abs. 1 Satz 2 GSchV – auch für zeitweise trockenfallende Restwasserabschnitte vorzunehmen (BGE 126 II 283, E. 4b, Kanton Obwalden).

418 Der Gesuchsteller hat der zuständigen Behörde einen Bericht einzureichen, der die Auswirkungen unterschiedlich grosser Wasserentnahmen auf die Nutzinteressen und die voraussichtlichen Beeinträchtigungen der Schutzinteressen aufzeigt (Art. 33 Abs. 4 GSchG). Dieser *Restwasserbericht* dient der Behörde als Grundlage für ihren Entscheid, insbesondere für die Interessenabwägung. Bei Anlagen, die der Umweltverträglichkeitsprüfung unterliegen, ist der Restwasserbericht Teil des Umweltverträglichkeitsberichts (Art. 35 Abs. 1 GSchV).

419 Die Behörde bestimmt im Einzelfall die *Dotierwassermenge*, d.h. die Wassermenge, die zur Sicherung einer bestimmten Restwassermenge bei der Wasserentnahme im Gewässer belassen wird (Art. 35 Abs. 1 i.V.m. Art. 4 Bst. l GSchG). Es handelt sich um denjenigen Teil der Restwassermenge, der aus dem gleichen Gewässerlauf stammt, also nicht durch Zuflüsse, Grundwasser oder Quellen unterhalb der Entnahmestelle gespiesen wird (ECKERT, Restwassermengen, 57). Wer einem Gewässer Wasser entnimmt, muss der Behörde durch Messungen oder allenfalls durch Berechnungen nachweisen, dass er die Dotierwassermenge einhält (Art. 36 Abs. 1 GSchG).

C. Sanierung bestehender Wasserentnahmen

420 Die meisten Wasserentnahmen beruhen auf Wassernutzungsrechten, die vor dem Inkrafttreten der Restwasserbestimmungen begründet wurden. Die Wasserrechtskonzession verleiht dem Konzessionär nach Massgabe des Verleihungsaktes ein *wohlerworbenes Recht* auf die Benutzung des Gewässers (Art. 43 Abs. 1 WRG). Dieses Recht steht unter dem Schutz der Eigentumsgarantie und des aus dem Grundsatz von Treu und Glauben abgeleiteten Vertrauensschutzprinzips; es kann deshalb nur unter den Voraussetzungen einer Enteignung und gegen volle Entschädigung entzogen oder wesentlich eingeschränkt werden (vgl. Art. 43 Abs. 2 WRG).

Der Gesetzgeber stand daher vor der Notwendigkeit, im Spannungsfeld zwischen Bestandes- und Gewässerschutz eine übergangsrechtliche Ordnung zu schaffen. Diese *Übergangsbestimmungen zu Art. 29 ff. GSchG* finden sich in den Art. 80–83 GSchG (ausführlich dazu ECKERT, Restwassermengen, 143 ff.; HUBER-WÄLCHLI/KELLER, Rechtsprechung, 41 ff.; generell zur Interessenlage bei Sanierungen GÄCHTER, Grundsatzfragen, 465 ff. [und daselbst, 482 f., zu Sanierungen nach Art. 80 ff. GSchG]).

Nach dem in Art. 80 Abs. 1 GSchG enthaltenen *Grundsatz* muss ein Fliessge- 421
wässer, das durch Wasserentnahmen wesentlich beeinflusst wird, unterhalb der
Entnahmestellen (nur) so weit saniert werden, als dies *ohne entschädigungsbe-*
gründende Eingriffe in bestehende Wassernutzungsrechte möglich ist. Als
bestehende Wassernutzungsrechte gelten dabei nicht nur durch Konzession ver-
liehene Rechte, sondern auch alte private oder seit unvordenklicher Zeit bestehende «ehehafte» Wasserrechte (Bundesgerichtsurteil in URP 2001, 1053 ff.,
E. 3a bb–cc, Villaz-Saint-Pierre). Bei bestehenden Wasserentnahmen, die nach
Ablauf einer bisher geltenden Konzession neu konzessioniert werden müssen,
kommen Art. 80–83 GSchG allerdings nicht zur Anwendung. Derartige Wasserentnahmen müssen spätestens fünf Jahre nach Ablauf der Konzession vollumfänglich den neuen Restwasservorschriften entsprechen (Art. 58a Abs. 3 WRG;
vgl. BGE 120 Ib 233, E. 3b, Kanton Thurgau).

Im Normalfall darf eine Sanierungsmassnahme somit nur angeordnet werden, wenn sie *wirtschaftlich tragbar* ist (vgl. dazu ECKERT, Restwassermengen,
151 ff.; HUBER-WÄLCHLI/KELLER, Rechtsprechung, 44 f.). Dadurch kann das von
Art. 29 ff. GSchG angestrebte Schutzniveau bei Sanierungen in aller Regel nicht
erreicht werden. Als Sanierungsmassnahmen kommen Dotierwassererhöhun-
gen oder Massnahmen baulicher oder betrieblicher Art in Betracht.

Ausnahmsweise ordnet die Behörde *weiter gehende,* d.h. *entschädigungspflich-* 422
tige Sanierungsmassnahmen an, wenn es sich um Fliessgewässer in Landschaften
oder Lebensräumen handelt, die in *nationalen oder kantonalen Inventaren*
aufgeführt sind, oder wenn dies andere überwiegende öffentliche Interessen for-
dern (Art. 80 Abs. 2 GSchG). In diesem Fall ist parallel zum Sanierungsverfahren das bundesrechtliche Enteignungsverfahren einzuleiten (Bundesgerichtsurteil in URP 2001, 1053 ff., E. 3b bb–cc, Villaz-Saint-Pierre). Bei Gewässern in
inventarisierten Landschaften oder Lebensräumen sind Art und Umfang der
anzuordnenden Massnahmen auf die Schutzziele der jeweiligen Inventarobjekte auszurichten.

Schliesslich enthält Art. 83 GSchG eine analoge Regelung für Konzessionen, die 423
im Zeitpunkt des Inkrafttretens des GSchG (1. November 1992) bereits erteilt,
aber noch nicht in Anspruch genommen worden waren (vgl. auch Art. 41
GSchV).

Als Grundlage für die Sanierung mussten die Kantone dem Bund bis 1994 ein 424
Inventar der bestehenden Wasserentnahmen und bis 1997 einen *Sanierungsbe-*
richt einreichen (Art. 82 GSchG; Art. 36 und 38 GSchV). Bis zum Sommer 2001
hatten jedoch erst vier Kantone (!) einen vollständigen, den gesetzlichen Anforderungen entsprechenden Sanierungsbericht vorgelegt (ECKERT, Restwassermengen, 167). Die Sanierungen müssen bis spätestens am 1. November 2007 abgeschlossen sein (Art. 81 Abs. 2 GSchG).

IV. Verhinderung anderer nachteiliger Einwirkungen auf Gewässer

425 Im Kapitel über die «Verhinderung anderer nachteiliger Einwirkungen auf Gewässer» (Art. 37 ff. GSchG) enthält das Gewässerschutzgesetz eine Reihe weiterer Regelungen, die teils dem qualitativen, teils dem quantitativen Gewässerschutz zuzurechnen sind. Sie sollen sicherstellen, dass weitere *strukturverändernde Eingriffe* in Gewässer möglichst unterbleiben bzw. auf streng begründete Fälle beschränkt bleiben, dass unerlässliche Eingriffe massvoll und schonend ausgeführt und dass bestehende Beeinträchtigungen wenn immer möglich saniert werden (Botschaft GSchG [Rz. 407], 1140 f.).

426 Art. 37 GSchG lässt die *Verbauung und Korrektion von Fliessgewässern* nur noch in bestimmten Ausnahmefällen zu (Abs. 1). Auch in diesen Fällen muss der natürliche Verlauf des Gewässers möglichst beibehalten oder wiederhergestellt werden, und es gelten spezifische Gestaltungsanforderungen für Gewässer und Ufer (Abs. 2; analog: Art. 4 Abs. 2 WBG). In überbauten Gebieten kann die zuständige Behörde allerdings Ausnahmen von einer naturnahen Verbauung – sogenannte «harte» Verbauungen – bewilligen (Abs. 3; vgl. HUBER-WÄLCHLI/ KELLER, Rechtsprechung, 47 ff.; Botschaft GSchG [Rz. 407], 1141 ff.).

Art. 38 GSchG verbietet in Abs. 1 grundsätzlich das *Überdecken und Eindolen von Fliessgewässern* – einen Sonderfall einer Verbauung oder Korrektion – und lässt Ausnahmen lediglich in bestimmten Fällen zu (Abs. 2; HUBER-WÄLCHLI/KELLER, Rechtsprechung, 50 f.; Botschaft GSchG [Rz. 407], 1143 f.). Hingegen statuiert das GSchG keine Sanierungspflicht, d.h. keine Verpflichtung zur Offenlegung und Renaturierung bereits eingedolter Gewässer (HUBER-WÄLCHLI/KELLER, Rechtsprechung, 51 f.). Dessen ungeachtet haben einige Kantone in dieser Hinsicht Beachtliches geleistet.

427 Art. 39 GSchG untersagt grundsätzlich das *Einbringen fester Stoffe in Seen,* auch wenn sie Wasser nicht verunreinigen können (Abs. 1). Schüttungen dürfen nur in Ausnahmefällen bewilligt werden (Abs. 2), beispielsweise zur Erstellung eines öffentlichen, landseitig nicht realisierbaren Uferweges (Botschaft GSchG [Rz. 407], 1144 f.; vgl. ferner Pra 2002 Nr. 84, E. 5, Sigriswil, betreffend die Planung einer Hafenmole mit Fussweg).

428 Art. 40 GSchG und Art. 42 GSchV regeln das *Spülen und Entleeren von Stauräumen* (vgl. HUBER-WÄLCHLI/KELLER, Rechtsprechung, 53 ff.; Botschaft GSchG [Rz. 407], 1145), Art. 41 GSchG den Umgang mit *Treibgut bei Stauanlagen* (vgl. Botschaft GSchG [Rz. 407], 1146). Art. 42 GSchG befasst sich mit der *Entnahme und Einleitung von Wasser oder Abwasser* in bzw. aus natürlichen Seen und Fliessgewässern (vgl. Botschaft GSchG [Rz. 407], 1146 f.).

429 Art. 43 GSchG regelt die *Erhaltung von Grundwasservorkommen.* So darf einem Grundwasservorkommen – wie bereits im Zusammenhang mit dem

Nachhaltigkeitsprinzip erwähnt (Rz. 35) – langfristig nicht mehr Wasser entnommen werden, als ihm zufliesst (Abs. 1), da ein Absinken des Grundwasserspiegels die Trinkwasserversorgung beeinträchtigen und nachteilige Auswirkungen auf landwirtschaftliche Kulturen sowie die Stabilität von Bauten haben kann (für den Fall einer bestehenden Übernutzung vgl. Abs. 2). Ferner dürfen Grundwasservorkommen nicht durch Sondierbohrungen oder andere Eingriffe dauernd miteinander verbunden werden, wenn dadurch Menge oder Qualität des Grundwassers beeinträchtigt werden können (Abs. 3). Speichervolumen und Durchfluss nutzbarer Grundwasservorkommen dürfen durch Einbauten – d.h. tief fundierte Gebäude, Tunnels oder Dichtungswände – nicht wesentlich und dauernd verringert werden (Abs. 4). Abs. 5 befasst sich mit Stauanlagen mit geringen Stauhöhen, Abs. 6 mit grossflächigen Absenkungen von Grundwasserspiegeln (vgl. zum Ganzen Botschaft GSchG [Rz. 407], 1147 ff.).

Schliesslich regeln Art. 44 GSchG und Art. 43 GSchV die *Ausbeutung* *von Kies, Sand und anderem Material* und statuieren hiefür eine Bewilligungspflicht (vgl. HUBER-WÄLCHLI / KELLER, Rechtsprechung, 55 ff.; Botschaft GSchG [Rz. 407], 1149). 430

V. Würdigung

Die schäumenden Kloaken von einst sind verschwunden, und in den meisten Seen und Flüssen der Schweiz kann man heute wieder bedenkenlos baden. Der Gewässerschutz ist – ähnlich wie die Luftreinhaltung – ein Bereich, in dem mit *technischer Innovation* beachtliche Erfolge erzielt wurden. Die Gewässerverschmutzung als akutes, ja lebensbedrohliches Problem unserer modernen Zivilisation konnte mit technischen Lösungen und einer eigenen Infrastruktur (Kanalisationen, Abwasserreinigungsanlagen) weitgehend entschärft werden, wenn auch unter Einsatz grosser finanzieller Mittel. 431

Allerdings steht die technische Verbesserung in ständigem Wettlauf mit der rasanten Entwicklung unserer «Zivilisationsmaschine». Verbesserungen – auch hier besteht eine Parallele zur Luftreinhaltung – werden durch die *Zunahme des Drucks auf die Umwelt* oftmals neutralisiert. So gelangen beispielsweise laufend neue Stoffe mit unbekannten Auswirkungen auf den Markt und damit letztlich auch in die Gewässer. Die rasante Abnahme der Fischbestände in den Schweizer Flüssen und Bächen ist alarmierend.

Zwiespältig fällt die Bilanz zum Thema *Restwasser* aus. Seit 1975 besteht der Verfassungsauftrag, für die Sicherstellung angemessener Restwassermengen zu sorgen. Der Gesetzgeber hat diesen Auftrag – wenn auch zögerlich – umgesetzt und, zumindest auf dem Papier, für einen umfassenden Ausgleich der Nutz- und der Schutzinteressen gesorgt. Die Erfahrung zeigt allerdings, dass die Nutzinter- 432 essen in der Realität oftmals die stärkere Durchsetzungskraft besitzen als die Schutzinteressen.

Das Hauptproblem liegt indes im Umgang mit den bestehenden Wasserkraftnutzungen. Aus Scheu, allzu stark in wohlerworbene Rechte einzugreifen, hat der Gesetzgeber bloss ein sehr mildes Sanierungsregime vorgesehen, welches am status quo einstweilen wenig änderte. Es bleibt abzuwarten, wie dieses Regime dereinst umgesetzt sein wird. Die offensichtliche Unlust der Kantone, den Sanierungsauftrag an die Hand zu nehmen, ist aus der Sicht des Gewässerschutzes nicht gerade vielversprechend.

§ 10 Waldrecht

I. Einleitung

Die *bewaldete Fläche* der Schweiz beträgt heute rund 12 200 km^2 oder mehr als 433
30 % der Landesfläche, womit die Schweiz im weltweiten Durchschnitt liegt
(zum Vergleich: Afrika und Asien rund 20%, Nordamerika 25 %, Europa 45 %,
Südamerika 50 %). Während der Waldanteil aber ausserhalb Europas weltweit
abnimmt, ist er in der Schweiz stabil bzw. nimmt jährlich etwas zu (seit 1990
0,4 % pro Jahr). Das war nicht immer so. Die heutige Waldverteilung und Land-
schaftsstruktur wurde in unserem Land weitgehend durch den seit dem *Mittel-
alter* einsetzenden *Siedlungsbau* und die *intensive Rodungstätigkeit*, welche bis
ins 19. Jahrhundert andauerte, geprägt. Die zum Teil grossflächigen Waldzer-
störungen führten in der zweiten Hälfte des 19. Jahrhunderts namentlich in den
Berggebieten zu schweren Lawinen- und Naturkatastrophen. Als Antwort darauf wurde dem Bund in der *Verfassung von 1874* die «*Oberaufsicht über die
Wasserbau- und Forstpolizei*» zugewiesen. Die entsprechende Grundsatzgesetzgebungskompetenz war ursprünglich auf das Hochgebirge beschränkt. Erst 1897
wurde diese Kompetenz auf das ganze Gebiet der Schweiz ausgedehnt, weil es
sich gezeigt hatte, dass ein ungenügender Schutz des Waldes im ganzen Land
Hochwasser- und Erosionsprobleme bewirken konnte, und überdies subven-
tionspolitische Überlegungen und Interessen der Holzwirtschaft für eine gesamtschweizerische Regelung sprachen.

Mit dem 1902 erlassenen *Forstpolizeigesetz* wurde erstmals der auch aus der 434
Sicht des heutigen Natur- und Umweltschutzes wichtige und weitsichtige
Grundsatz eingeführt, dass das Waldareal der Schweiz nicht vermindert werden
soll. Weder das Gesetz noch die *Vollziehungsverordnung von 1903* enthielten
allerdings eine nähere Regelung über die Rodung; vielmehr begnügte sich der
Bund mit einer Meldepflicht der Kantone über bewilligte Ausreutungen. Die
gesetzliche Regelung wurde – insbesondere hinsichtlich der Voraussetzungen
und des Verfahrens für die Bewilligung von Rodungen – erst im Laufe des
20. Jahrhunderts namentlich durch die Revision der *Forstpolizeiverordnung von
1965* und durch die *Rechtsprechung des Bundesgerichts* weiterentwickelt, was
teilweise zur Kritik der mangelnden Gesetzmässigkeit des Forstpolizeirechts
führte.

Mit dem *Waldgesetz* von 1991 (WaG) wurden zentrale Bestimmungen wie der 435
Waldbegriff und die Rodungskompetenzen ins Gesetz aufgenommen und das
Waldrecht auf eine *breitere Verfassungsgrundlage* abgestützt, was auch in der
neuen Bezeichnung des Gesetzes zum Ausdruck kommt. Dementsprechend
wurde das materielle Recht im Hinblick auf die aktuellen Herausforderungen

ergänzt und mit anderen Regelungsbereichen, insbesondere mit dem Raumplanungs- und Umweltrecht, koordiniert. Die Zielsetzung des Gesetzes wurde hierbei insofern erweitert, als aufgrund der in den 1980er-Jahren aufgetretenen Waldschadenproblematik («Waldsterben») neben dem *quantitativen* vermehrt auch dem *qualitativen* Waldschutz Bedeutung zugemessen wurde. Zugunsten einer einheitlichen Regelung des Waldrechts wurde sodann auf die Unterscheidung von *privatem und öffentlichem Wald* und von *Schutz- und Nichtschutzwald* grundsätzlich verzichtet (vgl. Rz. 481 ff.; vgl. jedoch auch Rz. 491 zur geplanten Revision des WaG). Ausdrücklich festgehalten wurden im Zweckartikel von Art. 1 WaG überdies die traditionellen drei *Hauptfunktionen* des Waldes als Teil der belebten Umwelt, nämlich die *Schutzfunktion* (Schutz von Menschen und Sachwerten vor Naturereignissen), die *Nutzfunktion* (Produktion von Holz als erneuerbarem Rohstoff und Energieträger) sowie die *Wohlfahrtsfunktion* (Erholungsraum für die Bevölkerung, Lebensraum für Tiere und Pflanzen, landschaftsprägendes Element, Schutz vor schädlichen Umwelteinflüssen [v.a. Lärmschutz und Luftverbesserung], Sicherung von Wasservorräten) (vgl. zu den Waldfunktionen auch JAISSLE, 4 ff.).

436   In Art. 77 der neuen *Bundesverfassung von 1999* wurden die erwähnten drei *Hauptfunktionen* des Waldes (Schutz-, Nutz- und Wohlfahrtsfunktion) als materielle Zielsetzungen in die Verfassung aufgenommen (Abs. 1). Festgehalten wurde sodann an der *Grundsatzgesetzgebungs-* und *Förderungskompetenz des Bundes* auf dem Gebiet der quantitativen und qualitativen Walderhaltung (Abs. 2 und 3; vgl. zu den Förderungsmassnahmen des Bundes [Ausbildung, Beratung, Forschung, Grundlagenbeschaffung, finanzielle Leistungen] insbesondere Art. 29 ff. WaG und Art. 32 ff. WaV; zu besonderen Straf-, Verfahrens- und Vollzugsvorschriften des Bundes Art. 42 ff. WaG und Art. 65 f. WaV). Die Umsetzung der bundesrechtlichen Walderhaltungsgrundsätze obliegt dementsprechend weiterhin den Kantonen, welche ihre *Ausführungsgesetze und -verordnungen* inzwischen praktisch alle dem neuen Waldgesetz angepasst haben. Der Waldschutz ist überdies – namentlich im Zusammenhang mit dem Biodiversitäts- und Klimaschutz und der Entwicklungspolitik – auch Gegenstand des *internationalen Rechts* geworden, wobei sich dieses jedoch weitgehend auf programmatische Erklärungen und internationale Förderungsprojekte beschränkt (vgl. insbesondere das Internationale Tropenholz-Übereinkommen von 1994 [SR 0.921.11]).

437   Vgl. zur Entstehung und Entwicklung des Waldrechts allgemein JAGMETTI, Kommentar aBV, Art. 24 Rz. 7 ff., BLOETZER, und JAISSLE, 8 ff.; zum neuen Verfassungsrecht RAUSCH, Umwelt und Raumplanung, Rz. 21 f., und TRÖSCH, St. Galler Kommentar zur BV, Art. 77 Rz. 1 ff.; zum kantonalen Waldrecht SEITZ/ZIMMERMANN, 346 ff.; zum internationalen Recht HELEN KELLER, Kommentar USG, Einführung in das Umweltvölkerrecht, Rz. 72, und nachfolgend Rz. 490).

II. Waldbegriff

A. *Allgemeine Charakterisierung*

Die bundesrechtlichen Regeln über Schutz und Nutzung des Waldes gelten für 438
Wald im Sinne von Art. 2 WaG. Gemäss diesem *bundesrechtlichen Waldbegriff*
gilt grundsätzlich jede Fläche als Wald, die mit Waldbäumen oder Waldsträu-
chern bestockt ist und Waldfunktionen erfüllen kann; Entstehung, Nutzungsart
und Bezeichnung im Grundbuch sind dagegen nicht massgebend (Art. 2 Abs. 1
WaG). Diese sinngemäss von der Forstpolizeiverordnung 1965 übernommene
Legaldefinition geht von einem *qualitativen Waldbegriff* aus. Massgebend sind
die Art der Vegetation und die Erfüllung der Waldfunktionen. *Quantitativen*
Kriterien wie Fläche, Breite und Alter der Bodenbedeckung, wie sie von den
Kantonen innerhalb des bundesrechtlichen Rahmens festzulegen sind (Art. 2
Abs. 4 WaG), kommt dagegen nur eine *Hilfsfunktion* zu, indem bei Erreichen
bestimmter Schwellenwerte grundsätzlich davon auszugehen ist, dass eine Bestockung als Wald gilt, ohne dass weitere Detailuntersuchungen zur Waldqualität erforderlich sind (vgl. auch BGE 122 II 72, E. 3b, Kilchberg).

Aufgrund der Legaldefinition von Art. 2 WaG lässt sich der Wald nicht ein für 439
allemal räumlich festlegen. Vielmehr kann grundsätzlich jederzeit neuer Wald
entstehen, wenn die entsprechenden qualitativen und quantitativen Voraussetzungen gegeben sind und der Eigentümer nicht alles zur Verhinderung der Bewaldung vorgekehrt hat, was unter den gegebenen Umständen vernünftiger-
weise von ihm erwartet werden konnte (BGE 124 II 85, E. 4d, Balgach). Daher
wird auch von einem *dynamischen Waldbegriff* gesprochen (vgl. dazu insbesondere JAISSLE, 96 ff.; zum Vorbehalt der festen Abgrenzung gegenüber der Bauzone gemäss Art. 13 WaG Rz. 466).

B. *Begriffsmerkmale und Abgrenzungen*

1. *Qualitative Anforderungen*

Aufgrund des primär qualitativen Waldbegriffs gemäss Art. 2 Abs. 1 WaG gilt als 440
Wald grundsätzlich jede Fläche mit *tatsächlich vorhandener forstlicher Vegetation,* das heisst mit *Waldbäumen* und / oder *Waldsträuchern,* wobei es im Prinzip
gleichgültig ist, ob eine Waldbestockung vom Grundeigentümer gewollt ist oder
nicht (BGE 107 Ib 355, E. 2d, Küsnacht) bzw. ob und wie die Waldfläche genutzt
wird (BGE 111 Ib 300, E. 4, Oberägeri; zum Vorbehalt für den Fall, dass der
Eigentümer alle zumutbaren Massnahmen zur Verhinderung der Bewaldung
getroffen hat, vgl. Rz. 439). Es genügt im Übrigen, wenn die betreffende Fläche
einzelne von mehreren *Waldfunktionen* gemäss Art. 1 Abs. 1 Bst. c WaG
(Schutz-, Wohlfahrts- und Nutzfunktion) erfüllen kann (die Wohlfahrtsfunktion

erfasst neben der Schaffung von Erholungsraum namentlich auch Interessen des Immissions-, Gewässer-, Landschafts- und Naturschutzes; vgl. BGE 124 II 85, E. 3d/bb, Balgach). Unmassgeblich für die Waldeigenschaft sind die Bezeichnung eines Grundstücks im Grundbuch, sein Steuerwert oder der Verkaufspreis (BGE 104 Ib 232, E. 2b, Morcote).

441 Obwohl das Gesetz einen naturnahen Wald anstrebt (Art. 1 Abs. 1 Bst. b WaG), spielt es keine Rolle, ob es sich um *natürlich gewachsene, künstlich angepflanzte* oder gar *standortfremde Waldvegetation* (sog. Kunstwälder) handelt. Lediglich reine Zier- oder Parkbäume (z.B. Rosskastanien) vermögen grundsätzlich keinen Wald zu bilden (BGE 124 II 165, E. 8, Flims; die Liste der *anerkannten Waldbäume und -sträucher* findet sich heute in Anhang 9 der Pflanzenschutzverordnung vom 28. Februar 2001 [SR 916.20]). Vom Waldbegriff erfasst werden im Übrigen auch *besondere Waldformen* wie Auenwälder, Ufergehölze, Strauch- und Gebüschwälder, Legföhren- und Erlenbestände, aufgelöste Bestockungen an der oberen Waldgrenze, Schutz- und Sicherheitsstreifen, Parkwälder und Forstgärten im Walde (Jenni, Vor lauter Bäumen, 33).

442 Grundsätzlich muss es sich um *bestockte,* d.h. mit Bäumen und Sträuchern bewachsene *Flächen* handeln. In *besonderen Fällen* gelten aber auch nicht oder nur teilweise bestockte Flächen als Wald. Dies gilt zunächst aufgrund von Art. 2 Abs. 2 Bst. a WaG für die *Weidwälder* und die (noch weniger dicht) *bestockten Weiden* (Wytweiden; vgl. dazu Art. 2 WaV), welche traditionellerweise gemischt (land- und forstwirtschaftlich) genutzt werden und dies namentlich auch im Interesse des Landschaftsschutzes bleiben sollen. In die gleiche Kategorie fallen auch die sog. *Selven* (Edelkastanien- und Nussbaumbestockungen, welche in der Regel ebenfalls beweidet werden). Entscheidend für die Waldeigenschaft ist hierbei, dass effektiv eine Weidenutzung der unbestockten Flächen erfolgt und es sich also nicht um eine Mähwiese handelt, welche allenfalls ergänzend noch beweidet wird (BGE 120 Ib 339, E. 4, St. Moritz). Als Wald gelten gemäss Art. 2 Abs. 2 Bst. b WaG aber auch *unbestockte* oder *ertragslose Flächen* eines Waldgrundstückes. Dazu gehören nicht nur Waldlichtungen, Felsbänder, Nassstandorte, Geröllhalden und kleine Gewässer (vgl. auch BGE 124 II 165, E. 6, Flims [Einbuchtungen des Waldsaums]), sondern nach ausdrücklicher Vorschrift insbesondere auch *Blössen* (aufgrund von Naturereignissen oder unerlaubten Eingriffen vorübergehend unbestockte Flächen, welche gemäss Art. 23 WaG nötigenfalls wieder zu bestocken sind; vgl. BGE 111 Ib 300, E. 2, Oberägeri) sowie *Waldstrassen* und *andere forstliche Bauten und Anlagen* (v.a. Werkhöfe), also sog. zonenkonforme Bauten und Anlagen (vgl. dazu Rz. 473 f.), welche der zweckmässigen Bewirtschaftung und Erhaltung des Waldes, nicht aber andern Zwecken (z.B. Tourismus, Landwirtschaft, Energieversorgung, Abfallentsorgung) dienen (vgl. BGE 111 Ib 45, E. 3c, Tortin [Waldstrasse], 106 Ib 141, E. 4, Leuk [Holzlagerplatz]). Auch *nichtforstliche Kleinbauten* bedürfen keiner Rodungsbewilligung und ändern daher nichts an der Qualität der betroffenen Fläche als Waldboden (vgl. Rz. 452, 476). Ebenfalls Wald bilden gemäss Art. 2 Abs. 2 Bst. c WaG Grundstücke, für die eine *Aufforstungspflicht* besteht (vgl. BGE 124 II 252, E. 2a, Teuftal [Wiederaufforstungspflicht im Falle einer Deponie]). Bei *Erteilung einer Rodungsbewilligung* entfällt die Waldqualität des betreffenden Bodens sodann erst mit dem Beginn der zweckentfremdenden Bodenveränderung (vgl. Rz. 450).

443 Art. 2 Abs. 3 WaG enthält sodann noch einen *Negativkatalog.* Danach gelten zunächst *isolierte Baum- und Strauchgruppen, Hecken und Alleen* nicht als Wald, zumal in diesen Fällen regelmässig die quantitativen Waldanforderungen nicht erfüllt sind. Für solche

Bestockungen gelten jedoch unter Umständen Biotopschutz- oder andere Naturschutz-vorschriften (vgl. für Biotope Rz. 526, 573 ff., für Einzelbäume Rz. 523, 536, für die Ufervegetation Rz. 606 ff. und für Hecken auch Rz. 613 f.). Keinen Wald bilden gemäss dem Negativkatalog sodann *Garten-, Grün- und Parkanlagen.* In allen drei Fällen muss es sich um eigens angelegte Bestände zum Zweck der Verschönerung des gestalteten Raums oder der Erholung handeln (nicht bloss geduldeter natürlicher Einwuchs), und es müssen die Anlagetypen im Falle einer späteren Vernachlässigung zumindest noch als solche klar erkennbar sein (vgl. für Grünanlagen BGE 124 II 85, E. 4d, e, Balgach, Bundesgerichtsurteil in ZBl 2003, 377 ff., E. 3, Grenchen, und Bundesgerichtsurteil 1A.100/2002 vom 10. Oktober 2002, E. 4, Kriens; für Parkanlagen die Bundesgerichtsur-teile in ZBl 1998, 121 ff., E. 3, Schaffhausen, in ZBl 1998, 123 ff., E. 3, Basel, sowie in ZBl 2003, 491 ff., E. 3, Kreuzlingen; vgl. dazu auch NAY, 365 f.). Ebenfalls ausdrücklich ausge-nommen sind *Baumkulturen, die auf offenem Land* zur kurzfristigen Nutzung angelegt worden sind (vgl. jedoch BGE 111 Ib 300, E. 3, Oberägeri [nicht genutzte Christbaum-kultur wird zu Wald]). Schliesslich bilden aus Gründen der Sicherheit auch Bäume und Sträucher *auf Einrichtungen zur Stauhaltung* und in deren *unmittelbarem Vorgelände* (Streifen von in der Regel 10 m Breite) keinen geschützten Wald (vgl. Art. 3 WaV und dazu JENNI, Vor lauter Bäumen, 35).

2. *Quantitative Anforderungen*

Bereits aus dem Negativkatalog von Art. 2 Abs. 3 WaG ergibt sich, dass für das Vorliegen von Wald grundsätzlich auch gewisse quantitative Voraussetzungen gegeben sein müssen, da einzelne wenige Bestockungen allein die Waldfunktio-nen nicht erfüllen können. Diese quantitativen Anforderungen sind aufgrund von Art. 2 Abs. 4 WaG von den Kantonen innerhalb des vom Bundesrat festge-setzten Rahmens zu bestimmen. Gemäss Art. 1 Abs. 1 WaV muss die *Waldfläche* (mit Einschluss eines zweckmässigen Waldsaumes) mindestens 200–800 m² und die *Breite* (ebenfalls mit Einschluss eines zweckmässigen Waldsaumes) mindes-tens 10–12 m betragen; das *Mindestalter* der Bestockung auf den Einwuchsflä-chen muss sodann bei 10–20 Jahren liegen. Die *Kantone* müssen von diesem grossen Ermessensspielraum in ihrem Ausführungsrecht *differenziert* nach den örtlichen und klimatologischen Gegebenheiten *Gebrauch machen.* Soweit sie dies nicht tun und schematisch die Höchstwerte als massgebend erklären, ist dies zwar nach der Rechtsprechung des Bundesgerichts nicht ohne weiteres bundesrechtswidrig, doch darf auf die entsprechenden Werte im Sinne einer bundesrechtskonformen Rechtsauslegung und -anwendung gegebenenfalls nicht abgestellt werden, da die qualitativen Voraussetzungen nach Art. 2 Abs. 1 WaG den quantitativen Kriterien nach Art. 1 Abs. 1 WaV vorgehen (BGE 125 II 440, E. 3, Kt. Zürich; vgl. dazu auch die Bemerkungen von GRIFFEL in URP 1999, 839 ff.).

444

Hinzuweisen ist namentlich auf die Praxis des Bundesgerichts, wonach *Wald-flächen ab 500 m²* regelmässig Waldfunktionen erfüllen (BGE 124 II 165, E. 5c, Flims; vgl. zum Erfordernis der Berücksichtigung aller qualitativen und quanti-tativen Aspekte auch BGE 122 II 274, E. 4b, Wartau). Überdies besteht aufgrund von Art. 2 Abs. 4 WaG bzw. Art. 1 Abs. 2 WaV ohnehin der Vorbehalt, dass Bestockungen, die *in besonderem Masse Wohlfahrts- oder Schutzfunktionen* er-

445

füllen, unabhängig von Fläche, Breite und Alter als Wald gelten. Dies trifft etwa dann zu, wenn die betreffende Vegetation auch im Schutzbereich des NHG oder des GSchG liegt (vgl. für die Ufervegetation BGE 122 II 274, E. 5, Wartau) oder eine besondere Landschaftsgliederungsfunktion erfüllt bzw. eine erhebliche Schneerutschgefahr zu verhindern vermag (BGE 120 Ib 339, E. 5d, e, St. Moritz; vgl. zum Ganzen auch SEITZ / ZIMMERMANN, 348 f., und NAY, 362 ff.).

C. Waldfeststellung

446 Da die Frage, ob einer bestimmten Fläche aufgrund des bundesrechtlichen Waldbegriffs Waldqualität zukommt, häufig nicht einfach zu beantworten, hinsichtlich der Rechtsfolgen aber von grosser Tragweite ist, sieht Art. 10 WaG in Anlehnung an die bisherige Praxis des Bundesgerichts ein *besonderes Waldfeststellungsverfahren* vor. Wer ein schutzwürdiges Interesse nachweist, kann vom Kanton feststellen lassen, ob eine Fläche Wald darstellt (Art. 10 Abs. 1 WaG). Erforderlich ist somit entsprechend der allgemeinen Regelung von Art. 25 VwVG ein schutzwürdiges Feststellungsinteresse. Ein solches besitzt insbesondere der Eigentümer, welcher bei der Nutzung seines Grundstücks eine Bestockung als Hindernis empfindet, und andererseits der Nachbareigentümer, für welchen die Waldfeststellung Auswirkungen haben kann (z.B. hinsichtlich des Waldabstands oder der Berechnung der Ausnützungsziffer). Fraglich ist, ob ein genügendes Interesse auch weiter entfernten Anwohnern und Natur- und Heimatschutzorganisationen zukommt, was das Bundesgericht unter dem alten Recht ausdrücklich abgelehnt hat (vgl. dazu die Hinweise bei JAISSLE, 86 f.).

447 Von Amtes wegen ist ein Waldfeststellungsverfahren durchzuführen, wenn bei der Nutzungsplanung *Wald* und *Bauzone* voneinander abzugrenzen sind (Art. 10 Abs. 2 WaG; vgl. dazu Rz. 466) oder wenn dies in einem Einzelfall die *Rechtssicherheit* oder ein *anderes Verfahren* (insbesondere ein Rodungsverfahren) erfordern (Bundesgerichtsurteil in ZBl 1998, 37 ff., E. 2, Ingenbohl). In jedem Fall zu beachten ist das rechtliche Gehör der Betroffenen, weshalb gegebenenfalls eine öffentliche Auflage der vorgesehenen Waldfestlegung erfolgen muss. Im Waldfeststellungsverfahren, welches durch eine Feststellungsverfügung im Sinne von Art. 5 Abs. 1 VwVG abgeschlossen wird (vgl. zu deren Inhalt auch Art. 12 WaV), ist grundsätzlich lediglich zu prüfen, ob einer bestimmten Fläche aufgrund der massgebenden Kriterien *im Zeitpunkt des Entscheids* Waldqualität zukomme, während eine Abwägung mit berührten privaten oder anderen öffentlichen Interessen erst im Rodungsverfahren stattfinden kann (BGE 124 II 85, E. 3e, Balgach). Nicht zu prüfen ist auch, ob eine Bestockung aus andern Gründen (z.B. Natur- oder Ortsbildschutz) schützenswert ist (Bundesgerichtsurteil in ZBl 1998, 121 ff., E. 3b, Schaffhausen). Hingegen sind Fragen des Vertrauensschutzes, welche für die Beurteilung der Waldqualität selber relevant

sind (z.B. vertragliche Zusicherungen oder das Verhalten der Behörden), schon im Waldfeststellungsverfahren zu berücksichtigen (Bundesgerichtsurteil in ZBl 1998, 123 ff., E. 4a, Basel; a.M. KELLER, Waldgesetzgebung, 146).

Zuständige Behörde für den Erlass der Feststellungsverfügung ist grundsätzlich eine vom Kanton bezeichnete Behörde (Art. 10 Abs. 1 WaG) bzw. – im Zusammenhang mit Rodungsverfahren – die zuständige Rodungsbehörde (Art. 10 Abs. 3 WaG; vgl. dazu Rz. 460 f.). Die *Gültigkeit* eines *Waldfeststellungsentscheids* ist durch den dynamischen Waldbegriff in zeitlicher Hinsicht beschränkt, soweit die Waldgrenze nicht gestützt auf Art. 13 WaG im Zonenplan eingetragen wird. 448

III. Grundsatz der Walderhaltung

A. *Rodungsverbot*

Ein Hauptzweck des Waldgesetzes besteht entsprechend dem verfassungsmässigen Auftrag (Art. 77 BV) – wie nach dem früheren Recht – darin, dass der Wald in seiner Fläche und räumlichen Verteilung erhalten bleibt (Art. 1 Abs. 1 Bst. a WaG), weshalb die Waldfläche nicht vermindert werden soll (Art. 3 WaG). Im Unterschied zum früheren Recht wird jedoch in Art. 5 Abs. 1 WaG ausdrücklich ein *Rodungsverbot* statuiert. Rodungen sind daher nur noch mit einer *Ausnahmebewilligung* zulässig (Art. 5 Abs. 2 WaG). Das Rodungsverbot stellt eine gesetzliche Eigentumsbeschränkung dar, welche primär polizeilich motiviert ist (vgl. zum ursprünglichen polizeilichen Zweck der Walderhaltung Rz. 433 f.), weshalb die Ablehnung eines Rodungsgesuches keinen Entschädigungsanspruch zur Folge haben kann (vgl. auch BGE 96 I 123, Engelberg). 449

Unter Rodung wird – entgegen dem landläufigen Verständnis – nicht die (einleitende) Entfernung der Bestockung, sondern erst die *dauernde oder vorübergehende Zweckentfremdung* von Waldboden verstanden (Art. 4 WaG), welche erst mit dem Beginn einer entsprechenden zweckentfremdenden Bodenveränderung (in der Regel einer baulichen Massnahme) vollendet ist (vgl. Bundesgerichtsurteil in ZBl 1995, 42 ff., E. 5c, St. Moritz). *Weniger weit gehende,* aber für den Wald ebenfalls *nachteilige Nutzungen* bedürfen einer Bewilligung nach Art. 16 Abs. 2 WaG (vgl. dazu Rz. 479; zur Abgrenzung BGE 100 Ib 482, E. 5 und 6, Giubiasco, betr. Aufstellen eines Wohnwagens [Pra 1975 Nr. 79]). Für das Fällen einzelner Bäume oder für Kahlschläge im Rahmen der *Waldbewirtschaftung* bestehen sodann ebenfalls *besondere Bewilligungspflichten* (vgl. Rz. 484). 450

Wird eine Waldrodung ohne rechtskräftige Bewilligung vorgenommen, ist dies als *Vergehen strafbar* (Art. 42 Abs. 1 Bst. a WaG). Ferner besteht aufgrund von 451

Art. 7 bzw. 23 WaG – je nach den Umständen – eine Pflicht zur *Ersatz- oder Wiederaufforstung*. Die Befugnis der zuständigen Behörden, nach einer widerrechtlichen Rodung eine Ersatz- oder Wiederaufforstung anzuordnen, ist mangels besonderer Regelung auf *30 Jahre* befristet *(Verwirkungsfrist)*, wobei der Schutz des berechtigten Vertrauens vorbehalten bleibt (BGE 105 Ib 265, E. 6, Untersiggenthal).

452 Um frühzeitig Klarheit für die Verwirklichung entsprechender Projekte zu schaffen, verlangt Art. 12 WaG bereits für die *Zuweisung* von Wald zu einer *Nutzungszone* (durch einen Rahmennutzungs- oder durch einen Sondernutzungsplan) eine Rodungsbewilligung (vgl. Rz. 464). Andererseits gelten die Beanspruchung von Waldboden für *forstliche Bauten und Anlagen* (z.B. Waldstrassen, Forsthütten und -werkhöfe) sowie *nichtforstliche Kleinbauten und -anlagen* (z.B. bescheidene Rastplätze, Sport- und Lehrpfade, erdverlegte Leitungen und Kleinantennen) sowie die *Zuweisung* von Wald zu einer *Schutzzone* aufgrund ihrer Waldverträglichkeit bzw. angesichts des unbedeutenden Eingriffs grundsätzlich nicht als Rodung (Art. 4 WaV).

B. Rodungsbewilligung

1. Voraussetzungen

453 Ausgehend vom grundsätzlichen Rodungsverbot (Art. 5 Abs. 1 WaG) wird die Rechtsnatur der Rodungsbewilligung in Art. 5 Abs. 2 WaG klargestellt: Es handelt sich nicht um eine Polizeibewilligung, sondern um eine Ausnahmebewilligung, welche nur in wirklichen Sonderfällen erteilt werden darf, wobei der Ausnahmetatbestand strikt an die im Gesetz genannten Voraussetzungen gebunden bleiben muss. Die entsprechenden Voraussetzungen sind weitgehend aus dem früheren Forstpolizeirecht übernommen worden, weshalb die dazu entwickelte Rechtsprechung grundsätzlich weiterhin massgebend ist (BGE 119 Ib 397, E. 5b, Ried-Brig; vgl. zur Rechtsnatur der Rodungsbewilligung auch Jaissle, 124 ff.).

454 Erforderlich sind zunächst *wichtige Gründe* für die Rodung, die das Interesse an der Walderhaltung überwiegen (Art. 5 Abs. 2 WaG). Das öffentliche Interesse an der Walderhaltung wird hierbei von Gesetzes wegen vermutet, wobei der momentane Waldzustand für die Interessenabwägung keine Rolle spielt (BGE 112 Ib 556, E. 3, Chiasso). Der Gesuchsteller muss demnach nachweisen, dass wichtige Gründe und ein überwiegendes Interesse öffentlicher oder privater Natur für die Rodung bestehen. Erforderlich ist hierbei eine umfassende, alle einschlägigen Gesetze einbeziehende Interessenabwägung (BGE 123 II 88, E. 2, Niederlenz), welche neben den raumplanerischen und ökologischen insbesondere auch die polizeilichen Interessen an der Walderhaltung (Schutz vor Naturereignissen) berücksichtigt (BGE 112 Ib 195, E. 6, Crans-Montana).

Blosse finanzielle Interessen an einer Rodung, wie die möglichst einträgliche 455
Nutzung des Bodens oder die billige Beschaffung von Land für nichtforstliche
Zwecke, bilden freilich keine wichtigen Gründe (Art. 5 Abs. 3 WaG); hingegen
dürfen volkswirtschaftliche Interessen (Tragbarkeit von Mehrkosten für öffentliche Werke) berücksichtigt werden (BGE 98 Ib 213, E. 7c/bb, Aarau). Ein überwiegendes Interesse an der Schaffung von Bauland oder von neuen Sportanlagen im Waldgebiet (nicht nur an punktuellen Verbesserungen einer bereits
bestehenden Sportanlage) ist grundsätzlich nur gegeben, wenn diese Projekte
für die Gemeinde von existenzieller Bedeutung sind.

Kasuistik: Vgl. für die Schaffung von *Bauland* BGE 99 Ib 497, Melano [überwiegendes 456
Interesse bejaht], demgegenüber BGE 116 Ib 469, E. 3c, Personico, und BGE 119 Ib 397,
E. 6, Ried-Brig [überwiegendes Interesse verneint]: eine Rodungsbewilligung ist nur erhältlich, wenn die betreffende Gemeinde einen sehr grossen Waldanteil und wenig offe-
nes Land aufweist und das Baulandbedürfnis durch die Ortsplanung überzeugend nachgewiesen ist; für *Sportanlagen* vgl. BGE 112 Ib 556, Chiasso [Golfplatz], BGE 113 Ib 411,
Bürchen [Skipisten], Bundesgerichtsurteil in ZBl 1987, 498 ff., Haag [Fussballplatz], wobei in allen drei Fällen ein überwiegendes Interesse verneint wurde. Rodungen
für *landwirtschaftliche Zwecke* sind nur für kleinere Flächen zulässig, wenn wichtige
landwirtschaftliche Meliorationen sonst verunmöglicht werden oder dies für die Exis-
tenzfähigkeit eines Landwirtschaftsbetriebes erforderlich ist, sofern keine Gründe des
Landschaftsschutzes dagegen sprechen (BGE 114 Ib 224, E. 10d, Salgesch [Rebbergme-
lioration]). Rodungen für die *Rohstoffversorgung* (insbesondere mit Kies) sind zulässig,
wenn die Standortgebundenheit der Anlage im Rahmen der kantonalen Richt- und Nutzungsplanung dargetan ist und nicht Landschafts- oder Gewässerschutzinteressen überwiegen (BGE 103 Ib 54, E. 2, Gunzgen, und unveröffentlichtes Bundesgerichtsurteil vom
15. März 1991, Bremgarten AG); die Erstellung einer *Deponie* im Wald ist nur möglich,
wenn die Standortgebundenheit der Anlage aufgrund der kantonalen Abfallplanung
nachgewiesen ist (BGE 120 Ib 400, E. 4, Wittinsburg, und BGE 124 II 252, E. 4, Mühleberg). Eine Rodungsbewilligung für *Strassen,* die vorwiegend nichtforstlichen Zwecken
dienen, ist möglich, wenn hiefür – und auch für die gewählte Linienführung – ein genügend wichtiges, das Walderhaltungsinteresse überwiegendes Bedürfnis spricht (BGE
98 Ib 213, E. 7, Gönhardwald [kantonale Hauptstrasse], BGE 112 Ib 409, Flims [Quar-
tierstrasse], BGE 114 Ib 241, Giswil [landwirtschaftliche Güterstrasse]). – *Statistischer
Hinweis:* Im Jahr 2000 wurden gesamtschweizerisch 111,6 ha Waldboden gerodet; davon
entfielen 44% auf Rohstoffgewinnung, 36% auf Verkehrsanlagen, 5% auf Entsorgung,
3% auf Sport, Tourismus, Freizeit, 3% auf Energie- und Leitungsanlagen und 2% auf
Hochbau.

Als zusätzliche Voraussetzung verlangt Art. 5 Abs. 2 Bst. a WaG, dass das Werk, 457
für das gerodet werden soll, auf den vorgesehenen Standort angewiesen ist. Dies
ist im Sinne einer *relativen Standortgebundenheit* zu verstehen, verlangt jedoch
eine umfassende Abklärung von valablen Alternativstandorten, deren Mehrzahl
ausserhalb des Waldes liegen muss (vgl. BGE 119 Ib 397, E. 6a, Ried-Brig, und
für Deponien insbesondere BGE 120 Ib 400, E. 4c, Wittinsburg). Das geplante
Werk muss sodann die *Voraussetzungen der Raumplanung* erfüllen (Art. 5 Abs. 2
Bst. b WaG), d.h. einer an den Planungsgrundsätzen ausgerichteten Nutzungsplanung entsprechen (BGE 119 Ib 397, E. 6a, Ried-Brig). Schliesslich darf die
Rodung *nicht* zu einer *Gefährdung der Umwelt* führen (Art. 5 Abs. 2 Bst. c

WaG), und es muss dem *Natur- und Heimatschutz* Rechung getragen werden (Art. 5 Abs. 4 WaG) (vgl. dazu die Entscheide bei Rz. 456).

458 Sofern eine Rodung bewilligt werden kann, ist sodann *in derselben Gegend* mit vorwiegend standortgerechten Arten *Realersatz* zu leisten (Art. 7 Abs. 1 WaG; zu den Anforderungen an den Realersatz auch Art. 8 WaV), wobei die Modalitäten der Ersatzleistung im Rodungsentscheid festgehalten werden müssen (Art. 7 Abs. 1 WaV) und die entsprechende Pflicht im Grundbuch anzumerken ist (Art. 11 WaV). Ausnahmsweise kann zur Schonung landwirtschaftlicher Vorrangflächen sowie ökologisch oder landschaftlich wertvoller Gebiete Realersatz *in einer andern Gegend* geleistet werden (Art. 7 Abs. 2 WaG). Dies geht freilich nicht, wo aufgrund von Biotopschutz-Vorschriften Ersatz im gleichen Raum geschaffen werden muss (vgl. BGE 115 Ib 224, E. 5c/cc, Pradella, und dazu Rz. 560, 580). In Ausnahmefällen können auch lediglich *Massnahmen zugunsten des Natur- und Landschaftsschutzes* getroffen werden, insbesondere wo kein Bedarf an zusätzlichem Wald besteht (Art. 7 Abs. 3 WaG; Beispiel: Bundesgerichtsurteil in AJP 1998, 343 ff., N1 Yverdon-Avenches [Schaffung eines Wilddurchgangs]). Wird auf einen Realersatz in derselben Gegend verzichtet, haben die Kantone für allfällige Minderkosten der Ersatzmassnahmen eine Ersatzabgabe zu erheben, welche für Walderhaltungsmassnahmen zu verwenden ist (Art. 8 WaG, Art. 10 WaV; vgl. auch BGE 120 Ib 161, Chiggiogna). Lediglich bei der Rodung von *Einwuchs im Hochwasserprofil* kann auf einen Realersatz ganz verzichtet werden (Art. 7 Abs. 4 WaG; vgl. zum Ganzen auch eingehend JAISSLE, 150 ff.).

459 Schliesslich ist noch auf den *Rechtsetzungsauftrag* von Art. 9 WaG hinzuweisen, wonach die Kantone dafür zu sorgen haben, dass durch Rodungsbewilligungen entstehende erhebliche Vorteile angemessen ausgeglichen werden *(Mehrwertabschöpfung;* vgl. dazu und zum Verhältnis zu Art. 5 Abs. 1 RPG auch KELLER, Waldgesetzgebung, 149; eher kritisch JAISSLE, 166 ff.; zu den zum Teil ungenügenden gesetzlichen Grundlagen in den Kantonen SEITZ/ZIMMERMANN, 349 f.).

2. Zuständigkeit und Verfahren

460 Die *Zuständigkeit* zur Beurteilung von Rodungsgesuchen ist im Zusammenhang mit der Reorganisation der von Bundesbehörden durchzuführenden Projektbewilligungsverfahren durch das Bundesgesetz über die Koordination und Vereinfachung von Entscheidverfahren vom 18. Juni 1999 (Sammelerlass, publiziert in AS 1999, 3071 ff.; vgl. dazu HALLER/KARLEN, Rz. 800 ff.) neu geregelt worden, wobei – im Gegensatz zum früheren Recht – unabhängig von der Grösse der betroffenen Fläche je nach der Projektbewilligungszuständigkeit entweder die *Leitbehörde des Bundes* oder eine *kantonale Behörde* über die Rodungsbewilligung entscheidet (Art. 6 Abs. 1 WaG). Ist die Rodungsfläche grösser als 5000 m² (zur Berechnung vgl. Art. 6 Abs. 2 WaV) oder liegt der zu rodende Wald in mehreren Kantonen, ist das BUWAL vor dem Entscheid jedoch weiterhin anzuhören (Art. 6 Abs. 2 WaG); umgekehrt sind bei Bundeszuständigkeit auch die betroffenen Kantone anzuhören (Art. 49 Abs. 2 WaG, Art. 6 Abs. 1 WaV).

Die *Neuregelung der Rodungszuständigkeit* stellt insbesondere sicher, dass eine 461
umfassende Interessenabwägung durch die für die Rodungs- und Baubewilli-
gungserteilung zuständige Behörde erfolgt (vgl. zu diesem Erfordernis insbesondere BGE 117 Ib 325, E. 2a, Herisau), wobei es den Kantonen aber
freigestellt bleibt, ob die Baubewilligungsbehörde selber auch für den Rodungsentscheid zuständig ist oder dieser Entscheid nur in das koordinierte Verfahren
gemäss Art. 25a RPG einbezogen wird. Jedenfalls aber kann für den Rodungsentscheid aufgrund von Art. 6 Abs. 1 Bst. b WaG nur eine kantonale (nicht eine
kommunale) Behörde zuständig erklärt werden. Bestehen geblieben ist auch die
besondere waldrechtliche Koordinationsvorschrift von Art. 11 Abs. 2 WaG, wonach Ausnahmebewilligungen nach Art. 24 ff. RPG nur *im Einverständnis mit
der Rodungsbewilligungsbehörde* erteilt werden dürfen (vgl. zur Neuregelung
von Rodungszuständigkeit und -verfahren eingehend WILD, Rodungsbewilligung, 113 ff.; zur kantonalen Rodungszuständigkeit bei Seilbahnprojekten jedoch Bundesgerichtsurteil in URP 2003, 347 ff., Trient).

Gemäss Art. 5 WaV ist das *Rodungsgesuch* bei der für die Beurteilung des Ge- 462
suchs zuständigen Behörde einzureichen (Abs. 1). Diese macht das Gesuch öffentlich bekannt und legt die Akten zur Einsicht auf (Abs. 2; vgl. auch Art. 25a
Abs. 2 Bst. b RPG). Das BUWAL erlässt Richtlinien über den Inhalt des
Rodungsgesuchs (Abs. 3; vgl. dazu das Kreisschreiben Nr. 1 der Eidg. Forstdi-
rektion vom 19. September 2000). Das Rodungsverfahren ist sodann mit dem
Baubewilligungsverfahren zu koordinieren (vgl. Rz. 471) und bei UVP-pflichtigen Anlagen gemäss Art. 21 UVPV auch in die Umweltverträglichkeitsprüfung
einzubeziehen. Art. 7 WaV enthält sodann Vorschriften über den Mindestinhalt
von *Rodungsentscheiden* (Abs. 1) und sieht eine *Rodungsstatistik* des Bundes
vor (Abs. 2). Die einzelnen Rodungsverfügungen und -entscheide der Kantone
sind dem BUWAL sodann – auch im Hinblick auf dessen umfassendes Beschwerderecht nach Art. 46 Abs. 2 WaG – mitzuteilen (Art. 66 Abs. 2 WaV). Im
Unterschied zum früheren Recht sind die Rodungsbewilligungen zu befristen,
wobei eine Verlängerung aufgrund einer neuen Prüfung der Verhältnisse möglich ist (Art. 5 Abs. 5 WaG und dazu BGE 119 Ib 397, E. 5c, Ried-Brig; zum massgebenden Zeitpunkt für die Vollendung einer Rodung Rz. 450).

IV. Wald und Raumplanung

A. *Vorbehalt der Waldgesetzgebung*

Gemäss Art. 18 Abs. 3 RPG ist das *Waldareal* durch die Forstgesetzgebung um- 463
schrieben und geschützt, womit insbesondere für die Bestimmung des Waldgebietes und die Zulässigkeit von Rodungen die *Waldgesetzgebung* vorbehalten
wird. Damit wird der Wald freilich nicht dem Geltungsbereich des *Raumplanungsrechts* entzogen. Das RPG ist vielmehr im Wald ebenfalls anwendbar, so-

weit das Waldgesetz dies zulässt. Dies wird unter anderem dadurch bestätigt, dass das Waldgesetz – wie nachfolgend zu zeigen ist – verschiedene Bestimmungen über die Koordination von Waldrecht und Raumplanungsrecht enthält. Obwohl nicht ausdrücklich erwähnt, sind im Übrigen auch auf der Stufe der *kantonalen Richtplanung* Schutz- und Nutzungskonflikte bezüglich des Waldes zu behandeln (vgl. dazu JENNI, Vor lauter Bäumen, 9 ff., JAISSLE, 219 ff.; zur eigentlichen forstlichen Planung auch Rz. 482).

B.   Wald und Nutzungsplanung

1.   Sonderstellung des Waldes in der Nutzungsplanung

464   Aus dem Vorbehalt von Art. 18 Abs. 3 RPG ergibt sich, dass der Wald – neben den Gewässern – als einziges Gebiet *keiner Nutzungszone* im Sinne der Art. 14 ff. RPG zugeordnet werden muss und in Nutzungsplänen grundsätzlich auch *nicht mit verbindlicher Wirkung* eingetragen werden kann (vgl. zur Regelung der Waldfeststellung Rz. 446 ff.; zur Abgrenzung gegenüber der Bauzone aber nachfolgend Rz. 466). Sofern die Waldabgrenzung nach Waldrecht und die übrigen Walderhaltungsvorschriften nicht tangiert werden, können jedoch auch *besondere Zonen* für den Wald (z.B. Gefahren- oder Erholungszone) geschaffen werden (Bundesgerichtsurteil in ZBl 1974, 351 ff., St. Moritz; vgl. heute auch Art. 18 Abs. 1 RPG). Zulässig ist es insbesondere, Wald einer *Schutzzone* nach Art. 17 RPG zuzuordnen, sofern das Schutzziel mit der Walderhaltung in Einklang steht (Art. 4 Bst. b WaV). Die Zuweisung von Wald in eine andere Zone (insbesondere in eine *Bau- oder Landwirtschaftszone*) bedarf demgegenüber einer Rodungsbewilligung (Art. 12 WaG; zu den entsprechenden Anforderungen Rz. 454 ff.). Das Gleiche gilt auch für projektbezogene Sondernutzungspläne (BGE 122 II 81, E. 6d/ee, Umfahrungsstrasse Wagen – Eschenbach – Schmerikon; zur Koordination von Planungs- und Rodungsverfahren KELLER, Waldgesetzgebung, S. 148).

465   Aus dem Zusammenhang der beiden Gesetzgebungen ergibt sich schliesslich, dass der Wald jedenfalls *Nichtbaugebiet* im Sinne des RPG ist (vgl. auch BGE 123 II 499, E. 2b/bb, Reinach), womit Bauten und Anlagen im Wald einer Ausnahmebewilligung nach Art. 24 ff. RPG benötigen, soweit sie «nicht zonenkonform» sind, d.h. keinen forstlichen Zwecken dienen (vgl. dazu Rz. 470 ff.). Vgl. im Übrigen zum Einbezug von Wald in die Nutzungsplanung auch eingehend JAISSLE, 224 ff., 239 f.).

2.   Abgrenzung von Wald und Bauzonen

466   Zu einer Ausnahme vom dynamischen Waldbegriff (Rz. 439) führt die Regelung von Art. 10 Abs. 2 WaG, wonach beim Erlass und bei der Revision von Nutzungsplänen von Amtes wegen ein *Waldfeststellungsverfahren* durchzuführen

ist, wo Bauzonen an den Wald grenzen oder in Zukunft grenzen sollen (vgl. dazu auch Rz. 446 ff.). Bei der erstmaligen Abgrenzung ist hierbei vom bestehenden Wald i.S.v. Art. 2 WaG auszugehen (BGE 122 II 274, E. 2b, Wartau). Die entsprechenden, rechtskräftig festgesetzten *Waldgrenzen* sind *im Zonenplan einzutragen* (Art. 13 Abs. 1 WaG). Neue Bestockungen in entsprechend abgegrenzten Bauzonen gelten von Gesetzes wegen nicht als Wald (Art. 13 Abs. 2 WaG). Mit dieser gegenüber dem früheren Forstpolizeirecht neuen Regelung soll die effektive Überbaubarkeit von Bauzonenland sichergestellt und Rechtssicherheit geschaffen werden. Werden Grundstücke im Rahmen einer Zonenplanrevision aus der Bauzone entlassen, greift der dynamische Waldbegriff wieder Platz (Art. 13 Abs. 3 WaG). Vgl. zur Beschränkung des dynamischen Waldbegriffs gegenüber der Bauzone im Übrigen auch eingehend JAISSLE, 236 ff.

3. Waldabstand

Bauten und Anlagen in Waldesnähe dürfen die Erhaltung, Pflege und Nutzung des Waldes nicht beeinträchtigen (Art. 17 Abs. 1 WaG). Daher haben die Kantone einen *angemessenen Mindestabstand* vom Waldrand vorzuschreiben, wobei sie die Lage (Topographie, Exposition, Klima) und die zu erwartende Höhe des Bestandes zu berücksichtigen haben (Art. 17 Abs. 2 WaG). Die entsprechenden Vorschriften der Kantone bedürfen der (konstitutiven) Genehmigung des Bundes (Art. 52 WaG), welcher in der Regel einen Mindestabstand von 15 Metern verlangt, im Gebirge und in der Bauzone aber auch 10 Meter toleriert (vgl. auch JAISSLE, 242). 467

Angesichts des Spielraums der Kantone, welche bei der Festsetzung dieser Abstände neben den waldrechtlichen auch baupolizeiliche Aspekte (Verhinderung negativer Einwirkungen des Waldes auf Bauten und Anlagen) berücksichtigen können, handelt es sich trotzdem um *selbständiges kantonales Recht,* dessen Verletzung mit staatsrechtlicher Beschwerde zu rügen ist. Wird jedoch geltend gemacht, der im konkreten Fall (allenfalls aufgrund einer Ausnahmebewilligung) zugelassene Abstand beeinträchtige den Wald, ist dies mit Verwaltungsgerichtsbeschwerde geltend zu machen (vgl. Bundesgerichtsurteil in ZBl 2002, 485 ff., Meiringen [ausnahmsweise Zulässigkeit des Absehens von einem Waldabstand bei einer Strasse im ebenen Gelände]; KELLER, Waldgesetzgebung, 150 f.; allgemein zur Funktion und Bedeutung des Waldabstands JAISSLE, 240 ff.). 468

Der Waldabstand kann sodann nicht nur durch generell-abstrakte Vorschriften, sondern an deren Stelle auch durch *planerische Abstandslinien* bestimmt sein (vgl. etwa § 262 Abs. 1 PBG für den Waldabstand innerhalb des Baugebietes im Kanton Zürich und dazu JAISSLE, 244 ff.). Die Einhaltung eines genügenden Waldabstandes ist im Übrigen nicht erst im Baubewilligungsverfahren, sondern bereits beim Erlass eines *projektbezogenen Sondernutzungsplanes* zu prüfen, selbst wenn das massgebende kantonale Ausführungsrecht noch nicht erlassen worden ist (Bundesgerichtsurteil in ZBl 1998, 444 ff., Arosa [unmittelbare Anwendbarkeit von Art. 17 WaG]). Dem kantonalen Recht überlassen bleibt die 469

Regelung der Frage, ob die Waldabstandsflächen bei Berechnung der *baurecht-lichen Ausnützung* eines Grundstücks angerechnet werden dürfen (JAISSLE, 247 f.).

C. Wald und Baubewilligung

1. Allgemeines

470 Da der durch die Waldgesetzgebung geschützte Wald *Nichtbaugebiet* darstellt (vgl. Rz. 465), gilt im Wald grundsätzlich ein *generelles Bauverbot*. Die ausnahmsweise Zulassung von Bauten und Anlagen im Wald bestimmt sich jedoch nicht allein aufgrund des Waldgesetzes. Vielmehr sind auch die Bestimmungen des RPG und anderer Regelungen (insbesondere des Umweltschutzrechts und des kantonalen Baurechts) zu berücksichtigen. Dies wird durch Art. 11 Abs. 1 WaG bestätigt, wonach die Rodungsbewilligung nicht von der Einholung der im RPG vorgesehenen Baubewilligung befreit. Für *Bauten und Anlagen,* die *forstlichen Zwecken* dienen und damit im Wald «zonenkonform» sind, ist somit eine ordentliche Baubewilligung nach Art. 22 RPG, für die *übrigen (nicht zonenkonformen) Bauten und Anlagen* eine Ausnahmebewilligung nach Art. 24 ff. RPG bzw. bei erheblichen Auswirkungen auf Raum und Umwelt eine planerische Festlegung erforderlich (vgl. zur Planungspflicht bei entsprechenden grösseren Vorhaben HALLER/KARLEN, Rz. 674). Eine Ausnahmebewilligung nach Art. 24 ff. RPG ist namentlich auch für *nichtforstliche Kleinbauten und Anlagen* im Wald erforderlich, obwohl diese keiner Rodungsbewilligung, sondern lediglich einer Nutzungsbewilligung nach Art. 16 Abs. 2 WaG bedürfen (vgl. Art. 4 Bst.a und Art. 14 Abs. 2 WaV sowie Rz. 479). Unproblematische *Kleinstbauten* im Wald (z.B. Waldhütten von Kindern, einzelne Sitzbänke, Futtertröge oder einfache Feuerstellen) sind aufgrund des kantonalen Baurechts allerdings meist nicht bewilligungspflichtig (vgl. dazu HALLER/KARLEN, Rz. 516, 521; zu den rein vegetationsbezogenen «waldbaulichen Massnahmen» Rz. 482 f.).

471 Aus dem Zusammenspiel von Waldgesetz und Raumplanungsgesetz ergibt sich für Bauvorhaben im Wald ein – je nach Zweck, Art und Umfang des Vorhabens – *abgestuftes System* von *bau- und waldrechtlichen Bewilligungen.* Bei der Erteilung dieser Bewilligungen sind einerseits die *Grundsätze der Verfahrenskoordination* gemäss Art. 25a RPG und andererseits die *besonderen Koordinationsvorschriften* des Waldgesetzes zu beachten (Anhörung der kantonalen Forstbehörde bei ordentlichen Baubewilligungen für Forstbauten, Einvernehmenspflicht mit den Forstbehörden bei Ausnahmebewilligungen für nichtforstlichen Bauten und Anlagen; vgl. Art. 11 Abs. 2 WaG, Art. 14 WaV und zur Koordination von Baubewilligungs- und Rodungsverfahren auch JAISSLE, 255 ff., insbesondere 278 ff.; zu den Projektbewilligungsverfahren auf Bundesebene und zur geänderten Rodungszuständigkeit vgl. die Hinweise in Rz. 460 ff.).

Übersicht über die Bewilligungsverfahren für Bauvorhaben im Wald: 472

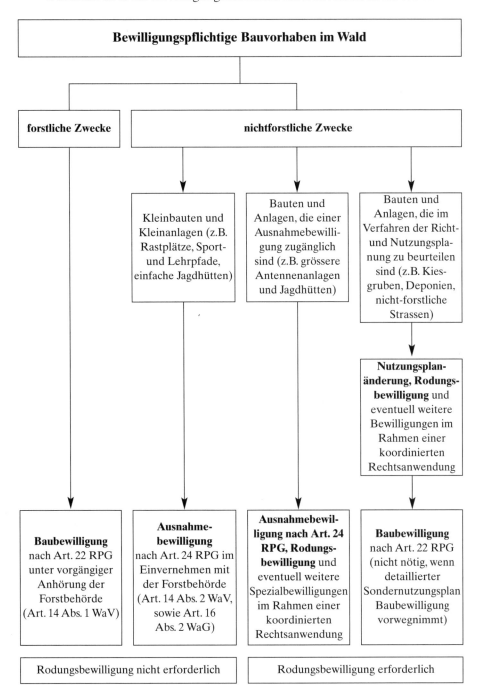

Bewilligungspflichtige Bauvorhaben im Wald

forstliche Zwecke

nichtforstliche Zwecke

Kleinbauten und Kleinanlagen (z.B. Rastplätze, Sport- und Lehrpfade, einfache Jagdhütten)

Bauten und Anlagen, die einer Ausnahmebewilligung zugänglich sind (z.B. grössere Antennenanlagen und Jagdhütten)

Bauten und Anlagen, die im Verfahren der Richt- und Nutzungsplanung zu beurteilen sind (z.B. Kiesgruben, Deponien, nicht-forstliche Strassen)

Nutzungsplanänderung, Rodungsbewilligung und eventuell weitere Bewilligungen im Rahmen einer koordinierten Rechtsanwendung

Baubewilligung nach Art. 22 RPG unter vorgängiger Anhörung der Forstbehörde (Art. 14 Abs. 1 WaV)

Ausnahmebewilligung nach Art. 24 RPG im Einvernehmen mit der Forstbehörde (Art. 14 Abs. 2 WaV, sowie Art. 16 Abs. 2 WaG)

Ausnahmebewilligung nach Art. 24 RPG, Rodungsbewilligung und eventuell weitere Spezialbewilligungen im Rahmen einer koordinierten Rechtsanwendung

Baubewilligung nach Art. 22 RPG (nicht nötig, wenn detaillierter Sondernutzungsplan Baubewilligung vorwegnimmt)

Rodungsbewilligung nicht erforderlich

Rodungsbewilligung erforderlich

(Quelle: VLP-Information der Dokumentationsstelle Raumplanung und Umweltrecht, Dezember 1992)

2. Zonenkonforme Bauten und Anlagen

473 Auch in dem durch die Waldgesetzgebung geschützten Wald können Bauten und Anlagen zonenkonform sein und gestützt auf Art. 22 RPG bewilligt werden, nämlich dann, wenn sie *forstlichen Zwecken* dienen und daher gemäss Art. 4 Bst. a WaV auch *keiner Rodungsbewilligung* bedürfen. Für die Beurteilung der Zonenkonformität forstlicher Bauten im Wald lehnt sich die Rechtsprechung des Bundesgerichts an die zur Zonenkonformität landwirtschaftlicher Bauten und Anlagen in der Landwirtschaftszone entwickelten Grundsätze an. Die Zonenkonformität ist somit gegeben, wenn die betreffenden Bauten und Anlagen für die zweckmässige Bewirtschaftung des Waldes am vorgesehenen Standort notwendig und nicht überdimensioniert sind und ausserdem keine überwiegenden öffentlichen Interessen gegen ihre Errichtung vorliegen (BGE 123 II 499, E. 2, Reinach). Um eine entsprechende fachliche Beurteilung sicherzustellen, schreibt Art. 14 Abs. 1 WaV vor, dass die zuständige kantonale Forstbehörde vor der Erteilung von Bewilligungen für forstliche Bauten und Anlagen im Wald angehört werden muss.

474 Für die Bewilligung von *Forstwirtschaftsbauten* ist nach der Rechtsprechung insbesondere zu prüfen, ob aufgrund der forstlichen Planung und der bisherigen Bewirtschaftungsweise sowie der Grösse und des Ertrags des zu bewirtschaftenden Waldes der Bedarf für die Verwirklichung eines entsprechenden Vorhabens nachgewiesen ist und ob das Vorhaben nicht ebenso gut in der Bauzone errichtet werden könnte bzw. ob die Errichtung im Wald gegenüber der Errichtung in der Bauzone erheblich vorteilhafter ist, wobei betriebliche und finanzielle Aspekte zu berücksichtigen sind (BGE 123 II 499, E. 3, Reinach). Eine vorübergehend als *Holzlagerplatz* genutzte Waldfläche bleibt Waldboden und erscheint daher grundsätzlich als zonenkonform (vgl. auch BGE 106 Ib 141, E. 3, Leuk), während für einen festen Holzunterstand im Wald kaum ein forstwirtschaftliches Bedürfnis besteht (Regierungsrat AG in ZBl 2001, 108 ff.). *Bienenhäuser* und *Jagdhütten* sind für die Walderhaltung nicht notwendig und gelten daher nicht als zonenkonforme forstliche Bauten (Bundesgerichtsurteil 1A.277/1999 vom 25. Mai 2000, E. 5, Zeihen). Zonenkonform sind dagegen *Schutzbauten gegen Naturgefahren,* welche der Walderhaltung dienen und vom Bund finanziell unterstützt werden (Art. 36 Bst. a WaG, Art. 17 Abs. 1 WaV). Eine Strasse, die den Wald durchquert (sog. *Wald- oder Walderschliessungsstrasse*), ist dann zonenkonform, wenn sie der Bewirtschaftung und Erhaltung des Waldes dient und in Bezug auf Ausbau und Linienführung den forstwirtschaftlichen Bedürfnissen entspricht und nicht überwiegend anderen, etwa touristischen oder landwirtschaftlichen Zwecken dient (BGE 111 Ib 45, Tortin, BGE 115 Ib 131, E. 6, Feusisberg [Zulässigkeit eines nichtforstlichen Nebenzwecks, nämlich einer Zufahrt zur Anlage]). Unter entsprechenden Voraussetzungen ist allenfalls auch die Errichtung einer *Holztransportanlage* im Wald zonenkonform, sofern es sich nicht ohnehin um eine mobile Anlage handelt (vgl. zur Bewilligung von Waldstrassen auch JAISSLE, 253 f.).

3. Nicht zonenkonforme Bauten und Anlagen

475 Bauten und Anlagen im Wald, welche nicht forstlichen Zwecken dienen, können grundsätzlich nur mit einer *Ausnahmebewilligung nach Art. 24 RPG* verwirk-

licht werden, d.h. das Bauvorhaben muss im Sinne einer *relativen Standortgebundenheit* auf den Standort im Wald angewiesen sein, und es dürfen *keine überwiegenden Interessen* entgegenstehen (vgl. dazu HALLER/KARLEN, Rz. 708 ff.; zum Erfordernis einer planerischen Festlegung bei Vorhaben mit erheblichen Auswirkungen auf Raum und Umwelt [insbesondere Strassen, Deponien, Materialabbau], vgl. Rz. 470). Soweit es sich um *grössere Bauten und Anlagen* handelt, welche auf dem Wege einer Ausnahmebewilligung errichtet werden können (z.b. grössere Antennenanlagen oder Jagdhütten), ist auch eine Rodungsbewilligung erforderlich und es darf die baurechtliche Bewilligung nur im Einvernehmen mit der Rodungsbehörde erteilt werden (Art. 11 Abs. 2 WaG). Erforderlich sind daher neben den allgemeinen Voraussetzungen von Art. 24 RPG (welche in Art. 5 Abs. 2 Bst. b WaG sinngemäss vorbehalten werden) namentlich wichtige Gründe für das Vorhaben, welche das Interesse an der Walderhaltung überwiegen (vgl. dazu Rz. 453 ff.).

Für *nichtforstliche Kleinbauten und -anlagen,* worunter auch einfache Jagdhütten, Bienenhäuser und Rastplätze fallen können (vgl. Rz. 452, 474), ist dagegen keine Rodungsbewilligung, sondern nur eine Ausnahmebewilligung nach Art. 24 RPG erforderlich, welche aber ebenfalls nur im Einvernehmen mit der kantonalen Forstbehörde erteilt werden darf (Art. 4 Bst. a und Art. 14 Abs. 2 WaV). Da in solchen Fällen zwar keine eigentliche Zweckentfremdung des Waldbodens, aber doch eine für den Wald nachteilige Nutzung ermöglicht wird, können auch solche Vorhaben nur aus wichtigen Gründen und unter Auflagen und Bedingungen bewilligt werden (Art. 16 Abs. 2 WaG; vgl. dazu auch Bundesgerichtsurteil 1A.277/1999 vom 25. Mai 2000, E. 6, Zeihen, JAISSLE, 119 f., 280, und unten Rz. 479).   476

Es stellt sich noch die Frage, ob die neuen Vorschriften von Art. 24a–d und Art. 37a RPG bzw. Art. 39 ff. RPV über die *erleichterte Ausnahmebewilligung* für Bauten und Anlagen ausserhalb der Bauzone auf Objekte im Wald und in dessen Grenzbereich ebenfalls angewendet werden können. Diese Vorschriften setzen im Prinzip bestehende, rechtmässig errichtete Bauten und Anlagen voraus. Soweit es sich nicht um forstliche Bauten oder nichtforstliche Kleinbauten, sondern um *Wohn-, Landwirtschafts- und Gewerbebauten* ausserhalb der Bauzone handelt, wie sie in den erwähnten Vorschriften primär anvisiert werden, bilden die entsprechend überbauten Flächen nicht Waldboden. Lag der Standort ursprünglich im Wald, konnten solche Bauten und Anlagen – jedenfalls in neuerer Zeit – nur mit einer Rodungsbewilligung rechtmässig verwirklicht werden (vgl. dazu und zum Begriff des Waldes bzw. Waldbodens Rz. 442, 449 ff.). Wurde die Fläche rechtmässig mittels einer Rodungsbewilligung aus dem Waldareal entlassen und anschliessend überbaut, handelt es sich bei der bebauten Fläche nicht um Wald im Rechtssinn, weshalb erleichterte Ausnahmebewilligungen nach den neuen Vorschriften des RPG nicht ausgeschlossen werden können. Freilich dürfen mit den entsprechenden baulichen und nutzungsmässigen Änderungen keine unzulässigen Auswirkungen (z.B. Waldbrandgefahr, Beanspruchung von zusätzlichem Waldboden für die Erschliessung) auf den umliegenden Wald verbunden sein (vgl. dazu auch die Vorbehalte in Art. 24a Abs. 1 Bst. a, Art. 24c Abs. 2 und Art. 24d Abs. 3 Bst. c RPG und als Beispiel den Prüfungsbericht und Entscheid des Bundesrates vom 30. Januar 2002 zur Anpassung des Tessiner Richtplans [Scheda 8.5], welcher entsprechende strenge Auflagen für die Umnutzung der sog.   477

«Rustici» enthält). Bei *forstlichen Bauten* und *nichtforstlichen Kleinbauten,* welche definitionsgemäss auf Waldboden stehen, dürfte demgegenüber nur die Anwendung von Art. 24a RPG (reine Zweckänderung ohne bauliche Massnahmen) in Frage kommen, wobei aber Änderungen, welche von ihren Auswirkungen her neu zu einer Zweckentfremdung des Waldbodens führen würden, zusätzlich einer Rodungsbewilligung bedürften (vgl. zum Sonderfall der Umnutzung von militärischen Bauten und Anlagen im Wald auch Mitteilungsblatt Nr. 2 der Kantonsoberförsterkonferenz [KOK] vom 15. November 2002). Die erweiterte Bestandesgarantie von Art. 24c RPG gilt dagegen nur für hier ausser Betracht fallende, durch Rechtsänderung zonenfremd gewordene Bauten und Anlagen. Im Übrigen kennen weder das Waldgesetz noch das frühere Forstpolizeirecht eine besondere Bestandesgarantie für Bauten und Anlagen auf Waldboden, weshalb für solche namentlich auch kein Wiederaufbaurecht besteht (vgl. Urteil Obergericht SH in ZBl 1979, 177 ff., E. 5, Hemmental, und Jaissle, 132 f.).

V. Pflege und Nutzung des Waldes

A. *Allgemeine Nutzungsvorschriften*

478 Das Waldgesetz enthält neben einschränkenden Vorschriften bezüglich baulicher Massnahmen im Wald auch verschiedene allgemeine Nutzungsvorschriften, durch welche die Waldfunktionen sichergestellt werden sollen. In Art. 14 Abs. 1 WaG wird zunächst die bisher nur in Art. 699 ZGB geregelte allgemeine *Zugänglichkeit des Waldes* im Interesse der Erholungsfunktion des Waldes auch öffentlich-rechtlich garantiert (vgl. zum Einzäunungsverbot auch BGE 114 Ib 238, Novaggio; für die Aneignung wilder Beeren, Pilze etc. ist nach wie vor Art. 699 Abs. 1 ZGB massgebend). Die Kantone haben allerdings die im Interesse der Walderhaltung und des Naturschutzes erforderlichen Einschränkungen anzuordnen und die Durchführung von grossen Veranstaltungen im Wald einer Bewilligung zu unterstellen (Art. 14 Abs. 2 WaG; vgl. auch BGE 106 Ia 84, Allschwil [Reitverbot], BGE 122 I 70, E. 5, Appenzell Innerrhoden [Hängegleiter]). Die allgemeine Zugänglichkeit gilt sodann nur für das Betreten (auch auf Skiern oder zu Pferd), nicht aber für das Befahren. Mit *Motorfahrzeugen* dürfen der Wald und Waldstrassen (zu diesem Begriff Rz. 474) ohnehin nur zu forstlichen Zwecken befahren werden, wobei die Kantone – freilich in engem Rahmen – weitere Ausnahmen bewilligen können (Art. 15 WaG, Art. 13 WaV; vgl. dazu auch Jenni, Vor lauter Bäumen, 48 ff.).

479 Generell bestimmt Art. 16 Abs. 1 WaG, dass für den Wald *nachteilige Nutzungen,* welche die Erfüllung der Waldfunktionen beeinträchtigen, aber noch keine Rodung darstellen (z.B. Beweidung, Gras- und Streuenutzung; bescheidene Erholungseinrichtungen wie Finnenbahnen oder Feuerstellen; vertragliche oder dingliche Rechte, welche eine übermässige Nutzung ermöglichen [z.B. Weg-, Weide-, Leitungs-, Holzrechte]; vgl. zum Rodungsbegriff Rz. 450, 452), grundsätzlich unzulässig sind. Die Kantone haben die erforderlichen Bestimmungen

zu erlassen und solche Nutzungsrechte – nötigenfalls durch Enteignung – abzu-
lösen. Aus *wichtigen Gründen* (d.h. wenn ein überwiegendes Interesse hierfür
besteht) können sie solche Nutzungen (z.B. Niederhalteservitut, Erholungseinrichtungen) unter Auflagen und Bedingungen *bewilligen* (Art. 16 Abs. 2 WaG).
Die Zulässigkeit der Weidenutzung von Weidwäldern und bestockten Weiden
ergibt sich freilich bereits aus der Begriffsumschreibung dieses besonderen gesetzlichen Waldtypus (vgl. Rz. 442; vgl. dazu auch JENNI, Vor lauter Bäumen,
53 f.).

Allgemein sieht Art. 18 WaG sodann vor, dass im Wald *keine umweltge-* 480
fährdenden Stoffe verwendet werden dürfen, wobei für die Ausnahmen auf die
Umweltschutzgesetzgebung verwiesen wird. Die entsprechende Regelung (ins-
besondere betreffend die Bewilligung für den ausnahmsweisen Einsatz von
Dünger und Pflanzenschutzmitteln im Wald) ist jedoch primär in Art. 25–27
WaV und nur teilweise in der Stoffverordnung zu finden (vgl. JENNI, Vor lauter
Bäumen, 53 ff.; zum Schutz des Waldes vor Immissionen auch allgemein HEI-
MANN-KRÄHENMANN).

B. Bewirtschaftungsvorschriften

Die *Bewirtschaftung des Waldes* wird als Teilziel des Walderhaltungsgebotes 481
(vgl. Art. 1 Abs. 1 Bst. d WaG) in den Art. 20–25 WaG geregelt. Auch diese Bestimmungen sind forstpolizeilich und ökologisch, nicht wirtschaftspolitisch
(Strukturerhaltung) motiviert (vgl. zum Ganzen auch JENNI, Vor lauter Bäumen,
30, 59 ff.). Im Unterschied zum früheren Recht wird sodann – von den nachfolgend genannten Ausnahmen abgesehen – nicht mehr zwischen öffentlichem und
privatem Wald sowie zwischen Schutzwald und Nichtschutzwald unterschieden.
Die entsprechenden Regeln gelten somit grundsätzlich sowohl für den *öffent-*
lichen Wald als auch für den *privaten Wald,* welcher allerdings lediglich 27% der
gesamten Waldfläche ausmacht. Der öffentliche Wald gehört grösstenteils den
Gemeinden und Korporationen (Bund und Kantone besitzen zusammen nur
6% des Waldes) und wird trotz der allgemeinen Zugänglichkeit verwaltungs-
rechtlich dem Finanzvermögen zugerechnet (vgl. dazu auch JAISSLE, 3, 25 f., 40).

Art. 20 WaG enthält *allgemeine Bewirtschaftungsgrundsätze.* Gemäss Art. 20 482
Abs. 1 WaG ist der Wald so zu bewirtschaften, dass er seine in Art. 1 Abs. 1 Bst. c
WaG explizit aufgeführten Funktionen dauernd und uneingeschränkt erfüllen
kann (*forstliches Nachhaltigkeitsprinzip;* vgl. zum Nachhaltigkeitsprinzip allge-
mein Rz. 14 ff.). Art. 20 Abs. 2 WaG verpflichtet die *Kantone* sodann, *Planungs-*
und Bewirtschaftungsvorschriften zu erlassen, welche den Erfordernissen der
Holzversorgung, des naturnahen Waldbaus und des Natur- und Heimatschutzes
Rechung tragen (vgl. zu den Anforderungen an die *forstliche Planung* auch
Art. 18 WaV). Die meisten Kantone haben sich aufgrund dieser Vorgaben für
eine *zweistufige Waldplanung* entschieden: strategische überbetriebliche Pla-

nung auf Stufe Kanton (Waldentwicklungsplanung) mit flächendeckender örtlicher Festlegung und Gewichtung der Waldfunktionen und -ziele (öffentliche Planung; abzustimmen mit der kantonalen Richtplanung); operative Planung auf Stufe Forstbetrieb (Betriebsplanung). Vgl. dazu auch KELLER, Erfahrungen, 22 ff., und SEITZ/ZIMMERMANN, 351).

483 Das Waldgesetz beruht im Übrigen auf dem Konzept der grundsätzlich *freiwilligen Bewirtschaftung* des Waldes, welche jedoch finanziell gefördert wird (Art. 38 Abs. 2 WaG, Art. 40 WaV mit Anhang Tabelle 2). Auf eine *Pflege und Nutzung* des Waldes kann *verzichtet* werden, wenn der Zustand des Waldes und die Walderhaltung dies zulassen (Art. 20 Abs. 3 WaG). Zur Erhaltung der Artenvielfalt von Fauna und Flora können *Waldreservate* ausgeschieden und durch Nutzungsplanung und Verträge dauernd gesichert werden, wobei der Bund an deren Schutz und Unterhalt Finanzhilfe leistet (Art. 20 Abs. 4 und 38 Abs. 3 WaG, Art. 49 WaV). In den nächsten 30 Jahren sollen zur Förderung der Biodiversität 10% (bisher 1,8%) der Waldfläche als Reservate gesichert werden (zur einen Hälfte als Naturwaldreservate [Totalreservate] mit Nutzungsverzicht [Bsp. Nationalpark, Sihlwald], zur anderen Hälfte als Sonderwaldreservate mit besonderer Pflege zugunsten seltener und bedrohter Pflanzen und Tiere; vgl. Leitsätze «Waldreservatspolitik Schweiz» vom Januar/März 2001; zum Verhältnis zum Naturschutzrecht auch JAISSLE, 231 f.). Als Einschränkung des Grundsatzes der freien Bewirtschaftung wird den Kantonen die Pflicht auferlegt, für eine *minimale Waldpflege* zu sorgen, wo dies die Schutzfunktion des Waldes erfordert (Art. 20 Abs. 5 WaG; vgl. zur finanziellen Abgeltung Art. 38 Abs. 1 WaG, Anhang WaV Tabelle 1; zu den unterschiedlichen *Pflege- bzw. waldbaulichen Massnahmen* und deren finanzieller Unterstützung durch den Bund auch Art. 19 und 47 WaV; zur Umsetzung der Bewirtschaftungsvorschriften durch die Kantone auch SEITZ/ZIMMERMANN, 351 ff.).

484 Die Art. 21–24 WaG enthalten allgemeine bundesrechtliche Schranken, die bei der Bewirtschaftung des Waldes berücksichtigt werden müssen. Zunächst besteht aufgrund des Bundesrechts grundsätzlich ein *Kahlschlagverbot* (vgl. dazu und zu den Ausnahmen Art. 22 WaG, Art. 20 WaV; zur Zulässigkeit der Bewirtschaftung von Niederwald BGE 124 II 165, E. 11, Flims). Das Fällen von Waldbäumen zur Holznutzung erfordert sodann im Prinzip eine Bewilligung des zuständigen kantonalen oder kommunalen Forstdienstes *(Schlagbewilligung)*, wobei die Kantone freilich für kleinere Holzmengen Ausnahmen vorsehen können (Art. 21 WaG; JENNI, Vor lauter Bäumen, 63). Durch Eingriffe oder Naturereignisse entstandene *Blössen* sind nötigenfalls (vor allem in Schutzwäldern) wieder zu bestocken (*Wiederaufforstung* gemäss Art. 23 WaG; vgl. auch BGE 129 II 63, E. 4, Champéry). Für *forstliche Anpflanzungen* darf nur gesundes und standortgerechtes Saat- und Pflanzgut verwendet werden (vgl. dazu und zur behördlichen Kontrolle Art. 24 WaG, Art. 21 ff. WaV sowie die Verordnung über forstliches Vermehrungsgut vom 29. November 1994 [SR 921.552.1]). Schliesslich wird die *Veräusserung* von Wald im *öffentlichen Eigentum* und die *Abpar-*

zellierung von öffentlichem und privatem Wald zur Sicherstellung der Waldfunktionen einer behördlichen Bewilligungspflicht unterstellt (vgl. dazu und zur Koordination mit entsprechenden landwirtschaftlichen Bewilligungen Art. 25 WaG; vgl. zum Ganzen auch JENNI, Vor lauter Bäumen, 63 ff.).

C. Massnahmen gegen Naturereignisse und Waldschäden

In Art. 19 WaG werden die Kantone verpflichtet, im Zusammenhang mit der 485 *Schutzfunktion des Waldes* (Art. 1 Abs. 1 Bst. c WaG) die nötigen (insbesondere forstlichen) Massnahmen zum Schutz von Menschen und Sachwerten vor Naturereignissen zu ergreifen (nötigenfalls auch ausserhalb des Waldgebietes; vgl. zu den erforderlichen Grundlagen und den vom Bund finanziell unterstützten Massnahmen auch Art. 15 ff., 42 f. WaV i.V.m. Art. 36 WaG sowie JENNI, Vor lauter Bäumen, 57 f.).

Die Art. 26–28 WaG regeln sodann die Verhütung und Behebung von Schäden 486 am Wald selber (sog. *Forstschutz;* vgl. dazu auch JENNI, Vor lauter Bäumen, 66 ff.). Der Bundesrat hat aufgrund von Art. 26 WaG entsprechende Vorschriften für Massnahmen der Kantone inner- und ausserhalb des Waldes zu erlassen, wobei dem Bund hinsichtlich dieser Massnahmen eine Koordinationsfunktion zukommt (vgl. auch Art. 30 WaV). Die Kantone haben – mit finanzieller Unterstützung des Bundes – einerseits für die *Verhütung von Waldschäden* (insbesondere Brandverhütung und Bekämpfung schädlicher Organismen) und andererseits für die *Behebung von Waldschäden* (namentlich durch Räumungsmassnahmen und Zwangsnutzungen) zu sorgen (Art. 27, 37 WaG, Art. 28 f., 44 f. WaV). Die Kantone haben überdies den *Wildbestand zu regeln* und nötigenfalls Massnahmen zur *Verhütung von Wildschäden* zu treffen (Art. 27 Abs. 2 WaG, Art. 31 WaV; vgl. dazu auch Art. 3 und 12 f. JSG). Im Falle von *Waldkatastrophen* kann die Bundesversammlung zur Erhaltung der Wald- und Holzwirtschaft ausserordentliche Massnahmen treffen (Art. 28 WaG; vgl. z.B. für die Folgen des Orkans «Lothar» die Verordnung der Bundesversammlung vom 24. März 2000 [AS 2000, 938 ff.]).

VI. Würdigung und Ausblick

Das schweizerische Walderhaltungsrecht kann auf eine über *hundertjährige Ge-* 487 *schichte* zurückblicken. Der sich direkt aus der Gesetzgebung ergebende Schutz des Waldes, wonach Rodungen nur aus wichtigen Gründen und gestützt auf eine Interessenabwägung zulässig sind, hat sich grundsätzlich bewährt und unnötige Eingriffe in den Wald weitgehend verhindert. Dank des dynamischen Waldbe-

griffs und der Pflicht zur Ersatzaufforstung bei Rodungen hat sich die Waldfläche der Schweiz in den vergangenen 100 Jahren insgesamt fast verdoppelt und
beträgt heute rund 30% der Landesfläche. Das frühere, teilweise nur auf Verordnungen und Rechtsprechung beruhende Forstpolizeirecht ist 1991 durch das
Waldgesetz abgelöst worden, welches als modernes, heutigen rechtsstaatlichen
Anforderungen entsprechendes umweltrechtliches Spezialgesetz der Multifunktionalität des Waldes Rechnung trägt und die nötige Koordination mit
Raumplanung und übrigem Umweltrecht vornimmt (vgl. zur Bilanz nach zehn
Jahren Waldgesetz auch SZF 2002, 339 ff., mit Beiträgen verschiedener Autoren).

488   Die *Verfassungsgrundlage* ist in der neuen Bundesverfassung von 1999 in gelun-
gener Form aktualisiert worden (Art. 77 BV), wobei sich allerdings angesichts
der umfassenden Regelung des Waldgesetzes die Frage stellt, ob die Beschränkung auf eine Grundsatzgesetzgebungskompetenz des Bundes noch der gegebenen Rechtslage entspricht (RAUSCH, Umwelt und Raumplanung, Rz. 21 f.).
Immerhin wurde aber den Kantonen durch das neue Waldgesetz tendenziell
eher mehr Regelungsspielraum und Verantwortung für die Walderhaltung zugewiesen (vgl. JENNI, Vor lauter Bäumen, 20 ff.). Die *neue Aufteilung der Rodungs-
kompetenz* zwischen Bund und Kantonen entsprechend der Projektbewilli-
gungskompetenz sollte grundsätzlich nicht zu einer Verschlechterung des
Waldschutzes führen, zumal durch die vorgeschriebene Anhörung des BUWAL
und dessen umfassende Rechtsmittelbefugnis gegen kantonale Rodungsent-
scheide die Durchsetzung der Bundesvorschriften weiterhin sichergestellt werden kann (vgl. auch WILD, Rodungsbewilligung, insbesondere 130 ff.).

489   Trotz dieser insgesamt sehr positiven Beurteilung des bestehenden Waldrechts
ist nicht zu verkennen, dass das Ökosystem Wald in seiner *Vitalität* und *Funk-
tionsfähigkeit* durch natürliche Ursachen (Witterung, überhöhte Wildbestände,
Schädlinge und Krankheiten) und menschliche Einwirkungen (Immissionen aus
der Luft, forst- und landwirtschaftliche Bewirtschaftungsformen bzw. mangelnde Rentabilität der Holznutzung, Erholungs- und Freizeitaktivitäten) *bedroht* ist und seine Funktionen nur noch bedingt oder über hohe öffentliche Beiträge erfüllen kann. Der Gesundheitszustand vieler Wälder (v.a. auch der
Schutzwälder) verschlechtert sich weiterhin (z.T. auch Überalterungsproblem).
Im Mittelland ist die Walderhaltung zum Teil durch Infrastrukturanlagen und
Rohstoffgewinnung gefährdet, während die Waldfläche vor allem in höheren
Lagen zunimmt und ökologisch wertvolle Wiesen und Weiden zum Verschwin-
den bringt. Innerhalb der Wälder nimmt der Artenreichtum ab; zum Teil zer-
schneiden und stören stark ausgebaute Erschliessungsanlagen (Waldstrassen)
den Lebensraum Wald (vgl. dazu BUWAL, Grundlagen LKS, 38 ff., sowie die
Website des Schweizerisches Landesforstinventars «www.lfi.ch»).

490   Der Bund will diesen neuen Herausforderungen durch eine *Revision des Wald-
gesetzes* begegnen, welche zur Zeit durch das «Waldprogramm Schweiz (WAP-
CH)» vorbereitet wird. In diesem Programm soll auch die Verpflichtung der
Schweiz zur nachhaltigen Waldbewirtschaftung im Rahmen des UNO-Waldfo-

rums wahrgenommen und die umstrittene Frage geprüft werden, inwieweit der Beitrag des Waldes zur *CO₂-Reduktion* im Sinne der Klimakonvention (Kyoto-Protokoll) anrechenbar ist (vgl. dazu auch Rz. 701 ff.). Geprüft werden soll auch das bisherige waldrechtliche *Finanzierungsmodell,* welches für die Durchsetzung des Waldrechts sehr bedeutsam ist, aber durch Sparmassnahmen des Bundes gefährdet wird (vgl. dazu «www. waldprogramm.ch»).

Das WAP-CH ist am 26. Januar 2004 veröffentlicht worden. Es schlägt vor, dass der Bund   491
künftig nur noch Leistungen in den Bereichen Schutzwald und Biodiversität subventionieren soll. Im Gegenzug würde er keine Abgeltungen mehr ausrichten für die Holzproduktion im Wald, aber den Waldbesitzern mehr Flexibilität einräumen (z.B. grössere maximale Räumungsfläche bei bewilligten Kahlschlägen). Gleichzeitig soll die ökologisch und ökonomisch sinnvolle Holzproduktion gesteigert werden. Zur Umsetzung des WAP-CH müssen bis 2007 rund ein Drittel der Bestimmungen des WaG angepasst werden. Hierbei soll insbesondere ein minimaler ökologischer Standard für die Waldbewirtschaftung festgelegt und auf Realersatz bei Rodungen in Gebieten mit zunehmender Waldfläche zu Gunsten von Massnahmen des Natur- und Landschaftsschutzes verzichtet werden (vgl. dazu ausführlich BUWAL, Waldprogramm Schweiz). Das WAP-CH hat trotz breiter Abstützung ein kontroverses Echo ausgelöst. Befürchtet wird vor allem eine einseitig an kommerziellen Kriterien ausgerichtete Waldbewirtschaftung (NZZ vom 27. Januar 2004, 13).

§ 11   Natur-, Landschafts- und Denkmalschutz

I.   Einleitung

A.   Gegenstand und Aufgabe des «Natur- und Heimatschutzes»

Die *natürliche Umwelt,* aber auch die *traditionellen Siedlungsstrukturen* haben   492
sich im Gefolge der enormen wirtschaftlichen, technischen und gesellschaft-
lichen Entwicklung seit der Industrialisierung im 19. Jahrhundert, insbesondere
in der zweiten Hälfte des 20. Jahrhunderts, in bisher nicht gekanntem Ausmass
verändert. Viele früher naturbelassene Gebiete sind im Zusammenhang mit der
Ausdehnung des Siedlungsgebietes oder dem Bau von immer leistungsfähigeren
Infrastrukturanlagen (insbesondere im Verkehrsbereich) der Überbauung zum
Opfer gefallen oder werden durch Landwirtschaft, Tourismus und Erholungs-
suchende intensiv genutzt. Dadurch wurden nicht nur schöne *Naturlandschaften*
zerstört, sondern auch verschiedene *Tier- und Pflanzenarten,* für welche diese
Gebiete wichtige Lebensräume bildeten, in ihrer Existenz bedroht oder gar aus-
gerottet. Die *traditionellen Siedlungen* erfuhren im Zusammenhang mit dem
Bau der neuen Verkehrsanlagen für Bahn-, Strassen- und Luftverkehr ebenfalls
markante Änderungen. Überdies mussten viele alte Bauten profitableren und
grösseren Neubauten weichen; vor allem in wirtschaftlich nicht begünstigten
Gegenden fehlen zum Teil auch Mittel und Interesse an der Erhaltung der
bestehenden Bausubstanz (vgl. dazu HALLER / KARLEN, Rz. 1 ff. sowie BUWAL,
Grundlagen LKS, 23 ff.).

Als Vorläufer der Umweltbewegung hat sich daher bereits im 19. Jahrhundert   493
der *Natur- und Heimatschutz* etabliert, welcher sich den Schutz des natürlichen
und baulichen Erbes zum Ziel gesetzt hat. Während diese Zielsetzung
ursprünglich vor allem durch ideelle Organisationen verfolgt wurde, welche besonders schöne Naturobjekte und Baudenkmäler durch Kauf erwarben oder
durch den Abschluss von Dienstbarkeitsverträgen zu schützen versuchten, wurden vor allem im 20. Jahrhundert in den Kantonen zunächst in den *Einfüh-
rungsgesetzen zum Zivilgesetzbuch* und in den *Baugesetzen,* später auch in besonderen *Natur- und Heimatschutzgesetzen* öffentlich-rechtliche Vorschriften
zum Schutz von Natur, Landschaft und Baudenkmälern erlassen (vgl. auch
Art. 702 ZGB). Erst mit dem 1962 angenommenen *Natur- und Heimatschutzartikel* (24^sexies aBV) erhielt auch der Bund Gesetzgebungskompetenzen im Bereich des Natur- und Heimatschutzes, welche er vor allem durch den Erlass des
Bundesgesetzes über den Natur- und Heimatschutz vom 1. Juli 1966 (NHG)
wahrnahm (vgl. zur Entstehung und Entwicklung des Natur- und Heimatschutzrechts IMHOLZ, 32 ff., und MUNZ, Landschaftsschutzrecht, 1 ff.).

494   Heute bildet das Natur- und Heimatschutzrecht ein Spezialgebiet des *Umweltschutz-rechts im weiteren Sinn* (vgl. Rz. 1).Während der im Umweltschutzgesetz geregelte Umweltschutz im engeren Sinn den Menschen und seine natürliche Umwelt gegen schädliche oder lästige Einwirkungen physikalischer, chemischer und biologischer Art schützen soll (vgl. Art. 1 und Art. 7 USG), werden durch das *Natur- und Heimatschutzrecht* die erfassten *Natur- und Kulturgüter* (Tiere, Pflanzen und deren Lebensräume, aber auch schützenswerte Landschaften und Naturobjekte, Ortsbilder, Baudenkmäler und weitere Kulturdenkmäler) um ihrer selbst willen vor *direkten Eingriffen des Menschen* (vor allem baulich-technischer Art oder durch bestimmte Verhaltensweisen) geschützt. Insoweit geht das positive Recht von einem *engen Begriff* des Natur- und Heimatschutzes aus, der vor allem den *raumbezogenen Schutz,* aber auch den *Artenschutz* (bezüglich Tieren und Pflanzen) und den Schutz *beweglicher Sachen (Naturobjekte* wie Knochenfunde, erratische Blöcke, Mineralien, oder *Kulturgüter* wie z.B. Kunstwerke, Urkunden, Möbel, Waffen, Werkzeuge) erfasst. Der deutschsprachige *Doppelbegriff* (Natur- und Heimatschutz) knüpft in einer traditionellen Formulierung an die beiden unterschiedlichen Schutzobjekte (Naturgüter und kulturelles Erbe) an, umfasst aber auch den Landschaftsschutz (Schutz von Natur- und Kulturlandschaften), während in den lateinischen Sprachen der (unpräzisere) Doppelbegriff «protection de la nature et du paysage» verwendet wird (vgl. dazu auch ROHRER, Kommentar NHG, 1. Kap., insbesondere Rz. 7 ff., 15 ff. [mit Hinweisen auch zum Spezialgebiet des *Kulturgüterschutzes* bei bewaffneten Konflikten]; zur Denkmalpflege insbesondere auch JOLLER, 4 ff., und WALDMANN, Denkmalschutz, 115 ff.).

495   Beim Natur- und Heimatschutz geht es nach heutigen Verständnis *nicht einfach* um die *Abwehr schädlicher Einflüsse.* Ein modern konzipierter Natur- und Heimatschutz beschränkt sich nicht auf das blosse Erhalten und Bewahren. Vielmehr umfasst er je nach Zielsetzung und Ausmass bisheriger Beeinträchtigungen auch Massnahmen für eine *positive* (natur-, landschafts- oder ortsbildverträgliche) *Entwicklung* (vgl. dazu BUWAL, Grundlagen LKS, 63 ff. [mit Hinweisen auch zu einer aktualisierten Terminologie und Aufgabenbeschreibung für den Natur- und Heimatschutz] sowie BOSSHARD, 52 ff., und nachfolgend Rz. 527, 584). Das Interesse am Natur- und Heimatschutz ist im Übrigen zwar primär *ideell motiviert,* stehen dahinter doch ethische, ästhetische, wissenschaftliche, staatspolitische, soziale und kulturelle Werte, doch dient eine möglichst intakte Umwelt auch *(volks-)wirtschaftlichen Interessen* (namentlich dem Tourismus, der Standortqualität und der Volksgesundheit; vgl. dazu auch FLEINER-GERSTER, Kommentar aBV, Art. 24[sexies] Rz. 6 f., und zum hohen volkswirtschaftlichen Nutzen insbesondere Stellungnahme der GPK des Nationalrats zum Evaluationsbericht BLN, BBl 2004, 777 ff., 784 f.).

B.   *Bundesstaatliche Kompetenzausscheidung und Rechtsgrundlagen*

496   Die verfassungsmässige Ausscheidung der *Gesetzgebungskompetenzen* von *Bund und Kantonen* im Bereich des Natur- und Heimatschutzes ist in Art. 78 BV, welcher im Wesentlichen dem bisherigen Natur- und Heimatschutzartikel von Art. 24[sexies] aBV entspricht, sehr differenziert und nicht besonders übersicht-

lich geordnet, was auch im Aufbau des NHG als Ausführungsgesetz seinen Niederschlag gefunden hat (vgl. dazu auch Zufferey, Kommentar NHG, Chap. 2, Rz. 1 ff., insbesondere Rz. 98 ff.). Gemäss Art. 78 Abs. 1 BV sind für den Natur- und Heimatschutz grundsätzlich die Kantone zuständig. Dieser an sich nicht erforderliche, ursprünglich «föderalismustaktisch» motivierte Vorbehalt wird heute auch als eigentliche Handlungsaufforderung an die Kantone verstanden (vgl. dazu Rausch, Umwelt und Raumplanung, Rz. 14). Alle *Kantone* haben denn auch Bestimmungen zum Natur- und Heimatschutz erlassen, zum Teil in den Bau- und Planungsgesetzen (vgl. z.B. für den Kanton Zürich §§ 203–217 PBG), zum Teil in besonderen kantonalen Natur- und Heimatschutzgesetzen (vgl. z.B. für den Kanton Bern das Naturschutzgesetz vom 15. September 1992 und das Denkmalpflegegesetz vom 8. September 1999; für den Kanton Luzern das Gesetz über den Natur- und Landschaftsschutz vom 18. September 1990). Ergänzend treten sodann regelmässig *kommunale Vorschriften* hinzu (namentlich in der Bau- und Zonenordnung und allenfalls in besonderen Verordnungen).

Aufgrund der weiteren Absätze von Art. 78 BV kommen jedoch auch dem *Bund* auf dem Gebiet des Natur- und Heimatschutzes *Gesetzgebungszuständigkeiten* unterschiedlicher Art zu. *Art. 78 Abs. 2 BV* hält im Sinne einer *Selbstverpflichtung* des Bundes fest, dass bei der *Erfüllung von Bundesaufgaben* Rücksicht auf die Anliegen des Natur- und Heimatschutzes zu nehmen ist. Landschaften, Ortsbilder, geschichtliche Stätten sowie Natur- und Kulturdenkmäler sind hierbei zu schonen bzw. ungeschmälert zu erhalten, wenn das öffentliche Interesse es gebietet. Diese Verpflichtung wird in den Art. 2–12b NHG näher geregelt, wobei klargestellt wird, dass die entsprechenden Regeln auch gelten, soweit die *Kantone* bundesrechtlich determinierte Aufgaben erfüllen (vgl. dazu Rz. 562). *Art. 78 Abs. 3 BV* sieht sodann vor, dass der Bund Bestrebungen des Natur- und Heimatschutzes unterstützen und Objekte von gesamtschweizerischer Bedeutung vertraglich oder durch Enteignung erwerben oder sichern kann. Diese Kompetenz des Bundes wird in den Art. 13–17a NHG näher ausgeführt.   497

Art. 78 Abs. 4 BV erteilt dem Bund den Auftrag, Vorschriften zum *Schutz der Tier- und Pflanzenwelt* und zur *Erhaltung ihrer Lebensräume* in der natürlichen Vielfalt zu erlassen und bedrohte Arten vor der Ausrottung zu schützen (vgl. auch die entsprechend angepasste Zielsetzung in Art. 1 Bst. d NHG). Diesen Gesetzgebungsauftrag, welcher für dieses Teilgebiet eine *umfassende Gesetzgebungskompetenz* begründet, hat der Bund durch die Art. 18–23 NHG erfüllt, welche eine weitgehend abschliessende bundesrechtliche Regelung des *Arten- und Biotopschutzes* enthalten.   498

Beim *Artenschutz* geht es um die Sicherung und Entwicklung der Bestände von einheimischen Tier- und Pflanzenarten (vgl. dazu und zum Stand der bedrohten Arten BUWAL, Grundlagen LKS, 33 f., 65). Dazu gehört nicht nur der Schutz einzelner Arten, sondern auch einzelner Tier- und Pflanzenindividuen sowie von deren Wohnbereichen und Aktionsräumen. Der *Schutz der Einzelindividuen* wird namentlich durch eine Bewil-   499 ligungspflicht für das Sammeln von Pflanzen und Fangen von Tieren (Art. 19 NHG) sowie durch Verbote und Schutzmassnahmen zugunsten seltener oder bedrohter Arten (Art. 20 NHG) realisiert. Der Artenschutz umfasst aber auch die *Lenkung der Bestände* einzelner Arten (vgl. insbesondere Art. 18 Abs. 3 NHG: Wiederansiedlung bedrohter oder ausgestorbener Arten [Bsp. Luchs-Projekt]; Art. 23 NHG: Bewilligungspflicht für das Ansiedeln fremder Tier- und Pflanzenarten) sowie die *Bekämpfung schädlicher eingeschleppter Tiere und Pflanzen* (Art. 18 Abs. 1 NHG; Bsp: BGE 125 II 29, Küsnacht [Bekämpfung des Roten Sumpfkrebses]). Für den Schutz bestimmter Tierarten bestehen zum Teil auch *besondere Vorschriften,* welchen gegenüber den Bestimmungen des NHG der Vorrang zukommt (Art. 18 Abs. 4 NHG; vgl. für Fischerei und Jagd Rz. 503).

500 Der *Biotopschutz* bezweckt demgegenüber die Erhaltung und Förderung von *Lebensräumen* mit typischer Zusammensetzung von Fauna und Flora, die als Ganzes gefährdet oder ökologisch besonders wertvoll sind (vgl. zu diesem nun in die Verfassung aufgenommenen Begriff auch TRÖSCH, St. Galler Kommentar zur BV, Art. 78 Rz. 11, und dazu Näheres in Rz. 573 ff.; zur Umschreibung und Abgrenzung von Biotop- und Artenschutz auch ROHRER, Kommentar NHG, 1. Kap., Rz. 17 ff.).

501 *Art. 78 Abs. 5 BV,* welcher auf die Annahme der (im Zusammenhang mit dem Kampf gegen einen neuen Waffenplatz lancierten) Volksinitiative «zum Schutz der Moore – Rothenthurm-Initiative» in der Volksabstimmung vom 6. Dezember 1987 zurückgeht (vgl. BBl 1985 II 1445 ff.; AS 1988, 352), schützt schliesslich als Spezialfall des Biotopschutzes *Moore und Moorlandschaften von besonderer Schönheit* und *gesamtschweizerischer Bedeutung* unmittelbar durch die Verfassung (vgl. dazu Art. 23a–23d NHG und nachfolgend Rz. 595 ff.).

502 Das *Natur- und Heimatschutzgesetz* enthält sodann in Art. 24–24e *Strafbestimmungen,* welche sich auf alle Bereiche des bundesrechtlich geregelten Natur- und Heimatschutzes beziehen, wobei allerdings Art. 24e NHG eine verwaltungsrechtliche Bestimmung zur Wiederherstellung des rechtmässigen Zustands bei widerrechtlicher Beeinträchtigung von Schutzobjekten darstellt. Der folgende Abschnitt des Natur- und Heimatschutzgesetzes regelt *Organisation* und *Information* im Bereich des Natur- und Heimatschutzes, wobei Art. 25 NHG die Bestellung von beratenden Kommissionen (Eidg. Natur- und Heimatschutzkommission, Eidg. Kommission für Denkmalpflege) und von kantonalen Fachstellen vorsieht und Art. 25a NHG die Information und Beratung im Bereich des Natur- und Landschaftsschutzes zur gemeinsamen Aufgabe von Bund und Kantonen erklärt. Der letzte Abschnitt des Natur- und Heimatschutzgesetzes enthält eine *Übergangsbestimmung* zum *Moor- und Moorlandschaftsschutz* (Art. 25b NHG; vgl. dazu Rz. 596). Durch eine Teilrevision soll dem Natur- und Heimatschutzgesetz ein weiterer Abschnitt mit Vorschriften über *Natur- und Landschaftspärke* von *nationaler Bedeutung* (Art. 23e–23l) eingefügt und das bisherige separate Bundesgesetz vom 19. Dezember 1980 über den Schweizerischen Nationalpark (SR 454) aufgehoben werden (vgl. dazu Vernehmlassungsvorlage vom September 2002 und Rz. 622). Die *Ausführungsvorschriften* zum Natur- und Heimatschutzgesetz, welche der Bundesrat aufgrund von Art. 26 NHG erlassen hat, finden sich in der Verordnung über den Natur- und Heimatschutz vom 16. Januar 1999 (NHV) sowie in weiteren besonderen Verordnungen, insbesondere zu den einzelnen Bundesinventaren.

503 Neben diesen allgemeinen Regeln zum Natur- und Heimatschutz (*nominales* Natur- und Heimatschutzrecht) ist zu beachten, dass dem Bund auch aufgrund weiterer Verfassungsbestimmungen die Kompetenz zukommt, bestimmte

Aspekte des Natur- und Heimatschutzes näher zu regeln (*funktionales* Natur-
und Heimatschutzrecht). Von Bedeutung ist namentlich der *Raumplanungsarti-
kel* (Art. 75 BV), welcher die Kantone verpflichtet, für eine zweckmässige und
haushälterische Nutzung des Bodens und eine geordnete Besiedlung des Landes zu sorgen (vgl. zur Bedeutung des Raumplanungsrechts für den Natur- und
Heimatschutz nachfolgend Rz. 507 ff.). Für den Naturschutz bedeutsam ist sodann die Gesetzgebung, welche der Bund gestützt auf den *Wasserartikel* (Art. 76
BV) und den *Waldartikel* (Art. 77 BV) erlassen hat (vgl. dazu §§ 9, 10). Schliesslich hat der Bund gestützt auf den *Fischerei- und Jagdartikel* (Art. 79 BV) die
Grundsätze über die Ausübung der Fischerei und Jagd festgelegt, womit insbesondere die Artenvielfalt der Fische, der wild lebenden Säugetiere und der Vögel erhalten werden soll (Fischereigesetz vom 21. Juni 1991 [BGF], Jagd- und
Vogelschutzgesetz vom 20. Juni 1986 [JSG]).

Natur- und Heimatschutzaspekte sind überdies aufgrund besonderer Bundeskompe-   504
tenzen in zwei weiteren Bundesgesetzen geregelt. So sollen aufgrund des *Fuss- und
Wanderweggesetzes* vom 4. Oktober 1985 (FWG) insbesondere schöne Landschaften und
kulturelle Sehenswürdigkeiten durch Wanderwegnetze erschlossen und historische Verkehrswege darin möglichst einbezogen werden, wobei Konflikte insbesondere mit dem
Biotopschutz aber zu vermeiden sind (Art. 3 Abs. 2 und 3 sowie Art. 9 FWG). Mit dem
Landwirtschaftsgesetz vom 29. April 1998 (LwG) soll die landwirtschaftliche Bodennutzung durch Direktzahlungen, die an einen ökologischen Leistungsausweis gebunden
sind, im Sinne einer natur- und umweltverträglichen Landwirtschaft gelenkt werden
(Art. 70 ff. LwG; vgl. dazu MAURER, Beschränkung, 616 ff.; zu den besonderen ökologischen Direktzahlungen auch nachfolgend Rz. 585).

C. *Internationales Recht*

Auch im Bereich des Natur- und Heimatschutzes spielt das *internationale Recht*   505
eine zunehmend bedeutsamere Rolle. Auf der *globalen Ebene* ist insbesondere
das im Rahmen der UNESCO abgeschlossene Übereinkommen zum Schutz des
Kultur- und Naturgutes der Welt vom 23. November 1972 (SR 0.451.41) zu nennen, welches in Art. 11 vorsieht, dass Gebiete von aussergewöhnlichem universel-
lem Wert in eine Liste des Erbes der Welt aufgenommen werden (in der Schweiz
gehören dazu: als *Weltkulturerbe* das Kloster St. Johann in Müstair, die Altstadt
von Bern, der Klosterbezirk St. Gallen und die Tre Castelli in Bellinzona sowie
als *Naturerbe* das Jungfrau-Aletsch-Bietschhorn-Gebiet und der Monte San
Giorgio im Südtessin). Im Bereich des *Naturschutzes* sind sodann insbesondere
das Übereinkommen über Feuchtgebiete (Übereinkommen von Ramsar) vom
2. Februar 1971 (SR 0.451.45) und das Übereinkommen über die Erhaltung der
europäischen wildlebenden Pflanzen und Tiere und ihrer natürlichen Lebensräume (Übereinkommen von Bern) vom 19. September 1979 (SR 0.455), im Bereich des *Heimatschutzes* die Konvention zum Schutz des baugeschichtlichen
Erbes (Übereinkommen von Granada) vom 3. Oktober 1995 (SR 0.440.4) und
die Europäische Konvention zum Schutz des archäologischen Erbes (Überein-

kommen von Malta) vom 16. Januar 1992 (SR 0.440.5) zu erwähnen (vgl. auch Panorama des Umweltrechts, 86 ff.).

506 Diese Abkommen enthalten grundsätzlich *keine direkt anwendbare Vorschriften,* sondern müssen ins Landesrecht umgesetzt werden (vgl. jedoch für die Artenschutzliste der Berner Konvention ROGER ZUFFEREY, 663 ff., und FISCH, 1122 f.). Soweit die Abkommen im Vergleich zum nationalen Recht differenzierter sind, müssen sie jedoch bei der Anwendung des Bundesrechts und des kantonalen Rechts im Sinne einer *völkerrechtskonformen Auslegung* herangezogen werden (vgl. zum Ganzen BIBER-KLEMM, Kommentar NHG, 5. Kap., insbesondere Rz. 29 ff., 45 ff.; HELEN KELLER, Kommentar USG, Einführung in das Umweltvölkerrecht, Rz. 73 ff.; für das Übereinkommen von Granada insbesondere Bundesgerichtsurteil 1A.115/2001 vom 8. Oktober 2001 [«Haus Nideröst», Schwyz], E. 2g; zur innerstaatlichen Umsetzung des Übereinkommens von Ramsar Rz. 610; für Natur- und Landschaftsparks auch Rz. 622).

II. Allgemeines Schutzkonzept

A. *Entwicklung des raumbezogenen Schutzkonzepts*

507 Angesichts der beschränkten Gesetzgebungskompetenzen des Bundes im Bereich des Landschafts- und Ortsbildschutzes und einer ursprünglich nur rudimentären Regelung des Biotopschutzes liess sich der schweizerischen Rechtsordnung auch nach der Einführung des Natur- und Heimatschutzgesetzes vom 1. Juli 1966 kein klares und einheitliches Konzept für den *raumbezogenen Natur- und Heimatschutz* entnehmen (vgl. demgegenüber zu den Regeln für den *Artenschutz* Rz. 499 und zum Schutz *beweglicher Sachen* auch Rz. 543).

508 Eine markante Verbesserung brachte das *Raumplanungsgesetz* vom 22. Juni 1979 (RPG). Zwar änderte dieses Gesetz nichts an der grundsätzlichen Kompetenzaufteilung zwischen Bund und Kantonen auf dem Gebiet des Natur- und Heimatschutzes, doch wurden die Planungsträger aller Ebenen (Bund, Kantone und Gemeinden) durch das Raumplanungsgesetz mittelbar verpflichtet, im Rahmen der *Raumplanung* für den Natur- und Heimatschutz zu sorgen (vgl. insbesondere die Ziele und Grundsätze von Art. 1 Abs. 2 Bst. a und b sowie von Art. 3 Abs. 2 RPG). Das RPG enthält jedoch nicht nur einen entsprechenden *Auftrag* an die Planungsträger aller Ebenen, sondern stellt für den Natur- und Heimatschutz auch das *planerische Instrumentarium* (insbesondere Konzepte und Sachpläne des Bundes, kantonale Richtpläne, Nutzungspläne) und die entsprechenden Verfahren zur Verfügung. Überdies schuf Art. 17 RPG auf Bundesebene eine *gesetzliche Grundlage* für den Erlass von *Schutzzonen* und bezeichnete die *wichtigsten Objekte,* die geschützt werden sollen (vgl. dazu Rz. 518 ff., 528 ff.; vgl. zur Bedeutung des RPG für den Natur- und Heimatschutz insbesondere auch MOOR, Kommentar RPG, Art. 17 Rz. 12 ff., 19 ff., und Evaluationsbericht BLN, 835 ff.).

Eine wesentliche *inhaltliche Verstärkung* des Schutzkonzepts für den Natur- und 509
Heimatschutz hat sich durch die sukzessive *Entwicklung* und den *Ausbau* des
Biotopschutzrechts seit 1985 ergeben. So wurde der bundesrechtlich bisher nur
für die Erfüllung von Bundesaufgaben zwingend vorgeschriebene *Grundsatz
der Güterabwägung* (Abwägung zwischen den Interessen an der Erhaltung
eines Schutzgutes gegenüber den gegenteiligen Nutzungsinteressen; Art. 3
NHG) im Bereich des Biotopschutzes durch die Einfügung von *Art. 18 Abs. 1bis
und 1ter NHG* generell, das heisst mit unmittelbarer Wirkung auch für die Kantone, eingeführt. Später wurde durch die Aufnahme der Art. 18a–18d NHG eine
eigentliche *bundesrechtliche Vollzugsordnung* geschaffen, welche auch Vorgehen und Finanzierung beim Erlass der Schutzmassnahmen regelt. Für die Umsetzung dieser Ordnung durch die Kantone spielen freilich raumplanerische
Massnahmen weiterhin eine wichtige Rolle (vgl. dazu MAURER, Kommentar
NHG, Vorbemerkungen Art. 18–25, Rz. 4, Art. 18c Rz. 18; vgl. auch nachfolgend
Rz. 582 ff., 594).

B.   Rechtsnatur und Konkretisierung der Schutzvorschriften

Welche Objekte des Natur- und Heimatschutzes im Einzelnen durch welche 510
rechtlichen Massnahmen geschützt werden sollen, kann der Gesetzgeber angesichts der *Vielfalt der natürlichen und kulturellen Erscheinungen* und der verschiedenen Ansprüche, welche an den nur begrenzt vorhandenen Raum gestellt
werden, nicht ohne weiteres durch unmittelbar anwendbare Vorschriften regeln.
Schutzobjekte und Schutzmassnahmen werden daher in den Natur- und Heimatschutzvorschriften des Bundes und der Kantone regelmässig durch *unbe-
stimmte Rechtsbegriffe* und *Abwägungsklauseln* (Güterabwägung im erwähnten
Sinn, vgl. Rz. 509) umschrieben, welche durch die zuständigen Instanzen von
Bund, Kantonen und Gemeinden für die in Frage kommenden Objekte zu konkretisieren sind.

So bestimmt Art. 3 Abs. 1 NHG für den Natur- und Heimatschutz bei der Erfüllung von 511
Bundesaufgaben, dass «das heimatliche Landschafts- und Ortsbild, geschichtliche Stätten
sowie Natur- und Kulturdenkmäler geschont werden und, wo das allgemeine Interesse an
ihnen überwiegt, ungeschmälert erhalten bleiben» sollen. Und Art. 17 RPG hält für den
Natur- und Heimatschutz der Kantone unter anderem fest, dass «besonders schöne sowie
naturkundlich oder kulturgeschichtlich wertvolle Landschaften, bedeutende Ortsbilder,
geschichtliche Stätten sowie Natur- und Kulturdenkmäler und Lebensräume für schutzwürdige Tiere und Pflanzen» durch Schutzzonen oder «andere geeignete Massnahmen»
geschützt werden sollen.

Wo ein *verstärkter* Schutz bestehen soll, wird die *Interessenabwägung* durch den 512
Gesetzgeber *eingeschränkt* oder *vorstrukturiert* (z.B. Erfordernis überwiegender
nationaler Interessen für Eingriffe in *Schutzobjekte* von *nationaler Bedeutung,*
Art. 6 Abs. 2 NHG; Erfordernis der *Standortgebundenheit* für Ausnahmebewilligungen zur Beseitigung der Ufervegetation nach Art. 22 Abs. 2 NHG) oder ganz

ausgeschlossen. So sind der *Wald* und die *Ufervegetation* – unter Vorbehalt von Ausnahmebewilligungen – direkt durch die Bundesgesetzgebung (Art. 6 ff. WaG, Art. 21 f. NHG) und die besonders schönen *Moore und Moorlandschaften von nationaler Bedeutung* gar direkt und im Prinzip uneingeschränkt durch die Bundesverfassung (Art. 78 Abs. 5 BV) geschützt (vgl. dazu GRIFFEL, Grundprinzipien, Rz. 394 ff., 476, 478).

513 Da die Bestimmung der einzelnen Schutzobjekte und -massnahmen durch die zuständigen Instanzen von Bund, Kantonen und Gemeinden eine *raumwirksame Tätigkeit* darstellt, gelten für die entsprechende Umsetzung heute die Grundsätze des Raumplanungsgesetzes. Es besteht daher für die zu treffenden Schutzmassnahmen grundsätzlich eine *Planungspflicht* der zuständigen Instanzen von Bund, Kantonen und Gemeinden (Art. 2 RPG), und es sind bei der Vornahme der erforderlichen Interessenabwägungen die Grundsätze der *Koordination* (Art. 25a RPG) und der *planerischen Interessenabwägung* (Art. 3 RPV) zu beachten (vgl. dazu auch HALLER / KARLEN, Rz. 396 ff., 399 f., 791 ff.). Es müssen daher im konkreten Fall alle betroffenen Interessen sorgfältig ermittelt und mit Blick auf die Planungsziele und -grundsätze von Art. 1 und 3 RPG beurteilt und möglichst umfassend berücksichtigt werden. Hieraus ergibt sich auch, dass Planungsverfahren und Naturschutzmassnahmen stets aufeinander abgestimmt werden müssen (Pra 1999 Nr. 130/URP 1999, 251 ff., E. 2b, Botterens), was unter anderem durch die Berichterstattungspflicht der Planungsbehörden gemäss Art. 47 RPV gesichert werden soll.

514 Soweit die Interessenabwägung nicht durch besondere Vorschriften zugunsten des Natur- und Heimatschutzes eingeschränkt oder ausgeschlossen ist (vgl. Rz. 512), kommt dem *Natur- und Heimatschutz* zwar kein Vorrang gegenüber den *anderen räumlichen Interessen* zu, doch bildet er immerhin Gegenstand wichtiger Planungsziele und -grundsätze (vgl. Rz. 508; zur Abwägung gleichwertiger nationaler Interessen [Naturschutz und Landesverteidigung] BGE 128 II 1, E. 3d, Böttstein). Bei der Prüfung der Verhältnismässigkeit von Schutzmassnahmen sind sodann auch die durch die Verfassung (Eigentumsgarantie, Wirtschaftsfreiheit) geschützten *privaten Interessen* zu berücksichtigen, wobei allerdings rein finanzielle private Interessen bei der Interessenabwägung grundsätzlich unbeachtlich sind. Soweit ein Ermessensspielraum besteht, dürfen jedoch entgegenstehende *öffentliche finanzielle Interessen* (Tragbarkeit der finanziellen Folgen einer Unterschutzstellung) berücksichtigt werden. Vgl. dazu MOOR, Kommentar RPG, Art. 17 Rz. 5 ff., und für Massnahmen des Denkmalschutzes insbesondere WALDMANN, Denkmalschutz, 124 ff.; zum nachträglichen Verzicht auf Schutzmassnahmen aus finanziellen Gründen auch HALLER / KARLEN, Rz. 443.

515 Die räumliche Konkretisierung der Natur- und Heimatschutzvorschriften überlässt den rechtsanwendenden Behörden regelmässig einen erheblichen *Beurteilungs- und Abwägungsspielraum*. Dieser Spielraum darf nicht einfach aufgrund subjektiver Wertungen wahrgenommen werden. Vielmehr muss der Entscheid über die Schutzwürdigkeit bestimmter Objekte und die zu treffenden Schutzmassnahmen im Sinne einer Gesamtbeurteilung auf *objektiven, wissenschaftlich abgestützten Grundlagen* beruhen und Anspruch auf eine gewisse *Allgemeingültigkeit* erheben (vgl. MOOR, Kommentar RPG, Art. 17 Rz. 23 ff.; vgl. auch

Bundesgerichtsurteil in URP 2003, 811 ff., E. 3.2, Dornach [bei Zweifeln bezüglich der Anwendbarkeit eines wissenschaftlichen Inventars muss ein Gutachten eingeholt werden], und zu den in Bund und Kantonen bestehenden Sachverständigendenkommissionen Rz. 553). Für die räumliche Konkretisierung des Natur- und Heimatschutzes müssen daher zunächst entsprechende *Grundlagen* erarbeitet werden, was meist im Rahmen der *Richt- und Nutzungsplanung* oder als Vorarbeit für die von Bund und Kantonen zu schaffenden *Natur- und Heimatschutzinventare* geschieht (vgl. zu Letzteren Rz. 534 f.). Da die Schutzobjekte und -gebiete häufig von überörtlicher Bedeutung und die Kompetenzen von Bund und Kantonen im Bereich des Natur- und Heimatschutzes eng miteinander verflochten sind, müssen Grundlagen und Schutzmassnahmen der verschiedenen Ebenen überdies aufeinander *abgestimmt* werden (vgl. zum Zusammenspiel von Raumplanung und Natur- und Heimatschutz auch Evaluationsbericht BLN, 835 ff.).

Auf kantonaler Ebene geschieht die Abstimmung vor allem durch den *kantonalen Richtplan*. Art. 6 Abs. 2 Bst. b RPG hält ausdrücklich fest, die Kantone hätten in den Grundlagen der Richtplanung festzustellen, «welche Gebiete besonders schön, wertvoll, für die Erholung oder als natürliche Lebensgrundlage bedeutsam sind». Dementsprechend enthalten alle kantonalen Richtpläne Aussagen zum Natur- und Heimatschutz, meist in Form eines besonderen Abschnittes «Landschaft» in den Grundlagen der Richtplanung und im eigentlichen Richtplan. Die *Grundlagen* der Richtplanung enthalten in der Regel eine Bestandesaufnahme für die einzelnen Bereiche des Natur- und Heimatschutzes sowie einen Hinweis auf bestehende Konzepte und weitere planerische Grundlagen, insbesondere auf die bestehenden Inventare. Im eigentlichen *Richtplan* finden sich sodann die für die Behörden verbindlichen *Festsetzungen* und *Zwischenergebnisse* im Hinblick auf die anzustrebende Entwicklung (vgl. für den Kanton Zürich den Text zu Abschnitt 3 [Landschaft] sowie die Karte «Siedlung und Landschaft» zum kantonalen Richtplan 1995 gemäss Teilrevision vom 2. April 2001; diese Teilrevision wurde nötig, weil der Bundesrat den Richtplan 1995 [u.a. wegen fehlender Grundlagen und Abstimmungen im Bereich «Landschaft»] teilweise nicht genehmigt hatte [vgl. dazu BBl 1996 II 1305 f. und 2002, 3936]; zur Bedeutung des kantonalen Richtplans für den Natur- und Heimatschutz auch allgemein MOOR, Kommentar RPG, Art. 17 Rz. 35, und Evaluationsbericht BLN, 837 f.).

516

Auf Bundesebene hat der Bundesrat am 19. Dezember 1997 das *Landschaftskonzept Schweiz* (LKS) verabschiedet. Dieses bildet ein Konzept im Sinn von Art. 13 RPG, welches die raumwirksamen Tätigkeiten des Bundes im Bereich des Natur- und Heimatschutzes koordiniert. Es enthält – ausgehend vom Grundsatz einer nachhaltigen Entwicklung (Art. 73 BV) – 16 *allgemeine Ziele* für den Natur- und Landschaftsschutz in der Schweiz, welche sodann für 13 verschiedene Politikbereiche des Bundes durch *detaillierte Sachziele* konkretisiert und mit einem *Massnahmenkatalog* für die Jahre 1998–2006 versehen wurden (vgl. BBl 1999, 3048 ff., und ausführlich BUWAL, Landschaftskonzept). Obwohl aufgrund der beschränkten Kompetenzen des Bundes im Bereich der Raumplanung und des Natur- und Heimatschutzes auf konkrete räumliche Festlegungen verzichtet werden musste, bildet das Landschaftskonzept Schweiz eine wertvolle Grundlage für die Umsetzung der Natur- und Heimatschutzvorschriften durch die Behörden des Bundes, welche auch von den *Kantonen* bei der Erfüllung von Bundesaufgaben und überdies bei der Erstellung der Richtpläne zu berücksichtigen ist (Art. 6 Abs. 4 RPG).

517

C. Wichtigste Schutzobjekte

1. Vorbemerkungen

518 In der Schweiz bestehen – abgesehen vom Biotopschutz – keine einheitlichen Vorschriften für den raumbezogenen Natur- und Heimatschutz. Aus den Zielen und Grundsätzen des RPG und insbesondere aus der besonderen Vorschrift von Art. 17 RPG lässt sich aber eine Pflicht der Kantone ableiten, zumindest die in dieser Bestimmung genannten *wichtigen Objekte* durch geeignete Massnahmen besonders zu schützen. Den Kantonen und Gemeinden kommt bei der Erfüllung dieses Auftrages freilich ein erheblicher *Gestaltungs- und Beurteilungsspielraum* zu. Da es sich um eine Minimalvorschrift handelt, können die Kantone und Gemeinden gestützt auf ihre eigenen gesetzlichen Grundlagen überdies auch weitere Objekte unter Schutz stellen, soweit hiefür ein genügendes öffentliches Interesse besteht (vgl. dazu MOOR, Kommentar RPG, Art. 17 Rz. 29 ff.; für den Kanton Zürich § 203 Abs. 1 PBG; vgl. auch BGE 121 II 8, E. 3a, Mühleberg [kein bundesrechtlicher Begriff des Kulturdenkmals]). Zu beachten ist aber auch, dass für verschiedene der in Art. 17 Abs. 1 RPG genannten Objekte, insbesondere für die Biotope, aufgrund des eidgenössischen Natur- und Heimatschutzgesetzes *weitergehende Anforderungen* an die Schutzmassnahmen der Kantone und Gemeinden bestehen (vgl. dazu Rz. 561 ff., 573 ff.; zur Problematik sich überschneidender Schutzprogramme Evaluationsbericht BLN, 820, und Rz. 587).

2. Gewässer und ihre Ufer

519 Geschützt werden sollen nach Art. 17 Abs. 1 Bst. a RPG «Bäche, Flüsse, Seen und ihre Ufer». Obwohl der Wortlaut keine Einschränkung enthält, wird kein systematischer, lückenloser Schutz aller Gewässer und ihrer Ufer durch besondere Schutzmassnahmen verlangt. *Wasserflächen* können aber aufgrund dieser Vorschrift grundsätzlich nicht einer Bauzone zugewiesen werden. *Wasserbauten* bedürfen daher stets einer Ausnahmebewilligung nach Art. 24 RPG bzw. – bei grösseren Anlagen – einer projektspezifischen Sondernutzungsplanung (vgl. dazu BRUNNER, Uferbereich, 748 f.). Die Gewässer werden sodann bereits durch die Vorschriften über den qualitativen und quantitativen *Gewässerschutz* (vgl. dazu § 9) sowie durch die Anforderungen des Fischereigesetzes (vgl. Rz. 616 f.), die *Ufervegetation* überdies durch Art. 21 NHG (vgl. Rz. 606 ff.) geschützt.

520 Soweit hiefür überwiegende Interessen bestehen, können einzelne Gewässer oder Teile von Gewässern durch *besondere Vorschriften* weitergehend geschützt werden (z.B. Einschränkung oder gar Verbot des Motorbootverkehrs; vgl. BGE 119 Ia 141 ff., 197 ff. betreffend das Berner Schifffahrtsdekret; vgl. zur Regelung des *Gemeingebrauchs* an öffentlichen Gewässern auch Art. 664 Abs. 3 ZGB). Für den Uferbereich sehen die Kantone regelmässig besondere *Bauabstandsvorschriften* von 5–30 Metern oder entsprechende *Gewässerabstandslinien* vor, welche nicht nur polizeilich motiviert sind (Schutz vor Erosion und Überschwemmung), sondern auch dem Natur- und Heimatschutz die-

nen, da die See- und Flussufer von der Überbauung freigehalten werden sollen (Art. 3 Abs. 2 Bst. c RPG). Soll ein erweiterter Uferbereich freigehalten werden, kann die entsprechende Fläche einer *Bauverbotszone* zugewiesen werden (BGE 114 Ia 233, E. 4, Männedorf). Im Uferbereich kann auch eine besondere *Naturschutzzone* geschaffen werden, wobei allerdings zu beachten ist, dass gemäss Art. 3 Abs. 2 Bst. c RPG grundsätzlich der öffentlichen Zugang und die Begehung der See- und Flussufer ermöglicht werden soll (Bundesgerichtsurteil in ZBl 1991, 278 ff., E. 5, Thun).

3. Schützenswerte Landschaften

Nach Art. 17 Abs. 1 Bst. b RPG sollen sodann «besonders schöne sowie naturkundlich oder kulturgeschichtlich wertvolle Landschaften» geschützt werden. Diese Bestimmung geht von einem weiten Begriff des Landschaftsschutzes aus, indem nicht nur schöne und wertvolle *Naturlandschaften* (z.B. schöne Täler, Seen- und Berglandschaften sowie Aussichtspunkte; geologisch oder biologisch interessante Gebiete), sondern auch vom Menschen gestaltete *Kulturlandschaften* (z.B. Wein- und Ackerbauterrassen, Einzelhofsiedlungen, alte Industrielandschaften) erfasst werden (zum Schutz von Einzelhofsiedlungen vgl. heute auch die besonderen Vorschriften von Art. 33 und Art. 39 RPV). Freilich müssen aufgrund des Bundesrechts nur besonders schöne oder wissenschaftlich wertvolle Landschaften durch besondere Schutzmassnahmen geschützt werden, womit im Hinblick auf die vorzunehmende Interessenabwägung auf das Erfordernis einer *besonderen Schutzwürdigkeit* hingewiesen wird. 521

Da Art. 17 Abs. 1 RPG lediglich eine Minimalvorschrift bildet, können die *Kantone* in ihren gesetzlichen Grundlagen an die Schutzwürdigkeit einzelner Landschaften aber auch weniger hohe Anforderungen stellen. Die besonders schutzwürdigen Landschaften von *nationaler Bedeutung* werden im Übrigen aufgrund der besonderen Vorschriften des NHG durch die Aufnahme ins Bundesinventar der Landschaften und Naturdenkmäler (BLN) besonders geschützt, während die Bezeichnung und der Schutz der schützenswerten Landschaften von regionaler und lokaler Bedeutung den Kantonen überlassen bleibt (vgl. dazu Rz. 561 ff.; zum Sonderfall der *Moorlandschaften von nationaler Bedeutung* Rz. 599 ff.). 522

4. Ortsbilder sowie Natur- und Kulturdenkmäler

Geschützt werden sollen nach Art. 17 Abs. 1 Bst. c RPG auch «bedeutende Ortsbilder, geschichtliche Stätten sowie Natur- und Kulturdenkmäler». Hier geht es vor allem um den Schutz der vom Menschen geschaffenen oder geprägten Bauten und Kulturdenkmäler, nämlich um *Ortsbilder* (Gruppe von Siedlungsbauten, die durch Art, Struktur oder Form besonders geprägt sind), *geschichtliche bzw. archäologische Stätten* (z.B. alte Gerichtsstätten, Burgen und Wehranlagen, Schlachtgelände) und *Kulturdenkmäler* (besondere handwerkliche oder bauliche Leistungen wie römische Bauten, alte Häuser, Mühlen, Industrieanlagen, Bergwerke, Bewässerungssysteme, Passstrassen, Brücken), doch fallen auch einzelne bedeutende *Objekte der Natur* (einzelne Bäume, Find- 523 linge, Wasserfälle, Hügel oder Berge, sog. Naturdenkmäler) darunter, wofür heute der Begriff *Geotopschutz* verwendet wird (vgl. BUWAL, Grundlagen LKS, 65).

524 Wie bei den ganzen Landschaften wird auch bezüglich dieser *einzelnen Objekte*, bei welchen namentlich die *äussere Erscheinung* und die nächste Umgebung *(Ensembleschutz)*, in besonderen Fällen aber auch das *Gebäudeinnere* geschützt werden sollen (vgl. z.B. BGE 109 Ia 257 ff., Zürich [Café Odeon]), für den Erlass von Schutzmassnahmen eine *besondere Schutzwürdigkeit* verlangt («bedeutende» Ortsbilder und sinngemäss wohl auch nur «bedeutende» Natur- und Kulturdenkmäler), wobei die Kantone aber bezüglich der Schutzwürdigkeit wiederum weniger hohe Anforderungen stellen können. Während früher namentlich Schönheit, kunsthistorischer Wert und geschichtliche Bedeutung für den Schutz eines Objekts massgebend waren, ist nach heutiger Auffassung ausschlaggebend, ob die Baute oder Anlage als wichtiger, *besonders charakteristischer Zeuge* einer bestimmten (auch jüngeren) Epoche und deren kultureller, gesellschaftlicher, wirtschaftlicher, baulicher oder technischer Gegebenheiten gelten könne. Daher können nach Lehre und Rechtsprechung auch Industriegebäude sowie Fabrik- und andere technische Anlagen (z.B. Bahnhofbauten und Bahnanlagen) Baudenkmäler sein (BGE 121 II 8, E. 3b, Mühleberg). Vgl. zu den einzelnen Schutzobjekten, zur erforderlichen Interessenabwägung und zu den Beiträgen der öffentlichen Hand an Denkmalschutzmassnahmen auch von REDING, 48 ff., und WALDMANN, Denkmalschutz, 122 ff., 135 ff.

525 Besonders wichtige Schutzobjekte der hier behandelten Kategorie, nämlich die *Ortsbilder von nationaler Bedeutung*, sind aufgrund der besonderen Vorschriften des NHG durch die Aufnahme ins Bundesinventar der schützenswerten Ortsbilder der Schweiz (ISOS) erfasst und besonders geschützt worden. In Vorbereitung steht sodann ein Bundesinventar *historischer Verkehrswege der Schweiz* (IVS). Die übrigen Natur- und Kulturdenkmäler von nationaler Bedeutung sind meist als Einzelobjekte vom umfassenderen Gebietsschutz des BLN und des ISOS mitumfasst (z.B. der Rheinfall im BLN-Gebiet Nr. 1412 «Rheinfall» oder das Kloster Rheinau als Bestandteil des ISOS-Gebietes «Rheinau»). Die Bezeichnung und der Schutz der in Art. 17 Abs. 1 Bst. c RPG genannten Objekte von regionaler und lokaler Bedeutung bleibt wiederum den Kantonen überlassen (vgl. dazu Rz. 561 ff.).

5. *Lebensräume für schutzwürdige Tiere und Pflanzen*

526 Gemäss Art. 17 Abs. 1 Bst. d RPG sind schliesslich «Lebensräume für schutzwürdige Tiere und Pflanzen» zu schützen. Hier geht es um den sog. *Biotopschutz*, wobei nicht nur vorbestandene natürliche Biotope, sondern auch neue, künstlich hergerichtete Biotope geschützt werden können. Der Bestimmung von Art. 17 Abs. 1 Bst. d RPG kommt heute allerdings kaum mehr selbständige, sondern nur noch *hinweisende Bedeutung* zu, da der Biotopschutz inzwischen umfassend durch *besondere bundesrechtliche Bestimmungen* im NHG und in weiteren Bundesgesetzen (vgl. dazu Rz. 573 ff.) geregelt worden ist. Der Bund hat aufgrund dieser Bestimmungen für *Biotope von nationaler Bedeutung* (Auengebiete, Amphibienlaichgebiete, Hochmoore, Flachmoore) besondere Schutzverordnungen und Inventare geschaffen, während die Bezeichnung und der Schutz der Biotope von *regionaler* und *lokaler* Bedeutung im Rahmen der bestehenden Bundesvorschriften den Kantonen obliegt (vgl. dazu Rz. 582 f.,

586 ff.). Der Schutz der *einzelnen Tiere und Pflanzen* selber ergibt sich dagegen aus den Bestimmungen über den *Artenschutz* (vgl. Rz. 499).

D. Schutzmassnahmen

1. Vorbemerkungen

Die *generell-abstrakten Schutzvorschriften* im Bereich des raumbezogenen Natur- und Heimatschutzes müssen in der Regel durch geeignete Massnahmen *räumlich konkretisiert* und *umgesetzt* werden (zum ausnahmsweise unmittelbaren Schutz durch generell-abstrakte Vorschriften Rz. 606 ff., 613 f.). Hierbei muss zunächst das *Schutzobjekt* bezeichnet und örtlich genau umschrieben werden. Sodann muss das *Schutzziel* für das betreffende Objekt aufgrund der gesetzlichen Vorgaben konkretisiert werden, wobei insbesondere bei grossflächigen Objekten nach einzelnen Teilräumen oder Bestandteilen differenziert werden muss. Schutzziel kann grundsätzlich die *Erhaltung des Schutzobjekts im gegenwärtigen Zustand* bilden (was aber auch Unterhalts- und Pflegemassnahmen erfordern kann, z.B. bei Baudenkmälern, aber auch bei Biotopen), aber auch die *Rückversetzung in einen früheren* (ursprünglichen oder natürlichen) *Zustand* (z.B. Wiederherstellung eines Biotops, Renaturierung von Bachläufen) oder eine *bewusste Steuerung der Entwicklung* (insbesondere im Landschafts- und Ortsbildschutz, aber auch im Naturschutz z.B. durch den ökologischen Ausgleich). Alsdann muss geprüft werden, welche gegenwärtig oder zukünftig möglichen Nutzungen dem angestrebten Schutzzweck zuwiderlaufen könnten *(mögliche Gefährdungen)*. Aus einer Gegenüberstellung von Schutzziel und möglicher Gefährdung (Schutzbedürftigkeit) ergeben sich dann die konkret erforderlichen *Schutzmassnahmen*. Hierbei kann es sich einerseits um *Bau- und Nutzungsbeschränkungen,* andererseits aber auch um eine *Pflicht zu positivem Tun* (z.B. Pflege- und Gestaltungsmassnahmen) oder zur *Duldung entsprechender Massnahmen* handeln (vgl. z.B. Art. 18c Abs. 3 NHG; vgl. dazu auch Pra 1999 Nr. 130/URP 1999, 251 ff., E. 2a, Botterens, und ROHRER, Kommentar NHG, 1. Kap., Rz. 11 ff.). 527

Für die rechtliche Umsetzung der Natur- und Heimatschutzmassnahmen stellt Art. 17 RPG das Instrument der *Nutzungsplanung* zur Verfügung, indem für Schutzobjekte und -gebiete besondere *Schutzzonen* erlassen werden können (Abs. 1); die Kantone können in ihrem Recht aber auch *andere geeignete Massnahmen* vorsehen (Abs. 2). Daraus folgt, dass der sich aus Art. 17 RPG und aus den besonderen Vorschriften des NHG ergebende Auftrag an die Kantone zum Erlass von Schutzmassnahmen grundsätzlich innerhalb des vom RPG vorgezeichneten Planungsprozesses zu erfüllen ist, wobei den Kantonen aber hinsichtlich der Wahl der Instrumente eine gewisse Freiheit zukommt (vgl. auch BGE 118 Ib 485, E. 3c, Augst). Die Anordnung der konkreten Schutzmassnahmen erfordert daher grundsätzlich eine *planerische Interessenabwägung* und hat den *planerischen Stufenbau* zu beachten (vgl. dazu Rz. 513). 528

529 Wie andere Eigentumsbeschränkungen kann die Anordnung von Natur- und Heimatschutzmassnahmen durch Planungsmassnahmen oder Schutzverfügungen für das betreffende Gemeinwesen *entschädigungsrechtliche Folgen* haben. So kann namentlich eine
aus Gründen des Natur- und Heimatschutzes erfolgende Auszonung eines überbaubaren
Grundstücks oder dessen Zuweisung zu einer *Schutzzone* (oder zu einer ökologischen
Ausgleichsfläche) den Tatbestand einer *materiellen Enteignung* i.S. von Art. 5 Abs. 2 RPG
erfüllen (vgl. HALLER/KARLEN, Rz. 467, 475 ff., 488 f.). Dasselbe gilt für *Denkmalschutzmassnahmen,* wobei nach der Rechtsprechung eine materielle Enteignung aber entfällt,
wenn der Eigentümer seine Liegenschaft auch nach dem Eingriff in angemessener, wirtschaftlich sinnvoller Weise nutzen kann (vgl. HALLER/KARLEN, Rz. 484 f., JOLLER, 138 ff.,
WALDMANN, Denkmalschutz, 131 ff.). Letzterer Vorbehalt gilt auch für *Bewirtschaftungs-
einschränkungen* bei Biotopen, für welche im Übrigen unabhängig von der Schwere des
Eingriffs Subventionen vorgesehen sind (vgl. dazu Art. 18c Abs. 2 NHG und WILD, Biotopschutz, 781 f.). Die *Kantone* sehen Überdies für Grundstücke, die durch Natur- und
Heimatschutzmassnahmen betroffen sind, zum Teil das Recht der Grundeigentümer vor,
vom Gemeinwesen unter bestimmten Voraussetzungen – zum Teil auch unabhängig vom
Vorliegen einer materiellen Enteignung – die Übernahme des Grundstücks gegen volle
Entschädigung zu verlangen (sog. *Heimschlagsrecht;* vgl. dazu HALLER/KARLEN, Rz. 449 ff.;
zum Gegenstück des sog. *Zugrechts* des Gemeinwesens bei materieller Enteignung HAL-
LER/KARLEN, Rz. 447).

2. *Schutzzonen und Zonen mit einschränkenden Nutzungsvorschriften*

530 Art. 17 Abs. 1 RPG stellt als planerisches Instrument für den Schutz der in dieser Bestimmung genannten Schutzobjekte und -gebiete ausdrücklich die
Schutzzone als besondere Nutzungszone im Sinne von Art. 14 RPG zur Verfügung. Durch eine Schutzzone werden für ein durch einen Plan parzellenscharf
bestimmtes Gebiet besondere, dem Schutzzweck entsprechende Nutzungsvorschriften (insbesondere Nutzungsbeschränkungen) mit grundeigentümerver-
bindlicher Wirkung angeordnet. In der Regel wird es sich um eine *Bauverbotszone* handeln bzw. – im Bereich des Landschafts- und Ortsbildschutzes – um
eine Bauzone, in welcher *bauliche Massnahmen* nur mit *besonderen Auflagen*
zulässig sind (vgl. dazu auch Rz. 550). Eine Schutzzone kann grundsätzlich Bestandteil eines umfassenden *Rahmennutzungsplanes* bilden oder als *separate
Schutzzone* durch eine Verordnung oder einen Sondernutzungsplan erlassen
werden. Es kann sich um eine eigenständige Zone für ein bestimmtes Gebiet
oder um eine zu einer Grundnutzung hinzutretende *überlagernde Zone* handeln
(z.B. Bauzone mit überlagernder Ortsbildschutzzone oder Landwirtschaftszone
mit überlagernder Landschaftsschutzzone), woraus sich für das betreffende
Gebiet zusätzliche Nutzungsbeschränkungen ergeben (vgl. auch Pra 1999
Nr. 130/URP 1999, 251 ff., E. 2b, Botterens [blosse Einweisung in die Landwirtschaftszone genügt in der Regel auch für Biotope von regionaler Bedeutung
nicht]).

531 Schutzzonen können *verschiedene Bezeichnungen* aufweisen. Massgebend ist,
dass sie besondere Nutzungsvorschriften bzw. -beschränkungen vorsehen, welche einem bestimmten Schutzzweck dienen. Neben eigentlichen Schutzzonen

fallen für die Umsetzung des Natur- und Heimatschutzes aber auch *einschränkende Vorschriften* für *andere Nutzungszonen* in Betracht.

So können z.B. für bestimmte Teile der *Landwirtschaftszone* im Interesse von Natur- und   532
Heimatschutz einschränkende Nutzungsvorschriften erlassen werden (vgl. Art. 16 Abs. 3,
Art. 16a Abs. 1 RPG und dazu HÄNNI, 169 f.). Im Kanton Zürich können die *Freihaltezonen* die Funktion von Schutzzonen für den Natur- und Landschaftsschutz übernehmen
(vgl. §§ 39 ff., 61 ff. PBG und dazu HALLER / KARLEN, Rz. 293), während die *Kernzonen* der
Erhaltung oder Erweiterung schutzwürdiger Ortsbilder dienen (§ 50 PBG und dazu
HALLER / KARLEN, Rz. 280 f.). Soll die Erhaltung von schutzwürdigen Bauten und Räumen
detaillierter geregelt werden, kann das betreffende Gebiet auch einer *Gestaltungsplanpflicht* unterstellt werden (§§ 83 ff. PBG und dazu HALLER / KARLEN, Rz. 317 ff., sowie VON
REDING, 52 f.). In der Regel handelt es sich bei den Schutzzonen um Zonen im Rahmen
der kommunalen Nutzungsplanung, doch können die Kantone auch von *kantonalen Behörden* festzusetzende Schutzzonen vorsehen, zumal insbesondere Natur- und Landschaftsschutzgebiete häufig das Gebiet mehrerer Gemeinden betreffen und von überörtlicher Bedeutung sind (vgl. für den Kanton Zürich insbesondere die kantonalen und
regionalen Freihaltezonen gemäss §§ 39 ff. PBG). Vgl. zum Ganzen auch MOOR, Kommentar RPG, Art. 17 Rz. 74 ff., und WILD, Biotopschutz, 777 f.

3. Andere Schutzmassnahmen

Obwohl sich besondere *Schutzzonen* und *einschränkende Nutzungsvorschriften*   533
in anderen Zonen für den Schutz von Objekten des Natur- und Heimatschutzes
besonders eignen, lässt Art. 17 Abs. 2 RPG den Kantonen die Wahl, anstelle von
planerischen Massnahmen auch *andere Schutzmassnahmen* zu treffen, sofern
sich diese für den angestrebten Schutz ebenfalls oder sogar besser eignen. Die
Kantone (und zum Teil auch das NHG selber) sehen denn auch in ihren Natur-
und Heimatschutzvorschriften verschiedene *weitere Schutzmassnahmen* für
Schutzobjekte und -gebiete vor, insbesondere Schutzinventare, Schutzverordnungen, Schutzverfügungen, Schutzvereinbarungen, die Expropriation und vorsorgliche Schutzmassnahmen (vgl. für den Kanton Zürich §§ 205 ff. PBG, für den
Denkmalschutz VON REDING, 50 ff., WALDMANN, Denkmalschutz, 119 ff., und allgemein MOOR, Kommentar RPG, Art. 17 Rz. 80 ff.; vgl. zum Beurteilungsspielraum der Kantone bei der Wahl geeigneter Schutzmassnahmen auch Pra 1999
Nr. 130 / URP 1999, 251 ff., E. 2a, Botterens).

a) Schutzinventare

Als Grundlage für den Erlass von Schutzmassnahmen sehen die *Kantone* in der   534
Regel die Schaffung von *Inventaren* vor, in welchen alle betreffenden Schutzobjekte aufgeführt werden. Die *Rechtswirkungen* dieser Inventare sind ganz
unterschiedlich. In der Regel bilden die Inventare lediglich eine *Grundlage* für
nachfolgende Schutzmassnahmen; es kommt ihnen daher keine direkte Aussenwirkung, sondern nur Hinweisfunktion für Behörden und Private zu (vgl. z.B.
Art. 10 Abs. 2 und 3 des Berner Baugesetzes vom 9. Juni 1985). Sie können aber

auch *direkt grundeigentümerverbindlich* oder zumindest mit einem *vorsorglichen Schutz* verbunden sein. So bewirkt im Kanton Zürich die Mitteilung der Aufnahme eines Schutzobjektes in ein Inventar ein auf ein Jahr befristetes Veränderungsverbot (vgl. § 209 PBG; vgl. dazu auch die Hinweise bei WALDMANN, Schutz, 148).

535 Eine besondere Form eines Schutzinventars stellen die *Bundesinventare im Bereich des Natur- und Heimatschutzes* dar. Insbesondere im Bereich des Biotopschutzes (für den Landschafts- und Ortsbildschutz vgl. Rz. 563 ff.) bilden diese nicht nur planerische Grundlage, sondern *rechtsverbindliche Vorgabe* für die kantonalen Schutzmassnahmen (vgl. Rz. 586 ff.). Sie werden vom Bundesrat formell als *Verordnungen* erlassen, haben materiell jedoch die Bedeutung von *Sachplänen* im Sinne von Art. 13 RPG und sind als solche jedenfalls behördenverbindlich, angesichts des geringen Spielraums der Kantone bei der Umsetzung allenfalls sogar grundeigentümerverbindlich (vgl. zur bisher nicht völlig geklärten Rechtsnatur dieser Inventare und der Bedeutung dieser Frage für Rechtsschutz, Abänderbarkeit und Entschädigungspflicht FAHRLÄNDER, Kommentar NHG, Art. 18a Rz. 11 ff., WALDMANN, Schutz, 146 ff., 274 f., und ein nicht veröffentlichtes Gutachten von ALFRED KÖLZ zum Zürcher Flughafenprojekt Parallelpiste [Variante «Grün»] vom 6. März 2003; zum Rechtsschutz auch Rz. 587). – Kein Bundesinventar im Sinne von Art. 5 und 6 NHG sondern ein Instrument des *Kulturgüterschutzes* bildet das «Schweizerische Inventar der Kulturgüter von nationaler und regionaler Bedeutung» (vgl. dazu ROHRER, Kommentar NHG, 1. Kap., Rz. 42).

b) Schutzverordnungen

536 Verschiedene Kantone sehen als Schutzmassnahmen auch *Schutzverordnungen* vor, insbesondere wenn ein grösseres Gebiet betroffen ist (vgl. z.B. § 205 Bst. b PBG). Soweit eine solche Schutzverordnung allerdings nur für ein durch einen Plan bestimmtes Gebiet gilt, handelt es sich effektiv ebenfalls um den Erlass einer Schutzzone i.S.v. Art. 17 Abs. 1 RPG mit besonderen Schutzvorschriften (vgl. Bundesgerichtsurteil in ZBl 1996, 122 ff., E. 1a, Entlebuch [Schutzverordnung für mehrere Moorgebiete], und HALLER/KARLEN, Rz. 293, zur Schutzverordnung Greifensee; vgl. auch die neuen Zürcher Verordnungen über den Schutz der Katzenseen und der Moorlandschaft Hirzel vom 16. Dezember 2003). Entsprechende Schutzverordnungen können daher in der Regel wie Nutzungspläne angefochten werden (vgl. für den Kanton Zürich HALLER/KARLEN, Rechtsschutz, Rz. 1082; vgl. aber auch Urteil Obergericht SH in Amtsbericht 1992, 139 ff., betreffend Randenverordnung). Eine eigentliche (generell-abstrakte) Schutzverordnung liegt nur vor, wenn sich der Anwendungsbereich ohne weiteres in Worten – ohne kartenmässige Darstellung – umschreiben lässt, wie dies z.B. bei einer allgemeinen Seeuferschutzverordnung der Fall ist. Allenfalls kann auch der generell-abstrakte Heckenschutz durch eine Schutzverordnung näher geregelt werden (vgl. dazu auch WILD, Biotopschutz, 775, 778, und nachfolgend Rz. 613 f.). Zum Baumschutz durch Verordnung vgl. Bundesgerichtsurteil in URP 1997, 63 f., Stadt Zürich.

c) Schutzverfügungen

Betrifft der Schutz nur ein einzelnes Grundstück, Gebäude oder einzelne   537
Naturobjekte, zum Beispiel einen wertvollen Baum, kommt als Schutzmass-
nahme eine *individuell-konkrete Schutzverfügung* in Frage, welche als öffent-
lich-rechtliche Eigentumsbeschränkung im Grundbuch angemerkt werden kann
(Art. 962 ZGB). Sofern die Schutzmassnahmen auch gegenüber Dritten (z.B.
Passanten) wirken sollen, kann dies durch eine entsprechende *Vorschriftstafel*
(Allgemeinverfügung) erreicht werden (vgl. auch WILD, Biotopschutz, 778; als
Beispiel für Vorschriftstafeln Rz. 612).

Der Vorteil von Schutzverfügungen liegt darin, dass Rechte und Pflichten des Grund-   538
eigentümers (und auch allfälliger Dritter) unter Abwägung der im Spiele stehenden
Interessen konkret und detailliert umschrieben werden können. So ist es kaum denkbar,
die vollständige Erhaltung einer bestimmten Bausubstanz oder ein Abbruchverbot durch
allgemeine planerische Schutzmassnahmen zu regeln. Durch den Erlass einer Schutzverfügung kann sodann ein unter Umständen langwieriges Planungsverfahren vermieden
und der nötige Schutz auch noch dann sichergestellt werden, wenn ein konkreter Eingriff
in das Schutzobjekt zur Diskussion steht (sog. *akzessorischer Schutz*). Allerdings ist hiefür eine genügende gesetzliche Grundlage erforderlich, und es muss auch eine einzelne
Schutzverfügung im Gesamtzusammenhang Sinn machen, also auf einem allgemeinen
planerischen Schutzkonzept beruhen (vgl. dazu Rz. 515, 548).

d) Schutzvereinbarungen

Schutzvereinbarungen eignen sich insbesondere dann, wenn dem Grundeigen-   539
tümer nicht nur bestimmte Nutzungsbeschränkungen auferlegt, sondern dieser
auch zu einem *positiven Tun* (Unterhalt und Pflege von Schutzobjekten) verpflichtet werden soll. Bei der Gewährung von Bundesbeiträgen nach Art. 13
NHG wird der künftige Unterhalt der Schutzobjekte freilich durch Nebenbe-
stimmungen in der Beitragsverfügung gesichert, welche im Grundbuch angemerkt werden können (vgl. Art. 13 Abs. 2 und 3 NHG und dazu Art. 7 f. NHV
sowie JENNI, Kommentar NHG, Art. 13 Rz. 9 ff.). Art. 18c Abs. 1 NHG sieht dagegen ausdrücklich vor, dass der *Schutz und Unterhalt von Biotopen* wenn möglich aufgrund von (öffentlich-rechtlichen) Vereinbarungen mit den Grundeigentümern und Bewirtschaftern erreicht werden soll, in deren Rahmen regelmässig
auch die finanzielle Abgeltung nach Art. 18c Abs. 2 NHG geregelt wird. Kommt
eine solche Vereinbarung nicht zustande, müssen die nötigen Unterhaltsmassnahmen allenfalls durch Dritte vorgenommen und vom Grundeigentümer ge-
duldet werden (Art. 18c Abs. 3 NHG; vgl. dazu auch MAURER, Kommentar NHG,
Art. 18c Rz. 8 ff.; WILD, Biotopschutz, 779 f., geht dagegen von der privatrechtlichen Natur dieser Verträge aus).

Auch rein *privatrechtliche Schutzvereinbarungen* sind grundsätzlich denkbar und waren   540
früher zum Teil sehr verbreitet (z.B. die Einräumung einer Personaldienstbarkeit zugunsten des Gemeinwesens mit Duldungs- und Unterlassungspflichten oder der freihändige
Erwerb von Schutzobjekten; vgl. für den Denkmalschutz auch JOLLER, 171 ff.). Bemü-

hungen um eine entsprechende privatrechtliche Regelung müssen insbesondere unternommen werden, bevor das im Natur- und Heimatschutzrecht von Bund und Kantonen vorgesehene formelle Enteigungsrecht ausgeübt werden kann (vgl. dazu Rz. 541 sowie FAHRLÄNDER, Kommentar NHG, Art. 15 Rz. 8 ff.).

e) Expropriation

541 Im *kantonalen Recht* wird regelmässig vorgesehen, dass das zuständige Gemeinwesen vom Recht auf *formelle Enteignung* Gebrauch machen kann, wenn der erforderliche Unterhalt für ein Schutzobjekt nicht vertraglich gesichert werden kann (vgl. als Beispiel § 212 PBG). Die erforderlichen Unterhaltsmassnahmen oder allenfalls sogar das Eigentum an solchen Objekten können alsdann geeigneten öffentlichen oder privaten Organisationen übertragen werden (vgl. § 215 PBG). Soweit der Entzug des Eigentums für die Sicherstellung des Schutzobjektes nicht erforderlich ist, kann aufgrund des Verhältnismässigkeitsprinzips allerdings nur ein *beschränktes dingliches Recht* (z.B. Bau- und Benützungsverbot) enteignet werden (vgl. BGE 114 Ib 321, Buchillon, und dazu ZIMMERLI, 38 ff.).

542 Für den Bereich des *Biotopschutzes* räumt auch Art. 18c Abs. 4 NHG den Kantonen ein entsprechendes Enteigungsrecht ein (vgl. dazu MAURER, Kommentar NHG, Art 18c Rz. 31 ff.). Für alle Arten der *Schutzobjekte von nationaler Bedeutung* steht überdies auch dem *Bund* selber aufgrund von Art. 15 NHG ein solches Enteigungsrecht zu, wobei er Kantone, Gemeinden oder andere öffentliche oder private Organisationen mit der Verwaltung der betreffenden Schutzobjekte betrauen kann (vgl. dazu FAHRLÄNDER, Kommentar NHG, Art. 15, insbesondere Rz. 5 ff.).

f) Weitere Aneignungsrechte und Verkehrsbeschränkungen

543 Neben oder anstelle eines Enteigungsrechtes können die Kantone für Natur- und Heimatschutzobjekte auch ein gesetzliches *Kaufs-, Vorkaufs- oder Rückkaufsrecht* einführen. Für bewegliche *herrenlose Schutzgegenstände* (Naturobjekte oder Antiquitäten von erheblichem wissenschaftlichem Wert) besteht aufgrund von Art. 724 ZGB ein (gegebenenfalls entschädigungspflichtiges) *Aneignungs- und Ausgrabungsrecht des Liegenschaftskantons.* Überdies können Bund und Kantone im Rahmen ihrer Zuständigkeit für bewegliche Schutzgüter *Veräusserungs- und Ausfuhrverbote* sowie *weitere Beschränkungen* erlassen. Vgl. dazu MARTI, Kommentar ZGB, Art. 6 Rz. 443 ff., 450 ff.; für den *Artenschutz* auch Rz. 499 und für den Schutz *archäologischer Objekte* insbesondere TISSOT. Inzwischen haben die eidgenössischen Räte das *Kulturgütertransfergesetz* vom 20. Juni 2003 (KGTG) verabschiedet (BBl 2003, 4475 ff.), welches am 1. Januar 2005 in Kraft treten soll und den Handel mit Kulturgütern in Ausführung der UNESCO-Kulturgüter-Konvention vom 14. November 1970 (BBl 2002, 635 ff.) bundesrechtlich regelt.

g)   Vorsorgliche Schutzmassnahmen

Die Schutzbedürftigkeit eines bestimmten Objekts kann sich unter Umständen 544
erst ergeben, wenn ein konkreter Eingriff geplant ist, oder es kann das Schutzobjekt sogar erst durch einen solchen Eingriff zu Tage treten (z.B. archäologische Funde). Die Kantone sehen für solche Fälle regelmässig *vorsorgliche
Schutzmassnahmen* vor (insbesondere provisorische Veränderungsverbote; vgl.
z.B. §§ 209 f. PBG). Als vorsorgliche Massnahme für einen planerischen Schutz
kann auch eine *Planungszone* nach Art. 27 RPG erlassen werden (vgl. BGE
105 Ia 223, E. 2d, Erlenbach).

Für den *Biotopschutz* bestehen besondere bundesrechtliche Vorschriften über vorsorgli- 545
che Schutzmassnahmen (vgl. dazu Rz. 588, 594). Für alle Arten der *Schutzobjekte von
nationaler Bedeutung* können sodann die zuständigen Departemente des Bundes gestützt
auf Art. 16 NHG Sicherungsmassnahmen und befristete Schutzanordnungen erlassen
(vgl. dazu FAHRLÄNDER, Kommentar NHG, Art. 16, insbesondere Rz. 2 ff.; vgl. auch BGE
117 Ib 243, E. 2, Rothenthurm [vorsorgliche Schutzverfügung des EDI nach Ablauf der
Geltungsdauer einer kantonalen Planungszone]).

E.   *Zulässigkeit von Eingriffen in Schutzobjekte*

1.   *Bewilligungspflicht für Eingriffe*

Die vorausschauende Anordnung von Schutzmassnahmen genügt für den 546
Schutz der Natur- und Heimatschutzobjekte allein noch nicht. Es muss vielmehr
dafür gesorgt werden, dass diese Schutzmassnahmen im Falle einer konkreten
Gefährdung eines Schutzobjekts auch durchgesetzt werden können. *Geplante
Eingriffe* in Schutzobjekte, welche diese gefährden können, sollten daher einer
Bewilligungspflicht unterstellt werden. Für die wichtigsten Eingriffe besteht be-
reits aufgrund anderer Gesetze eine Bewilligungspflicht (insbesondere Baube-
willigungspflicht nach Art. 22 bzw. 24 ff. RPG, Rodungsbewilligung nach Art. 5
WaG, Deponiebewilligung nach Art. 30e USG, Wasserentnahmebewilligung
nach Art. 29 GSchG).

Im Rahmen dieser Bewilligungsverfahren ist aufgrund der Koordinationsanfor- 547
derungen von Art. 25a RPG – bzw. bei Baubewilligungshoheit des Bundes im
Rahmen des koordinierten Gesamtentscheids nach Art. 62a ff. RVOG (vgl. dazu
HALLER / KARLEN, Rz. 800 ff.) – auch die Einhaltung der Natur- und Heimat-
schutzvorschriften zu prüfen, womit die angeordneten konkreten Schutzmass-
nahmen zum Tragen gebracht werden können, ohne dass ein besonderes Bewil-
ligungsverfahren erforderlich ist (BGE 121 II 161, E. 2b / bb, Morges; vgl. zur
Mitwirkung der kantonalen und eidgenössischen Fachstellen auch Art. 3 Abs. 4
NHG, Art. 2, 23 und 27 NHV sowie entsprechende Vorschriften in den
Inventarverordnungen [Art. 9 AuenV, HMV, FMV, MLV, Art. 12 AlgV, Art. 6
Abs. 1bis VEJ, WZVV]; zur Zuständigkeit für Schutzanordnungen auf dem
Eisenbahnareal auch BGE 121 II 8, Mühleberg).

548 Selbst wenn bisher noch keine konkreten Schutzmassnahmen erlassen worden sind, können im Rahmen dieser Bewilligungsverfahren die allgemeinen Schutzklauseln (insbesondere Art. 3 und Art. 18 NHG sowie entsprechende kantonale Vorschriften) grundsätzlich auch direkt angewandt werden, wenn sich im konkreten Fall ergibt, dass ein schutzwürdiges Objekt vorliegt (sog. *akzessorischer Schutz;* vgl. dazu Bundesgerichtsurteil in URP 2002, 468 ff., E. 4.3, Ausserferrera, FAVRE, Kommentar NHG, Art. 3 Rz. 3, und FAHRLÄNDER, Kommentar NHG, Art. 18 Rz. 22 ff.); für den besonderen Schutz von *Schutzobjekten von nationaler Bedeutung* ist jedoch grundsätzlich eine entsprechende Bezeichnung durch den Bund nötig, soweit nicht – wie im Falle des Biotopschutzes (vgl. dazu Rz. 588) – ein besonderer vorsorglicher Schutz besteht (vgl. dazu LEIMBACHER, Kommentar NHG, Art. 6 Rz. 4); *innerhalb des Baugebiets* kann überdies ein *Bauverbot* als schwerer Eingriff ins Grundeigentum nicht allein aus den allgemeinen Schutzklauseln abgeleitet werden (vgl. BGE 116 Ib 203, E. 5, Corsier-sur-Vevey, 118 Ib 485, E. 3c, Augst).

549 Soweit Schutzobjekte durch bestimmte Aktivitäten gefährdet werden könnten, für welche keine Bewilligungspflicht aufgrund anderer Gesetze besteht, kann ihr Schutz nur sichergestellt werden, wenn durch die kantonale Gesetzgebung eine *besondere Bewilligungspflicht* eingeführt wird (vgl. z.B. für das Roden von Hecken Rz. 614 oder für Veranstaltungen im Wald Art. 14 Abs. 2 WaG). Im Bereich des *Biotopschutzes* haben die Kantone überdies aufgrund von Art. 14 Abs. 5 NHV ein zweckmässiges *Feststellungsverfahren* vorzusehen, mit welchem möglichen Beeinträchtigungen von Schutzobjekten vorgebeugt werden kann (vgl. dazu WILD, Biotopschutz, 776, und nachfolgend Rz. 581). Im *kantonalen Recht* wird sodann zum Teil vorgesehen, dass ein Grundeigentümer jederzeit einen Entscheid über die Schutzwürdigkeit seines Grundstücks und über den Umfang allfälliger Schutzmassnahmen verlangen kann, wenn er ein aktuelles Interesse glaubhaft macht (vgl. z.B. § 213 PBG).

2. Allgemeine Bewilligungsvoraussetzungen

550 Einen gewissen Schutz für geschützte Objekte bieten bereits die Bewilligungsvoraussetzungen nach den genannten anderen Gesetzen. So befinden sich geschützte Objekte häufig *ausserhalb der Bauzone,* wo Bauten und Anlagen nur unter den einschränkenden Voraussetzungen der Art. 16a ff. und Art. 24 ff. RPG errichtet oder geändert werden dürfen. Eigentliche Schutzzonen sind denn auch – soweit sie nicht dem Schutz von Ortsbildern und Siedlungen dienen – grundsätzlich Nichtbaugebiet (BGE 123 II 499, E. 2b/bb, Reinach). In Zonen mit *geschützten Ortsbildern und Siedlungen* sehen die massgebenden Bauvorschriften dagegen regelmässig besondere Auflagen für die Errichtung und Änderung von Bauten vor, welche strengere Anforderungen als die allgemeinen baurechtlichen *Ästhetikvorschriften* enthalten (vgl. z.B. BGE 120 Ib 64, E. 5, Küttigen [Antennenverbot]; zu dazu und zu den baurechtlichen *Ästhetikvorschriften* auch HALLER/KARLEN, Rz. 652 ff., und VON REDING, 43 ff., 50 ff.).

551 Eine Schutzfunktion kommt sodann auch den weiteren genannten Bewilligungen zu. *Rodungsbewilligungen* dürfen nur ausnahmsweise gewährt werden, wenn die besonderen

Voraussetzungen gemäss Art. 5 WaG (insbesondere Standortgebundenheit des geplanten Werks und überwiegendes Interesse) gegeben sind. Die *Deponiebewilligung* erfordert einen Bedarfsnachweis (Art. 30e USG), und *Wasserentnahmebewilligungen* sind nur zulässig, wenn unter anderem die Vorschriften über die Mindestrestwassermenge eingehalten werden (Art. 29 ff. GSchG). Die erwähnten Bewilligungsvorschriften sehen in der Regel ausdrücklich vor, dass der Natur- und Heimatschutz im Rahmen der vorgeschriebenen Interessenabwägung besonders beachtet werden muss.

3. Besondere Eingriffsvoraussetzungen aufgrund des Natur- und Heimatschutzrechts

a) Grundsatz der ungeschmälerten Erhaltung

Aus den Natur- und Heimschutzvorschriften und den angeordneten konkreten Schutzmassnahmen ergeben sich regelmässig noch weiter gehende Einschränkungen. Für eigentliche Schutzobjekte gilt in der Regel der Grundsatz der *ungeschmälerten Erhaltung* (vgl. für den bundesrechtlich geregelten Bereich Art. 3 Abs. 1 und Art. 18 Abs. 1ter NHG; für das kantonale Recht als Beispiel § 204 PBG). Dieser Grundsatz bedeutet aber nicht, dass keinerlei Eingriffe und Veränderungen bezüglich des Schutzobjektes zulässig sind. Gemeint ist damit vielmehr, dass das Schutzobjekt *in seiner Qualität* als solches erhalten bleiben soll. Massgebend ist daher das für das betroffene Objekt bestehende *Schutzziel;* dieses muss im konkreten Einzelfall häufig noch näher umschrieben werden, weshalb für die Sachverhaltsabklärung geeignete Fachleute beizuziehen sind (BGE 119 Ib 222, E. 4, Ingenbohl; vgl. zum Entscheidverfahren bei BLN-Objekten auch Evaluationsbericht BLN, 828 ff.). 552

Für den Bereich des *Landschafts-, Ortsbild- und Denkmalschutzes* bei der Erfüllung von Bundesaufgaben (nicht aber für den Biotopschutz) besteht bei Gefahr einer erheblichen Beeinträchtigung eines in einem Bundesinventar aufgenommenen Schutzobjektes eine Pflicht zur Begutachtung *(obligatorisches Gutachten)* durch die zuständige eidgenössische Fachkommission (Eidg. Natur- und Heimatschutzkommission [ENHK] bzw. Eidg. Kommission für Denkmalpflege [EKD]), wobei nach neuem Recht die (Bau-)Bewilligungsbehörde auf Antrag der zuständigen kantonalen bzw. – bei Baubewilligungshoheit des Bundes – der zuständigen eidgenössischen Fachstelle erstinstanzlich über die Begutachtungspflicht entscheidet (vgl. Art. 7 NHG, Art. 2 Abs. 4 NHV und dazu Wild, Vereinfachung, 318 ff., sowie [kritisch] Evaluationsbericht BLN, 848). Im Bereich des *Biotopschutzes* – der umfassend bundesrechtlich geregelt ist – sowie bei noch nicht inventarisierten Objekten des Landschafts-, Ortsbild- und Denkmalschutzes können die erwähnten Fachkommissionen allenfalls gestützt auf Art. 8 NHG von sich aus ein *fakultatives Gutachten* abgeben (sofern die Erfüllung einer Bundesaufgabe vorliegt) oder gestützt auf Art. 17a NHG i.V.m. Art. 25 Abs. 1 Bst. e NHV von sich aus oder auf Ersuchen Dritter ein *besonderes Gutachten* erstatten, sofern es um die Erfüllung kantonaler Aufgaben geht und der betroffene Kanton zustimmt. Die letztere Möglichkeit besteht auch, wenn bei der Erfüllung kantonaler Aufgaben Objekte des Landschafts-, Ortsbild- und Denkmalschutzes tangiert werden (vgl. dazu Leimbacher, Kommentar NHG, Art. 8 Rz. 1 ff., Art. 17a Rz. 3 ff.). Vgl. zur Bedeutung und zum Inhalt dieser Gutachten, von deren tatsächlichen Feststellungen die entscheidenden Behörden grundsätzlich nur aus trif- 553

tigen Gründen abweichen dürfen, auch BGE 127 II 273, E. 4b, Ermatingen, und AEMIS-
EGGER / HAAG, 568 ff.). – Ähnliche Kommissionen bestehen für die fachliche Beratung der
Entscheidbehörden auch in den Kantonen (vgl. für den Kanton Zürich § 216 PBG; zur
Bedeutung kantonaler Kommissionsgutachten auch Bundesgerichtsurteil in URP 1999,
794 ff., Hallau).

554 Im Bereich des *Landschafts- und Ortsbildschutzes* sind bauliche oder technische
Eingriffe denkbar, welche das *Schutzziel* nicht tangieren und daher grundsätzlich zulässig sind. So kann z.B. eine Baute in einem Landschaftsschutzgebiet
durchaus verändert oder abgerissen werden, wenn sie nichts zur Qualität des
Schutzobjekts beiträgt. Wird dagegen ein Schutzziel tangiert (z.B. durch ein Rodungsgesuch bezüglich eines Waldes, der als charakteristischer Teil eines Land-
schaftsschutzgebietes gilt), muss unterschieden werden. Wird durch die Beeinträchtigung gesamthaft betrachtet der Zustand des Schutzobjekts unter dem
Gesichtspunkt des Natur- und Heimatschutzrechts nicht verschlechtert, weil nur
ein *geringfügiger Eingriff* stattfindet (z.B. lediglich Rodung einer kleinen Fläche), liegt keine Abweichung von der ungeschmälerten Erhaltung vor. Eine entsprechende Beeinträchtigung ist daher auch bei Inventarobjekten von nationaler Bedeutung zulässig, sofern für den Eingriff ein *überwiegendes Interesse*
geltend gemacht werden kann, wobei an die Art des Eingriffsinteresses keine
besonderen Anforderungen bestehen (vgl. LEIMBACHER, Kommentar NHG,
Art. 6 Rz. 11 ff.). Zu beachten ist jedoch, dass zahlreiche geringfügige Eingriffe
im Ergebnis ebenfalls zu einer unzulässigen Beeinträchtigung führen können
(vgl. Evaluationsbericht BLN, 829). Auch bei *Biotopen* können *geringfügige
Nachteile* allenfalls keine Beeinträchtigung darstellen oder durch anderweitige
Vorteile ausgeglichen werden (vgl. Bundesgerichtsurteil in URP 1996, 815 ff.,
E. 8d, Ingenbohl).

555 Handelt es sich dagegen im Bereich des Landschafts- und Ortsbildschutzes nicht
nur um eine leichte Beeinträchtigung oder wird im Bereich des Biotopschutzes
ein nicht nur geringfügiger Eingriff in das geschützte Objekt vorgenommen,
liegt eine *Abweichung* vom Grundsatz der *ungeschmälerten Erhaltung* vor. Während eine solche bei Schutzobjekten von regionaler und lokaler Bedeutung
grundsätzlich nur dann zulässig ist, wenn für den Eingriff *überwiegende öffentliche oder private Interessen* geltend gemacht werden können (vgl. Art. 3 und
Art. 18 Abs. 1ter NHG; für das kantonale Recht z.B. § 204 Abs. 1 PBG), bestehen
beim bundesrechtlich geregelten Schutz von *Objekten von nationaler Bedeutung*
besondere Anforderungen. In Betracht kommen stets nur *Eingriffsinteressen*
von ebenfalls *nationaler Bedeutung,* welche sich auf einen Verfassungs- oder Ge-
setzesauftrag des Bundes stützen können (z.B. Ausbau eines leistungsfähigen
Fernmeldenetzes, Sicherstellung einer ausreichenden Energie- und Rohstoffversorgung, Schutz von Mensch, Tier und Sachen vor den Naturgewalten).

556 Bei den Objekten des *Landschafts-, Ortsbild- und Denkmalschutzes* von nationaler Bedeutung ist eine Abweichung vom Grundsatz der ungeschmälerten Erhaltung sodann
nur zulässig, wenn die entsprechenden Eingriffsinteressen verglichen mit den Schutzinteressen *gleich- oder höherwertig* sind (Art. 6 Abs. 2 NHG). Bei *Biotopschutzobjekten* von

nationaler Bedeutung erfordert eine Abweichung vom Grundsatz der ungeschmälerten Erhaltung dagegen *überwiegende öffentliche Interessen* von nationaler Bedeutung (Art. 4 Abs. 2 AuenV, Art. 7 Abs. 1 AlgV). Bei *Mooren und Moorlandschaften* von nationaler Bedeutung ist ein Abweichen vom Grundsatz der ungeschmälerten Erhaltung überhaupt ausgeschlossen; es gilt vielmehr bereits aufgrund der Verfassung (heute Art. 78 Abs. 5 BV) ein weitgehendes *Veränderungsverbot* (vgl. dazu Rz. 597, 602 ff.). Im Bereich des *Biotop- und Moorlandschaftsschutzes* wird sodann für näher umschriebene, ausnahmsweise zulässige Bauten und Anlagen meist nicht nur eine relative, sondern eine *unmittelbare,* also eine *absolute Standortgebundenheit* verlangt (Art. 4 Abs. 2 AuenV, Art. 5 Abs. 2 Bst. e FMV, Art. 5 Abs. 2 Bst. d MLV; vgl. dazu auch HALLER/KARLEN, Rz. 709 ff.). Vgl. dazu auch LEIMBACHER, Kommentar NHG, Art. 6 Rz. 17 ff., und DERSELBE, Bundesinventare, 28 ff.

Kasuistik: BGE 114 Ib 268, E. 4, Walchwil: kein überwiegendes Interesse am Bau einer   557 Walderschliessungsstrasse in einem Riedgebiet von regionaler Bedeutung. BGE 115 Ib 131, E. 5h, Feusisberg [PTT-Richtstrahlantenne Höhronen]: leistungsfähiges Fernmeldenetz als gleichgeordnetes Interesse von nationaler Bedeutung; grösstmögliche Schonung des BLN-Objektes durch reduziertes Projekt. BGE 115 Ib 311, E. 5, Ramosch [Hochspannungsleitung Pradella-Martina]: überwiegendes öffentliches Interesse von nationaler Bedeutung am Anschluss an das europäische Verbundnetz zur Gewährleistung der Versorgungssicherheit; sorgfältige Standort- und Farbwahl bezüglich der Masten zur Schonung des BLN-Objektes; keine Verkabelung wegen technischer Probleme und hoher Mehrkosten. BGE 115 Ib 472, E. 2e/dd, Thursanierung Kt. Zürich: Hochwasserschutz als gleichgeordnetes oder überwiegendes Interesse von nationaler Bedeutung; überdies insgesamt keine wesentliche Beeinträchtigung des betroffenen BLN-Gebietes. BGE 119 Ib 254, E. 9e, Speicherkraftwerk Curciusa: schönes und unberührtes Tal, für welches jedoch bisher kein Schutz durch ein Bundesinventar oder vorsorgliche Massnahmen des Bundes besteht; vorhandenes Flachmoor von regionaler, evtl. nationaler Bedeutung muss nicht tangiert werden, weshalb das Kraftwerk grundsätzlich realisiert werden kann; Rückweisung wegen ungenügender Abklärungen im Rahmen der UVP. BGE 123 II 256, E. 6d, Hergiswil: Gipfelbeleuchtung als zulässiger geringfügiger Eingriff ins BLN-Objekt «Pilatus». BGE 127 II 273, E. 4e, Ermatingen: Bootssteg als unzulässiger, nicht durch ein nationales Interesse gerechtfertigter schwerer Eingriff ins BLN-Objekt «Untersee-Hochrhein». Entscheid REKO UVEK in URP 2002, 205 ff., E. 3.5, Tägerwilen: geplante Hochspannungsleitung in unmittelbarer Nähe eines BLN-Objektes und eines grossen Vogelschutzgebietes; die Vorteile der Verkabelung für die Landschaft und den Schutz der Vögel überwiegen die finanziellen und betrieblichen Nachteile. Bundesgerichtsurteil in URP 2003, 235 ff., Wassernutzungskonzession Giessbachfälle (BLN-Objekt): Am umstrittenen Kleinkraftwerk besteht kein nationales Interesse, weshalb nur ein geringfügiger Eingriff mit Sicherung einer landschaftsästhetisch genügenden Restwassermenge zulässig ist.

b) Grundsatz der Schonung

Neben dem Grundsatz der ungeschmälerten Erhaltung der Schutzobjekte be-   558 steht auch der Grundsatz, dass Schutzobjekte möglichst zu schonen sind (Art. 3 Abs. 1 und Art. 18 Abs. 1ter NHG, § 204 Abs. 1 PBG). Zulässige Eingriffe sind daher stets auf das *notwendige Mindestmass* zu beschränken, was sich im Prinzip schon aus der notwendigen Interessenabwägung ergibt (vgl. FAVRE, Kommentar NHG, Art. 3 Rz. 8 mit dem Hinweis, dass der Grundsatz der Schonung überdies auch die Pflicht zum Unterhalt bzw. Werterhalt von Schutzobjekten umfasst).

Bei den Objekten des *Landschafts-, Ortsbild- und Denkmalschutzes* von *nationaler Bedeutung* wird überdies «*grösstmögliche Schonung*» verlangt (Art. 6 Abs. 1 NHG). Dies bedeutet nach der bundesgerichtlichen Rechtsprechung, dass ein in das Schutzobjekt eingreifendes Projekt sich in Ausmass und Gestalt jedenfalls an die unumgänglich notwendigen Mindestmasse zu halten und keine ungeeigneten oder überflüssigen schädigenden Massnahmen enthalten darf. Sodann sind Alternativstandorte zu prüfen und deren Vor- und Nachteile für die Bauherrschaft, die Anliegen der Raumplanung und die Interessen des Natur- und Heimatschutzes gegeneinander abzuwägen (vgl. insbesondere BGE 115 Ib 131, E. 5h/hd, Feusisberg, und 115 Ib 311, E. 5e, Ramosch). Diese Anforderungen können zwar bereits aus dem allgemeinen Grundsatz der Schonung bzw. der Schadenminimierung abgeleitet werden, doch müssen sie bei der Pflicht zur grösstmöglichen Schonung strenger gehandhabt werden, und es sind weitergehende Auflagen möglich (vgl. dazu LEIMBACHER, Kommentar NHG, Art. 6 Rz. 8 ff., 26, und DERSELBE, Bundesinventare, 40 ff.).

559   Im Bereich des *Biotopschutzes* schreibt Art. 18 Abs. 1ter NHG vor, dass der Verursacher bei Zulassung eines Eingriffs für besondere Massnahmen zum *bestmöglichem Schutz* des Biotops zu sorgen hat. Entsprechende Bewilligungen sind daher mit den nötigen Einschränkungen und Auflagen zu versehen (vgl. FAHRLÄNDER, Kommentar NHG, Art. 18 Rz. 31, 35).

c)   Anspruch auf Wiederherstellung und angemessenen Ersatz

560   Soweit aufgrund einer Interessenabwägung Eingriffe in Schutzobjekte zulässig sind, sehen die massgebenden Vorschriften insbesondere im Bereich des *Biotopschutzes* vor, dass das Schutzobjekt nach bloss vorübergehenden Eingriffen *wiederherzustellen* bzw. bei dauerhaften und irreversiblen Eingriffen *angemessener Ersatz* möglichst in derselben Gegend zu schaffen ist (Art. 18 Abs. 1ter NHG). Es handelt sich hierbei um einen Realersatz, wie er ähnlich aufgrund von Art. 7 Abs. 1 WaG bei Rodungen geleistet werden muss (vgl. Rz. 458), wobei ein flächenmässig gleicher Ersatz allein nicht genügt; vielmehr muss das Ersatzobjekt auch eine ähnliche ökologische Funktion übernehmen können (BGE 115 Ib 224, E. 5c/ce, Kraftwerk Pradella, 120 Ib 161, E. 4, Chiggiogna). Die entsprechenden Auflagen sind grundsätzlich zusammen mit der Bewilligung des Eingriffs anzuordnen, da sie Bewilligungsvoraussetzungen bilden (vgl. dazu auch FAHRLÄNDER, Kommentar NHG, Art. 18 Rz. 31 ff., und WILD, Biotopschutz, 782 f.). Wiederherstellungs- und Ersatzmassnahmen im Zusammenhang mit Eingriffen in Schutzobjekte sind im Übrigen nicht nur im Biotopschutz, sondern auch in den *andern Bereichen* des Natur- und Heimatschutzes denkbar (vgl. Art. 6 Abs. 1 NHG, § 204 Abs. 2 PBG).

III. Landschafts-, Ortsbild- und Denkmalschutz

A. Allgemeines

Für den *Landschafts-, Ortsbild- und Denkmalschutz* bestehen auf Bundesebene   561
besondere Vorschriften (Art. 2–17a NHG). Gemäss der *Grundnorm* von Art. 3
Abs. 1 NHG ist bei der Erfüllung von Bundesaufgaben dafür zu sorgen, dass das
heimatliche Landschafts- und Ortsbild, geschichtliche Stätten sowie Natur- und
Kulturdenkmäler geschont werden und, wo das allgemeine Interesse an ihnen
überwiegt, ungeschmälert erhalten bleiben. Die Beschränkung auf die *Erfüllung
von Bundesaufgaben* ergibt sich aus der entsprechend beschränkten Gesetzgebungskompetenz des Bundes gemäss Art. 78 Abs. 2 BV, wo auch der Inhalt der
Grundnorm weitgehend vorweggenommen wird (vgl. dazu Rz. 497; für den
Sonderfall des Moorlandschaftsschutzes Rz. 599 ff.; zum Landschaftsschutz als
Nebenzweck des Biotopschutzes Rz. 578).

Was unter den Begriff der *«Erfüllung von Bundesaufgaben»* fällt, wird in Art. 2 NHG   562
näher umschrieben: Es handelt sich insbesondere um die Planung, Errichtung und Veränderung von Werken und Anlagen, die Erteilung von Konzessionen und Bewilligungen
sowie die Gewährung von Bundesbeiträgen an Planungen, Werke und Anlagen, soweit
diese Akte durch Bundesrecht geregelt sind. Da auch die Kantone entsprechende
Bundesaufgaben erfüllen (insbesondere bei der Erteilung von *Ausnahmebewilligungen*
nach Art. 24 ff. RPG oder von *Rodungsbewilligungen* nach Art. 5 ff. WaG; grundsätzlich
aber nicht beim Erlass von Nutzungsplänen, vgl. BGE 121 II 190, E. 3c, Collombey-Muraz [vgl. für den Bereich des Biotopschutzes aber Rz. 577]), gilt die Grundnorm insoweit
auch für die *Kantone,* was heute in Art. 3 Abs. 1 NHG ausdrücklich festgehalten wird.
Eine weitere Ausdehnung des Wirkungsbereichs der Grundnorm ergibt sich aus Art. 2
Abs. 2 NHG, wo Entscheide kantonaler Behörden über Vorhaben, die voraussichtlich nur
mit Bundesbeiträgen verwirklicht werden können, der Erfüllung von Bundesaufgaben
gleichgestellt werden. Durch diese Erweiterung der Wirkung der Grundnorm soll eine
Überprüfung der Einhaltung von Art. 3 Abs. 1 NHG bereits bei der Bewilligung der entsprechenden Projekte (statt erst nachträglich im Rahmen des Subventionsverfahrens)
und damit gleichzeitig – im Sinne einer besseren Verfahrens- und Entscheidkoordination
(wie bei den von Bundesbehörden zu bewilligenden Vorhaben) – ein Ausschluss einer
späteren Anfechtung der Subventionsverfügung ermöglicht werden (vgl. Art. 12 Abs. 4
NHG und dazu BBl 1998, 2615 f.).

Die Grundnorm von Art. 3 NHG wird in den Art. 4 ff. NHG konkretisiert. Da-   563
nach sind hinsichtlich des vom Bundesrecht geregelten Landschafts-, Ortsbild-
und Denkmalschutzes Objekte von *nationaler Bedeutung* und solche von *regionaler oder lokaler Bedeutung* zu unterscheiden (Art. 4 NHG). Während die Bezeichnung der Objekte von regionaler und lokaler Bedeutung den Kantonen
überlassen wird, sieht Art. 5 NHG vor, dass der *Bundesrat* nach Anhören der
Kantone *Inventare* der Objekte von *nationaler Bedeutung* zu erstellen hat, welche diese Objekte insbesondere genau umschreiben und Angaben zu Bedeutung, möglichen Gefahren, bestehenden Schutzmassnahmen und den anzustre-
benden Schutz enthalten sollen (Abs. 1). Die Inventare sind nicht abschliessend;
sie sind regelmässig zu überprüfen und zu bereinigen (Abs. 2). Der Bundesrat

hat gestützt auf diese Vorschriften bisher zwei Inventare (*Bundesinventar der Landschaften und Naturdenkmäler* [BLN]; *Bundesinventar der schützenswerte Ortsbilder der Schweiz* [ISOS]) durch Erlass je einer Verordnung in Kraft gesetzt; ein drittes Inventar (*Bundesinventar der historischen Verkehrswege der Schweiz* [IVS]) steht in Vorbereitung (vgl. dazu Rz. 567 ff.; zur Erstellung und Anpassung der Inventare auch LEIMBACHER, Kommentar NHG, Art. 5 Rz. 22 ff.).

564 Die *Aufnahme* eines Objektes von nationaler Bedeutung in ein *Bundesinventar* hat gemäss Art. 6 NHG einen gegenüber der Grundnorm von Art. 3 NHG verstärkten Schutz zur Folge, da ein Abweichen von der ungeschmälerten Erhaltung nur noch in Erwägung gezogen werden darf, wenn ihr bestimmte *gleich- oder höherwertige Interessen* von ebenfalls nationaler Bedeutung entgegenstehen; bei ausnahmsweise zulässigen Abweichungen vom Erhaltungsziel ist sodann für *grösstmögliche Schonung* des Objektes zu sorgen (vgl. dazu LEIMBACHER, Kommentar NHG, Art. 6 Rz. 3 ff., sowie Rz. 552 ff.). Diese Wirkung kommt den Inventaren freilich grundsätzlich ebenfalls nur bei der *Erfüllung von Bundesaufgaben* zu (vgl. auch ausdrücklich Art. 6 Abs. 2 NHG).

565 Nach heutiger Auffassung sind die entsprechenden Bundesinventare freilich von den *Kantonen* auch bei der Erfüllung von *rein kantonalen Aufgaben* zu beachten. Dies ergibt sich zunächst daraus, dass ihnen zwar nicht formell, wohl aber materiell die Bedeutung von *Konzepten* gemäss Art. 13 RPG zukommt, welche von den Kantonen zu berücksichtigen sind (vgl. auch Art. 6 Abs. 4 RPG). Überdies erschiene es paradox, wenn die Kantone bei der Erfüllung von Bundesaufgaben die besondere Wirkung dieser Inventare gemäss Art. 6 NHG zu beachten hätten, sich aber bei weniger bedeutsamen kantonalen Aufgaben darüber hinwegsetzen könnten. Es ist daher davon auszugehen, dass die Kantone die Bundesinventare gemäss Art. 5 NHG nicht nur zu berücksichtigen, sondern bei der Erfüllung des Schutzauftrages von Art. 17 RPG auch durch geeignete kantonale Schutzmassnahmen umzusetzen haben (vgl. dazu auch LEIMBACHER, Kommentar NHG, Art. 6 Rz. 27 ff., Evaluationsbericht BLN, 815 ff., 839 ff. [zum Teil ungenügende Umsetzung in den Kantonen], sowie WILD, Biotopschutz, 778 [mit Hinweis auf das Postulat einer Zusammenfassung der NHG-Inventare des Bundes in einem Sachplan oder Konzept]; zur Problematik der beschränkten Wirkung des bundesrechtlichen Landschafts-, Ortsbild- und Denkmalschutzes für den Rechtsschutz insbesondere der ideellen Organisationen [kein Verbandsbeschwerderecht nach Art. 12 NHG bei Erfüllung kantonaler Aufgaben] auch kritisch WALDMANN, Beschwerdelegitimation, 15 ff., und nachfolgend Rz. 807; zur anders geregelten und wesentlich geringeren finanziellen Unterstützung der Kantone durch den Bund als beim Biotopschutz Evaluationsbericht BLN, 831 f.).

Übersicht über die Schutzobjekte im Landschafts-, Ortsbild- und Denkmalschutz: 566

	Bezeichnung Schutzgebiet	primäre Schutzgrundlage	Schutzgrad
bei Erfüllung von *Bundesaufgaben:*			
– Objekte von nat. Bedeutung	Bundesinventar	Art. 5, 6 NHG, Inventarverordnungen	I (nat.)
– Objekte von reg./lok.Bedeutung	Kanton/Gemeinde	Art. 3 NHG, kantonales Recht	I
bei Erfüllung von *kantonalen Aufgaben:*			
– Objekte von nat. Bedeutung	Kanton/Gemeinde*	kantonales Recht	I
– Objekte von reg./lok.Bedeutung	Kanton/Gemeinde	kantonales Recht	I

Legende: I   Eingriff nur aufgrund überwiegender Interessen
          I(nat.) Eingriff nur aufgrund überwiegender Interessen von nationaler Bedeutung
          *   Bundesinventare sind zu berücksichtigen (Art. 6 Abs. 4 RPG)

B.   Bundesinventar der Landschaften und Naturdenkmäler (BLN)

Die lediglich drei Artikel umfassende *Verordnung über das Bundesinventar der*   567
Landschaften und Naturdenkmäler vom 10. August 1977 (VBLN) enthält im
Anhang (Stand: März 1998) insgesamt *162 Schutzobjekte* wenig veränderter und
in naturnaher Weise genutzter (Kultur-)Landschaften (z.B. Lägerengebiet) oder
Naturdenkmäler (z.B. Gletschergarten Luzern) von unterschiedlicher Grösse,
Form, Lage und Beschaffenheit, welche insgesamt 7 807 km² bzw. 18,9% der Lan-
desfläche umfassen (vgl. zum grundsätzlich abgeschlossenen BLN-Inventar
LEIMBACHER, Bundesinventare, 60 f.; zur räumlichen Verteilung der Gebiete
auch die Karte in BBl 2004, 794). Gemäss Ziff. 3.2 der «Erläuterungen zum
BLN» wird einer Landschaft oder einem Objekt die nationale Bedeutung dann
zuerkannt, wenn Gestalt und Gehalt als *einzigartig für die Schweiz* oder für
einen *Teilbereich unseres Landes* als *besonders typisch* erachtet wird.

In der gesonderten Veröffentlichung des zuständigen Departements des Bundes findet   568
sich gemäss Art. 2 VBLN für jedes Objekt auf einem Inventarblatt seine Umschreibung
und kartographische Darstellung (Perimeter) sowie die Angabe der Gründe für seine nationale Bedeutung. Die entsprechenden Angaben sind allerdings sehr allgemein gefasst
und wenig aussagekräftig. Sie müssen daher im Anwendungsfall regelmässig noch konkretisiert werden (vgl. dazu Rz. 552 und als Beispiel BGE 127 II 273, E. 4d/e,
Ermatingen). Zu Recht sieht deshalb das Landschaftskonzept Schweiz (LKS) als Massnahme 7.12 vor, dass für die Schutzziele in den BLN-Gebieten eine verbesserte Formulierung anzustreben ist und für die einzelnen Objekte klare Schutzkonzepte zu erarbei-
ten sind. Vgl. dazu LEIMBACHER, Kommentar NHG, Art. 5 Rz. 10 ff., und neuerdings die
Stellungnahme des Bundesrates zum Evaluationsbericht BLN in BBl 2004, 873 ff.

C. Bundesinventar der schützenswerten Ortsbilder der Schweiz (ISOS)

569 Die fünf Artikel umfassende Verordnung über das Bundesinventar der schützenswerten Ortsbilder der Schweiz vom 9. September 1981 (VISOS) enthält im Anhang (Stand: Juni 2000) *ca. 1250 Ortsbilder von nationaler Bedeutung*. Erfasst werden in erster Linie Dauersiedlungen mit mehr als zehn Hauptbauten. Kleinere wertvolle Anlagen ausserhalb aufgenommener Orte können im Inventar als Spezialfall erfasst werden. Massgebend für die Auswahl der Objekte sind primär die *Lage* sowie die *räumlichen* und *architekturhistorischen Qualitäten* der entsprechenden Siedlungen, wobei nicht die Grösse der Siedlungen, die Entstehungszeit oder die Anzahl wertvoller Einzelbauten, sondern der besondere Gesamteindruck im Vergleich ähnlicher Siedlungen für die nationale Bedeutung ausschlaggebend ist; überdies soll das Inventar als Momentaufnahme in einem Entwicklungsprozess gesehen werden und damit das entsprechende Ortsbild nicht quasi eingefroren werden (vgl. dazu LEIMBACHER, Bundesinventare, 62 f.).

570 In den in Art. 2 VISOS vorgesehenen gesonderten Veröffentlichungen des zuständigen Departementes des Bundes bzw. des «Büro für das ISOS», welche bisher für zehn Kantone erschienen sind, werden das heutige Erscheinungsbild der schützenswerten Bebauung sowie jene Umgebungen, die für deren Erhaltung von Bedeutung sind, mittels Plänen, Fotografien und Texten erfasst. Dazu wird das Ortsbild mit Hilfe der drei Ansätze der Aufnahmemethode (historischer und räumlicher Ansatz sowie Ansatz nach Erhaltungsziel) in Ortsbildteile aufgegliedert. Überdies finden sich in diesen Publikationen auch Hinweise zu den Objekten von regionaler und lokaler Bedeutung. Die entsprechend konkretisierten und differenzierten Aussagen erleichtern die Beurteilung von Eingriffen und bilden auch eine gute Grundlage für die kantonale und kommunale Denkmalpflege (vgl. dazu LEIMBACHER, Kommentar NHG, Art. 5 Rz. 18 ff.).

D. Bundesinventar der historischen Verkehrswege der Schweiz (IVS)

571 Das Bundesinventar der historischen Verkehrswege der Schweiz ist vom Bundesrat noch nicht erlassen worden. Den bereits vorhandenen Grundlagen kommt jedoch im konkreten Fall für die nach Art. 3 NHG erforderliche Interessenabwägung bei schutzwürdigen Objekten bereits heute Bedeutung zu (vgl. BGE 116 Ib 309, E. 4, Bollodingen [Hohlwegsystem Humberg], 120 Ib 27, E. 2c/dd, pont de Fégire).

572 Das IVS soll mit dem verbindenden *Kulturlandschaftselement «Weg»* die notwendige Ergänzung zu BLN und ISOS bilden und insbesondere auf die historische und *morphologische Bedeutung* der entsprechenden Verkehrswege abstellen. Die Ergebnisse des IVS sollen – ähnlich wie das ISOS – mit einer Inventarkarte und der zugehörigen Dokumentation (Karten, Pläne, Texte, Fotografien etc.) vorgelegt werden und auch Hinweise auf die Objekte von regionaler und lokaler Bedeutung enthalten (vgl. dazu LEIMBACHER, Kommentar NHG, Art. 5 Rz. 21).

IV. Biotop-, Moor- und Moorlandschaftsschutz

A. *Vorbemerkungen*

Für den *Biotop-, Moor- und Moorlandschaftsschutz* bestehen auf Bundesebene besondere Vorschriften (insbesondere Art. 18–18d, Art. 21 und Art. 22 Abs. 2 und 3 sowie Art. 23a–23d NHG). Im Unterschied zum Landschafts-, Ortsbild- und Denkmalschutz kann sich der Bund für diesen Bereich aber auf eine *umfassende, uneingeschränkte Gesetzgebungskompetenz* berufen (vgl. Art. 78 Abs. 4 BV für den allgemeinen Biotopschutz, Art. 78 Abs. 5 BV für den besonderen Moor- und Moorlandschaftsschutz und dazu Rz. 498, 501). Der Bund hat von dieser Gesetzgebungskompetenz Gebrauch gemacht und den allgemeinen Biotopschutz sowie den Moor- und Moorlandschaftsschutz in den genannten Bestimmungen *weitgehend abschliessend* durch *Bundesrecht* geregelt (vgl. zur gestaffelten Entstehung dieser Vorschriften MAURER, Kommentar NHG, Vorbemerkungen Art. 18–23, Rz. 5). 573

Die *Kantone* müssen diese Vorschriften umsetzen und insbesondere für die teils bereits vom Bund (Schutzobjekte von nationaler Bedeutung), teils von ihnen selbst zu bezeichnenden Objekte (Schutzobjekte von regionaler und lokaler Bedeutung) *konkrete Schutzmassnahmen* i.S. von Art. 17 RPG anordnen, wobei namentlich hinsichtlich der Biotope von nationaler Bedeutung die besonderen Anforderungen des Bundesrechts bezüglich der Schutzziele und Schutzmassnahmen zu beachten sind. 574

Grundsätzlich besteht für Biotope – ähnlich wie für die Objekte des Landschafts-, Ortsbild- und Denkmalschutzes – nur ein *relativer Schutz*, da Eingriffe, die sich auf überwiegende Interessen stützen können, zulässig sind. Für Moore und Moorlandschaften von nationaler Bedeutung besteht dagegen unmittelbar aufgrund der Verfassung ein im Prinzip *absoluter Schutz* (Art. 78 Abs. 5 BV). Einzelne weitere Biotop-Arten werden *unmittelbar durch das Gesetz* geschützt oder in der *Spezialgesetzgebung* besonders geregelt. 575

576 *Übersicht über die Schutzobjekte im Biotop-, Moor- und Moorlandschaftsschutz*

	Bezeichnung Schutzgebiet	primäre Schutzgrundlage	Schutzgrad
Moorlandschaftsschutz			
– Moorlandschaft von nat. Bedeutung	Bundesinventar	Art. 78 Abs. 5 BV Art. 23b ff. NHG Inventarverordnung	V*
Allgemeiner Biotopschutz:			
– Biotope von nat. Bedeutung (ohne Moore)	Bundesinventar	Art. 18, 18a NHG Inventarverordnung	I (nat.)*
– Biotope von reg./lok. Bedeutung	Kanton/Gemeinde	Art. 18, 18b NHG	I*
Besonderer Biotopschutz			
– Moore von nat. Bedeutung	Bundesinventar	Art. 78 Abs. 5 BV Art. 18a, 23a NHG Inventarverordnung	V*
– Ufervegetation	generell-abstrakt	Art. 21, 22 NHG	I*
– eidg. Jagdbanngebiete	Bundesinventar	Art. 11 JSG; VEJ	I
– eidg. Wasser-/Zugvogelreservate	Bundesinventar	Ramsar-Abkommen Art. 11 JSG, WZVV	I
– Heckenschutz	generell-abstrakt	Art. 18 Abs.1 Bst. g JSG	I
– Waldreservate	Kantone	Art. 20 Abs. 4 WaG; kantonales Recht	I*

Legende: I   Eingriff nur aufgrund überwiegender Interessen

I(nat.)   Eingriff nur aufgrund überwiegender Interessen von nationaler Bedeutung

V   Weitgehendes Veränderungsverbot

*   nur standortgebundene Bauten und Anlagen ausnahmsweise zulässig

577   Da der *Biotopschutz* weitgehend durch *Bundesrecht* geregelt ist, steht für die Überprüfung der Anwendung des Bundesrechts (und des darauf gestützten unselbständigen kantonalen Rechts) im ganzen Bereich des Biotopschutzes die *Verwaltungsgerichtsbeschwerde* ans *Bundesgericht* zur Verfügung, mit welcher auch die Missachtung von kantonalem Ausführungsrecht zu rügen ist (vgl. BGE 121 II 161, E. 2b/cc, Morges, Bundesgerichtsurteil in URP 2003, 369 f., Flühli, und MAURER, Kommentar NHG, Art. 18b Rz. 8). Dies gilt auch dann, wenn die Umsetzung des Biotopschutzes durch einen kantonalen Nutzungsplan erfolgt oder erfolgen sollte (Bundesgerichtsurteil in ZBl 1996, 122 ff., E. 1a, Entlebuch, Pra 1999 Nr. 130/URP 1999, 251 ff., E. 1c, Botterens). Da es sich beim Biotopschutz überdies um die Erfüllung einer Bundesaufgabe handelt, steht den *Gemeinden* und *ideellen Organisationen* sowie dem *zuständigen Bundesamt* (BUWAL) im ganzen Bereich des Biotopschutzes das *besondere Beschwerderecht* gemäss Art. 12 und 12b NHG zu (vgl. BGE 116 Ib 203, E. 3a, Corsier-sur-Vevey, 123 II 5, E. 2c, Chermignon; vgl. dazu auch § 16).

B. Allgemeiner Biotopschutz

1. Grundnorm

Die *Grundnorm* des Biotopschutzes bildet Art. 18 NHG. Gemäss der Zweckbe-stimmung von Art. 18 Abs. 1 NHG ist dem Aussterben einheimischer Tier- und Pflanzenarten durch die Erhaltung *genügend grosser Lebensräume* (Biotope) und *andere geeignete Massnahmen* entgegenzuwirken, wobei den schutzwürdi-gen land- und forstwirtschaftlichen Interessen Rechnung zu tragen ist. Aus-gangspunkt des Biotopschutzes ist die Erkenntnis, dass ein erfolgreicher *Arten-schutz* einen ausreichenden Biotopschutz voraussetzt; als Nebenzweck dient der Biotopschutz im Übrigen auch dem *Landschaftsschutz* (vgl. dazu FAHRLÄNDER, Kommentar NHG, Art. 18 Rz. 7, 10, und WILD, Biotopschutz, 767). Die eigentliche Regelung des allgemeinen Biotopschutzes findet sich in den folgenden Absät-zen von Art. 18 NHG. Danach sind besonders zu schützen *Uferbereiche, Riedge-biete und Moore, seltene Waldgesellschaften, Hecken, Feldgehölze, Trockenrasen und weitere Standorte*, die eine ausgleichende Funktion im Naturhaushalt erfül-len oder besonders günstige Voraussetzungen für Lebensgemeinschaften auf-weisen (Art. 18 Abs. 1bis NHG). 578

Art. 18 Abs. 1bis NHG enthält eine *Generalklausel mit nicht abschliessender* Aufzählung einzelner spezifischer Biotope, wobei grundsätzlich nicht vorausgesetzt wird, dass es sich im konkreten Fall um Lebensräume bedrohter Tiere oder Pflanzen handelt (vgl. dazu WILD, Biotopschutz, 767 f., sowie BGE 121 II 161, E. 2b/bb, Morges [zum Biotopbegriff], und Bundesgerichtsurteil in URP 2002, 39 ff., E. 4b, Böttstein AG [Wildtierkorridore ver-binden verschiedene Biotope miteinander und sind deshalb Biotopen gleichzustellen]). 579

Für Biotope besteht aufgrund der Grundnorm von Art. 18 NHG nur ein *relativer Schutz*. Lässt sich eine *Beeinträchtigung* schutzwürdiger Lebensräume nämlich durch technische Eingriffe unter Abwägung aller Interessen nicht ver-meiden, so hat der Verursacher für besondere Massnahmen zu deren bestmögli-chem Schutz, gegebenenfalls für die Wiederherstellung oder ansonst für ange-messenen Ersatz zu sorgen (Art. 18 Abs. 1ter NHG). Technische Eingriffe in ein schutzwürdiges Biotop sind somit zulässig, wenn sie *standortgebunden* sind und einem *überwiegenden Interessen* entsprechen (vgl. auch Art. 14 Abs. 6 NHV). Durch diese Bestimmungen wird für Eingriffe in Biotope der Grundsatz der *umfassenden Interessenabwägung* verankert und der Verursacher zu *Ersatz-massnahmen* (Wiederherstellung oder angemessener Ersatz; vgl. dazu Rz. 560) verpflichtet (vgl. zum Ganzen FAHRLÄNDER, Kommentar NHG, Art. 18 Rz. 13 ff.). 580

Die Bestimmungen von Art. 18 Abs. 1bis und Abs. 1ter NHG werden in der NHV weiter konkretisiert. So soll der Schutz der einheimischen Pflanzen und Tiere wenn möglich durch *angepasste land- und forstwirtschaftliche Nutzung* der Biotope erreicht werden, was eine Zusammenarbeit zwischen den Fachorganen der Land- und Forstwirtschaft und jenen des Natur- und Heimatschutzes erfordert (Art. 13 NHV). Der Biotopschutz soll sodann gemäss Art. 14 NHV insbesondere zusammen mit dem *ökologischen Ausgleich* und den *Artenschutzbestimmungen* den Fortbestand der wildlebenden einheimischen Pflanzen- und Tierwelt sicherstellen (Abs. 1). Geschützt werden sollen die Biotope ins- 581 besondere durch Massnahmen zur Wahrung bzw. Wiederherstellung ihrer Eigenart und biologischen Vielfalt, durch Unterhalt, Pflege und Aufsicht zur langfristigen Sicherung des Schutzziels, durch schutzzieldienliche Gestaltungsmassnahmen, Ausscheidung ökologisch ausreichender Pufferzonen und die Erarbeitung wissenschaftlicher Grundlagen (Abs. 2). Massgebend für die Bezeichnung schutzwürdiger Biotope sind die nach Kennarten charakterisierten *Lebensraumtypen* gemäss Anhang 1 der NHV, die *Listen der geschützten Pflanzen- und Tierarten* nach Art. 20 NHV bzw. Anhang 2 und 3 NHV, die gemäss BGF *gefährdeten Fische und Krebse* (vgl. VBGF Anhang 1), die vom BUWAL erlassenen oder anerkannten *Roten Listen* der gefährdeten und seltenen Pflanzen und Tierarten sowie *weitere Kriterien*, wie Mobilitätsansprüche der Arten oder Vernetzung ihrer Vorkommen (Abs. 3; vgl. zum Indizcharakter dieser Grundlagen Bundesgerichtsurteil in URP 2002, 468, nicht publ. E. 4.4, Ausserferrera; zur neuen Lebensraumtypologie gemäss NHV Anhang 1 auch Wɪʟᴅ, Biotopschutz, 775 f.). Die *Kantone* können die entsprechenden Listen den regionalen Gegebenheiten anpassen (Abs. 4) und haben ein *zweckmässiges Feststellungsverfahren* vorzusehen, mit welchem möglichen Beeinträchtigungen schützenswerter Biotope sowie Verletzungen der Artenschutzbestimmungen vorgebeugt werden kann (Abs. 5). Bei der erforderlichen *Interessenabwägung* sind insbesondere auch die Bedeutung des Biotops für gefährdete und seltene Pflanzen und Tierarten, seine ausgleichende Funktion für den Naturhaushalt sowie seine biologische Eigenart oder sein typischer Charakter zu berücksichtigen (Abs. 6). Sodann wird nochmals auf die sich bereits aus dem Gesetz ergebende Pflicht zur *Wiederherstellung bzw.* zur Vornahme von *Ersatzmassnahmen* bei Eingriffen hingewiesen (Abs. 7). Vgl. zum Ganzen auch Fɪsᴄʜ, 1118 ff.

2. Vollzugsordnung

582 Die Grundnorm des allgemeinen Biotopschutzes (Art. 18 NHG) wird in den Art. 18a–18d NHG hinsichtlich der *Vollzugsordnung* näher ausgeführt. Entsprechend der Kompetenzordnung beim Landschafts-, Ortsbild- und Denkmalschutz obliegt die Bezeichnung der *Biotope von nationaler Bedeutung* dem *Bundesrat* (Art. 18a Abs. 1 NHG), während die Kantone für den Schutz und Unterhalt der *Biotope von regionaler und lokaler Bedeutung* zu sorgen haben (Art. 18b Abs. 1 NHG; zur Abgrenzung dieser Kategorien Wᴀʟᴅᴍᴀɴɴ, Schutz, 29 ff.). Da der Bund im Bereich des Biotopschutzes über eine umfassende Gesetzgebungskompetenz verfügt, kann er die *Kantone* überdies *direkt verpflichten*, den Schutz der von ihm bezeichneten Biotope von nationaler Bedeutung durch *geeignete Schutzmassnahmen* umzusetzen (Art. 18a Abs. 2 NHG). Dementsprechend kann der Bundesrat den Kantonen für die Anordnung dieser Schutzmassnahmen *Fristen* setzen und im Säumnisfall zum Mittel der *Ersatzvornahme* greifen (Art. 18a Abs. 3 NHG). Die Umsetzung des Biotopschutzes durch die Kantone erfolgt insbesondere durch den Erlass von Plänen und Nutzungsvorschriften, aber auch durch Schutzverfügungen und -vereinbarungen (vgl. Rz. 527 ff. und Wɪʟᴅ, Biotopschutz, 777 ff.).

583 Auch beim Schutz und Unterhalt der *Biotope von regionaler und lokaler Bedeutung* sind die Kantone nicht frei. Sie (bzw. im Falle einer Aufgabendelegation auch die *Gemeinden*) müssen vielmehr die Grundnorm des Biotopschutzes (Art. 18 NHG; konkretisiert in Art. 14 NHV) sowie die weiteren Anforderungen

des Bundesrechts beachten und umsetzen (vgl. dazu und zum erheblichen Beurteilungsspielraum der Kantone und Gemeinden Pra 1999 Nr. 130/URP 1999, 251 ff., E. 2, Botterens). Sofern noch keine Schutzmassnahmen getroffen worden sind, gilt diese Pflicht insbesondere in hängigen Planungsverfahren (vgl. dazu WILD, Biotopschutz, 733, 777 f.; vgl. auch BGE 118 Ib 485, Augst: Aufhebung eines Quartierplans, weil der Lebensraum des vom Aussterben bedrohten Eisvogels beeinträchtigt wird). Zu berücksichtigen ist freilich auch Art. 21 Abs. 2 RPG, wonach Planänderungen nur zulässig sind, wenn sich die Verhältnisse erheblich geändert haben (Bundesgerichtsurteil in URP 2003, 811 ff., E. 4.1.2, Dornach). Ausserhalb der Bauzone kann der Biotopschutz überdies nötigenfalls auch erst in einem konkreten Bewilligungsverfahren durchgesetzt werden (vgl. dazu Rz. 548).

Neben dem Schutz bestehender Biotope sollen die Kantone in *intensiv genutzten Gebieten* inner- und ausserhalb von Siedlungen überdies auch für *ökologischen Ausgleich* sorgen (durch Verbindung bestehender oder Schaffung neuer Biotope; vgl. Art. 15 NHV). Dieser Auftrag zu generellen Kompensationsmassnahmen für die verbreitete naturfeindliche Nutzung des Bodens, welcher im Unterschied zu den Ersatzmassnahmen nach Art. 18 Abs. 1ter NHG unabhängig von einem konkreten Eingriff in ein Biotop besteht, kann von den Kantonen und Gemeinden im Rahmen eigenständiger Programme oder im Zusammenhang mit der Bewilligung von raumwirksamen Vorhaben umgesetzt werden, wobei die Kantone jedoch im Hinblick auf die damit verbundenen Eigentumsbeschränkungen nähere gesetzliche Regeln erlassen sollten (vgl. dazu sowie zu den Voraussetzungen für die Anordnung von Massnahmen des ökologischen Ausgleichs Bundesgerichtsurteil in URP 2000, 369 ff., Umfahrungsstrasse T 10 im Grossen Moos, sowie MAURER, Kommentar NHG, Art. 18b Rz. 31 ff.). 584

Der *Unterhalt* und die *Pflege* (nicht der grundsätzliche Schutz) der Biotope der verschiedenen Kategorien sollen gemäss Art. 18c Abs. 1 NHG wenn möglich durch (verwaltungsrechtliche) Vereinbarungen mit den Grundeigentümern und Bewirtschaftern erreicht werden, welche eine angepasste land- und forstwirtschaftliche Nutzung sicherstellen (vgl. dazu MAURER, Kommentar NHG, Art. 18c Rz. 8 ff., und oben Rz. 539). Die Grundeigentümer oder Bewirtschafter haben aufgrund der Sondervorschrift von Art. 18c Abs. 2 NHG bzw. im Interesse der besseren Akzeptanz solcher Naturschutzauflagen Anspruch auf *angemessene Abgeltung,* wenn die bisherige Nutzung eingeschränkt oder eine Leistung ohne entsprechenden wirtschaftlichen Ertrag (z.B. Mähen einer steilen Magerwiese) erbracht werden muss (vgl. dazu und zur unterschiedlichen Höhe der Abgeltung von Kanton zu Kanton sowie zu den heute viel bedeutsameren *ökologischen Direktzahlungen* nach dem Landwirtschaftsgesetz WILD, Biotopschutz, 783, und insbesondere MAURER, Beschränkung, 632 ff.). Gezielter für den Naturschutz als diese Direktzahlungen wirken freilich die Beiträge nach der *Öko-Qualitätsverordnung* vom 4. April 2001 (SR 910.14; vgl. dazu MAURER, Beschränkung, 640 ff.). An den *Kosten der kantonalen Schutz- und Unterhaltsmassnahmen* beteiligt sich der Bund bei Biotopen von nationaler Bedeutung mit einer Abgeltung von 60–90 Prozent und bei Biotopen von regionaler und lokaler Bedeutung (inkl. ökologische Ausgleichsflächen) mit Abgeltungen bis 50 Prozent (Art. 18d NHG, Art. 17–19 NHV). 585

3. Schutz der Biotope von nationaler Bedeutung

a) Allgemeines

586 Die allgemeine Regelung des Schutzes der *Biotope von nationaler Bedeutung* findet sich in Art. 18a NHG, welcher in den Art. 16 und 17 NHV näher ausgeführt wird. Danach obliegt die Bezeichnung dieser Biotope dem *Bundesrat*, welcher deren Lage bestimmt und die Schutzziele festlegt (Art. 18a Abs. 1 NHG). Art. 16 Abs. 1 NHV verweist diesbezüglich auf besondere Verordnungen mit entsprechenden Inventaren. Der Bundesrat hat gestützt auf diese Vorschriften für verschiedene Arten von Biotopen bisher vier Verordnungen mit zugehörigen Inventaren erlassen, nämlich die *Auenverordnung,* die *Hochmoorverordnung,* die *Flachmoorverordnung* und die *Amphibienlaichgebiete-Verordnung.* Eine weitere Verordnung (Verordnung über die *Trockenwiesen und -weiden)* soll bis 2008 folgen.

587 Die Zuweisung der einzelnen, keineswegs immer artrein auftretenden Lebensraumtypen zu den jeweiligen Inventaren erfolgt aufgrund einer von der *Wissenschaft* ausgearbeiteten *Typologie* (vgl. dazu auch FAHRLÄNDER, Kommentar NHG, Art. 18a Rz. 25 ff.; bei einer Überlagerung verschiedener Schutzgebiete gelten grundsätzlich die strengeren Schutzbestimmungen, vgl. LEIMBACHER, Kommentar NHG, Art. 6 Rz. 4, und dazu auch oben Rz. 518). Die erwähnten Inventare sind im Übrigen *nicht abschliessend* und müssen regelmässig überprüft, allfälligen neuen Erkenntnissen *angepasst* und *nachgeführt* werden (Art. 16 Abs. 2 NHV; die durch Verordnung des Bundesrates erlassenen Bundesinventare können von den Gerichten *akzessorisch* auf ihre *Verfassungs- und Gesetzmässigkeit* überprüft werden, vgl. BGE 127 II 184, E. 5, Wetzikon [Robenhauserriet]; vgl. dazu auch Rz. 535).

588 Soweit Schutzobjekte von nationaler Bedeutung *noch nicht bezeichnet* bzw. die Inventare *noch nicht abgeschlossen* sind, sorgen Bund und Kantone aufgrund der vorhandenen Erkenntnisse und Unterlagen (insbesondere also aufgrund von Inventarentwürfen) durch geeignete *Sofortmassnahmen* (z.B. Erlass einer Planungszone, Bewilligungsverweigerung, Verbote im Einzelfall) dafür, dass sich der Zustand der entsprechenden Biotope nicht verschlechtert (Art. 29 NHV; vgl. dazu LEIMBACHER, Bundesinventare, 92 f., sowie die Bundesgerichtsurteile in URP 2002, 39 ff., E. 4b, Böttstein AG [Aufhebung einer Plangenehmigung für eine militärische Anlage wegen Beeinträchtigung eines Wildtierkorridors von nationaler Bedeutung] und in ZBl 1996, 122 ff., Entlebuch [vorläufiger Schutz eines Grundstücks vor Bereinigung des Flachmoorinventars], und zu den vorsorglichen Schutzmassnahmen der Kantone auch Rz. 594; vgl. aber auch Bundesgerichtsurteil in URP 2003, 811 ff., E. 4.3.2, Dornach [keine provisorische Unterschutzstellung allein aufgrund eines kantonalen Reptilieninventars]).

b) Bestehende Bundesinventare

589 In einer *ersten Phase* hat der Bundesrat drei Biotopschutz-Inventare geschaffen, die heute weitgehend abgeschlossen sind: Durch die Verordnung über den Schutz der *Auengebiete* von nationaler Bedeutung *(Auenverordnung)* vom 28. Oktober 1992 (AuenV)

werden zur Zeit 282 *Auengebiete* (Schwemmgebiete im Bereich von Gewässern) mit einer Gesamtfläche von 226,2 km² geschützt (vgl. Anhang 1 der AuenV), wobei vor allem auch die Gewährleistung bzw. Wiederherstellung des natürlichen Gewässerhaushaltes wichtig ist (vgl. Art. 5 Abs. 2 Bst. b, c AuenV). Die Verordnung über den Schutz der Hoch- und Übergangsmoore von nationaler Bedeutung *(Hochmoorverordnung)* vom 21. Januar 1991 (HMV) schützt aktuell 549 *Hochmoore* (d.h. alte Moorgebiete aus der Zeit des Gletscherrückgangs mit einer ausgeprägten, besonders zu schützenden Torfbildung [vgl. Art. 5 Abs. 1 Bst. b HMV] über dem Grundwasserspiegel [also unabhängig von der Höhenlage!]) bzw. *Übergangsmoore* (vom Standort her ähnlich wie die Flachmoore, aber mit Vegetation eher wie die Hochmoore), welche ein Gebiet von 15,2 km² umfassen, die Verordnung über den Schutz der Flachmoore von nationaler Bedeutung *(Flachmoorverordnung)* vom 7. September 1994 (FMV) 1163 *Flachmoore* (Streuewiesen oder Riedgebiete, d.h. Grünland mit viel oberflächlichem Grundwasser und Torfbildung nur bis zum Niveau des Grundwassers), welche eine Fläche 191,8 km² umfassen (vgl. je Anhang 1 der HMV bzw. FMV; zu den verschiedenen Moortypen und zur Abgrenzung gegenüber den Auen auch FAHRLÄNDER, Kommentar NHG, Art. 18a Rz. 29 ff., und das in Rz. 535 erwähnte Gutachten von ALFRED KÖLZ).

Erst *nachträglich* hat der Bundesrat die Verordnung über den Schutz der Amphibienlaichgebiete von nationaler Bedeutung *(Amphibienlaichgebiete-Verordnung)* vom 15. Juni 2001 (AlgV) erlassen. Diese stellt zur Zeit 772 Objekte mit einer Fläche von insgesamt 116,7 km² unter Schutz, wobei es sich einerseits um *ortsfeste Objekte* (Weiher, Teiche, Seeufer u.ä. als Laichgewässer) und andererseits um *Wanderobjekte* (Laichgewässer in Rohstoffabbaugebieten) handelt, die im Laufe der Zeit verschoben werden können (vgl. Art. 2 und 3 AlgV und dazu die Anhänge 1 und 2). *In Vorbereitung* ist eine Verordnung über *Trockenwiesen und -weiden* (TWW), mit welcher rund 25% der im Rahmen einer BUWAL-Studie erfassten bedeutenden Magerwiesen (Biotope, welche sich aufgrund der Nährstoffarmut durch eine hohe Artenvielfalt auszeichnen) als Schutzobjekte von nationaler Bedeutung ausgeschieden und besonders geschützt werden sollen. **590**

Die erwähnten, besonderen Biotopschutz-Verordnungen sind systematisch weitgehend gleich aufgebaut, wobei allerdings die Amphibienlaichgebiete-Verordnung mehr Artikel und Anhänge aufweist, wodurch sich Verschiebungen bei der Nummerierung ergeben. Grundsätzlich bildet Art. 1 dieser Verordnungen jeweils die *Grundlage* für das entsprechende *Inventar*, wobei die einzelnen Schutzobjekte in Anhang 1 der Verordnungen nach Kantonen geordnet mit Name und Kennzahl aufgeführt werden (vgl. auch Art. 1–3 AlgV mit Anhängen 1 und 2). Für die *nähere Umschreibung* der einzelnen Objekte wird in Art. 2 der Verordnungen auf eine gesonderte Publikation (sog. Inventarordner mit kartographischer Darstellung und detaillierten Angaben zu den jeweiligen Objekten) verwiesen, welche formell als Anhang 2 der Verordnungen gelten, aber in AS und SR nicht abgedruckt werden, sondern bei den zuständigen Amtsstellen eingesehen werden können (vgl. auch Art. 4 AlgV mit Anhang 3). **591**

Vgl. zu den einzelnen Inventaren auch FAHRLÄNDER, Kommentar NHG, Art. 18a Rz. 24 ff., LEIMBACHER, Bundesinventare, 77 ff., und WILD, Biotopschutz, 768 ff., je mit weiteren Hinweisen. Um einen jederzeit aktuellen Überblick über Lage und Ausdehnung der verschiedenen Inventarobjekte zu ermöglichen, hat das BUWAL das Applikationsprogramm BUWIN (Geographisches Informationssystem über die Bundesinventare im Bereich des Natur- und Landschaftsschutzes) entwickelt (vgl. dazu BUWAL, Grundlagen LKS, 85 ff., LEIMBACHER, Bundesinventare, 119 ff., und zum Stand der Inventare auch die im Internet publizierte Inventarstatistik des BUWAL). **592**

c) Bedeutung und Umsetzung der Bundesinventare

593 Die besondere Bedeutung der Aufnahme eines Schutzobjekts in ein Biotopinventar des Bundes ergibt sich jeweils aus der Formulierung des *Schutzziels* bzw. der Regelung *zulässiger Abweichungen* in den Art. 4 der erwähnten Verordnungen bzw. in Art. 6 und 7 AlgV. Die Aufnahme in ein Bundesinventar bedeutet nach diesen Vorschriften zunächst, dass ein entsprechendes Schutzobjekt grundsätzlich *ungeschmälert zu erhalten* ist (schutzbegründende Funktion der Inventare). Überdies besteht regelmässig eine Pflicht zur Förderung der *Regeneration gestörter Biotopbereiche* (vgl. dazu auch Bundesgerichtsurteil in ZBl 1996, 122 ff., E. 5a, Entlebuch). Entsprechend der nationalen Bedeutung dieser Schutzobjekte ist sodann ein *Abweichen* vom *Schutzziel* der ungeschmälerten Erhaltung nur dann zulässig, wenn für ein bestimmtes *standortgebundenes Vorhaben* ein *überwiegendes Interesse* von ebenfalls *nationaler Bedeutung* besteht (vgl. dazu Rz. 555 ff.; vgl. für den Kiesabbau und Freizeitaktivitäten in Auengebieten auch Keller, Nutzungskonflikte). Ein *noch weiter gehender Schutz* (keine Abweichung vom Schutzziel; im Prinzip also *absolutes Veränderungsverbot*) besteht als Ausfluss der Verfassungsbestimmung von Art. 78 Abs. 5 BV für die *Moorinventare* (vgl. dazu Rz. 597 f.).

594 Der *genaue Grenzverlauf* der einzelnen Objekte ist gemäss Art. 3 der Verordnungen (bzw. Art. 5 AlgV) von den Kantonen nach Anhörung der Grundeigentümer und Bewirtschafter festzulegen, wobei bei den Auen und Mooren zugleich *ökologisch ausreichende Pufferzonen* auszuscheiden und *angrenzende Biotope* zu berücksichtigen sind und bei Amphibienlaichgebieten für Wanderobjekte ein *Perimeter mit Verschiebungsmöglichkeiten* vorzusehen ist (vgl. zur Umsetzung durch die Kantone Rz. 582 und als Beispiele die in Rz. 536 genannten Verordnungen; zum Ermessensspielraum der Kantone bei der Festlegung des genauen Grenzverlaufs und zur Pflicht, ökologisch ausreichende Pufferzonen auszuscheiden, BGE 124 II 19, E. 3b, Neuchâtel; zur Ausscheidung von Pufferzonen auch Fahrländer, Kommentar NHG, Art. 18a Rz. 41 ff., und Wild, Biotopschutz, 776). Solange der genaue Grenzverlauf nicht festgelegt ist, wird bei Vorliegen eines schutzwürdigen Interesses in den erwähnten Vorschriften ausdrücklich ein *Anspruch* auf eine *Feststellungsverfügung* eingeräumt. Jeweils in Art. 5 der Verordnungen (bzw. in Art. 8 AlgV) finden sich *besondere Auflagen* für die von den Kantonen gemäss Art. 17 Abs. 1 NHV nach Anhörung des BUWAL zu treffenden *Schutz- und Unterhaltsmassnahmen*, und es wird festgehalten, dass die Kantone ihre *Pläne* und *Nutzungsvorschriften* entsprechend *anzupassen* haben. Für die genaue Abgrenzung der Objekte und den Erlass der Schutz- und Unterhaltsmassnahmen durch die Kantone werden jeweils in Art. 6 *Umsetzungsfristen* von drei bis sechs Jahren (je nach der Finanzstärke der Kantone) bzw. generell von sieben Jahren (Art. 9 AlgV) gesetzt und die Kantone für die Zwischenzeit zu *vorsorglichen Schutzmassnahmen* verpflichtet (Sofortmassnahmen gemäss Art. 7 AuenV und Art. 10 AlgV; vorläufiges Veränderungsverbot mit möglicher Ausnahmebewilligung gemäss Art. 7 HMV und FMV). Sodann sind *bestehende Beeinträchtigungen* der Schutzobjekte möglichst zu *beheben* (jeweils Art. 8 der Verordnungen bzw. Art. 11 AlgV). Die Kantone haben im Übrigen dem Bund über den Stand des Schutzes regelmässig *Bericht zu erstatten* und werden von diesem bei der Umsetzung der Bundesinventare *beraten* und *unterstützt* (vgl. jeweils Art. 10 und 11 der Verordnungen bzw. Art. 13 und 14 AlgV). Vgl. zur Bundesaufsicht im Übrigen auch Wild, Biotopschutz, 784 f.

C. Besonderer Schutz

1. Schutz der Moore und Moorlandschaften von nationaler Bedeutung

a) Allgemeines

Ein besonderer Schutz besteht unmittelbar aufgrund der Verfassung (heute Art. 78 Abs. 5 BV; sog. Rothenthurmartikel) für *Moore und Moorlandschaften* von *besonderer Schönheit* und *gesamtschweizerischer Bedeutung.* Nach dieser Vorschrift dürfen in solchen Gebieten weder Anlagen gebaut noch Bodenveränderungen vorgenommen werden. Ausgenommen sind Einrichtungen, die dem Schutz oder der bisherigen landwirtschaftlichen Nutzung der Moore und Moorlandschaften dienen (vgl. dazu und zur Entstehungsgeschichte Rz. 501 und insbesondere WALDMANN, Schutz, 1 ff.). Die erwähnte Verfassungsbestimmung wird durch die Art. 23a–23d NHG konkretisiert (vgl. zur Umsetzung dieser Vorschriften auch RAUSCH, Handbuch). 595

In Art. 25b NHG wird sodann eine mit der Annahme der Rothenthurminitiative eingefügte Übergangsbestimmung zur alten Bundesverfassung näher ausgeführt, welche die Wiederherstellung bezüglich schutzzielwidriger baulicher Massnahmen aus der Zeit ab 1. Juni 1983 vorsah. Auf eine entsprechende Übergangsbestimmung ist in der neuen Bundesverfassung verzichtet, Art. 25b NHG aber nicht aufgehoben worden. Die Durchsetzung dieser Bestimmung dürfte aber heute auch aus Gründen des Zeitablaufs kaum mehr möglich sein (vgl. dazu und zum Unbehagen über den mangelnden Vollzug der früheren Übergangsbestimmung TRÖSCH, St. Galler Kommentar zur BV, Art. 78 Rz. 2, 14 f.). 596

b) Moore von nationaler Bedeutung

Für die in Art. 78 Abs. 5 BV erwähnten *Moore von besonderer Schönheit* und *gesamtschweizerischer Bedeutung,* also für eine besondere Kategorie von Biotopen, verweist Art. 23a NHG im Sinne einer Rechtsharmonisierung auf die *allgemeinen Vorschriften* über den Schutz der *Biotope von nationaler Bedeutung* (vgl. auch Art. 21a NHV). Dementsprechend halten die Art. 1 HMV und FMV fest, dass die in den betreffenden Bundesinventaren aufgeführten Objekte auch das Erfordernis der besonderen Schönheit im Sinn von Art. 78 Abs. 5 BV erfüllen (vgl. zum Moorbegriff gemäss Art. 78 Abs. 5 BV auch Bundesgerichtsurteil in ZBl 1996, 122 ff., E. 3a, 5a, Entlebuch). Die *einzige Abweichung* gegenüber den andern Biotopen von nationaler Bedeutung besteht darin, dass für die Moore von nationaler Bedeutung aufgrund von Art. 78 Abs. 5 BV nicht nur der Grundsatz der ungeschmälerten Erhaltung, sondern im Prinzip ein *absolutes Veränderungsverbot* (unter Ausschluss einer Interessenabwägung) gilt (vgl. dazu Art. 4 und 5 HMV bzw. FMV). *Ausgenommen* von dem sich hieraus ergebenden Bau- und Bodenveränderungsverbot sind grundsätzlich nur Vorhaben, die der *Aufrechterhaltung des Schutzziels* dienen (Grundsatz der *Schutzzieldienlichkeit;* vgl. Art. 5 Abs. 1 Bst. b HMV und FMV) oder für die *Aufrechterhaltung der bisherigen landwirtschaftlichen Nutzung* erforderlich sind, soweit sie dem Schutzziel nicht widersprechen (Grundsatz der *Schutzzielverträglichkeit;* vgl. Art. 5 Abs. 1 597

Bst. c HMV und Art. 5 Abs. 1 Bst. d FMV; vgl. zu den nötigen Schutz- und Unterhaltsmassnahmen auch Rausch, Handbuch, 6 ff.).

598 *Kasuistik:* BGE 117 Ib 243, E. 3, Rothenthurm (Veränderungsverbot für Hochmoor von nationaler Bedeutung; keine Abwägung mit Interesse an unversehrter Bewahrung von Wassertransportleitungen); Bundesgerichtsurteil in ZBl 1996, 122 ff., E. 6, Entlebuch (Zulässigkeit der Einschränkung der landwirtschaftlichen Nutzung; weitergehende bisherige Nutzung wurde durch Drainagen ermöglicht, welche aufgrund von Art. 25b NHG möglicherweise rückgängig gemacht werden müssen); Bundesgerichtsurteil in URP 1996, 815 ff., Ingenbohl (Hängegleiter-Landeplatz in Pufferzone zu Flachmoor darf Schutzziel nicht beeinträchtigen); Entscheid Verwaltungsgericht BE in URP 2002, 254 ff., Zweisimmen (Zulässigkeit des Baus eines landwirtschaftlichen Erschliessungsweges für die Weiterführung der bisherigen landwirtschaftlichen Nutzung und Pflege eines Flachmoors). – Vgl. zu Begriff und Abgrenzungen bezüglich der Moore von nationaler Bedeutung, zum Beeinträchtigungsverbot hinsichtlich von Immissionen und zur Unzulässigkeit einer Moor-Verlegung auch das in Rz. 535 erwähnte Gutachten von Alfred Kölz.

c) Moorlandschaften von nationaler Bedeutung

599 Durch Art. 78 Abs. 5 BV werden nicht nur Moore von nationaler Bedeutung, sondern auch *besonders schöne Moorlandschaften* von *gesamtschweizerischer Bedeutung* geschützt. Obwohl ein enger Bezug zu den als Biotope geschützten Mooren besteht, handelt es sich hierbei nicht mehr um eigentlichen Biotopschutz, sondern um einen *Sonderfall* des *Landschaftsschutzes,* welcher gestützt auf die erwähnte *Verfassungsbestimmung* unabhängig vom Erfordernis der Erfüllung einer Bundesaufgabe bundesrechtlich geregelt ist und besonderen, strengeren Regeln unterliegt als der allgemeine Landschaftsschutz (vgl. auch Wild, Biotopschutz, 771 f.). Die Ausführungsgesetzgebung dazu findet sich in den Art. 23b–23d NHG (vgl. dazu auch Rausch, Handbuch, 8 f.).

600 Gemäss der *Legaldefinition* von Art. 23b Abs. 1 NHG ist eine Moorlandschaft «eine in besonderem Masse durch Moore geprägte, naturnahe Landschaft. Ihr *moorfreier Teil* steht zu den Mooren in enger *ökologischer, visueller, kultureller oder geschichtlicher Beziehung»* (vgl. zum Erfordernis der normativen Konkretisierung des Begriffs der Moorlandschaft und zur Beurteilung des erforderlichen Zusammenhangs des moorfreien Teils zum Moorgebiet auch BGE 123 II 248, E. 2b/bb, Oberägeri, sowie 127 II 184, E. 3, 5, Wetzikon/Robenhauserriet [Bauzonenabgrenzung ist nicht massgebend; hydrologische Pufferzonen sind unabhängig von der Moorlandschaft festzulegen]). Art. 23b Abs. 2 NHG hält sodann die Kriterien für Moorlandschaften von besonderer Schönheit und nationaler Bedeutung fest: Es muss sich um eine Moorlandschaft handeln, die in ihrer Art *einmalig* ist oder in einer Gruppe von vergleichbaren Moorlandschaften zu den *wertvollsten* gehört. Gemäss Art. 23b Abs. 3 NHG bezeichnet der *Bundesrat* – in Zusammenarbeit mit den Kantonen, welche die Grundeigentümer anzuhören haben – die entsprechenden Moorlandschaften unter Berücksichtigung der bestehenden Besiedlung und Nutzung und bestimmt ihre Lage (vgl. zum [rechtlich geschützten] Beurteilungsspielraum des Bundesrats bei der Festlegung des Moorlandschaftsgebiets und zum Ermessensspielraum der Kantone bei der genauen Grenzziehung auch BGE 127 II 184, E. 3c, 4b, 5a, Wetzikon/Robenhauserriet).

Der Bundesrat hat gestützt auf die Delegationsnorm von Art. 23b Abs. 3 NHG die Verordnung über den Schutz der Moorlandschaften von besonderer Schönheit und von nationaler Bedeutung *(Moorlandschaftsverordnung)* vom 1. Mai 1996 (MLV) erlassen (vgl. auch Art. 22 Abs. 1 NHV). Diese Verordnung stimmt in Inhalt und Aufbau weitgehend mit den Biotopschutzverordnungen überein. Das zugehörige Bundesinventar umfasst 89 Objekte in 19 Kantonen mit einer Fläche von 873,3 km² bzw. 2,1 % der Landesfläche (vgl. dazu die Anhänge 1 und 2 der MLV sowie KELLER, Kommentar NHG, Art. 23b Rz. 13 ff., und LEIMBACHER, Bundesinventare, 101 ff.). Noch nicht bereinigt ist das Objekt «Moorlandschaft Grimsel» (Anhang 3 der MLV; vgl. zur Kontroverse und zum Stand des Schutzverfahrens sowie zum provisorischen Schutz bezüglich der Moorlandschaft Grimsel, wo schon seit längerer Zeit Kraftwerk-Ausbaupläne bestehen, KELLER, Ausbauprojekt Grimsel, 749 ff.; zum früheren Projekt eines Pumpspeicherwerkes «Grimsel West» auch die Gutachten des Bundesamtes für Justiz und von ALFRED KÖLZ sowie die Stellungnahmen von Vertretern der Energiewirtschaft in URP 1996, 171 ff., 1997, 65 ff., 235 ff., 334 ff., 536 ff.). Inzwischen hat der Bundesrat die Bereinigung im Sinne der Interessen der Energiewirtschaft vorgenommen (NZZ vom 26. Februar 2004, 14). **601**

Als *allgemeines Schutzziel* für Moorlandschaften gilt gemäss Art. 23c Abs. 1 NHG die *Erhaltung* jener *natürlichen* und *kulturellen Eigenheiten,* die ihre besondere Schönheit und nationale Bedeutung ausmachen. Diese Bestimmung wird durch Art. 4 MLV allgemein und in MLV Anhang 2 bzw. in einer separaten Veröffentlichung für die einzelnen Schutzobjekte konkretisiert. Die *objektspezifische Konkretisierung* der Schutzziele ist deshalb wichtig, weil im Unterschied zu Mooren von nationaler Bedeutung für die unter Umständen auch *Siedlungsgebiet* und *Verkehrswege* umfassenden Moorlandschaften *kein absolutes Veränderungsverbot* gilt. Art. 23d Abs. 1 NHG bestimmt denn auch ausdrücklich, die Nutzung der Moorlandschaften sei zulässig, soweit sie der Erhaltung der für die Moorlandschaften typischen Eigenheiten nicht widerspreche. Damit genügt für Eingriffe in Moorlandschaften grundsätzlich die *Schutzzielverträglichkeit* (keine oder jedenfalls keine wesentliche Verminderung des Werts der Moorlandschaft), während ein positiver Beitrag *(Schutzzieldienlichkeit) nicht erforderlich* ist. **602**

Da die Regelung von *Art. 23d Abs. 1 NHG* vom Wortlaut von Art. 78 Abs. 5 BV abweicht, wendet das Bundesgericht diese Vorschrift, welche in Art. 23d Abs. 2 NHG für einzelne Fälle beispielhaft konkretisiert wird, *restriktiv* an. Zulässig sind – neben Massnahmen zum *Schutz vor Naturereignissen* und den erforderlichen *Erschliessungsanlagen* – namentlich eine *(angepasste) land- und forstwirtschaftliche Nutzung* sowie der *Unterhalt* und die *Erneuerung* (nicht aber die Änderung oder der Wiederaufbau) rechtmässig erstellter *Bauten und Anlagen* (BGE 123 II 248, Oberägeri [Unzulässigkeit des Wiederaufbaus eines abgebrochenen Ökonomieteils für Wohnzwecke]; vgl. auch Entscheid Verwaltungsgericht BE in URP 2001, 948 ff., Guggisberg [Zulässigkeit einer unauffällig gestalteten Mobilfunkantenne für die telekommunikationsmässige Erschliessung der bestehenden Siedlung], und Bundesgerichtsurteil in URP 2003, 731 ff., Rüeggisberg [Unzulässigkeit einer landschaftsstörenden Mobilfunkantenne, welche lediglich der Mobilfunkversorgung eines Wander- und Skigebiets dient]). *Weitere Nutzungen* (z.B. touristische oder militärische Nutzung) sind nur sehr eingeschränkt (im Rahmen der bestehenden Schutzziele) möglich (vgl. Art. 5 Abs. 2 Bst. e MLV; vgl. auch Bundesgerichtsurteil in URP 2001, 437 ff., Noville [Unzulässigkeit der Erweiterung einer Bootswerft im sensiblen Bereich einer Moorlandschaft]). Bauten und Anlagen, welche nicht zur Ausübung **603** zulässiger Nutzungen, zur Biotoppflege oder zur Aufrechterhaltung der typischen Besiedlung dienen, können grundsätzlich nur verwirklicht werden, wenn es sich um *unmittelbar standortgebundene Vorhaben* von *nationaler Bedeutung* handelt, welche den *Schutzzielen nicht widersprechen* (Art. 5 Abs. 2 Bst. d MLV; vgl. auch Bundesgerichtsurteil in ZBl 1993, 522 ff., E. 3c, Wetzikon/Robenhauserriet [Unzulässigkeit einer Wohnüberbauung in einer schutzwürdigen Moorlandschaft]).

604 Bei der Anwendung dieser Grundsätze ist sodann zwischen den *einzelnen Teilbereichen* einer Moorlandschaft zu unterschieden: Das eigentliche *Moorgebiet* ist als solches umfassend geschützt (vgl. auch Rz. 597 f.); für die *übrigen Biotope von nationaler Bedeutung* gelten die entsprechenden Schutzbestimmungen; lediglich für die übrigen mitenthaltenen *Biotope von regionaler und lokaler Bedeutung* sowie für den *biotopfreien Teil* der Moorlandschaft gelten bundesrechtlich allein die für den Moorlandschaftsschutz bestehenden Schutzziele (vgl. dazu auch KELLER, Kommentar NHG, Art. 23d Rz. 5, 7 ff., sowie BGE 124 II 19, Neuchâtel [Zulässigkeit des Torfabbaus von Hand für den Eigenbedarf nur ausserhalb des durch Bundesinventare geschützten eigentlichen Moorgebiets, sofern eine Regeneration der Torfschicht möglich ist]).

605 Für den Erlass der *konkreten Schutz- und Unterhaltsmassnahmen* bezüglich der Moorlandschaften und der darin enthaltenen Biotope sind – wie allgemein bei den Biotopen von nationaler Bedeutung – die *Kantone* verantwortlich (vgl. dazu und zur finanziellen Abgeltung durch den Bund Art. 23c Abs. 2 und 3 NHG, Art. 22 NHV, Art. 5 MLV sowie KELLER, Kommentar NHG, Art. 23c Rz. 9 ff.).

2. Schutz der Ufervegetation

606 Einen besonderen, sich *unmittelbar aus dem Gesetz* ergebenden Schutz geniesst die Ufervegetation als besonders wertvolle und empfindliche Lebensgemeinschaft. Die *Ufervegetation* (Schilf- und Binsenbestände, Auenvegetationen sowie andere natürliche Pflanzengesellschaften im Uferbereich) darf aufgrund von Art. 21 Abs. 1 NHG *weder gerodet* (Entfernung der Vegetation mit der Wurzel) *noch überschüttet* oder auf andere Weise (z.B. durch Einflussnahme auf die Wasserführung, Verwendung von Dünger und Pflanzenschutzmitteln, mechanische Einwirkung) *zum Absterben gebracht* werden. Nach der Rechtsprechung des Bundesgerichts handelt es sich bei der Ufervegetation grundsätzlich um diejenigen natürlichen oder naturnahen Pflanzen, welche sich im *Schwankungsbereich* des *Spiegels* eines stehenden oder fliessenden *Gewässers* befinden, wobei auch regelmässige hohe Wasserstände zu berücksichtigen sind (BGE 110 Ib 117, E. 3, Mosen; vgl. dazu auch JENNI, Kommentar NHG, Art. 21 Rz. 4 ff., und BRUNNER, Uferbereich, 755 f. mit weiteren Hinweisen).

607 Gemäss Art. 21 Abs. 2 NHG haben die Kantone überdies – soweit es die Verhältnisse erlauben – dafür zu sorgen, dass dort, wo sie fehlt, Ufervegetation angelegt wird oder zumindest die Voraussetzungen für deren Gedeihen geschaffen werden (vgl. zu diesem mit dem neuen Gewässerschutzgesetz eingeführten Revitalisierungsauftrag an die Kantone JENNI, Kommentar NHG, Art. 21 Rz. 22 ff.).

Für alle *ursprünglichen* oder *wiederhergestellten Vorkommen* von Ufervegeta-   608
tion besteht unmittelbar aufgrund von Art. 21 NHG ein *grundsätzlich uneinge-*
schränkter Schutz, wobei eine angepasste, die Ufervegetation bewahrende landwirtschaftliche Nutzung (z.B. Streuschnitte) freilich zulässig ist. Lediglich in den
durch die Wasserbaupolizei- oder Gewässerschutzgesetzgebung erlaubten Fällen (also für Hochwasserschutzmassnahmen nach Art. 3 Abs. 2 WBG und für zulässige Einwirkungen auf Gewässer gemäss Art. 37–44 GSchG) kann die zuständige kantonale Behörde (bzw. die zuständige Bundesbehörde bei baulichen
Vorhaben, welche der Bewilligungshoheit des Bundes unterliegen) für *standort-*
gebundene Vorhaben (massgebend hiefür sind objektive Gründe i.S.v. Art. 24
RPG) eine *Ausnahmebewilligung* zur Beseitigung der Ufervegetation erteilen,
wobei der Eingriff auf das notwendige Minimum zu beschränken ist. Vorbehalten bleibt die *polizeiliche Generalklausel* zur Abwehr unmittelbarer Gefahren,
z.B. für Massnahmen bei Umweltschadenfällen oder Naturereignissen (vgl. dazu
JENNI, Kommentar NHG, Art. 21 Rz. 17 ff., Art. 22 N. 11 ff.; zur selbständigen
Natur der Ausnahmebewilligung nach Art. 22 Abs. 2 NHG BGE 115 Ib 224,
E. 5c, Kraftwerk Pradella).

Abgesehen vom erhöhten Schutzgrad und dem Revitalisierungsauftrag an die Kantone   609
gelten im Übrigen für den Schutz der Ufervegetation die *allgemeinen Biotopschutzvor-*
schriften als subsidiäres Recht (vgl. JENNI, Kommentar NHG, Art. 21 Rz. 2, und für Ersatzmassnahmen nach Art. 18 Abs. 1ter NHG insbesondere BGE 115 Ib 224, E. 5ca–ce,
Pradella). Besondere Vorschriften für den Schutz der Ufervegetation bestehen sodann
auch im Fischerei-, Gewässerschutz- und Wasserbaugesetz (vgl. Rz. 616 ff.). Erfüllt die
Uferbestockung die Waldvoraussetzungen, ist sie überdies auch durch das Waldgesetz
geschützt (vgl. BGE 122 II 274, E. 5, Wartau).

3. Schutz durch das Jagd- und Vogelschutzgesetz

a) Jagdbanngebiete sowie Wasser- und Zugvogelreservate

Aufgrund von Art. 11 JSG hat der Bundesrat *Jagdbanngebiete* und *Vogelreser-*   610
vate auszuscheiden. Der Bundesrat hat diesen Auftrag, welcher sich bezüglich
der Vogelreservate auch aus dem von der Schweiz unterzeichneten Übereinkommen vom 2. Februar 1971 über Feuchtgebiete, insbesondere als Lebensraum für Wasser- und Watvögel, von internationaler Bedeutung (Ramsar-Ab-
kommen; SR 0.451.45) ergibt, durch den Erlass zweier Verordnungen umgesetzt,
die ähnlich aufgebaut sind wie die Biotopschutzverordnungen und welche die
Grundlage für zwei weitere Bundesinventare enthalten. So werden durch die
Verordnung über die eidgenössischen Jagdbanngebiete vom 30. September 1991
(VEJ) 41 Gebiete mit seltenen und bedrohten Säugetieren und Vögeln und
einer Fläche von insgesamt 1 495 km^2 (3,6% der Landesfläche) als Jagdbanngebiete und durch die *Verordnung über die Wasser- und Zugvogelreservate* von
internationaler und nationaler Bedeutung vom 21. Januar 1991 (WZVV) 10
Wasser- und Zugvogelgebiete von internationaler Bedeutung und 18 entsprechende Gebiete von nationaler Bedeutung mit einer Fläche von insgesamt

189 km² (0,46% der Landesfläche) als Vogelreservate bezeichnet (vgl. jeweils Art. 1 und Art. 2 Abs. 1 sowie Anhang 1 der genannten Verordnungen).

611   Die detaillierten Angaben zu den einzelnen Schutzobjekten (insbesondere Perimeter und individuelle Schutzziele) finden sich in einer gesonderten Publikation, welche im Unterschied zu den Inventaren nach NHG als eigentliches Bundesinventar bezeichnet wird (vgl. jeweils Art. 2 Abs. 2 und 3 sowie Anhang 2 der beiden Verordnungen). Die *allgemeinen Schutzziele* werden in Art. 5 und 6 der beiden Verordnungen geregelt, wobei jeweils Art. 5 den *Artenschutz* betrifft (grundsätzliches Jagdverbot und weitere Nutzungsbeschränkungen, insbesondere Störungsverbot, zum Schutz der betreffenden Tiere) und Art. 6 den *Biotopschutz* regelt. Danach sind die als Schutzgebiete ausgeschiedenen Lebensräume der entsprechenden Säugetiere und Vögel geschützt, wobei die allgemeinen und individuellen Schutzziele zu beachten sind; *Eingriffe,* welche die Schutzziele tangieren, sind nur zulässig, wenn hiefür *überwiegende Interessen* bestehen, wobei im Unterschied zu den anderen Bundesinventaren nicht ausdrücklich überwiegende Interessen von nationaler Bedeutung verlangt werden (jeweils Art. 6 Abs. 1 der beiden Verordnungen; vgl. auch Art. 7 Abs. 6 JSG: Pflicht zur Einholung einer Stellungnahme des BUWAL für entsprechende Vorhaben). In *Jagdbanngebieten* ist der Erhaltung von Biotopen i.S. von Art. 18 Abs. 1bis NHG besondere Beachtung zu schenken (insbesondere durch angepasste land- und forstwirtschaftliche Nutzung und Vermeidung einer Zerschneidung des Schutzgebietes; vgl. Art. 6 Abs. 3 VEJ). *Weitergehende* oder *anderslautende Biotopschutzmassnahmen* aufgrund der individuellen Schutzziele bzw. nach Art. 18 ff. NHG bleiben in jedem Fall vorbehalten (Art. 6 Abs. 4 VEJ, Art. 6 Abs. 3 WZVV).

612   Die *Kantone* haben die *Schutzmassnahmen umzusetzen* und für den *Unterhalt der Schutzgebiete* zu sorgen (insbesondere durch Berücksichtigung der Schutzgebiete bei der Richt- und Nutzungsplanung gemäss Art. 6 Abs. 2 [mit allfälliger Konkretisierung der erforderlichen Nutzungsbeschränkungen] sowie durch Markierung der Schutzgebiete im Gelände und Information der Öffentlichkeit gemäss Art. 7 der Verordnungen), wobei sie für die Schutzgebiete überdies Wildhüter bzw. Reservatsaufseher einzusetzen haben (vgl. Art. 11 ff. der Verordnungen; zur Kostentragung Art. 14 ff. der Verordnungen). Die Kantone können sodann weitere Jagdbanngebiete und Vogelreservate *von regionaler und lokaler Bedeutung* ausscheiden (Art. 11 Abs. 4 JSG). Vgl. zum Ganzen auch LEIMBACHER, Bundesinventare, 111 ff., und WILD, Biotopschutz, 770 f.

b)   Heckenschutz

613   Aus dem Jagd- und Vogelschutzgesetz ergibt sich auch ein *unmittelbarer generell-abstrakter Schutz* für *Hecken.* Gemäss Art. 18 Abs. 1 Bst. g JSG wird nämlich mit Haft oder Busse bis Fr. 20000.– bestraft, wer vorsätzlich und ohne Berechtigung Hecken beseitigt. Durch diese *Strafnorm* sollen die Hecken als wichtige Lebensräume für wildlebende Säugetiere und Vögel, für welche bereits aufgrund von Art. 18 Abs. 1bis NHG ein besonderer Schutzauftrag besteht, ähnlich wie der Wald unmittelbar durch die Bundesgesetzgebung geschützt werden, wobei die *Kantone Ausnahmebewilligungen* erteilen können (BBl 1983 II 1216). Aufgrund der erwähnten Zielsetzung fallen grundsätzlich auch Hecken und Siedlungsgehölze in der Bauzone unter diesen Schutz, nicht aber Gartenhecken,

welchen aus qualitativen oder quantitativen Gründen keine Biotopfunktion zukommt (vgl. zum Heckenbegriff und zur Abgrenzung gegenüber dem Waldbegriff auch FAHRLÄNDER, Kommentar NHG, Art. 18 Rz. 20).

Die *Kantone* sehen dementsprechend für die Beseitigung von Hecken und Feldgehölzen 614 (bzw. für die dauernde oder vorübergehende Zweckentfremdung des betreffenden Bodens; vgl. Art. 4 WaG) *besondere Bewilligungsverfahren* vor, wobei eine Ausnahmebewilligung entsprechend der Regelung von Art. 18 Abs. 1ter NHG grundsätzlich nur erteilt werden kann, wenn für die Beseitigung der betreffenden Hecke überwiegende Interessen ins Feld geführt werden können und angemessener Ersatz geschaffen wird (vgl. auch Entscheid Verwaltungsgericht BE in URP 2002, 690 ff., Müntschemier [Mobilfunkantenne]). Die bundesrechtliche Strafnorm sanktioniert – neben dem flächenhaften Abbrennen von Böschungen, Feldrainen und Weiden – lediglich die dauerhafte Zerstörung von Hecken, während die kantonalen Vorschriften zum Teil auch nicht sachgemässe Heckenpflege (z.B. Rückschnitt einer Hecke auf den Stock auf der gesamten Länge statt abschnittsweise) unter Strafe stellen (Urteil Obergericht SH in Amtsbericht 1990, 125 ff., Bargen).

4. Schutz durch weitere Gesetze

Der *Wald* wird als äusserst wertvoller Lebensraum für Tiere und Pflanzen unmittelbar durch die generell-abstrakten Vorschriften der *Waldgesetzgebung* geschützt (vgl. dazu § 10). Im Rahmen der kantonalen Waldplanung können die 615 Kantone überdies besondere *Waldreservate* ausscheiden und von einer Bewirtschaftung ganz oder teilweise ausnehmen (vgl. dazu Rz. 483).

Das *Fischereigesetz* verpflichtet die Kantone dafür zu sorgen, dass *Bachläufe,* 616 *Uferpartien und Wasservegetationen,* die dem Laichen und dem Aufwachsen der Fische dienen, erhalten bleiben; sie haben nach Möglichkeit Massnahmen zur Verbesserung der Lebensbedingungen der Wassertiere sowie zur lokalen *Wiederherstellung zerstörter Lebensräume* zu ergreifen (Art. 7 BGF). *Technische Eingriffe* in die Gewässer, ihren Wasserhaushalt oder ihren Verlauf sowie entsprechende Eingriffe in die Ufer und den Grund von Gewässern brauchen eine Bewilligung der für die Fischerei zuständigen kantonalen Behörde *(fischereirechtliche Bewilligung),* soweit sie die Interessen der Fischerei berühren können (vgl. dazu und zu den bewilligungspflichtigen Eingriffen im Einzelnen Art. 8 BGF; zur Bewilligungszuständigkeit bei Baubewilligungshoheit des Bundes Art. 21 Abs. 4 und 5 BGF).

Bei *neuen Anlagen* (und Eingriffen) sind *besondere Massnahmen zum Schutze der Was-* 617 *sertiere* zu treffen. Lassen sich keine Massnahmen finden, die schwerwiegende Beeinträchtigungen von Interessen der Fischerei verhindern können, kann der Eingriff nur bewilligt werden, wenn hiefür nach Abwägung der Gesamtinteressenlage *überwiegende Interessen* bestehen (Art. 9 BGF; vgl. zur erforderlichen Interessenabwägung und zum Zusammenhang mit dem Biotopschutz namentlich BGE 125 II 591, E. 5c, 6b, 9, Wägital). Auch bei *bestehenden Anlagen* sind besondere Schutzmassnahmen für Wassertiere zu treffen, soweit sie wirtschaftlich tragbar sind (Art. 10 BGF; vgl. zur Sanierungspflicht einer bestehenden Anlage im Zusammenhang mit dem Bau einer Nebenanlage Bundesgerichtsurteil in BVR 1996, 254 ff., Diemtigen-Erlenbach).

618 Besondere Vorschriften zum Schutz von Biotopen im Zusammenhang mit Eingriffen und Einwirkungen im Bereich von Gewässern und deren Ufer bestehen auch im *Gewässerschutzgesetz* und im *Wasserbaugesetz* (vgl. dazu Rz. 425 ff., sowie als Anwendungsfälle BGE 122 II 274, E. 5b, Wartau, 125 II 591, E. 6, Wägital, 126 II 283, E. 4, Giswil).

V. Würdigung und Ausblick

619 Das Natur- und Heimatschutzrecht ist in den letzten 15 bis 20 Jahren namentlich durch den *Einbezug* in den *Prozess der Raumplanung* und den *Auf- und Ausbau des bundesrechtlichen Biotopschutzes* wesentlich fortentwickelt worden. Unbefriedigend ist aber weiterhin die *komplizierte* und *wenig sinnvolle Kompetenzaufteilung* zwischen Bund und Kantonen. Leider ist es im Rahmen der Totalrevision der Bundesverfassung versäumt worden, für den ganzen Bereich des Natur- und Heimatschutzes eine einheitliche und sachlich überzeugende Kompetenzordnung zu schaffen (z.B. umfassende Gesetzgebungskompetenz des Bundes für Schutzobjekte von nationaler Bedeutung, Grundsatzgesetzgebungskompetenz für Schutzobjekte von regionaler und lokaler Bedeutung). Eine entsprechende Änderung der Verfassungsgrundlagen würde es ermöglichen, alle Bereichen des Natur- und Heimatschutzes *nach denselben Grundsätzen* zu regeln und auf die *problematische Beschränkung* der Normen über den Landschafts-, Ortsbild- und Denkmalschutz auf die *Erfüllung von Bundesaufgaben* zu verzichten (vgl. in diesem Sinne bereits IMHOLZ, 173 ff.; zur nun vorgesehenen Aufgabenentflechtung im Rahmen der Neuordnung des Finanzausgleichs des Bundes BBl 2002, 2291 ff., 2335 ff., und dazu sehr kritisch aus der Sicht der Denkmalpflege BERNHARD FURRER in NZZ vom 19. Januar 2004, 9).

620 Das *Schutzkonzept* des Natur- und Heimatschutzes, welches namentlich durch das Prinzip der *Güter- und Interessenabwägung* und die Unterscheidung von *Schutzobjekten von nationaler, regionaler und lokaler Bedeutung* gekennzeichnet ist, bildet an sich eine gute Grundlage für die Lösung der Konflikte zwischen den einander entgegenstehenden verfassungs- und planungsrechtlichen Interessen hinsichtlich konkreter schutzwürdiger Objekte, wobei die Unterscheidung nach der Bedeutung der Objekte abgestufte Vorgaben für Schutz und Interessenabwägung ermöglicht. Allerdings hat sich dieses Konzept in der Praxis nur teilweise bewährt. Generell besteht die Gefahr, dass die *Nutzungsinteressen* im konkreten Fall aufgrund der gegebenen Akteurkonstellation (starke wirtschaftliche Interessen auf der Seite der Baugesuchsteller; baufreundliche Bewilligungsbehörden) tendenziell stärker als die *Schutzinteressen* gewichtet werden, weshalb als Gegengewicht unbedingt am *Verbandsbeschwerderecht* der ideellen Organisationen festgehalten werden sollte (vgl. dazu auch Evaluationsbericht BLN, 828 ff., und § 16). Für *besonders empfindliche Gebiete* muss der *Schutz* sodann *verstärkt werden*, wie dies z.B. für die Ufervegetation und die Moore und

Moorlandschaften von nationaler Bedeutung geschehen ist (vgl. dazu auch RAUSCH, Umwelt und Raumplanung, Rz. 17, und zur Frage von Rechten der Natur LEIMBACHER, Kommentar NHG, 6. Kap.).

Was die einzelnen Teilgebiete des Natur- und Heimatschutzes betrifft, ist namentlich darauf hinzuweisen, dass die *Landschaft* auch in BLN-Gebieten schleichend zerstört zu werden droht, was einerseits mit dem grossen Siedlungsdruck und der eingeschränkten Bundeskompetenz, andererseits aber auch mit einer ungenügenden Konkretisierung der Schutzziele im BLN-Inventar zusammenhängt (vgl. dazu eingehend Evaluationsbericht BLN, 789 ff.). Zu hoffen bleibt, dass diese Problematik nicht durch eine zu grosszügige Handhabung der neuen Vorschriften über das Bauen ausserhalb der Bauzonen (Art. 16 f., 24 ff. RPG) noch weiter verschärft wird, was den aus Art. 75 Abs. 1 BV ableitbaren Grundsatz der Trennung von Siedlungs- und Nichtsiedlungsgebiet in Frage stellen würde (vgl. dazu auch LEIMBACHER, Bundesinventare, 60, 64, 68 ff., sowie MUGGLI, Raumplanungsgesetz, 595 ff., und Evaluationsbericht BLN, 840). Im Bereich des *Ortsbildschutzes* wirkt sich ebenfalls die mangelnde Verbindlichkeit der Inventare für die Kantone negativ aus; überdies bestehen erst für zehn Kantone Detailaufnahmen der schützenswerten Ortsbilder. Im Bereich des *Biotopschutzes* sind zwar erhebliche Fortschritte gemacht worden, doch besteht insoweit ein grosses Vollzugsdefizit, als die Kantone erst für rund die Hälfte der Bundesinventarobjekte grundeigentümerverbindliche Schutzmassnahmen erlassen haben und im Moorschutz noch kaum Wiederherstellungsanordnungen vollzogen wurden, obwohl die für die kantonalen Umsetzungsmassnahmen angesetzten Fristen in den meisten Fällen abgelaufen sind (vgl. dazu auch LEIMBACHER, Bundesinventare, 51 f., WILD, Biotopschutz, 785). Um den Vollzug im Natur- und Heimatschutz zu verbessern, wurden im Jahr 2000 die zuständigen Bundesämter mit der *Überwachung der biologischen Vielfalt* und der Duchführung von *Erfolgskontrollen* beauftragt (vgl. Art. 27a NHV und dazu FISCH, 1123 f.; zur Verbesserung der Informationsgrundlagen im Landschaftsschutz auch BBl 2004, 875 [Bundesrat zum Evaluationsbericht BLN]). Generell muss darauf geachtet werden, dass der heute erreichte, noch keineswegs befriedigende Stand des Natur- und Heimatschutzes nicht durch *Sparmassnahmen des Bundes* und der *Kantone* gefährdet wird (vgl. Rz. 622 und zum beschlossenen Sanierungsprogramm für den Kanton Zürich NZZ vom 25. Februar 2004, 52).

621

Ein wichtiges Zukunftsprojekt für den Natur- und Heimatschutz in der Schweiz bildet die geplante Schaffung von grösseren, in die Regionalentwicklung eingebetteten *Natur- und Landschaftspärken,* womit die Schweiz auch das von der UNESCO entwickelte *Konzept der Biosphärenreservate* und Verpflichtungen aus verschiedenen weiteren Abkommen umsetzen will. Gleichzeitig wird damit auch eine Grundlage für entsprechende Massnahmen im Sinne des von der Schweiz allerdings noch nicht ratifizierten Durchführungsprotokolls zur *Alpenkonvention* vom 20. Dezember 1994 im Bereich Naturschutz und Landschaftspflege geschaffen (vgl. dazu BBl 2002, 2922 ff., insbesondere 2959 ff.; vgl. auch Rz. 502 und KELLER, Grossschutzgebiete). Trotz positivem Echo in der Vernehmlassung soll auf dieses auch wirtschaftlich sinnvolle Projekt nun aus Spargründen einstweilen verzichtet werden (NZZ vom 26. Februar 2004, 13). Es besteht somit die Gefahr, dass der neue Staatszweck der nachhaltigen Entwicklung (Art. 2 Abs. 2 BV; vgl. dazu Rz. 28 f.) ausgerechnet in diesem wichtigen Bereich vorderhand ein Papiertiger bleibt!

622

4. Teil

Weitere Materien des Umweltrechts

Die Gegenstände dieses letzten Teils zum materiellen Umweltrecht sind, ob- 623
jektiv betrachtet, nicht weniger gewichtig als die der vorangegangenen Teile;
sie haben aber nicht den gleichen Stellenwert im Unterricht und (mit einzelnen Ausnahmen) auch nicht in der Doktrin. Deshalb werden sie hier weniger
ausführlich, streckenweise sogar mit blossen Übersichten in Stichworten, und
unter fast vollständigem Verzicht auf den Einbezug der (in diesen Bereichen
ohnehin vergleichsweise spärlichen Judikatur) präsentiert.

Hinweis betreffend «Facts and Figures»: Zu jedem der in den nachfolgenden 624
drei Paragraphen zur Sprache kommenden Problemfeldern findet man natur-
wissenschaftliche Erklärungen, Zusammenstellungen von Kenndaten sowie
Schlaglichter auf rechtspolitische Kardinalfragen in den beiden Bänden von
«Umwelt Schweiz» (siehe im Literaturverzeichnis unter BUWAL). Dieses Re-
ferenzwerk ist exemplarisch leicht verständlich verfasst und zeichnet sich
überdies durch – im eigentlichen Sinne des Wortes – *sensationell* gute graphische Darstellungen aus.

§ 12 Umweltgefährdende Stoffe und Organismen; Störfallvorsorge, Katastrophenschutz

I. Umweltgefährdende Stoffe

A. Rechtsgrundlagen

Innerstaatliches Recht: Art. 26 – 29 USG und einzelne GSchG-Bestimmungen; 625
Verordnung über umweltgefährdende Stoffe (StoV; in Kraft seit 1. September
1986).

Staatsvertragsrecht: Rotterdamer Übereinkommen vom 10. September 1998 626
(PIC-Konvention [das Akronym «PIC» bedeutet Prior Informed Consent]);
Stockholmer Übereinkommen vom 22. Mai 2001 über persistente organische
Schadstoffe.

Das erstgenannte Übereinkommen betrifft allein den *Export* von gefährlichen Chemikalien, insbesondere in Drittweltländer; das zweitgenannte stand im Zeitpunkt des Erscheinens dieses Buches noch nicht in Kraft.

B. Gegenstand und Hauptelemente der Regelung

Legaldefinition des Begriffs Stoffe: «chemische Elemente und Verbindungen, 627
die direkt oder indirekt eine biologische Wirkung hervorrufen. Ihnen gleichgestellt sind Gemische und Gegenstände, die solche Stoffe enthalten» (Art. 5
Abs. 5 USG).

Eckpunkte der Art. 26 ff. USG: Pflicht der Hersteller und Importeure von Stof- 628
fen zur *Selbstkontrolle,* die gewährleisten soll, dass Stoffe «nicht für Verwendungen in Verkehr gebracht werden, bei denen sie, ihre Folgeprodukte oder Abfälle
bei vorschriftgemässem Umgang die Umwelt oder mittelbar den Menschen gefährden können»; Pflicht der nämlichen Gesetzesadressaten, die «Abnehmer»
(Händler, Verbraucher) über die «umweltbezogenen Eigenschaften» der Stoffe
und über den richtigen Umgang mit diesen zu *informieren;* damit korrespondierende *Sorgfaltspflicht* der Abnehmer. Zudem ermächtigt das Gesetz den
Bundesrat, über bestimmte Kategorien umweltgefährdender Stoffe (wie z.B.
Pestizide oder Schwermetalle) weitere Vorschriften – einschliesslich Verbote –
zu erlassen.

Normative Schwerpunkte der StoV: teilweise Konkretisierung der oben aufge- 629
führten gesetzlichen Pflichten der Hersteller, Importeure und Verbraucher. Der
Einsatz bestimmter Stoffe ist an *besondere Voraussetzungen* geknüpft, nämlich
eine Fachbewilligung (setzt eine bestandene Prüfung voraus und ist z.B. für die

gewerbsmässige Verwendung von Holzschutzmitteln erforderlich) oder eine Anwendungsbewilligung (etwa für das Versprühen von Stoffen aus der Luft). Den grössten Beitrag zur Zielerreichung leisten jedoch die in den Verordnungsanhängen statuierten *Verbote bzw. Einschränkungen* bezüglich der nachfolgend (Rz. 630 f.) aufgelisteten Stoffe und Produkte, wie – *exempli gratia* – ein fast vollständiges Verbot der Verwendung von Asbest, ein ausnahmsloses Verbot des Einsatzes von Düngern in Naturschutzgebieten oder die Limitierung des zulässigen Cadmium- und Quecksilbergehaltes von Batterien und Akkumulatoren.

630 Der mit «Weitere Bestimmungen für bestimmte Stoffe» überschriebene *Anhang 3* der StoV ist wie folgt gegliedert: 1. Halogenierte organische Verbindungen – 2. Quecksilber – 3. Asbest – 4. Ozonschichtabbauende Stoffe (FCKW, HFCKW u.a.m.) – 5. In der Luft stabile Stoffe (eingefügt 2003; betrifft bestimmte fluorhaltige Verbindungen mit starkem Treibhauseffekt [von den betreffenden Chemikalien sind einzelne 24 000 mal aktiver als CO_2]).

631 Dem mit «Weitere Bestimmungen für Gruppen von Erzeugnissen und Gegenständen» betitelten *Anhang 4* der StoV liegt folgende Systematik zugrunde: 1. Textilwaschmittel – 2. Reinigungsmittel – 3. Pflanzenschutzmittel – 4. Holzschutzmittel – 5. Dünger und diesen gleichgestellte Erzeugnisse – 6. Auftaumittel – 7. Brennstoffzusätze – 8. Kondensatoren und Transformatoren – 9. Druckgaspackungen – 10. Batterien und Akkumulatoren – 11. Kunststoffe – 12. Gegen Korrosion behandelte (cadmierte oder verzinkte) Gegenstände – 13. Antifoulings (Unterwasseranstriche) – 14. Lösungsmittel – 15. Kältemittel – 16. Löschmittel – 17. Bleihaltige Flaschenkapseln.

C. Ergänzende Hinweise

632 Verhältnis zur Giftgesetzgebung: Das Bundesgesetz über den Verkehr mit Giften vom 21. März 1969 (Giftgesetz; SR 813.0) befasst sich mit chemischen Stoffen unter dem Aspekt der direkten Gefährdung des Menschen, insonderheit durch Einnahme; die Vorschriften über umweltgefährdende Stoffe dagegen dämmen deren Auswirkungen auf die natürliche Umwelt und die damit verbundenen indirekten Gefahren für den Menschen ein.

633 Das Giftgesetz wird – voraussichtlich per 1. Januar 2005 – abgelöst durch das Bundesgesetz über den Schutz vor gefährlichen Stoffen und Zubereitungen (Chemikaliengesetz, ChemG) vom 15. Dezember 2000 (BBl 2000, 6159 ff.).

634 Das gesamte schweizerische Chemikalienrecht – bisheriges Giftgesetz, neues ChemG und Art. 26 ff. USG (je samt zugehörigen Verordnungen) – ist weitgehend harmonisiert mit dem derzeitigen Chemikalienrecht der EU. Seit kurzem steht ein als «REACH-System» bezeichneter Vorschlag der EU-Kommission für eine Neuordnung der Registrierung, Bewertung, Zulassung und Beschränkung von Chemikalien zur Debatte.

II. Umweltgefährdende Organismen, Gentechnologie

A. Umgang mit Organismen im Allgemeinen

1. Rechtsgrundlagen

Innerstaatliches Recht: Art. 29a – 29h USG (in der seit 1. Januar 2004 geltenden 635
Fassung); Verordnung über den Umgang mit Organismen in geschlossenen Systemen (Einschliessungsverordnung, ESV) und Verordnung über den Umgang
mit Organismen in der Umwelt (Freisetzungsverordnung, FrSV). (Beide Verordnungen sind auf der Grundlage der damaligen Fassung der Art. 29a ff. USG
per 1. November 1999 in Kraft gesetzt und per 1. Januar 2004 punktuell modifiziert worden.)

Staatsvertragsrecht: Übereinkommen vom 5. Juni 1992 über die Biologische 636
Vielfalt (SR 0.451.43), gewöhnlich als Biodiversitäts-Konvention bezeichnet.
(Ein Kurzporträt dieses [nachfolgend nicht zur Sprache kommenden] Staatsvertrages findet sich im Panorama des Umweltrechts.)

2. Gegenstand und Hauptelemente der Regelung

Legaldefinitionen: «Organismen sind zelluläre und nichtzelluläre biologische 637
Einheiten, die zur Vermehrung oder zur Weitergabe von Erbmaterial fähig sind.
Ihnen gleichgestellt sind Gemische und Gegenstände, die solche Einheiten enthalten» (Art. 7 Abs. 5bis USG). «Pathogene Organismen sind Organismen, die
Krankheiten verursachen können» (Art. 7 Abs. 5^{quater} USG).

Die erste, kardinale Bestimmung der Art. 29a ff. besagt, dass mit Organismen 638
«nur so umgegangen werden» darf, «dass sie, ihre Stoffwechselprodukte oder
ihre Abfälle: *a.* die Umwelt oder den Menschen nicht gefährden können;
b. die biologische Vielfalt und deren nachhaltige Nutzung nicht beeinträchtigen». Das klingt, so man sich von der etwas unbeholfenen Ausdrucksweise nicht irritieren lässt, gut. Bedenkt man es allerdings kritisch, drängt sich einem die Frage
auf, ob das Gesetz hier zur Sache mehr sagt als bloss: «Es darf nichts passieren.»

Weitere Eckpunkte der Regelung auf Gesetzesstufe sind die Pflicht der Hersteller und Importeure zur *Selbstkontrolle* und die Pflicht zur *Information* der 639
Abnehmer. Damit soll die Einhaltung des vorstehend zitierten Grundsatzes bezüglich des Inverkehrbringens und der Verwendung von Organismen gewährleistet werden. Neben diese denjenigen des Kapitels «Umweltgefährdende
Stoffe» analogen Bestimmungen treten *besondere Vorschriften betreffend pathogene Organismen.* Sie statuieren für Freisetzungsversuche sowie für das Inverkehrbringen eine Bewilligungspflicht und für Verwendungen in geschlossenen
Systemen eine Melde- oder Bewilligungspflicht. Ausserdem ermächtigt das Gesetz den Bundesrat, weitere Vorschriften über den Umgang mit Organismen zu
erlassen, einschliesslich der Möglichkeit, «den Umgang mit bestimmten» (im
Gesetz nicht des Näheren bezeichneten) Organismen zu «verbieten».

640 Verordnungsrecht: Die ESV handelt von den Anforderungen an den Umgang mit Organismen in geschlossenen Systemen (Stichworte: Sorgfaltspflicht, Risikobewertung, Sicherheitsmassnahmen). Die FrSV regelt nebst den Bewilligungsvoraussetzungen und dem Verfahren für Freisetzungsversuche namentlich auch die Anforderungen an die Selbstkontrolle für das Inverkehrbringen von Organismen.

B. Gentechnisch veränderte Organismen

1. Rechtsgrundlagen

641 Innerstaatliches Recht: Bundesgesetz über die Gentechnik im Ausserhumanbereich (GTG; in Kraft seit 1. Januar 2004); ESV und FrSV (vgl. Rz. 635 und 640).

642 Staatsvertragsrecht: Biodiversitäts-Konvention (Rz. 636); zugehöriges Protokoll von Cartagena vom 29. Januar 2000 über die biologische Sicherheit (SR 0.451.431; betrifft allein die Gentechnologie).

2. Gegenstand und Hauptelemente der Regelung

643 Legaldefinition: «Gentechnisch veränderte Organismen sind Organismen, deren genetisches Material so verändert worden ist, wie dies unter natürlichen Bedingungen durch Kreuzung oder natürliche Rekombination nicht vorkommt» (Art. 5 Abs. 2 GTG).

644 Das GTG will «den Menschen, die Tiere und die Umwelt vor Missbräuchen der Gentechnologie schützen» und zugleich «dem Wohl des Menschen, der Tiere und der Umwelt bei der Anwendung der Gentechnologie dienen» (Art. 1 Abs. 1). Die Vorschriften im Kapitel «Umgang mit gentechnisch veränderten Organismen» sind grundsätzlich gleich modelliert wie die USG-Vorschriften über den Umgang mit Organismen im Allgemeinen (Rz. 638 f.). Besonderheiten ergeben sich in folgender Hinsicht:

– Gentechnische Veränderungen des Erbmaterials von Tieren und Pflanzen sind nur soweit zulässig, als sie die Würde der Kreatur (Art. 120 Abs. 2 BV) respektieren.

– Freisetzungsversuche setzen einen Bedarfsnachweis voraus (darzutun ist, dass die angestrebten Erkenntnisse sich nicht auch durch Versuche in geschlossenen Systemen gewinnen liessen) und dürfen nur bewilligt werden, wenn sie zugleich einen Beitrag zur Erforschung der Biosicherheit von gentechnisch veränderten Organismen leisten.

– Zur Gewährleistung der Wahlfreiheit der Konsumenten müssen die Hersteller von gentechnisch veränderte Organismen enthaltenden Lebensmitteln und andern Erzeugnissen diese als «gentechnisch verändert» oder «genetisch verändert» kennzeichnen.

Mit dem Erlass des GTG gingen Partialrevisionen zahlreicher bestehender   645
Bundesgesetze einher (nebst dem USG insbesondere NHG, Tierschutzgesetz,
Epidemiegesetz und Landwirtschaftsgesetz). Die nötigen Anpassungen auf Ver-
ordnungsstufe sind (Stand März 2004) erst zu einem kleinen Teil erfolgt.

III. Störfallvorsorge, Katastrophenschutz

A. Rechtsgrundlagen

Innerstaatliches Recht: Art. 10 USG und einzelne GSchG-Bestimmungen; Ver-   646
ordnung über den Schutz vor Störfällen (StFV; in Kraft seit 1. April 1991);
diverse gesetzessystematisch zum Verkehrsrecht gehörende Verordnungen
(SDR, RSD, ADNR und TV).

Bei Inkrafttreten des USG beabsichtigte der Bundesrat noch, keine Ausführungsverordnung zu Art. 10 USG zu erlassen. Die StFV entstand dann nach dem Brand eines Che-
mikalienlagers in Schweizerhalle bei Basel im November 1986, der eine weitreichende
Verunreinigung des Rheins durch chemische Löschmittel und massive Kritik an der
Schweiz in der internationalen Presse zur Folge hatte. (Unweit der Brandstätte befand
sich ein grosses Phosgen-Lager. Hätte das Feuer darauf übergegriffen, wäre mit mehreren Zehntausend Todesopfern zu rechnen gewesen.)

Staatsvertragsrecht: Übereinkommen vom 17. März 1992 über die grenzüber-   647
schreitenden Auswirkungen von Industrieunfällen (BBl 1998, 5480 ff.; steht seit
19. April 2003 in Kraft, wurde aber noch nicht in der SR publiziert [Stand März
2004]).

B.   Gegenstand und Hauptelemente der Regelung

Art. 10 USG handelt von den Anlagen, «die bei ausserordentlichen Ereignissen   648
den Menschen oder seine natürliche Umwelt schwer schädigen können.» Was
damit gemeint ist, illustriert neben «Schweizerhalle» (Rz. 646) auch «Seveso»
(Rz. 681); ferner ist hier etwa an Explosionen und Grossbrände im Gefolge von
Verkehrsunfällen sowie auch an die Reaktorkatastrophe von Tschernobyl zu
denken.

Der Hauptpfeiler der gesetzlichen Regelung ist die Pflicht der Anlageninhaber,   649
die erforderlichen *präventiven Massnahmen* zu treffen. Gegenstände weiterer
Bestimmungen sind namentlich die Meldepflicht der Anlageninhaber bei
Störfällen und die von den Kantonen zu unterhaltenden «Dienste für den
Katastrophenschutz». Ferner ermächtigt Art. 10 USG den Bundesrat, per Verordnung bestimmte Produktionsverfahren und Lagerhaltungen nötigenfalls zu
verbieten.

650 Der Geltungsbereich der StFV umfasst einerseits *Betriebe,* in denen eine bestimmte Mengenschwelle für gefährliche Stoffe überschritten oder mit gewissen Klassen von Mikroorganismen gearbeitet wird, und andererseits folgende *Verkehrswege,* soweit sie dem Transport gefährlicher Güter dienen: Rhein, Bahnlinien und Durchgangsstrassen. Die Verordnung beschlägt mithin namentlich auch die Frage der Tunnelsicherheit.

651 Inhaltlich charakterisiert sich die StFV dadurch, dass sie ein hohes, jedoch nicht genau definiertes Sicherheitsniveau anstrebt und keine dem Immissionsschutz vergleichbare Typologie von Massnahmen kennt. Die fehlende Präzision des Zieles wird durch «Handbuch zur Störfallverordnung» betitelte Richtlinien des BUWAL ein Stück weit kompensiert.

Das Handbuch umfasst drei Bände: I. Richtlinien für Betriebe mit Stoffen, Erzeugnissen oder Sonderabfällen (1991), II. Richtlinien für Betriebe mit Mikroorganismen (1992), III. Richtlinien für Verkehrswege (1992).

Im Einzelnen verlangt die StFV ein Vorgehen in Schritten nach der Maxime der *behördlich kontrollierten Eigenverantwortung des Inhabers* des Betriebes bzw. der Verkehrsanlage: Risiko-Ermittlung durch den Inhaber, Kurzbericht dazu an die (in der Regel kantonale) Vollzugsbehörde; Prüfung des Kurzberichts und Beurteilung der Tragbarkeit des Risikos durch diese Behörde; dann eventuell Verfügung derselben, dass der Inhaber das Risiko genauer ermitteln muss, und daran anschliessend eventuell Anordnung zusätzlicher Sicherheitsmassnahmen. (Aufschlussreich zur Beurteilung der Tragbarkeit des Risikos: BGE 127 II 18, Chlorgaslagerung im «Alpamare» in Pfäffikon SZ).

Im Übrigen enthält die Verordnung auch Bestimmungen zu den organisatorischen Aufgaben der Kantone (Störfall-Meldestelle, Information und Alarmierung der Bevölkerung, Koordination der «Ereignisdienste»).

652 In den erwähnten verkehrsrechtlichen Verordnungen geht es um den Transport von gefährlichen Gütern auf Strassen, mit der Bahn, auf dem Rhein und im inländischen öffentlichen Schiffsverkehr. Inhaltlich standen bis vor kurzem Anforderungen technischer oder organisatorischer Natur (z.B. Kennzeichnung der geladenen Güter) im Vordergrund. In jüngster Zeit sind Bestimmungen hinzugekommen, die darauf abzielen, nach heutigem Verständnis untragbar hohe Risiken (Hauptbeispiel: Transport von Phosgen in grossen Mengen) bis in sechs Jahren schrittweise zu beseitigen.

653 Gemäss dem internationalen Übereinkommen (Rz. 647) müssen potenziell gefährliche Industrieanlagen dem Stand der Technik entsprechen. Die Vertragsparteien haben diese Anlagen zu inventarisieren und bei einem Unfall mit grenzüberschreitenden Auswirkungen die betroffenen Nachbarländer zu informieren.

§ 13 Bodenschutz; Abfallwirtschaft und Sanierung von Altlasten

I. Bodenschutz

A. Rechtsgrundlagen

Gesetzesstufe: Art. 33 – 35 USG. Vgl. auch Art. 1 Abs. 1 USG (zitiert unter 654
Rz. 33): dauerhafte Erhaltung der Bodenfruchtbarkeit als Komponente des Ge-
setzeszwecks.

Verordnungsstufe: Verordnung über Belastungen des Bodens (VBBo; in Kraft 655
seit 1. Oktober 1998 [Nachfolgerin einer Verordnung von 1986]).

B. Gegenstand und Hauptelemente der Regelung

1. Allgemeines

Legaldefinition des Begriffs Bodenbelastungen: «physikalische, chemische und 656
biologische Veränderungen der natürlichen Beschaffenheit des Bodens. Als
Boden gilt nur die oberste, unversiegelte Erdschicht, in der Pflanzen wachsen
können» (Art. 7 Abs. 4bis USG).

Unter den «physikalischen» Bodenbelastungen sind Erosion, Verdichtung (z.B. 657
durch schwere Erntefahrzeuge) und Bodenschwund (etwa im Zusammenhang
mit der Gewinnung von Sand und Kies) zu verstehen. Die «chemischen» bzw.
«biologischen» Bodenbelastungen entstehen durch direkten oder indirekten
Eintrag von Fremdstoffen (direkt: hauptsächlich Überdüngung, Agrochemika-
lien; indirekt: Luftverschmutzung, namentlich in Form von sich im Erdreich
akkumulierenden Schwermetallen).

2. Chemische und biologische Bodenbelastungen

Konzeptionell lehnen sich die Art. 33 ff. USG hier an das Lufthygienerecht an: 658
konsequent durchgeführte Zweistufigkeit. Eine Ähnlichkeit mit dem Lärmbekämpfungsrecht besteht insofern, als eine hohe Belastung dazu führen kann,
dass der Grundeigentümer eine Nutzungsbeschränkung bzw. sogar ein Nut-
zungsverbot hinnehmen muss (in der Praxis bislang sehr selten aktuell; im Folgenden ausgeklammert).

Zunächst (Stufe 1) verlangt das Gesetz, die Ausführungsverordnungen zu Vor- 659
schriften in andern Sachbereichen – insbesondere Gewässerschutz, Lufthygiene,

umweltgefährdende Stoffe und umweltgefährdende Organismen – so zu gestalten, dass sie auch dem Anliegen der Erhaltung der Bodenfruchtbarkeit Rechnung tragen. Wo die Bodenfruchtbarkeit «langfristig nicht mehr gewährleistet ist» (Stufe 2), haben die Kantone «im Einvernehmen mit dem Bund die Vorschriften über Anforderungen an Abwasserversickerungen, über Emissionsbegrenzungen bei Anlagen, über die Verwendung von Stoffen und Organismen ... im erforderlichen Mass» zu verschärfen.

660 Die Verordnung arbeitet mit drei *Beurteilungsmassstäben:* Richtwert, Prüfwert und Sanierungswert. Der Richtwert steht im Dienste des vorsorglichen und langfristigen Schutzes des Bodens als Ökosystem; seine Überschreitung indiziert einen Bedarf nach Abklärung der Belastungsursachen und kann Massnahmen der Stufe 2 nötig machen. Der Sanierungswert repräsentiert die Belastungen, welche die Gesundheit von Menschen, Tieren oder Pflanzen gefährden. Seine Überschreitung in einem Gebiet mit raumplanerisch festgelegter gartenbaulicher, land- oder forstwirtschaftlicher Nutzung verlangt nach Sanierungsmassnahmen. Der Prüfwert liegt zwischen den beiden andern Werten und weist auf eine mögliche Gesundheitsgefährdung hin, der es nachzugehen und je nach Resultat mit geeigneten Massnahmen zu begegnen gilt.

3. Physikalische Bodenbelastungen

661 Ausgenommen seine bauliche Nutzung, darf der Boden von Gesetzes wegen nur soweit physikalisch belastet werden, dass die Bodenfruchtbarkeit nicht verloren geht. Der Bundesrat kann «weitere Vorschriften oder Empfehlungen erlassen», insbesondere auch betreffend die Bodenerosion (von der heute rund ein Drittel der Ackerfläche betroffen ist).

662 Auf Verordnungsstufe werden Pflichten der Bodenbewirtschafter sowie der Ersteller von Anlagen konkretisiert (Stichworte: Auswahl und Einsatz von Fahrzeugen und Maschinen; erosionshemmende Massnahmen in der Landwirtschaft und bei Terrainveränderungen).

C. Ergänzende Hinweise

663 Die VBBo regelt auch ein sich nicht in die Dichotomie «Chemische und biologische Bodenbelastungen / Physikalische Bodenbelastungen» einpassendes Problem, nämlich den Umgang mit *ausgehobenem Boden:* Wer Erdmaterial aushebt, muss es so behandeln, dass es später wieder als Boden verwendet werden kann.

Auf einem andern Blatt steht, ob dieses Gebot in den gut fünf Jahren, in denen es nun schon besteht, den Kreisen der Bauwirtschaft und den Mitgliedern von Baubewilligungsbehörden zur Kenntnis gelangte – ein kleines Beispiel für ein grösseres allgemeines Problem.

Was Bodenbelastungen durch *Düngemittel* anlangt, ist die StoV massgebend. 664
Durch eine Änderung derselben vom 26. März 2003 hat der Bundesrat mit einer
Übergangsfrist bis Ende September 2006 die schon vor Jahrzehnten als schäd-
lich erkannte Verwendung von Klärschlamm als Düngemittel verboten.

Die langen Auseinandersetzungen, die diesem Schritt vorangingen, sind exemplarisch
dafür, wie schwer es dem Staat oft fällt, das Allgemeininteresse gegenüber Brancheninteressen durchzusetzen.

II. Abfallwirtschaft; Sanierung von Altlasten

A. *Abfallwirtschaft*

1. *Rechtsgrundlagen*

Geltendes innerstaatliches Recht: Art. 30–32b USG; Verordnung über den Ver- 665
kehr mit Sonderabfällen (VVS; in Kraft seit 1. April 1987); Verordnung über Getränkeverpackungen (VGV; in Kraft seit 1. Januar 2001 [Nachfolgerin einer
gleichnamigen Verordnung von 1990]); Technische Verordnung über Abfälle
(TVA; in Kraft seit 1. Februar 1991); Verordnung über die Rückgabe, die Rücknahme und die Entsorgung elektrischer und elektronischer Geräte (VREG; in
Kraft seit 1. Juli 1998).

Ferner: Verordnungen des UVEK über die Höhe der vorgezogenen Entsorgungsgebühr
für Getränkeverpackungen aus Glas (SR 814.621.4; in Kraft seit 1. Januar 2002) und für
Batterien und Akkumulatoren (SR 814.670.1; in Kraft seit 1. Dezember 1999 [Gebühren-
erhebung: seit 1. September 2000]).

In Vorbereitung: Verordnung über den Verkehr mit Abfällen (VeVA). Sie wird
an die Stelle der VVS treten. Ausserdem sind Partialrevisionen der TVA und der
VRG angekündigt.

Staatsvertragsrecht: Basler Übereinkommen vom 22. März 1989 über die Kont- 666
rolle der grenzüberschreitenden Verbringung gefährlicher Abfälle und ihrer
Entsorgung (SR 0.814.05).

2. *Gegenstand und Hauptelemente der Regelung*

a) Rechtlicher Abfallbegriff; Kategorien

Das USG definiert «Abfälle» als «bewegliche Sachen, deren sich der Inhaber 667
entledigt oder deren Entsorgung im öffentlichen Interesse geboten ist» (Art. 7
Abs. 6). «Die Entsorgung der Abfälle umfasst ihre Verwertung oder Ablagerung
sowie die Vorstufen Sammlung, Beförderung, Zwischenlagerung und Behandlung. Als Behandlung gilt jede physikalische, chemische oder biologische Veränderung der Abfälle» (Art. 7 Abs. 6bis).

668 «Siedlungsabfälle» sind «die aus Haushalten stammenden Abfälle sowie andere Abfälle vergleichbarer Zusammensetzung» (Art. 3 Abs. 1 TVA). Als «Sonderabfälle» gelten die Abfälle, «deren umweltverträgliche Entsorgung besondere Massnahmen erfordert» (Art. 30f Abs. 1 USG) bzw. «die in der Verordnung ... über den Verkehr mit Sonderabfällen (VVS) aufgeführten Abfälle» (Art. 3 Abs. 2 TVA; in Anhang 2 der VVS sind die in ihren Geltungsbereich fallenden Abfälle detailliert aufgeführt).

Ausführlicher zu den verschiedenen Kategorien: RAUSCH, Abfälle, 11 ff.

b) Prinzipielles

669 In der ursprünglichen Fassung des USG (von 1983) fehlte dem Kapitel «Abfälle» ein klares *Konzept* (vgl. RAUSCH, Einführung, 461 f.). Dieser Mangel wurde mit dem neuen Art. 30 (von 1995) mit der Sachüberschrift «Grundsätze» behoben. Er hat die Funktion eines Zweckartikels zu den anschliessenden Gesetzesvorschriften und will als Prioritätenordnung verstanden sein: «Die Erzeugung von Abfällen soll soweit möglich vermieden werden» (Abs. 1). «Abfälle müssen soweit möglich verwertet werden» (Abs. 2). «Abfälle müssen umweltverträglich und, soweit es möglich und sinnvoll ist, im Inland entsorgt werden» (Abs. 3).

Die weitern Bestimmungen dieses Kapitels rufen dann aber der Frage, wie viel dem Parlament daran lag, das Konzept verwirklicht zu sehen. Dies deshalb, weil sie nur hinsichtlich der dritten Priorität unmittelbar rechtsgestaltend, bezüglich der ersten und zweiten Priorität dagegen blosse Delegationsnormen sind («Der Bundesrat kann ...»).

670 Um den Übergang von unserer heutigen Verschleisswirtschaft zu einer Kreislaufwirtschaft voranzutreiben, müsste das Gesetz vermehrt mit marktwirtschaftlichen Instrumenten (vgl. Rz. 216) arbeiten.

Reminiszenz: Im Expertenentwurf von 1973 zum USG waren eine Lenkungsabgabe auf Verpackungsmaterialien und eine vorgezogene Recycling-Gebühr auf Materialien vorgesehen, «deren spätere Wiederverwendung ... möglich und erwünscht ist» (Art. 43 bzw. Art. 45). Vgl. auch RAUSCH, Kreislaufwirtschaft.

c) Hauptgegenstände der Art. 30a–32b USG (ohne Regime der Sonderabfälle)

671 *Vermeidung, Sammlung und Verwertung* von Abfällen: Der Bundesrat kann per Verordnung auf die Zusammensetzung von Produkten und auf Produktionsmethoden Einfluss nehmen und Vorschriften betreffend Abfalltrennung, Rücknahmepflichten sowie Bepfandung aufstellen. Ebenso kann er (unter gewissen Voraussetzungen) die Verwertung bestimmter Abfälle obligatorisch erklären und (vereinfacht ausgedrückt) die Verwendung neuer Materialien da untersagen, wo auch rezikliertes Material taugt.

Für die *Entsorgung* von Abfällen gelten zweierlei Regeln: Während die Entsor- 672
gung der Siedlungsabfälle (Rz. 668) den Kantonen bzw. (nach Massgabe kantonalen Rechts) den Gemeinden obliegt (Art. 31b), trifft die Pflicht zur Entsorgung aller übrigen Abfälle deren Inhaber (Art. 31c).

Mit dem Entsorgungsauftrag der öffentlichen Hand geht nach der Rechtsprechung die Möglichkeit einher, für die Entsorgung von Siedlungsabfällen ein
Monopol zu beanspruchen, was dann (unter anderem) die Konsequenz hat, dass
eine private Institution für die Sammlung von Altkleidern eine Konzession des
betreffenden Gemeinwesens braucht (BGE 123 II 359, E. 5, Brügg). Ob das im
Ergebnis überzeugt, sei dahingestellt.

Präzisierungen zum Gebot der *umweltverträglichen* Entsorgung: Abfälle müssen 673
«für die Ablagerung» (also zuvor) «so behandelt werden, dass sie möglichst wenig organisch gebundenen Kohlenstoff enthalten und möglichst wasserunlöslich
sind» (Grundlage des in der TVA ausgesprochenen [aber nicht von allen Kantonen respektierten] Verbots der Deponierung von Siedlungsabfällen). Abfälle
dürfen grundsätzlich nur in den dafür vorgesehenen Anlagen verbrannt werden;
natürliche Wald-, Feld- und Gartenabfälle im Freien zu verbrennen ist dann zulässig, «wenn dadurch keine übermässigen Immissionen entstehen». Ausdrückli-
ches Verbot der wilden Abfallablagerung.

Errichtung und Betrieb von *Deponien* sind bewilligungspflichtig. Die tech- 674
nischen und organisatorischen Anforderungen an Deponien und andere Abfallanlagen regelt der Bundesrat; die Abfallplanung – Bedarfsprognose, Vermeidung von Überkapazitäten, Festlegung der Standorte der Anlagen und
Festlegung von deren Einzugsgebieten – obliegt den Kantonen.

Rahmenordnung für die *Finanzierung von Entsorgungsaufgaben:* verursacher- 675
gerechte Verlegung der Kosten als Grundsatz und differenzierende Bestimmungen mit Bezug auf die Siedlungsabfälle; Gesetzesgrundlage für die Einführung
vorgezogener Entsorgungsgebühren auf Verordnungsstufe. (Ausführlicher zum
Vorangegangenen: Rz. 112). Pflicht der Deponiebetreiber, die «Kosten für Abschluss, Nachsorge und Sanierung» im Voraus sicherzustellen.

d) Zugehöriges Verordnungsrecht (ohne Regime der Sonderabfälle)

Die VGV regelt die Abgabe und die Rücknahme von Verpackungen für Ge- 676
tränke, ausgenommen Milch und Milchprodukte. Sie unterscheidet zwischen
Ein- und Mehrwegverpackungen und zwischen verschiedenen Verpackungsmaterialien (Glas, PET, PVC, Aluminium). Stichworte zum Instrumentarium (nicht
jedes Instrument kommt auf jede Kategorie zur Anwendung): Rücknahme-
pflicht der Hersteller, Händler und Importeure; Pflicht zur Erhebung eines
Pfandes; vorgezogene Entsorgungsgebühren und Organisation der Verwendung
derselben.

Der Geltungsbereich der VREG umfasst Haushaltgeräte, elektrisch betriebene 677
Geräte der Büro-, Informations- und Kommunikationstechnik und Geräte der

Unterhaltungselektronik. Wer sich eines solchen Gerätes entledigt, «muss dieses einem Händler, Hersteller oder Importeur oder einer Entsorgungsunternehmung zurückgeben»; zulässig ist auch die Übergabe «an eine öffentliche Sammlung oder Sammelstelle für Geräte». Des Weitern handelt die VREG von Rücknahme- und Entsorgungspflichten der Händler, Hersteller oder Importeure.

678 Haupt-Regelungsgegenstände der (umfangreichen) TVA: Anforderungen an die Behandlung von Siedlungsabfällen, kompostierbaren Abfällen, Bauabfällen und Sonderabfällen; Verbot der Deponierung von Siedlungsabfällen, Verbrennungspflicht (eingefügt 1996 [mit einer inzwischen abgelaufenen Übergangsfrist]); Näheres zur gesetzlichen Verwertungspflicht, namentlich Ermächtigung der Vollzugsorgane, den Inhabern von Industrie-, Gewerbe- und Dienstleistungsbetrieben entsprechende Auflagen zu machen; Einzelheiten zur kantonalen Abfallplanung; Errichtung, Betrieb und Überwachung von Abfallanlagen.

e)   Vorschriften über Sonderabfälle

679 Laut Art. 30f USG erlässt der Bundesrat Vorschriften über den inländischen und den grenzüberschreitenden Verkehr mit Sonderabfällen. Die zugehörige VVS schafft ein umfassendes System der Kontrolle solcher Abfälle vom Ort ihrer Entstehung bis zu einem Ort, wo ihre umweltverträgliche Entsorgung sichergestellt ist. Ihre Hauptinstrumente sind die Deklarationspflicht (Begleitschein-System), die Bewilligungspflicht für die Annahme von Sonderabfällen im Inland (Vollzug durch die Kantone) und die Ausfuhrkontrolle (Vollzug durch den Bund).

680 Mit dem Basler Übereinkommen ist auf internationaler Ebene ein den Mechanismen der VVS analoges Regime für jeglichen *grenzüberschreitenden Verkehr* mit Sonderabfällen geschaffen worden. Diese Konvention untersagt zudem den Export nach und den Import aus Nicht-Vertragsstaaten. Hinter diesem Verbot steht das Wissen darum, dass die Regierungen gewisser Länder gerne der Versuchung erliegen, mit besonders giftigen Abfällen ein Geschäft zu machen (Zahlung des Lieferanten für eine Entsorgung modo Verscharren – ein modus, der bis vor kurzem auch uns nicht fremd war; siehe Rz. 684).

Der Umsetzung des Basler Übereinkommens dienende Vorschriften finden sich ausser in der VSS auch in der VREG.

681 Dass die Schweiz als erstes Land den Verkehr mit Sonderabfällen eingehend geregelt und sodann die Initiative zur Schaffung des Basler Übereinkommens ergriffen hat, war eine Reaktion auf einen das Image unseres Landes schädigenden, in gewissem Sinne aber auch lehrreichen Skandal: Am 10. Juli 1976 ereignete sich in einer zu einem schweizerischen Chemiekonzern gehörenden Fabrik im nördlich von Mailand gelegenen Dorf Seveso eine Explosion, aus der eine Wolke von hochgiftigem Dioxin hervorging. Über 700 Personen mussten evakuiert werden; zahlreiche Menschen erkrankten; 77 000 Tiere wurden notgeschlachtet. Dazu kam eine grossflächige Bodenverseuchung. Die schweizerische Muttergesellschaft leistete gut 200 Mio. Franken Schadenersatz, handhabe aber

die Sache im Übrigen nicht sehr geschickt. Mit der Entsorgung der aus dem zerstörten Fabrikgebäude stammenden, in 41 Fässern gesammelten Dioxinrückständen beauftragte sie eine Drittfirma, die ihrerseits einen Unterakkordanten beizog. Die Fässer verschwanden auf rätselhafte Weise, wurden in halb Europa fieberhaft gesucht und kamen erst 1983 in Frankreich wieder zum Vorschein – was schliesslich erlaubte, ihren Inhalt einem Sondermüllverbrennungsofen in Basel zuzuführen.

B. Sanierung von Altlasten

1. Rechtsgrundlagen

Gesetzesstufe: Art. 32c und Art. 32d USG (eingefügt im Zuge der USG-Revision von 1995. Der zum gleichen Abschnitt gehörende Art. 32e hat keinen spezifisch umweltrechtlichen Gehalt [Zwecksteuer]). 682

Verordnungsstufe: Verordnung über die Sanierung von belasteten Standorten (Altlasten-Verordnung, AltlV; in Kraft seit 1. Oktober 1998). 683

2. Begriffliches; Thematik des Altlastenrechts; Sanierungsaufwand

Es gibt in unserem Land ungefähr 50 000 *belastete Standorte*. Unter diesen Begriff fallen (nach dem definitorischen Art. 2 Abs. 1 AltlV) «Orte, deren Belastung von Abfällen stammt.» Im Einzelnen geht es dabei (nach der gleichen Verordnungsbestimmung) um «stillgelegte oder noch in Betrieb stehende Deponien und andere Abfallablagerungen» (Ablagerungsstandorte), «Standorte, deren Belastung von stillgelegten oder noch in Betrieb stehenden Anlagen oder Betrieben stammt, in denen mit umweltgefährdenden Stoffen umgegangen worden ist» (Betriebsstandorte; Beispiele: Gaswerkareale, Schrottplätze, Textilreinigungsanlagen) und «Standorte, die wegen ausserordentlicher Ereignisse, einschliesslich Betriebsstörungen, belastet sind» (Unfallstandorte; Beispiel: Kontamination des Erdreichs zufolge eines Ölunfalls). 684

Soweit heute abschätzbar, geht von ca. 3 000 belasteten Standorten eine Gefahr für das Grundwasser und damit für die Trinkwasserversorgung aus. Der daraus sich ergebende *Sanierungsbedarf* macht die betreffenden Ablagerungs-, Betriebs- und Unfallstandorte zu *Altlasten im Rechtssinne* (Art. 2 Abs. 3 AltlV: «Altlasten sind sanierungsbedürftige belastete Standorte»). Selbstverständlich kann sich ein Sanierungsbedarf auch durch Einwirkungen auf ein Oberflächengewässer oder daraus ergeben, dass einem belasteten Standort giftige Gase entströmen.

Von vollzugsorganisatorischen Aspekten abgesehen, geht es im Altlastenrecht, *systematisch betrachtet* (das Gesetz selbst ist hier eher schludrig), zur Hauptsache um folgende Fragen: 1. Wo ist eine Überwachung des Standortes nötig (aber auch ausreichend)? 2. Wann hat man es mit einer Altlast im Rechtssinne zu tun (Sanierungsbedarf)? 3. Was gilt es mit der Sanierung zu erreichen? (Besteht das 685

Sanierungsziel allein in der Gefahrenbeseitigung, oder muss mit der Behandlung der Altlast erreicht werden, dass nur noch Stoffe verbleiben, die verwertbar oder endlagerfähig sind?) 4. Wer hat die erforderlichen Massnahmen – Untersuchung, Überwachung, Sanierung – durchzuführen (Subjekt der Massnahmenpflicht)? 5. Und wer muss für die dabei entstehenden Kosten aufkommen (Subjekt der Kostentragungspflicht)?

686 Die Sanierung ist in vielen Fällen aufwendig und kommt bei grösseren Altlasten leicht auf mehrere Mio. Franken zu stehen. Für die zweitgrösste dieser unerwünschten Erbschaften, die Chemiemülldeponie Bonfol (JU), rechnet man zur Zeit mit 280 und für die grösste, die (1985 aus Gründen des Immissionsschutzes geschlossene) Sondermülldeponie Kölliken, mit 450 Mio. Franken. Der *Gesamtaufwand* ist auf 5 Mia. Franken geschätzt worden (verteilt auf ungefähr 25 Jahre).

3. Hauptelemente der Regelung

687 Laut Art. 32c USG – Sachüberschrift: *«Pflicht zur Sanierung»* – «sorgen» die Kantone «dafür, dass belastete Standorte saniert werden, wenn sie zu schädlichen oder lästigen Einwirkungen führen oder die konkrete Gefahr besteht, dass solche Einwirkungen entstehen.» Hieraus geht nicht hervor, wer Subjekt der Sanierungspflicht ist. Das erscheint uns – sit venia britannico verbo – «amateurish». Indessen liegt keine Gesetzeslücke vor: Altlasten lassen sich – mit Blick auf Art. 7 Abs. 6 («Abfälle sind bewegliche Sachen, …») freilich nicht ganz zwanglos – den «übrigen Abfällen» im Sinne von Art. 31c zurechnen, womit dann nach Art. 31c (Rz. 672) der *Inhaber* entsorgungspflichtig ist.

688 Weitere Elemente des Art. 32c: Ermächtigung des Bundesrates, Vorschriften über die Sanierungsbedürftigkeit sowie über die Ziele und die Dringlichkeit von Sanierungen zu erlassen; Pflicht der Kantone, einen öffentlichen Kataster der belasteten Standorte zu führen.

Die Kantone hatten den Kataster «bis zum 31. Dezember 2003 zu erstellen» (Art. 27 AltlV). Diese Frist (von etwas mehr als 5 Jahren) wurde von *einem* Kanton, dem Kanton Zug, eingehalten.

689 Art. 32d USG mit der Sachüberschrift *«Tragung der Kosten»:* Kriterien zur Bestimmung des Subjekts der Kostentragungspflicht, bestehend aus einem nicht durchdachten Mix von Verursacherprinzip und Störerprinzip. (In diesem Punkt muss man vom USG sagen, was KARL KRAUS zum Wort [schlechthin] bemerkte: Je näher man es ansieht, desto ferner sieht es zurück.) – Auf Verlangen des Sanierungspflichtigen hat die Vollzugsbehörde eine «Verfügung über die Kostenverteilung» zu erlassen.

Bei Abschluss der Arbeit an diesem Buch lag der Bundesversammlung ein Entwurf zur Revision des Art. 32d vor. Was daraus hervorgehen wird, war noch nicht absehbar.

690 Normative Schwerpunkte der AltlV: bei belasteten Standorten erforderliche Abklärungen (Untersuchungspflicht); quantifizierte Kriterien zur Beurteilung

des Überwachungs- und Sanierungsbedarfs; Kriterien zur Beurteilung der Dringlichkeit einer Sanierung und zur Festsetzung des Sanierungsziels. Subjekt der Sanierungspflicht – und ebenso der Verpflichtung zu andern Massnahmen (Untersuchung, Überwachung) – ist in der Regel unabhängig davon, wer die betreffende Kontamination verursacht hat, der «Inhaber» des belasteten Standortes, also der Grundeigentümer. – (Zur Kostentragungspflicht äussert sich die AltlV richtigerweise nicht; diese Frage lässt sich nur auf Gesetzesstufe beantworten.)

Bei Baurechtsdienstbarkeiten kommt auch der daraus Berechtigte als «Inhaber» des belasteten Standortes in Betracht (vgl. Urteil des Verwaltungsgerichtes BE in BVR 2003, 28 ff.).

§ 14   Ausgewählte globale Umweltprobleme: Ozonschicht und Klima

I.   Vorbemerkungen

Seit der im Jahre 1972 in Stockholm durchgeführten Umweltschutzkonferenz   691
der Vereinten Nationen ist die Einsicht gewachsen, dass die grössten Umweltprobleme globale Dimension haben und international koordinierte Anstrengungen der Staaten zu ihrer Lösung nötig machen. Im Folgenden (Abschnitte
II. und III.) werden für zwei typische, teilweise interdependente globale Probleme zuerst die staatsvertragliche Regelung und dann deren innerstaatliche
Umsetzung umrissen.

Das erste ist der durch die Freisetzung von FCKW und diversen andern Chemi-   692
kalien in Gang gesetzte Abbau der stratosphärischen Ozonschicht, die uns als
«Schutzschild» gegen Ultraviolettstrahlung (UV-B und UV-C) dient; erhöhte
Strahlung bedeutet erhöhtes Hautkrebsrisiko.

Beim zweiten geht es darum, einen durch CO_2 und andere Treibhausgase be-   693
wirkten beschleunigten Klimawandel zu verhindern. Seit Beginn des Indus-
triezeitalters stieg die Konzentration von CO_2 in der Atmosphäre um 30 %, und
ab 1990 erfolgte eine starke Zunahme des Verbrauchs gewisser synthetisch er-
zeugter Stoffe (z.B. Schwefelhexafluorid) mit sehr starkem Treibhauseffekt.
Zwar lassen sich die Auswirkungen nicht mit Sicherheit voraussehen, doch sind
sie nach heutigem Wissen von solcher Art, dass die Antithese des Vorsorgeprinzips, nämlich «Wait and see», ganz ausserordentlich unvernünftig und verant-
wortungslos wäre: höhere Temperatur der bodennahen Atmosphäre, Schmelzen
von Eismassen, Anstieg des Meeresspiegels, häufigere Witterungsextreme, dras-
tische Veränderung der Lebensbedingungen auf der Erde.

Der Devise «Wait and see» fehlt es freilich nicht an Anhängern, und dies nicht nur in der
fossilen Energie- und Verkehrswirtschaft, sondern auch in den politisch fossilen Kreisen
(Ablehnung griffiger Massnahmen mit dem Argument des fehlenden schlüssigen Bewei-
ses für das Befürchtete).

Die CO_2-Emissionen stammen hauptsächlich (zu etwa neun Zehnteln) aus der   694
Verbrennung von Kohle und Erdölprodukten. Der Ausstoss pro Kopf und Jahr
beträgt in China weniger als 3, in der Schweiz 6 und in den USA mehr als 18 Tonnen (Stand 2002).

II. Schutz der Ozonschicht

A. Staatsvertragsrecht

695   Wiener Übereinkommen vom 22. März 1985 zum Schutz der Ozonschicht (SR
0.814.02). Dabei handelt es sich um einen blossen Rahmenvertrag (Grundlage
für das anschliessend bezeichnete Protokoll).

696   Montrealer Protokoll vom 16. September 1987 über Stoffe, die zu einem Abbau
der Ozonschicht führen (SR 0.814.021), geändert (verschärft) in den Jahren
1990, 1992, 1997 und 1999 (SR 0.814.021.1 – 0.814.021.4). Damit haben sich sämtliche *Industriestaaten* verpflichtet, den Einsatz von FCKW und weiteren stark
ozonschichtschädigenden Stoffen innerhalb bestimmter (teilweise noch laufen-
der) Übergangsfristen zu unterbinden. – Aus einem vom gleichen Staatenkreis
geäufneten «Ozonfonds» erhalten *Staaten der Dritten Welt* finanzielle Hilfe für
Massnahmen zur Umstellung auf FCKW-freie Technologien.

697   Es gibt nur wenige multilaterale Umweltschutzabkommen, die ihr Ziel so konsequent verfolgen wie das Montrealer Protokoll in seiner heutigen (von der
Schweiz massgeblich beeinflussten) Fassung. Eine «Ozon-Loch-Entwarnung»
wäre aber verfrüht, weil in manchem Vertragsstaat ein beträchtliches Vollzugsdefizit besteht und auch weil noch keine genügend starke Einbindung der grossen Drittweltländer zustande kam.

698   Sehr bedauerlich, aber nicht dem Montrealer Protokoll selbst anzulasten ist,
dass viele Staaten es zuliessen, dass betroffene Produzenten die verbotenen
ozonschichtabbauenden Stoffe durch Stoffe mit starkem Treibhauseffekt substi-
tuierten (Teufel und Beelzebub [Matthäus 12, 24–27; Lukas 11, 14–19]).

B. Umsetzung in der Schweiz

699   Die innerstaatliche Umsetzung des Montrealer Protokolls erfolgte mit Bestimmungen der StoV fristgerecht, weitgehend sogar vor Fristablauf, und so gut wie
lückenlos.

700   Vor Inkrafttreten der StoV bestanden Absprachen zwischen der Bundesverwal-
tung und Branchenorganisationen über die Eliminierung der FCKW, vorab als
Treibmittel in Spraydosen. Die mit diesem Ansatz gemachte Erfahrung war im
wörtlichen Sinne enttäuschend – was nicht hinderte, dass man sich in der heutigen Umweltrechtspolitik von Branchenabkommen sehr viel verspricht.

III. Massnahmen gegen einen beschleunigten Klimawandel

A. Staatsvertragsrecht

a) Stand des Vertragswerks

Rahmenübereinkommen der Vereinten Nationen vom 9. Mai 1992 über Kli- 701
maänderungen (Klimakonvention; SR 0.814.01); zugehöriges Protokoll vom
11. Dezember 1997 (Kyoto-Protokoll).
   Der Klimakonvention sind 189 Staaten beigetreten. Das Kyoto-Protokoll
ist in mehreren, zwischen 1998 und 2003 durchgeführten Konferenzen modifiziert und von 120 Nationen ratifiziert worden (von den Mitgliedstaaten der EU
sowie von dieser selbst im Juli 2002, von der Schweiz als 111. Staat im Juli 2003).
Es stand aber Ende 2003 aus folgendem Grund noch nicht in Kraft: Bedingung
für das Inkrafttreten ist – nebst 55 Ratifikationen – der Beitritt von so vielen Industriestaaten, dass auf diese (rechnerisch) mindestens 55 % der im Jahre 1990
aus den Industriestaaten (insgesamt) stammenden CO_2-Emissionen entfallen.
Dafür bedarf es der angekündigten, aber bis März 2004 noch nicht erfolgten Ra-
tifikation durch Russland. Die USA stehen seit Anfang 2001 (Amtsantritt von
Präsident George W. Bush) abseits.

b) Hauptinhalt des Vertragswerks

Die Klimakonvention ist (wie das Wiener Übereinkommen) ein blosser 702
Rahmenvertrag. Sie verlangt nach nationalen Massnahmenprogrammen zur Begrenzung der Emissionen von Treibhausgasemissionen; dazu kommen gewisse
Nebenpflichten (z.B. betreffend Ermittlung und Austausch von Daten). Was es
mit den Massnahmen zu erreichen gilt, umschreibt die Konvention nur vage.

Mit dem Kyoto-Protokoll haben sich die Industrieländer (nur sie) verpflichtet, 703
ihre Treibhausgasemissionen – das Protokoll nennt CO_2, Methan, Lachgas und
drei weitere, synthetische Gase – bis zum Jahr 2012 um einen *bestimmten Pro-
zentsatz* unter den Stand von 1990 zu senken. Für die Schweiz beträgt dieses Reduktionsziel wie für die EU-Staaten 8 %. Für eine Reihe anderer Staaten wurde
es tiefer festgesetzt, für die USA beispielsweise auf 7 % und für Japan auf 6 %.
Russland und die Ukraine müssen ihre Emissionsfrachten lediglich auf das Niveau von 1990 reduzieren. Norwegen wurde eine Erhöhung gegenüber diesem
Referenzwert um 1 % zugestanden, Australien sogar um 8 % (doch wird
Australien wie die USA das Protokoll auf absehbare Zeit nicht ratifizieren).
Die durchschnittliche Reduktionsrate beträgt 5,2 %. – Vom Geltungsbereich
des Protokolls *ausgenommen* bleiben die Emissionen des internationalen Flug-
verkehrs (3 % des weltweiten CO_2-Ausstosses) und des internationalen Schiffs-
verkehrs.

Damit bestehen nun an sich klare Reduktionsziele. Diese werden aber durch die 704
sogenannten klimapolitischen Instrumente (von deren Einführung die USA
ihren [dann nicht erfolgten] Beitritt zum Protokoll abhängig gemacht hatten)

relativiert: Prosperierende Länder können nicht ausgeschöpfte Emissionsquoten anderer Länder aufkaufen (Emissions Trading) oder sich die durch eine Beteiligung an Projekten im Ausland erreichten Emissionsreduktionen anrechnen lassen (Joint Implementation bzw. Clean Development Mechanism). Nicht angerechnet wird (gemäss einer ausdrücklichen Vertragsbestimmung) die Beteiligung von Industriestaaten am Bau von Kernkraftwerken in Drittweltländern.

Dazu kommt, dass seit 1990 vorgenommene Aufforstungen bis zu bestimmten Obergrenzen als «CO_2-Senken» anerkannt und auf das Reduktionsziel des betreffenden Vertragsstaates angerechnet werden (eine Aufweichung, der die Schweiz nicht zugestimmt hatte). Vgl. auch KELLER / ROSENMUND, Klimaregime.

705   Vorbehältlich späterer Nachbesserung oder einer globalen Wirtschaftskrise bisher unbekannten Ausmasses wird das internationale Klimarecht sein Ziel bei weitem nicht erreichen. Aus der EU-Kommission verlautete gegen Ende 2003, die bis dahin initiierten Programme reichten nur für eine Reduktion um 0,5 % statt um 8 % gegenüber dem Referenzwert. Der Hauptgrund liegt in der (in den Worten von EU-Kommissarin Wallström) «galoppierenden Zunahme der vom Strassenverkehr verursachten» CO_2-Frachten.

B.   Umsetzung durch innerstaatliches Recht

a)   Energiegesetzgebung

706   Wie im Paragraphen zum Lufthygienerecht bereits erwähnt, auferlegt der Verfassungsartikel zur Energiepolitik dem Bund wie auch den Kantonen, sich für eine «wirtschaftliche und umweltverträgliche Energieversorgung» einzusetzen (Art. 89 Abs. 1 BV). Der gleiche Artikel verlangt sodann nach bundesrechtlichen «Vorschriften über den Energieverbrauch von Anlagen, Fahrzeugen und Geräten» (Abs. 3 Satz 1). Deren Erlass ist mit dem EnG an den Bundesrat delegiert worden. Das EnG sieht als primäres Instrument *Vereinbarungen* zwischen dem UVEK und den Herstellern oder Importeuren vor, mit denen für serienmässig hergestellte Anlagen, Fahrzeuge und Geräte, «die in erheblichem Ausmass Energie verbrauchen», sogenannte Verbrauchs-Zielwerte festgesetzt werden.

707   Was speziell die *Automobile* betrifft (der Motorfahrzeugverkehr verursacht in der Schweiz rund die Hälfte der CO_2-Emissionen), fand sich in der ursprünglichen Fassung der EnV von 1998 die Vorgabe, den durchschnittlichen Treibstoffverbrauch der Neuwagenflotte um 15 % gegenüber 1996 zu senken. Damit gingen allerdings keine eigentlichen Rechtspflichten der Hersteller bzw. Importeure einher; immerhin mussten sie dem UVEK periodisch über den spezifischen Treibstoffverbrauch der von ihnen verkauften Fahrzeuge Bericht erstatten. Jenes Reduktionsziel wurde bei weitem verfehlt.

Im Februar 2002 schlossen dann das UVEK und «auto schweiz» (Vereinigung der Importeure von Automobilen) eine Vereinbarung, wonach der Benzinverbrauch der neu in den Verkehr gelangenden Personenwagen von damals durchschnittlich 8,4 Liter innert sechs Jahren auf 6,4 Liter pro 100 km reduziert wird. Diese (nebenbei vermerkt: weder amtlich veröffentlichte noch auf Anfrage beim Departement erhältliche) Vereinbarung trat an die Stelle des Verbrauchs-Zielwertes der EnV (Aufhebung des betreffenden Anhanges durch Verordnungsänderung vom 4. September 2002). Für den Fall, dass sich die Hoffnung, dieser Vereinbarung sei der dem Verbrauchs-Zielwert der Verordnung versagt gebliebene Erfolg vergönnt, verflüchtigt, was zu erwarten steht (bislang kein Fortschritt, im Gegenteil: Fortsetzung des Vormarschs der sogenannten Familienpanzer, d.h. schweren Personenwagen mit grossem Hubraum), hat das UVEK bereits beim Abschluss der Vereinbarung den Erlass neuer, griffigerer *Vorschriften* in Aussicht gestellt.

b) CO_2-Gesetz

Das am 8. Oktober 1999 erlassene und seit 1. Mai 2000 in Kraft stehende CO_2- **708** Gesetz bezweckt, die CO_2-Emissionen aus der energetischen Nutzung fossiler Energieträger zu reduzieren. Ausserdem will es zur Verminderung anderer schädlicher Einwirkungen auf die Umwelt, zur sparsamen und rationellen Energienutzung sowie zum verstärkten Einsatz erneuerbarer Energien beitragen. Es stipuliert, den CO_2-Ausstoss bis ins Jahr 2010 insgesamt um 10 % unter den Stand von 1990 zu senken. Dabei gelten zwei verschiedene Teilziele: für Brennstoffe (Heizungen, Industriefeuerungen usw.) 15 %, für Treibstoffe (Benzin, Dieselöl) 8 %. – Die Flugtreibstoffe für internationale Flüge bleiben (wie nach dem internationalen Klimarecht) ausgenommen.

Erreichen will das Gesetz sein Reduktionsziel «in erster Linie durch energie-, **709** verkehrs-, umwelt- und finanzpolitische sowie durch freiwillige Massnahmen» (Art. 3 Abs. 1). Mit den letzteren sind *Branchenabkommen* gemeint. Ende 2003 standen 40 solche Vereinbarungen in Kraft oder kurz vor der Unterzeichnung.

Für den Fall, dass «das Reduktionsziel durch diese Massnahmen allein nicht erreicht werden» kann, was inzwischen – jedenfalls bezüglich der Treibstoffe – zur Gewissheit geworden ist, beauftragt das Gesetz den Bundesrat, «eine *Lenkungsabgabe* auf fossilen Energieträgern (CO_2-Abgabe)» einzuführen (Art. 3 Abs. 1; Hervorhebung beigefügt), und zwar frühestens im Jahr 2004. Mittels Branchenabkommen lässt sich dann allerdings unter bestimmten Bedingungen eine Abgabebefreiung erreichen (siehe Art. 9).

Als Abgabeobjekte bezeichnet das Gesetz die fossilen Brenn- und Treibstoffe **710** sowie die (mengenmässig bei uns nicht mehr bedeutende) Kohle. Die Abgabesätze unterliegen – anders als bei den lufthygienischen Lenkungsabgaben – der Genehmigung durch die Bundesversammlung. Den maximalen Abgabesatz beziffert das Gesetz mit 210 Franken pro Tonne CO_2. Benzin würde damit um etwa 50 Rappen pro Liter weniger billig.

Der Ertrag der CO_2-Abgabe wird auf die Bevölkerung und die Wirtschaft aufgeteilt («nach Massgabe der von ihnen entrichteten Abgaben» [Art. 10 Abs. 2]). Wesentlich ist, dass vom Anteil der Bevölkerung jeder Einwohner gleich viel erhält. Am Beispiel des Benzins: Je weniger eine Person fährt, desto höher ist der ihr zufallende Netto-Bonus, und je mehr der Benzinverbrauch eines Automobilisten den durchschnittlichen Verbrauch übersteigt, umso mehr zahlt er netto drauf.

Der Modus der Verteilung an die Bevölkerung wird voraussichtlich der gleiche sein wie bei den Lenkungsabgaben gemäss USG (Rz. 218); die Verteilung an die Wirtschaft erfolgt über die AHV-Ausgleichskassen (proportional zu den abgerechneten Löhnen).

711 Evident ist, dass eine Abgabe in der Grössenordnung bisheriger Preisschwankungen von Heizöl, Benzin und Dieseltreibstoff höchstens einen geringen Lenkungseffekt hat. Ränge sich der Bundesrat dazu durch, den Maximalsatz zur Anwendung zu bringen, und stimmte die Bundesversammlung dem zu, so wäre das eine Überraschung.

c) Ergänzende Hinweise

712 Die StoV flankiert die vorerwähnten Regelungen, indem sie die Substitution der verbotenen ozonschichtabbauenden Stoffe durch Stoffe mit starkem Treibhausgaseffekt untersagt.

713 Als bemerkenswertes Beispiel einer freiwilligen Massnahme im Sinne des CO_2-Gesetzes sei die am 10. Februar 2003 vom UVEK mit «Cemsuisse» (Verband der schweizerischen Cementindustrie) getroffene «Zielvereinbarung» erwähnt. Danach wird die Zementbranche ihre CO_2-Emissionen bis 2010 gegenüber 1990 um mindestens 44 % vermindern.

714 «Klimatisch» besser als die meisten andern Sektoren steht die *Landwirtschaft* da. Laut der bundesrätlichen Botschaft zum Kyoto-Protokoll (BBl 2002, 6385 ff.) haben die am Nachhaltigkeitsprinzip orientierten Reformen (Verfassungsartikel zur Landwirtschaftspolitik von 1996, Landwirtschaftsgesetz von 1998) bereits eine Verminderung der Methan- und der Lachgasemissionen von je über 10 % bewirkt.

715 Anlässlich der Überweisung der genannten Botschaft an das Parlament publizierte das UVEK (am 21. August 2002) eine Medienmitteilung, worin unter anderem festgehalten ist: «Wie der Bundesrat betont, sind von der Umsetzung des Kyoto-Protokolls keine negativen Auswirkungen auf die Wettbewerbsfähigkeit der Schweizer Wirtschaft zu erwarten. So muss die Schweiz künftig weniger für Importe fossiler Energie ausgeben, und es eröffnen sich Chancen für energiesparende Technologien und den Einsatz erneuerbarer Energien. Ein grosser Teil der Massnahmen ... kann wirtschaftlich rentabel realisiert werden. Im Rahmen des CO_2-Gesetzes und des vom Bundesrat lancierten Programms ‹Energie Schweiz› engagiert sich die Wirtschaft ... für eine stärkere Verbreitung dieser Technologien.»

Nachzutragen bleibt: 1. Die gesamten Energiekosten belaufen sich auf über 20 Mia. Franken pro Jahr. 2. Dem im Jahre 2000 lancierten Programm «Energie Schweiz» ging in den zehn Jahren zuvor das Programm «Energie 2000» voran, dem sich ein paar Tausend Arbeitsplätze verdanken. 3. Ende 2003 ist das Budget für «Energie Schweiz» massiv gekürzt worden; der Bundesrat und die Mehrheit des Parlaments sehen offenbar in den mit einem weniger hohen Energieverbrauch zu erzielenden Einsparungen unnötige Ausgaben.

5. Teil

Besondere Instrumente des Umweltrechts

§ 15   Umweltverträglichkeitsprüfung

I. Rechtsgrundlagen und Wesen der UVP

Vorbemerkung: Die weltweit erste Regelung der Umweltverträglichkeitsprü- 716
fung (UVP) war die des National Environmental Policy Act der USA von 1969
(ausführlicher: LORETAN, UVP, 46 ff.; NICOLE, 24 ff.; VALLENDER / MORELL, 399 f.).
– Heute wird es kaum noch ein Land geben, das keine gesetzlichen Vorschriften
zur UVP kennt.

A   Rechtsgrundlagen

1. Innerstaatliches Recht

Sedes materiae ist Art. 9 USG, der die UVP relativ eingehend regelt; er umfasst 717
8 Absätze. Die zugehörige (seit 1. Januar 1989 in Kraft stehende) bundesrätliche
Verordnung über die Umweltverträglichkeitsprüfung (UVPV) definiert namentlich seinen sachlichen Anwendungsbereich (Kreis der UVP-pflichtigen
Anlagen).

Der genannte Gesetzesartikel gehört zum mit «Allgemeine Bestimmungen» 718
überschriebenen 2. Kapitel des 1. Titels des USG. In dieser gesetzessystemati-
schen Stellung kommt bereits zum Ausdruck, dass es bei der UVP – im Unterschied etwa zum Gewässerschutz- oder zum Altlastenrecht – nicht um eine sach-
bereichsspezifische, sondern um eine übergreifende Regelung geht.

2. Staatsvertragsrecht; Hinweis zum EU-Recht

Für die Schweiz verbindliche Staatsverträge: UNO/ECE-Übereinkommen über 719
die Umweltverträglichkeitsprüfung im grenzüberschreitenden Rahmen vom
25. Februar 1991 (Espoo-Übereinkommen; SR 0.814.06); Biodiversitäts-Konvention (Rz. 636).

Von der Schweiz unterzeichnete, aber noch nicht ratifizierte Staatsverträge: 720
Übereinkommen über den Zugang zu Informationen, die Öffentlichkeitsbeteili-
gung an Entscheidungsverfahren und den Zugang zu Gerichten in Umweltangelegenheiten vom 25. Juni 1998 (Aarhus-Konvention); Verkehrsprotokoll und
Energieprotokoll zum Übereinkommen zum Schutz der Alpen vom 7. November 1991 (Alpenkonvention; SR 0.700.1).

Die Mitgliedstaaten der EU sind seit Erlass der EG-Richtlinie 85/337 vom 721
27. Juni 1985 über die Umweltverträglichkeitsprüfung bei bestimmten öffentlichen und privaten Projekten (ABl. 1985 L 175, S. 40) verpflichtet, entspre-

chende innerstaatliche Regeln aufzustellen. Im Zuge einer inzwischen erfolgten Partialrevision – EG-Richtlinie 97/11 vom 3. März 1997 (ABl. 1997 L 73, S. 5) – ist namentlich das Spektrum der erfassten Projekte substanziell verbreitet worden; die Inspiration hierzu ging vom Espoo-Übereinkommen aus.

Näheres zum UVP-Recht der EU nach Massgabe der beiden genannten Richtlinien bei EPINEY/PFENNINGER/GRUBER, Europäisches Umweltrecht, 129 ff. Zur inzwischen hinzugekommenen, die «Strategische Umweltprüfung» betreffenden EG-Richtlinie: Rz. 789.

B.   Wesen der UVP

1.   Begriffsumschreibung, Funktion

722   Die UVP nach Art. 9 USG ist ein *Methode der Entscheidfindung* innerhalb eines vorgegebenen Verfahrens betreffend ein die Umwelt erheblich belastendes Vorhaben. Sie will gewährleisten, dass seine voraussehbaren (möglichen) Auswirkungen sorgfältig abgeklärt und beurteilt werden und dass die Bewilligungsbehörde dann entsprechend aufgeklärt und unter Respektierung des Umweltrechts entscheidet. Sie trägt auch wesentlich dazu bei, die umweltrechtlichen Grundprinzipien, insbesondere: Vorsorgeprinzip, Prinzip der ganzheitlichen Betrachtungsweise und Koordinationsgebot, in der Praxis zur Entfaltung zu bringen.

723   Anders als Laien oft meinen, bedeutet mithin UVP-Pflichtigkeit nicht, dass bestimmte Vorhaben einer besonderen «Umweltschutzbewilligung» bedürfen; vielmehr ist die UVP jeweils in ein ohnehin stattfindendes Bewilligungsverfahren eingebettet, das UVP-rechtlich als *das massgebliche Verfahren* bezeichnet wird. – Dabei ist «Bewilligungsverfahren» in einem weiten Sinne zu verstehen: Ausser um eine Baubewilligung kann es namentlich um eine Plangenehmigung oder um eine Konzession sowie auch um eine raumplanerische Festsetzung gehen (Vertiefungen folgen in den Abschnitten II. A. und II. C.).

2.   Charakteristika

724   Die UVP unterscheidet sich von herkömmlichen Bewilligungsverfahren durch folgende Merkmale (die in anderen Abschnitten eine breitere Behandlung erfahren werden):

–   Den Gesuchsteller trifft eine qualifizierte Mitwirkungspflicht bei der Erstellung der Entscheidungsgrundlagen: Er hat für sein Vorhaben einen Umweltverträglichkeitsbericht vorzulegen.

–   Neben den Gesuchsteller und die für den Bewilligungsentscheid zuständige Behörde tritt als dritter Akteur die Umweltschutzfachstelle (vgl. Rz. 756). Ihr kommt eine gewichtige Rolle zu, sowohl bei der Erstellung der Entscheidungsgrundlagen wie auch beim Entscheid selbst.

– Auch ein Projekt, das alle sachbereichspezifischen materiellrechtlichen Anforderungen erfüllt, soll auf Verbesserungsmöglichkeiten sub specie des Umweltschutzes hin geprüft werden.

– Bestimmte Vorhaben bedürfen einer Begründung, die auf einen Bedürfnisnachweis hinausläuft. Dieser dient der Abwägung zwischen dem Interesse an der Verwirklichung des Projekts und dem für den Verzicht auf dasselbe (bzw. die Verwirklichung einer Alternative) sprechenden Interesse an der Schonung der Umwelt.

– Für die UVP gilt das Öffentlichkeitsprinzip; die entscheidrelevanten Akten fallen also nicht unter das Amtsgeheimnis.

Aus den genannten Merkmalen erhellt, dass dieses Instrument dogmatisch eine Besonderheit darstellt. Während wir herkömmlicherweise Verfahrensrecht und materielles Recht gegeneinander abgrenzen, *vereint* die UVP in sich Elemente beider Sparten (ausführlicher RAUSCH/KELLER, Kommentar USG, Art. 9 Rz. 12 f.). 725

Bemerkenswert ist zudem, dass jene Merkmale nicht nur auf die UVP nach schweizerischem Recht zutreffen, sondern zugleich, jedenfalls im Wesentlichen, auch charakteristisch sind für das Institut der UVP gemäss EG-Recht.

II. Ausgestaltung des Instruments durch Gesetz und Verordnung

A. *Der UVP unterstehende Vorhaben*

1. *Kreis der UVP-pflichtigen Anlagen*

a) Vorgaben des Gesetzes

UVP-pflichtig sollen laut Art. 9 Abs. 1 (Halbsatz 1) USG diejenigen Anlagen sein, *«welche die Umwelt erheblich belasten können»* («pouvant affecter sensiblement l'environnement», «che possono gravare notevolmente l'ambiente»). Dieses Kriterium ist an sich sehr unscharf, doch enthielt bereits die Botschaft zum USG eine erhellende Aufzählung von typischerweise UVP-pflichtigen Anlagen (BBl 1979 III 749 ff., 786). 726

Das Gesetz stellt damit nicht auf die im Einzelfall effektiv bewirkte Umweltbelastung, sondern auf das *Potenzial* eines Anlagetyps ab; ob die Auswirkungen in concreto unbedenklich sind, soll eben gerade die UVP aufzeigen.

Der *Anlagebegriff* der zitierten Gesetzesbestimmung deckt sich nicht ganz mit seiner Legaldefinition. Zwar sind «Bauten, Verkehrswege und andere ortsfeste Einrichtungen sowie Terrainveränderungen» (Art. 7 Abs. 1 Satz 1 USG) auch Anlagen im Sinne von Art. 9 Abs. 1; die Terrainveränderungen wurden sogar speziell im Hinblick auf die UVP in diese Definition eingeschlossen. Umgekehrt sind die den Anlagen grundsätzlich gleichgestellten «Geräte, Maschinen, Fahrzeuge, Schiffe und Luftfahrzeuge» (Art. 7 Abs. 7 Satz 2) in der Regel nicht UVP-pflichtig (ausführlicher: RAUSCH/KELLER, Kommentar USG, Art. 9 Rz. 28, mit weiteren Hinweisen). 727

728 Wem die Anlage gehört, ist für die UVP-Pflichtigkeit als solche nicht relevant. Es macht also beispielsweise keinen Unterschied, ob ein Parkhaus von einem Privatunternehmen oder von der öffentlichen Hand errichtet und betrieben wird. Eine Privilegierung der öffentlichen Hand besteht namentlich auch nicht hinsichtlich militärischer Anlagen (wohingegen die EG-Richtlinie Projekte, die Zwecken der nationalen Verteidigung dienen, von ihrem Geltungsbereich ausnimmt).

729 Gemäss Art. 9 Abs. 1 (Halbsatz 2) USG werden die UVP-pflichtigen Anlagen vom Bundesrat «bezeichnet». Das ist als Auftrag zu verstehen, sie per *Verordnung* und mithin generell-abstrakt zu bestimmen. Damit ist auch gesagt, dass der betreffende Katalog grundsätzlich *abschliessender* Natur ist (RAUSCH/KELLER, Kommentar USG, Art. 9 Rz. 32 und Rz. 201 ff., mit gewissen Differenzierungen).

b) Umsetzung auf Verordnungsstufe

730 Die Bezeichnung erfolgte in Form einer Verweisung: Nach Art. 1 UVPV unterliegen der UVP die «Projekte für Anlagen, die im Anhang dieser Verordnung aufgeführt sind.»

731 Haupt-Abgrenzungskriterium ist der *Anlagetyp*. Der Katalog des UVPV-Anhanges führt unter acht Hauptüberschriften – 1. Verkehr, 2. Energie, 3. Wasserbau, 4. Entsorgung, 5. Militärische Bauten und Anlagen, 6. Sport, Tourismus und Freizeit, 7. Industrielle Betriebe, 8. Andere Anlagen – insgesamt 73 Anlagetypen auf.

732 Mancher Anlagetyp erfüllt das gesetzliche Kriterium der erheblichen Umweltbelastung nach Auffassung des Bundesrates erst ab einer bestimmten Mindestgrösse. Dem trägt der Katalog mit sogenannten *Schwellenwerten* in verschiedenen Erscheinungsformen (vgl. Illustrationen unter der nächsten Randziffer) Rechnung.

Als quantitative Kriterien sind die Schwellenwerte dem Rechtssicherheitsbedürfnis förderlich. Sie befriedigen aber insofern nicht, als die Erheblichkeit der Belastungen auch von standortspezifischen Faktoren abhängen kann. In diesem Punkt bleibt unser UVP-Recht hinter der EG-Richtlinie zurück, die sich (in Art. 2 Abs. 1) auf «die Projekte» bezieht, «bei denen ... aufgrund ihrer Art, ihrer Grösse oder ihres Standortes» mit erheblichen Auswirkungen auf die Umwelt zu rechnen ist.

733 **Illustrationen zum Katalog der UVP-pflichtigen Anlagen**
In der linken Spalte der untenstehenden Tabelle figurieren die Gliederungstitel des UVPV-Anhanges, in der rechten Spalte ausgewählte Beispiele korrelierender Anlagen.

| Verkehr | Nationalstrassen und Hauptverkehrsstrassen – Parkhäuser und Parkplätze für mehr als 300 Motorwagen – Neue Eisenbahnlinien – Bootshafen mit mehr als 100 Bootsplätzen – Flughäfen – Helikopterflugfelder mit mehr als 1000 Flugbewegungen pro Jahr |

Energie	Kernkraftwerke – Wasserkraftwerke mit mehr als 3 MW – Hochspannungs-Freileitungen und -kabel (erdverlegt), die für 220 kV und höhere Spannungen ausgelegt sind – Rohrleitungen (Pipelines)
Wasserbau	Verbauungen, Korrektionen, Geschiebe- und Hochwasserrückhalteanlagen im Kostenvoranschlag von mehr als 15 Mio. Franken
Entsorgung	Endlager für radioaktive Abfälle – Inertstoffdeponien mit einem Deponievolumen von mehr als 500'000 m³ – Abwasserreinigungsanlagen mit einer Kapazität von mehr als 20'000 Einwohnergleichwerten
Militärische Bauten und Anlagen	Waffen-, Schiess- und Übungsplätze der Armee – 300-Meter-Schiessanlagen mit mehr als 15 Scheiben
Sport, Tourismus und Freizeit	Skipisten mit Terrainveränderungen von mehr als 2000 m² – Vergnügungsparks mit einer Fläche von mehr als 75'000 m² oder für eine Kapazität von mehr als 4000 Besuchern pro Tag – Golfplätze mit 9 und mehr Löchern
Industrielle Betriebe	Stahlwerke – Anlagen für die Verarbeitung von chemischen Produkten mit mehr als 5000 m² Betriebsfläche oder einer Produktionskapazität von mehr als 10'000 Tonnen pro Jahr
Andere Anlagen	Meliorationen (ab bestimmter Grösse) – Einkaufszentren mit mehr als 5000 m² Verkaufsfläche

2. Bau einer neuen Anlage

Nach Art. 9 Abs. 1 USG ist die UVP vor dem Entscheid über die «Planung» bzw. über die «Errichtung» der Anlage und «möglichst frühzeitig» durchzuführen. 734

Dabei hat «Planung» in all den Fällen die *gleiche* Bedeutung wie «Errichtung», in denen der Entscheid über eine neue Anlage in einem bundesrechtlichen Plangenehmigungsverfahren ergeht (Beispiele: Flugplätze, Hochspannungsleitungen, Waffenplätze; ferner auch industrielle Betriebe [Plangenehmigungsverfahren nach Art. 7 ArG]). Insoweit ist «Planung» also nicht im raumplanungsrechtlichen Sinne zu verstehen. 735

Anders da, wo zur Verwirklichung des UVP-pflichtigen Vorhabens ein Sondernutzungsplan erforderlich ist. Hier gilt jeweils die «Sondernutzungsplanung (Detailnutzungsplanung) als massgebliches Verfahren», sofern sie «eine umfassende Prüfung ermöglicht» (Art. 5 Abs. 3 Satz 3 UVPV). Eine erst im nachfolgenden Baubewilligungsverfahren erfolgende UVP wird der gesetzlichen Forderung, die Prüfung möglichst frühzeitig vorzunehmen, nicht gerecht. Umgekehrt muss man sich aber auch Rechenschaft darüber geben, dass in der Phase der Festsetzung des Sondernutzungsplans eine umfassende Prüfung des Projekts mangels Detaillierung oft noch nicht möglich ist. 736

737 Andere Raumpläne sind mit Art. 9 Abs. 1 USG nicht anvisiert. Hingegen kennt das *Raumplanungsrecht selbst* eine – in der Praxis allerdings noch kaum wirksam gewordene – Prüfung der Umweltverträglichkeit von Nutzungsplänen: «Die [gewöhnlich kommunale] Behörde, welche die Nutzungspläne erlässt, erstattet der kantonalen Genehmigungsbehörde ... Bericht darüber, wie die Nutzungspläne die Ziele und Grundsätze der Raumplanung (Art. 1 und Art. 3 RPG), ... die Sachpläne und Konzepte des Bundes (Art. 13 RPG) und den Richtplan (Art. 8 RPG) berücksichtigen und wie sie *den Anforderungen* des übrigen Bundesrechts, insbesondere *der Umweltschutzgesetzgebung,* Rechnung tragen» (Art. 47 Abs. 1 RPV; Hervorhebung beigefügt). Diese Regelung schliesst die Möglichkeit ein, einem Nutzungsplan aus umweltrechtlichen Gründen die Genehmigung zu versagen. So gesehen kennt das geltende Recht also neben der auf das einzelne Projekt beschränkten UVP, zumindest ansatzweise, auch eine «Planungs-UVP».

738 Über Wasserkraftwerke und einzelne andere Vorhaben wird in einem Konzessionsverfahren entschieden. Jede Konzession hat eine beschränkte Geltungsdauer. Wird sie dann erneuert, so hat man es rechtlich mit einer *neuen* Anlage zu tun, womit eine UVP-Pflicht besteht (RAUSCH / KELLER, Kommentar USG, Art. 9 Rz. 42; siehe auch Rz. 779).

Auf absehbare Zeit geht es bei *allen* Konzessionserneuerungen ohnehin um Anlagen, die seinerzeit ohne UVP errichtet worden waren.

739 Was die beiden Landesflughäfen betrifft, verlangt Art. 74a Abs. 2 VIL, bei «der erstmaligen Erneuerung der Betriebskonzession ... sämtliche Regelungen des Betriebsreglements zu überprüfen» und gleichzeitig «eine Umweltverträglichkeitsprüfung durchzuführen». Das Betriebsreglement des Flughafens Zürich-Kloten wurde anlässlich der Verleihung der neuen Konzession durch das UVEK per 1. Juni 2001 (für 50 Jahre) und inzwischen noch mehrfach geändert, die UVP war aber im Zeitpunkt des Erscheinens dieses Buches noch immer ausstehend.

3. *Änderung einer bestehenden Anlage*

740 Einer vorgängigen UVP bedarf nach Art. 9 Abs. 1 USG auch der Entscheid über die «Änderung» einer Anlage. Die Verordnung präzisiert hierzu, dass dies nur für *«wesentliche* Umbauten, Erweiterungen oder Betriebsänderungen» gilt (Art. 2 Abs. 1 Bst. a UVPV; Hervorhebung beigefügt).

741 Ein allgemeines Kriterium zur Beurteilung der Wesentlichkeit kann es der Natur der Sache nach nicht geben. Die einzelfallweise Beurteilung soll sich am Zweck der UVP orientieren. Entscheidend ist deshalb nicht die Höhe des Aufwandes für die Änderung, sondern die Frage, ob die der Anlage zuzurechnenden *Umweltbelastungen* eine erhebliche *Veränderung* erfahren können (RAUSCH / KELLER, Kommentar USG, Art. 9 Rz. 43, mit Hinweisen auf Doktrin und Rechtsprechung).

Auch die *Sanierung* einer Anlage kann eine wesentliche Änderung sein. Eine 742
UVP ist also unter Umständen auch dann durchzuführen, wenn das Änderungs-
projekt gerade den Zweck verfolgt, die Anlage unter Umweltschutzgesichts-
punkten zu verbessern.

Ein viel beachteter Anwendungsfall war die Schiessanlage der Basler Schützen in Allschwil (BL). Vgl. hierzu das Urteil des Kantonsgerichtes BL vom 6. August 2003 (Aus-
züge daraus werden voraussichtlich nach Erscheinen dieses Buches in URP publiziert).

Ferner besteht die Prüfungspflicht auch dann, wenn eine Anlage erst durch die 743
projektierte Änderung zu einer UVP-pflichtigen Anlage wird (Art. 2 Abs. 2
Bst. a UVPV; Beispiel in Rz. 778).

B.   Gegenstand der Prüfung (Umweltverträglichkeit im Rechtssinne)

1.   Im Allgemeinen

Indem das Gesetz als Anforderung an den Umweltverträglichkeitsbericht «die- 744
jenigen Angaben» verlangt, «die zur Prüfung des Vorhabens nach den Vorschriften über den Schutz der Umwelt nötig sind» (Art. 9 Abs. 2 Satz 1 USG),
bringt es zugleich zum Ausdruck, dass Gegenstand der Prüfung die Frage ist, ob
des Gesuchstellers Projekt allen *umweltrechtlichen Vorschriften* genügt, in deren
Anwendungsbereich es fällt. Dabei können ausser Normen des Bundesrechts
auch solche des kantonalen oder des internationalen Rechts relevant sein. (Die
Formulierung in Art. 3 Abs. 1 UVPV: «… ob das Projekt den bundesrechtlichen
Vorschriften … entspricht», ist also zu eng; RAUSCH/KELLER, Kommentar USG,
Art. 9 Rz. 65a, 68 und 69).

Als einschlägiges Bundesrecht werden auf Verordnungsstufe in einer *nicht ab-* 745
schliessenden Aufzählung neben dem USG (in der Meinung: samt Ausführungsverordnungen) diejenigen «Vorschriften» genannt, «die den Natur- und Heimatschutz, den Landschaftsschutz, den Gewässerschutz, die Walderhaltung, die
Jagd und die Fischerei betreffen» (Art. 3 Abs. 1 Satz 2 UVPV). Damit nicht
direkt angesprochene, aber je nach den Eigenheiten des Projekts klarerweise
ebenfalls in die UVP einzubeziehende umweltrechtliche Normen finden sich
zum Beispiel in der Seilbahn- und in der Luftfahrtsgesetzgebung sowie im FWG.

Dass alle relevanten umweltrechtlichen Vorschriften einzubeziehen sind, heisst 746
auch, dass die Prüfung nicht auf die vom USG erfassten Bereiche (Immissionen,
Bodenbelastungen, Abfälle usw.) beschränkt bleibt, sondern *alle Umweltbelas-*
tungen umfasst. Darüber hinaus stellt Art. 9 Abs. 4 UVPV dadurch eine Verknüpfung mit der *Raumplanung* her, dass der Bericht «auch die Abklärungen
berücksichtigen» muss, «die im Rahmen der Raumplanung durchgeführt wurden und die den Schutz der Umwelt betreffen.» Dabei ist namentlich an
Art. 47 Abs. 1 RPV (Rz. 737) zu denken.

Um dem Missverständnis vorzubeugen, *allein* UVP-pflichtige Vorhaben seien 747
auf ihre Umweltrechtskonformität hin zu prüfen, hält die UVPV in Art. 4 fest:

«Bei Anlagen, die nicht der UVP-Pflicht unterliegen, werden die Vorschriften über den Schutz der Umwelt ... angewendet, ohne dass ein Bericht ... [Umweltverträglichkeitsbericht] erstellt wird.»

2. Optimierung des Projekts

748 Der Umweltverträglichkeitsbericht muss neben den der geplanten Anlage zurechenbaren Auswirkungen auf die Umwelt (vgl. Art. 9 Abs. 2 Bst. a – c USG) auch «die Massnahmen» aufzeigen, «die eine weitere Verminderung der Umweltbelastung ermöglichen, sowie die Kosten dafür» (Bst. d). Was damit als Anforderung an den Bericht formuliert ist, findet seine Entsprechung in einer Aufgabe der Bewilligungsbehörde: Diese darf sich nicht damit begnügen, die Vereinbarkeit des Projekts mit den umweltrechtlichen Normen zu prüfen; vielmehr hat sie auch zu erwägen, ob im *konkreten Fall zusätzliche* (im Projekt nicht vorgesehene) *Massnahmen* angezeigt sind, und diese gegebenenfalls zum Gegenstand einer Auflage zur Bewilligung zu machen. «Art. 9 Abs. 2 Bst. d verlangt ... als eigenständige, speziell für das UVP-Verfahren statuierte Gesetzesbestimmung, dass für UVP-Vorhaben jeweils auf der Grundlage des aktuellen Standes der Technik ... geklärt wird, ob das Projekt die optimale Technologie repräsentiert» (RAUSCH / KELLER, Kommentar USG, Art. 9 Rz. 86). Dabei versteht es sich, dass solche zusätzlichen Massnahmen technisch und betrieblich möglich und wirtschaftlich tragbar sein müssen (und natürlich auch nicht unverhältnismässig sein dürfen).

749 Zur Veranschaulichung ein Fall, in welchem es um eine Anlage zur Verbrennung von Abfällen aus einem Unternehmen der Chemiebranche ging: Zu dieser Anlage (in einer kleinen Gemeinde im Mittelland) gehörte ein Elektrofilter. Dem fachgerecht verfassten Umweltverträglichkeitsbericht war zu entnehmen, dass bei einem allfälligen Stromausfall auch der Filter ausfiele, weshalb dann (weil sich der Verbrennungsprozess nicht stoppen lässt) die Anlage während Stunden hochgiftige Substanzen emittieren würde. Der Verfasser des Berichts tat auch dar, dass sich dieses Risiko durch Installation eines dieselbetriebenen Notstromaggregats vermeiden liesse; die Kosten dafür waren im Vergleich zu den Erstellungskosten der Anlage bescheiden. Das Unternehmen sprach sich aber gegen diese zusätzliche Massnahme aus, und der Gemeinderat wollte es mit Rücksicht auf seine grosse Bedeutung als Steuerzahler und Arbeitgeber zu nichts zwingen. Auf Einsprache zweier Umweltorganisationen im Verbund mit einigen Anwohnern hin versah er dann aber die Baubewilligung doch mit einer entsprechenden Auflage.

750 Auf die genannte USG-Vorschrift gestützte Auflagen sind in der Verwaltungspraxis selten. Anscheinend bestehen sogar Hemmungen, Umweltverträglichkeitsberichte, welche keinerlei Angaben zu einer denkbaren Projektverbesserung enthalten, zu beanstanden.

3. Begründungspflicht für öffentliche und für konzessionierte private Anlagen

a) Massgebende Vorschrift, Tragweite

Gemäss Art. 9 Abs. 4 USG muss der Umweltverträglichkeitsbericht für öffentliche sowie für konzessionierte private Anlagen – über die bei sämtlichen Anlagen erforderlichen Angaben hinaus – auch eine «Begründung des Vorhabens» («justification du projet», «giustificazione del progetto») enthalten. Dieser Bedürfnisnachweis zielt auf eine *Interessenabwägung* ab. Dabei geht es um folgende, auf dem Hintergrund von Art. 74 Abs. 2 BV (Gebot der Vermeidung von schädlichen Einwirkungen) zu verstehende Frage: Werden die aus dem – an sich vorschriftskonformen – Projekt resultierenden Umweltbelastungen durch Interessen der Allgemeinheit an dessen Verwirklichung aufgewogen? Ist das zu verneinen, darf es nicht bewilligt werden (JUNGO, 39; LORETAN, UVP, 110; MATTER, UVP, 77; NICOLE, 231; RAUSCH/KELLER, Kommentar USG, Art. 9 Rz. 93, mit Judikaturhinweisen). 751

Bereits in einem 1975 gefällten Urteil hatte das Bundesgericht aus dem Umweltschutzartikel der aBV abgeleitet: «Jede vermeidbare Luftverschmutzung ist im Zweifel grundsätzlich unrechtmässig (Art. 24^{septies} BV)» (BGE 101 Ib 166, E. 3c, bb, Säurefabrik Schweizerhall).

Die Begründungspflicht macht natürlicherweise in vielen Fällen auch Überlegungen zu *Alternativen zum Projekt* nötig. Dies nicht nur nach einhelliger Lehre, sondern auch nach Auffassung des Bundesrates: In seiner Botschaft zum Espoo-Übereinkommen findet sich der Hinweis, «dass der Umweltverträglichkeitsbericht nach Artikel 9 Absatz 4 USG bei öffentlichen und konzessionierten privaten Anlagen eine Begründung des Vorhabens enthalten muss. Diese Begründungspflicht impliziert auch das Eingehen auf Alternativen» (BBl 1995 IV 397 ff., 403). 752

b) Anwendungsbereich

Zu den im Sinne der genannten Gesetzesbestimmung *öffentlichen* Anlagen zählen die vom Staat (Bund, Kanton, Gemeinde) selbst, die von einer öffentlich-rechtlichen Anstalt sowie auch die in staatlichem Auftrag bzw. in Erfüllung einer öffentlichen Aufgabe von einem Privatrechtssubjekt betriebenen Anlagen (Genaueres hierzu bei RAUSCH/KELLER, Kommentar USG, Art. 9 Rz. 94). 753

Unter den Begriff der *konzessionierten* Anlagen fallen diejenigen, deren Errichtung nicht allein von sachlichen Voraussetzungen, sondern auch vom Einverständnis einer Konzessionsbehörde abhängig ist, also etwa Wasserkraftwerke oder Privatbahn-Linien. 754

C. Durchführung der UVP

1. Massgebendes Verfahren; mitwirkende Umweltschutzfachstelle

a) Bestimmung des massgebenden Verfahrens

755 Aus Art. 5 UVPV i.V.m. deren Anhang ergibt sich:

– Ist zum Entscheid über das Bewilligungs-, Plangenehmigungs- oder Konzessionsgesuch eine Bundesbehörde zuständig, wird die UVP im Verfahren vor dieser Behörde durchgeführt. So beispielsweise bei Entscheiden über Eisenbahnlinien, Hafenanlagen für Schifffahrtsunternehmungen des öffentlichen Verkehrs, Flughäfen und Flugfelder, Rohrleitungsanlagen und Endlager für radioaktive Abfälle.

– Für einzelne Anlagetypen, die ein bundesrechtlich statuiertes kantonales Verfahren zu durchlaufen haben, ist dieses stets auch das massgebende Verfahren. So namentlich für Wasserkraftwerke (vom WRG vorgeschriebenes Konzessionsverfahren).

– In allen übrigen Fällen – worunter alle UVP-pflichtigen wasserbaulichen und industriellen Anlagen sowie die meisten der im Abschnitt «Sport, Tourismus und Freizeit» des Verordnungsanhanges aufgeführten Anlagen – bestimmt das kantonale Recht, in welches Verfahren die UVP eingebettet wird. Dabei sind die Kantone freilich gehalten, stets dasjenige Verfahren zu wählen, das sich am besten eignet, die Prüfung einerseits möglichst früh (nicht erst nach einem andern Entscheid mit möglicherweise präjudizierender Wirkung) und andererseits doch bereits umfassend vorzunehmen (vgl. hierzu auch Rz. 736).

b) Mitwirkende Umweltschutzfachstelle

756 Vorbemerkung: Nach Art. 42 Abs. 1 USG muss jeder Kanton eine behördliche Fachstelle «für die Beurteilung von Umweltschutzfragen» haben, und nach Abs. 2 ist das BUWAL die Umweltschutzfachstelle des Bundes.

757 In den Bewilligungsverfahren vor einer Bundesbehörde kommt die Rolle der Fachstelle dem BUWAL zu, in den andern Verfahren der kantonalen (oder allenfalls nach Massgabe des kantonalen Rechts einer kommunalen) Fachstelle.

758 *Sonderfall* der Mitwirkung des BUWAL neben der kantonalen Fachstelle: Nach Art. 9 Abs. 7 USG hat die kantonale Bewilligungsbehörde in bestimmten Fällen «zudem», das heisst ohne dass sich damit an der Rolle der kantonalen Fachstelle etwas ändert, das BUWAL *anzuhören*. Das gilt für die «Beurteilung von Raffinerien, Aluminiumhütten, thermischen Kraftwerken oder grossen Kühltürmen sowie weiteren vom Bundesrat zu bezeichnenden Anlagen». Dahinter steht die Überlegung, dass diese Vorhaben die Umwelt in besonderem Masse gefährden können, weshalb hier jeweils auch das Fachwissen des Bundesamtes in die UVP einfliessen soll (Botschaft zum USG, BBl 1979 III 749 ff., 787). Die betreffenden

Anlagetypen (nebst den im Gesetz genannten bloss zwei vom Bundesrat bezeichnete) sind im UVPV-Anhang mit einem Asteriskus (*) gekennzeichnet.

2. *Ablauf*

a) Hauptstationen (unter Hervorhebung der Rollenverteilung)

Der *Gesuchsteller* – bei neuen Anlagen: der prospektive Bauherr; bei bestehenden Anlagen: ihr Inhaber – reicht der für den Bewilligungsentscheid zuständigen Behörde den Umweltverträglichkeitsbericht ein (Art. 9 Abs. 2 und 3 USG). Dieser hat die mit dem Bau und die mit dem Betrieb der Anlage verbundenen, bei gewissen Anlagen zudem auch die bei ihrem dereinstigen Abbruch entstehenden Umweltbelastungen «sowohl einzeln als auch gesamthaft und in ihrem Zusammenwirken» darzustellen (Art. 9 Abs. 3 UVPV). Siehe auch Rz. 748 (Ausführungen zu einer möglichen Projektverbesserung) und Rz. 751 ff. (Begründungspflicht). 759

Weil ihm die hierfür nötigen Fachkenntnisse meistens fehlen, lässt der Gesuchsteller den Bericht in aller Regel durch hierauf spezialisierte Fachleute ausarbeiten.

Die *Umweltschutzfachstelle* beurteilt zunächst den Bericht als solchen. Genügt er den Anforderungen, nimmt sie (innert bestimmter Frist) die umweltrechtliche Beurteilung des Vorhabens selbst vor, und daraus geht dann ihr Antrag an die Bewilligungsbehörde zum Entscheid in der Sache hervor. (Vgl. Art. 9 Abs. 5 USG, Art. 12 ff. und Art. 17 UVPV.) 760

Die *Bewilligungsbehörde* leitet das Verfahren und legt ihrem Entscheid die Ergebnisse der Prüfung – im Wesentlichen: Umweltverträglichkeitsbericht und Beurteilung des Vorhabens durch die Fachstelle; mitunter auch Stellungnahmen weiterer Behörden – zugrunde. (Vgl. Art. 17 – 19 UVPV; zum Spektrum der möglichen Entscheide: Rz. 767.) 761

250

b)   Ablaufschema und punktuelle Erläuterungen dazu

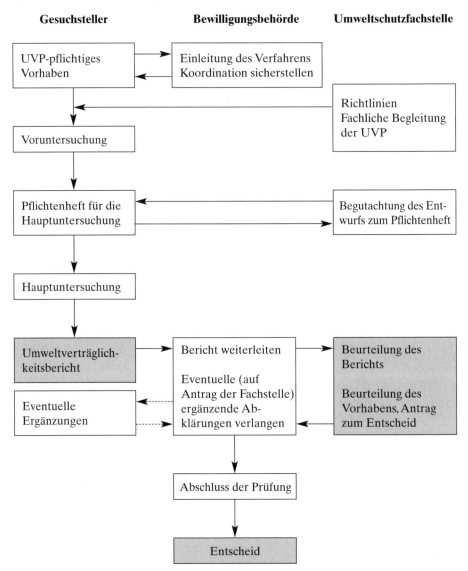

762   Die *Richtlinien* sind eine allgemeine *methodische* Anleitung für die Ausarbeitung von Umweltverträglichkeitsberichten (vom BUWAL im Jahre 1990 her-
ausgegebenes «Handbuch Umweltverträglichkeitsprüfung»; siehe hierzu auch
Art. 9 Abs. 2 Satz 2 USG und Art. 10 UVPV).

763   Voruntersuchung und daraus hervorgehendes Pflichtenheft: Die *Voruntersuchung* verschafft den Überblick über die angesichts der Eigenheiten der betreffenden Anlage und ihres Standortes prüfungsbedürftigen Umweltauswirkungen. Mit
dem *Pflichtenheft,* das der Genehmigung durch die Umweltschutzfachstelle be-

darf, wird dann die Thematik der Hauptuntersuchung und damit des Umweltverträglichkeitsberichts im Einzelnen festgelegt. (Vgl. auch Art. 8 UVPV.)

Bei der *Beurteilung des Berichts* durch die Umweltschutzfachstelle geht es um die Frage, ob die für die UVP «erforderlichen Angaben im Bericht vollständig und richtig sind» (Art. 13 Abs. 1 UVPV). 764

Allfällige *zusätzliche Abklärungen:* Die Behebung von Lücken und andern Mängeln des Berichts obliegt grundsätzlich dem Gesuchsteller und nicht der Fachstelle (denn dadurch würde deren Rolle mit der seinen vermengt). In besonderen Fällen kommt aber auch die Einholung einer Expertise durch die Bewilligungsbehörde auf Antrag der Fachstelle in Betracht (vgl. Art. 9 Abs. 6 USG und Art. 13 Abs. 2 UVPV). 765

Sind die Entscheidungsgrundlagen vollständig, nimmt die Fachstelle die *Beurteilung der Umweltverträglichkeit* im Rechtssinne (Rz. 744 ff.) vor und stellt der Bewilligungsbehörde entsprechend Antrag. Zur Frage der Verbindlichkeit desselben siehe Rz. 784. 766

Das *Spektrum der möglichen Entscheide* umfasst die Gutheissung des Gesuchs «tel quel», die Gutheissung unter Bedingungen und/oder Auflagen sowie die Ablehnung. 767

c)   Sonderfall der mehrstufigen UVP

Für einige Infrastrukturanlagen ist durch spezialgesetzliches Bundesverwaltungsrecht ein zwei- oder sogar dreistufiges Verfahren vorgegeben. So beispielsweise für Nationalstrassen: Zuerst entscheidet die Bundesversammlung über die allgemeine Linienführung, dann der Bundesrat über das Generelle Projekt (Grobplanung) und schliesslich das UVEK über das Plangenehmigungsgesuch (detailliertes Ausführungsprojekt) des Standortkantons. In all diesen Fällen wird jeweils auch die UVP mehrstufig durchgeführt; vgl. Art. 6 UVPV. 768

Zu Einzelheiten und zum Problem der thematischen Abgrenzung zwischen den Stufen: HÄNNI, 384 f., RAUSCH / KELLER, Kommentar USG, Art. 9 Rz. 61 ff.

3.   *Öffentlichkeit der UVP*

Der Umweltverträglichkeitsbericht und alle weiteren Entscheidungsgrundlagen «können von jedermann eingesehen werden, soweit nicht überwiegende private oder öffentliche Interessen die Geheimhaltung erfordern; das Fabrikations- und Geschäftsgeheimnis bleibt in jedem Fall gewahrt» (Art. 9 Abs. 8 USG). Dabei hat grundsätzlich alles, was für die Evaluation von Auswirkungen der Anlage auf die Umwelt von Belang ist, per se als nicht geheimhaltungswürdig zu gelten (Genaueres hierzu bei RAUSCH / KELLER, Kommentar USG, Art. 9 Rz. 143). Um diese *allgemeine Zugänglichkeit* der zum UVP-Verfahren gehörenden Akten sowie auch des Entscheids selbst zu gewährleisten, verpflichtet die Ausführungs- 769 verordnung die Bewilligungsbehörde zu entsprechenden öffentlichen Bekanntmachungen in bestimmten Verfahrensstadien (Art. 15 und Art. 20 UVPV).

Dass eine solche Öffnung des Verfahrens zur Allgemeinheit hin Sinn macht, ist evident. Über UVP-pflichtige Projekte, die ja stets «die Umwelt erheblich belasten können» (Art. 9 Abs. 1 USG) und damit immer Rechtsgüter der Allgemeinheit tangieren, hinter einem Amtsgeheimnis-Vorhang zu befinden (wie seinerzeit über die ersten Atomkraftwerke), wäre sachlich verfehlt und auch dem Vertrauen der Bürger in die Behörden abträglich.

770 Art. 9 Abs. 8 USG war der erste grosse Schritt im Bundesverwaltungsrecht auf dem Weg vom Geheimhaltungsprinzip mit Öffentlichkeitsvorbehalt zum Öffentlichkeitsprinzip mit Geheimhaltungsvorbehalt.

Das UVP-Recht hat auch anderweitig als Schrittmacher gedient: Erste Station der gesetzgeberischen Entwicklung des Koordinationsgebotes war Art. 21 UVPV (vgl. RAUSCH/ KELLER, Kommentar USG, Art. 9 Rz. 3 – 3d und Rz. 165 ff.).

III. Abriss des Staatvertragsrechts

771 Das *Espoo-Übereinkommen* verpflichtet die Vertragsstaaten (35 Länder, worunter neben der Schweiz auch alle Mitglieder der EU), für die in seinem Anhang I aufgelisteten Projekte eine UVP durchzuführen, wenn die Projektverwirklichung voraussichtlich erhebliche *grenzüberschreitende Umweltauswirkungen* zur Folge hat. Dabei muss sich die in- und die ausländische Öffentlichkeit am Verfahren beteiligen können. Nebst weiteren prozeduralen Vorschriften, namentlich betreffend Information und Konsultation der von transnationalen Auswirkungen wahrscheinlich betroffenen Vertragsparteien, statuiert das Abkommen in Anhang II auch Anforderungen an den «Inhalt der Dokumentation zur UVP» (in der Terminologie des USG: Umweltverträglichkeitsbericht).

Der im Geltungsbereich des Übereinkommens massgebende Begriff «Auswirkungen» ist bemerkenswert weit definiert; er umfasst «jede Wirkung eines Vorhabens auf die Umwelt», insbesondere «auf die Gesundheit und Sicherheit des Menschen, auf die Flora und Fauna, auf Boden, Luft und Wasser, auf das Klima, die Landschaft und auf Denkmäler oder sonstige Bauten oder die Wechselwirkung zwischen diesen Faktoren; hierzu gehören auch Wirkungen auf das kulturelle Erbe oder sozioökonomische Gegebenheiten infolge von Veränderungen an diesen Faktoren» (Art. 2, Abs. vii).

Erwähnenswert ist ausserdem, dass dieses Abkommen den Signatarstaaten nahelegt, UVP-Erfolgskontrollen durchzuführen (Art. 7 betreffend «Beurteilung nach Projektdurchführung»).

Praktische Erfahrungen mit dem Espoo-Übereinkommen liegen unseres Wissens in der Schweiz noch nicht vor; es wird aber jedenfalls dann zur Anwendung kommen, wenn das Projekt des im Zürcher Weinland, nahe der Landesgrenze geplanten Endlagers für hochradioaktive Abfälle weiterverfolgt wird.

Die *Biodiversitäts-Konvention* statuiert die Pflicht zur Durchführung einer UVP 772
für Vorhaben, die wahrscheinlich erhebliche nachteilige Auswirkungen auf die
biologische Vielfalt haben.

In der *Aarhus-Konvention* geht es primär um die Beteiligung der Öffentlichkeit 773
an staatlichen Entscheiden über Tätigkeiten, die erhebliche Auswirkungen auf
die Umwelt haben können. Die Bestimmungen betreffend Zulassung dieser (in
einem Anhang aufgelisteten) Tätigkeiten laufen jedoch der Sache nach auch auf
eine staatsvertraglich verankerte Pflicht hinaus, das Instrument der UVP anzuwenden.

Eine umfassende Darstellung der Aarhus-Konvention findet sich in der vorzüglichen
Monographie von Daniela Thurnherr (siehe Literaturverzeichnis).

Protokolle zur Alpenkonvention: Das Verkehrsprotokoll erklärt neue hochran- 774
gige Strassen im Alpengebiet und das Energieprotokoll diverse der Erzeugung
oder dem Transport von Energie dienende Anlagen für UVP-pflichtig (vgl. dazu
Rausch / Keller, Kommentar USG, Art. 9 Rz. 25).

IV. Aus der Rechtsprechung

A. *Abgrenzung UVP-pflichtige / nicht UVP-pflichtige Vorhaben*

Im Vorfeld eines noch nicht genehmigungsreifen Strassenprojektes setzte der 775
Gemeinderat von Yverdon-les-Bains einen Baulinienplan fest. Zwei betroffene
Grundeigentümer machten im kantonalen Rechtsmittelverfahren erfolglos geltend, es sei keine richtige UVP durchgeführt worden. Das Bundesgericht schützte
den kantonal letztinstanzlichen Entscheid, im Wesentlichen mit folgender
Begründung: Dieser Baulinienplan dient bloss der Sicherung des Trassees und
präjudiziert den Bau der neuen Strasse nicht. Daher genügt hier ein Prima-
Facie-Befund, sie liege im öffentlichen Interesse; eine förmliche UVP braucht es
in dieser Phase noch nicht (BGE 129 II 276).

Ein Büro- und Gewerbegebäude mit 299 Parkplätzen ist nicht UVP-pflichtig. 776
Die knappe Unterschreitung des Schwellenwertes von 300 Parkplätzen (Ziff.
11.4 des UVPV-Anhanges) kommt nicht einem Rechtsmissbrauch oder einer
Umgehung des Gesetzes gleich (BGE 117 Ib 135, E. 3b, Risch).

Ein unterirdisches Parkhaus mit 496 Abstellplätzen ist auch dann UVP-pflich- 777
tig, wenn bei seiner Erstellung 200 bestehende Parkfelder aufgehoben werden
(BGE 114 Ib 344, E. 5, Parkhaus Herrenacker in Schaffhausen). Es gibt hier
also kein «Nettoprinzip». (Der gleiche Fall zeigt zudem, dass bei der UVP auch
städtebauliche Fragen [Ortsbildschutz] ein Thema sein können.)

Für Beschneiungsanlagen («Schneekanonen») beträgt der Schwellenwert 5 ha 778
(Ziff. 60.4 des UVPV-Anhanges). Soll die bisher beschneite Fläche von unter

auf über 5 ha ausgedehnt werden, ist eine UVP durchzuführen, und zwar für die Auswirkungen der *ganzen* Anlage (Urteil des Verwaltungsgerichts VS in URP 1999, 429 ff., E. 5, Grimentz SA; analog für die Erweiterung einer Parkierungsanlage: BGE 117 Ib 135, E. 3c [obiter dictum], Risch).

779 Das Projekt eines Wasserkraftwerkes wurde nach der Konzessionierung zunächst nicht weiterverfolgt; später erfuhr es substanzielle Änderungen, denen die Konzessionsbehörde in Form eines «Nachtrages» zur Konzession zustimmte. Rechtlich kommt ein solcher Vorgang jedoch der Erteilung einer *neuen* Konzession für eine UVP-pflichtige Anlage gleich (BGE 119 Ib 254, E. 5b, Speicherkraftwerk Curciusa; vgl. dazu auch Rz. 784).

B. *Thematik der Prüfung; Folgen der Fehlerhaftigkeit des Berichts*

1. *Einbezug einer möglichen Projektverbesserung*

780 Die UVP eines Kraftwerk-Ausbauprojekts liess eine sachgerechte Darstellung und Diskussion von Massnahmen, die den Eingriff in das Landschaftsbild zu mildern geeignet wären (Art. 9 Abs. 2 Bst. d USG; Rz. 748), vermissen. Das Bundesgericht hob (in Gutheissung von Beschwerden der Standortgemeinde und von drei Umweltorganisationen) die Konzessionsverfügung auf und wies die Sache zu neuer Beurteilung an die kantonale Regierung zurück (BGE 126 II 283 / URP 2000, 691 ff., Lungerersee).

2. *Begründungspflicht*

781 Dass ein nach Art. 9 Abs. 4 USG begründungspflichtiges Projekt in einem Richtplan oder in einem Sachplan figuriert, belegt zwar ein gewisses öffentliches Interesse, genügt aber für sich allein nicht als Bedürfnisnachweis. Darum darf eine mit einem Rechtsmittel gegen ein Strassenbau-Ausführungsprojekt befasste Instanz nicht den Standpunkt einnehmen, es sei ihr verwehrt, den dem Vorhaben zugrundeliegenden Richtplanentscheid der kantonalen Legislative (der ohne UVP ergangen war) zu überprüfen. Ansonsten könnte die gesetzliche Begründungspflicht unter Berufung auf die kantonale Zuständigkeitsordnung unterlaufen werden (Bundesgerichtsurteil vom 10. September 2002, 1A.60/2002, E. 3.1, Südumfahrung Kreuzlingen).

In diesem Fall ging es um die *erste von zwei Etappen* des Strassenprojekts. Das Bundesgericht erklärte auch die von der beschwerdeführenden Umweltorganisation erhobene Rüge für begründet, dass es an der durch Art. 8 USG gebotenen gesamthaften Prüfung fehlt, wenn die Vor- und Nachteile der zweiten Etappe nicht in die UVP der ersten Etappe einbezogen werden (E. 3.2).

782 Erheischt die Begründungspflicht, auch Alternativen in Betracht zu ziehen (Rz. 752), muss dem Projekt unter Umständen eine *Nullvariante* gegenübergestellt werden. So befand das Bundesgericht im Zusammenhang mit einem Sondernutzungsplan für eine Grossüberbauung mit Parkhaus und Tunnelzu-

fahrt: «L'abandon pur et simple du projet méritait au moins d'être étudié afin de comparer toutes les mesures envisageables en vue de la réduction du trafic et des nuisances qu'il entrâine» (URP 1993, 169, E. 5b, Freiburg).

3. Folgen eines wesentlichen Fehlers im Umweltverträglichkeitsbericht

Im Rechtsmittelverfahren betreffend die Rahmenkonzession für die Erweite- 783 rung des Flughafens Zürich-Kloten, für die eine *mehrstufige* UVP (Rz. 768) durchzuführen war, zeigte sich, dass dem Umweltverträglichkeitsbericht des Flughafenhalters (damals noch der Kanton selbst) eine Luftverkehrsprognose zugrundegelegt worden war, welche die Bewegungszahlen viel zu tief veran-schlagte. Zur Behebung dieses Mangels genügte es hier, dass das Bundesgericht anordnete, in der zweiten Stufe (Plangenehmigung) für all jene Prüfbereiche, welche auf jener Prognose basierten, eine neuerliche, unverfälschte UVP durch-zuführen (BGE 124 II 293, E. 13–15). – Bei einer *einstufigen* UVP würde ein so gravierender Fehler gewiss zur Aufhebung des angefochtenen Entscheids füh-ren.

C. Stellenwert des Befundes der Umweltschutzfachstelle

Von der Umweltschutzfachstelle getroffene *Feststellungen tatsächlicher Natur* 784 haben die Beweiskraft einer amtlichen Expertise. Die *rechtliche Beurteilung* des Sachverhaltes ist Aufgabe der Bewilligungsbehörde. Gehört aber zur Rechtsan-wendung die Handhabung von unbestimmten Rechtsbegriffen, so sind Tatsa-chenfeststellungen und rechtliche Würdigung untrennbar ineinander verwoben. Bei dieser – in Fragen des Natur- und Landschaftsschutzes (Interessenabwä-gung nach Art. 3 NHG) regelmässig gegebenen – Konstellation muss sich die Bewilligungsbehörde die Beurteilung des Vorhabens durch die Fachstelle *in integro* zu eigen machen. Ein positiver Bewilligungsentscheid trotz negativer Beurteilung des Vorhabens durch die Fachstelle käme nur in Betracht, wenn deren Betrachtungsweise sich mit stichhaltiger Begründung falsifizieren liesse (BGE 119 Ib 254, E. 8a, Speicherkraftwerk Curciusa).

V. Würdigung

A. Nützlichkeit des Instruments

«Was wir nicht erkennen, kann uns nicht beklemmen.» Nach dieser Devise 785 wurden früher, vor Einführung der UVP, zahllose im Rückblick wunderlich unvernünftige Entscheide gefällt. Sinnfällige Mahnmale hierfür sind etwa: De-ponien, deren Sanierung hundert Mal mehr kostet, als die Deponiegebühren einbrachten, amtlich veranstaltete (und staatlich subventionierte) Flurverödungen, das heisst einzig am Ziel einer Steigerung der Agrarproduktion orientierte, Bäche und Hecken zerstörende «Meliorationen» (abgeleitet aus lateinisch «melior» = besser), Einkaufszentren auf der grünen Wiese (ohne Anschluss an den öffentlichen Verkehr) und die vandalische Linienführung etlicher Abschnitte des Nationalstrassennetzes (massive Belärmung von Abertausenden, Verschandelung z.B. des Schlosses Chillon, Viadukt mitten über die Häuser von Flamatt, Betonpfeilerreihen entlang von Seeufern).

786 Die UVP funktioniert nun als Vorbeugemittel gegen solche Problemverdrängung. Indem sie die *Fakten* beleuchtet, schafft sie die Grundlage, auf der man über das Vorhaben informiert (en connaissance des causes), *rechtlich richtig* und damit auch klug entscheiden kann.

Zudem wird manchmal Know-how der den Umweltverträglichkeitsbericht verfassenden Fachleute (vgl. Rz. 759) auch dazu genutzt, das Projekt noch *vor Einreichung des Bewilligungsgesuchs zu verbessern* (bessere Technik, bei landintensiven Projekten zuweilen auch eine Redimensionierung oder eine kompensatorische Naturschutzmassnahme). Es sind sogar Fälle bekannt, in denen aus der Arbeit am Umweltverträglichkeitsbericht Erkenntnisse hervorgingen, die zum *Verzicht* auf das Vorhaben führten (Lenkwaffen-Schiessplatz auf der Wendenalp, Rheinkraftwerke im Abschnitt der Landesgrenze zu Liechtenstein, Sonderabfallverbrennungsanlage im Raum Gerlafingen [die eine nicht-amortisierbare Investition gewesen wäre; die bestehenden Anlagen zur Verbrennung von Sonderabfällen haben nämlich heute beträchtliche Überkapazitäten]).

Nach allgemeinem, nicht auf die Regelung de lege lata beschränktem Verständnis der UVP gehört ein solcher Kollateralnutzen sogar zum eigentlichen *Zweck* des Instruments (vgl. die zahlreichen Zitate bei RAUSCH, Kommentar USG, 1. Auflage, Art. 9 Rz. 88). Und auch das Bundesgericht sah das so, als es in einem vor Erlass der UVPV gefällten Entscheid ausführte, die UVP müsse so frühzeitig erfolgen, dass «mögliche Alternativen … erarbeitet und dem ursprünglichen Projekt gegenübergestellt werden» können (BGE 113 Ib 225, E. 3c, aa, Lommiswil, Sondernutzungsplan zwecks Kiesausbeutung; um das nämliche Vorhaben ging es dann auch in BGE 118 Ib 66).

787 Bei der Beratung des USG in der Bundesversammlung war die UVP stark umstritten. Die Gegner wollten in ihr ein wirtschaftsfeindliches Projektverhinderungsinstrument sehen. Heute, da ihr hoher Nutzen – nicht allein für Mensch und Umwelt, sondern auch in volkswirtschaftlicher Optik – erwiesen ist, stellen sie nur noch jene in Frage, die Umweltrecht generell als unerwünscht ansehen.

B. Grenzen des Instruments

788 In den allermeisten UVP-Verfahren geht es um eine Strasse, ein Parkhaus, eine der Erzeugung oder Übertragung von Energie oder der Entsorgung dienende oder sonstige infrastrukturelle Anlage. Viele solche Anlagen waren – oft: lange – zuvor Gegenstand eines *planerischen Grundsatzentscheids,* bei welchem man die Frage ihrer Umweltverträglichkeit nicht oder nur kursorisch bedachte. In

der Praxis (auch der des Bundesgerichts in Sachen Nationalstrassenbau) wird solchen Planungen eine Art politische Verbindlichkeit zuerkannt. Geht es dann um die Realisierung des Vorhabens und ergibt die UVP ein negatives Bild, fällt es der rechtsanwendenden Behörde meist schwer, kein Auge zuzudrücken.

Zur Vermeidung neuer unter Umweltgesichtspunkten kontraproduktiver Plan-	789
festsetzungen steht zur Diskussion, die sogenannte *Strategische Umweltprüfung* einzuführen, für die es ausländische Vorbilder gibt und die auch das Anliegen der EG-Richtlinie 2001/42 vom 27. Juni 2001 über die Prüfung der Umweltauswirkungen bestimmter Pläne und Programme (ABl. 2001 L 197, S. 20) bildet.

Vgl. BUWAL, Umwelt Schweiz, 96 f. und BFS, Umwelt Schweiz, 271; ferner RAUSCH/
KELLER, Kommentar USG, Art. 9 Rz. 29 (Hinweise zum US-amerikanischen und zum französischen Recht). Die Strategische Umweltprüfung wird auch an einer Tagung der VUR im Juni 2004 zum Thema UVP zur Sprache kommen (Publikation der Referate in URP voraussichtlich im September 2004).

Im Übrigen muss man sich bewusst sein, dass eine UVP nach Art. 9 USG nur für	790
Entscheide betreffend bestimmte ortsfeste *Anlagen* und nicht für alle staatlichen Entscheide mit möglicherweise weit reichenden Umweltauswirkungen erforderlich ist. Um bloss ein einziges Beispiel anzuführen: Eine Verkürzung des Nachtfahrverbots für Lastwagen (wurde bereits erwogen, vgl. Rz. 318) könnte vom Bundesrat ohne UVP beschlossen werden.

§ 16   Verbandsbeschwerderecht

I.   Begriff und Funktion; Rechtsgrundlagen und Ausgestaltung

A.   Terminologisches

Mit «Verbandsbeschwerderecht» ist hier die *ideelle* Verbandsbeschwerde ge-   791
meint, das heisst die aufgrund einer spezialgesetzlichen Bestimmung bestehende, der Verfolgung öffentlicher Interessen dienende Befugnis bestimmter
privater Organisationen, bestimmte Rechtsanwendungsakte anzufechten.

Davon zu unterscheiden ist die keiner besonderen gesetzlichen Grundlage
bedürfende sogenannte egoistische Verbandsbeschwerde. Diese ermöglicht unter
gewissen, hier nicht näher zu erläuternden Voraussetzungen einem Verband,
Rechtsmittel im Interesse seiner Mitglieder zu ergreifen. Sie dient also der Durchsetzung privater (individueller) Interessen, welche freilich durchaus nicht egoisti-
scher Natur zu sein brauchen. Man nehme als Beispiel die Anfechtung einer einem
Unternehmen erteilten Sonntagsarbeitsbewilligung durch eine Gewerkschaft.

Wer beschwerdebefugt ist, kann sich stets auch bereits am erstinstanzlichen Ver-   792
fahren beteiligen (vgl. Art. 6 und Art. 48 VwVG) und mithin der Bewilligungsbehörde eigene Anträge stellen. Daher ist der Begriff «Verbandsbeschwerderecht» eigentlich zu eng. Effektiv hat denn auch, wie sich im Folgenden zeigen
wird, die Inanspruchnahme der Parteistellung durch Umweltorganisationen im
erstinstanzlichen Verfahren eine ebenso grosse praktische Bedeutung wie die
Ergreifung von Rechtsmitteln.

B.   Funktion des Verbandsbeschwerderechts

1.   Genereller Zweck

Für viele der in den früheren Kapiteln erwähnten Gerichtsentscheide gilt: Eine   793
Vorinstanz hatte in Verletzung bundesrechtlicher Vorschriften entschieden und
die Korrektur dieses Fehlentscheids durch das betreffende Gericht erfolgte auf
Verbandsbeschwerde hin. Daraus wird ersichtlich, dass das Verbandsbeschwerderecht – erstens – ein bewährtes Instrument der *prozessualen Rechtsdurchset-*
zung ist. (Jedes Gesetz ist nur so gut wie sein Vollzug.)

Zweitens funktioniert das Verbandsbeschwerderecht im Sinne der *Prävention:*   794
Das Wissen um die Möglichkeit und die Bereitschaft der Umweltverbände, fragwürdige Entscheide durch Rechtsmittelinstanzen überprüfen zu lassen, wirkt
auf die Bewilligungsbehörden und auch bereits auf die mit der Projektierung
von umweltbelastenden Vorhaben befassten Personen motivierend, die anwendbaren Rechtsnormen ernst zu nehmen.

795 Und drittens kommt das Verbandsbeschwerderecht mitunter auch dadurch einer gesetzeskonformen Praxis zustatten, dass es die *Position der Vollzugsbehörde stärkt*. Besonders für die Exekutive einer kleinen Gemeinde ist es oft nicht leicht, einen Entscheid zu fällen, welcher einem grossen Unternehmen unwillkommen ist (vgl. den in Rz. 749 geschilderten Fall Verbrennungsanlage für Chemieabfälle). Dann ist es für die Behörde hilfreich, dem Verfügungsadressaten erklären zu können, dass bei einem für ihn günstigeren Entscheid leider mit einer erfolgreichen Verbandsbeschwerde zu rechnen wäre.

796 Mit all dem dient das Verbandsbeschwerderecht auch der *Rechtsstaatlichkeit* – was aber in den politischen Auseinandersetzungen um das Instrument nicht gebührend reflektiert wird. Umso bemerkenswerter ist, dass in zwei neuen deutschen Bundesländern, Brandenburg und Sachsen, das Verbandsbeschwerderecht sogar Eingang in die Verfassung fand.

Angefügt sei, dass in Deutschland die anerkannten Umweltverbände nun auf Grund des im Jahre 2002 erlassenen Bundesnaturschutzgesetzes auch unabhängig von der Ausgestaltung des Rechts des einzelnen Bundeslandes rechtsmittelbefugt sind.

797 Dazu kommt noch, dass erfahrungsgemäss die Mitwirkung von Umweltorganisationen in Bewilligungsverfahren für problematische Vorhaben auch zu einvernehmlichen Lösungen führen kann. So haben sich schon verschiedentlich die Trägerschaft einer projektierten publikumsintensiven Einrichtung (Rz. 245) und der VCS darauf geeinigt, das Parkplatzangebot zu reduzieren und eine bessere Anbindung des Betriebs an das Netz des öffentlichen Verkehrs in die Wege zu leiten.

2. Besondere Konstellationen

798 Manchmal hat nebst dem Gesuchsteller auch die Bewilligungsbehörde ein gewisses Interesse, das Umweltrecht nicht zu respektieren. So kommen etwa zu gering bemessene Restwassermengen (Rz. 413 ff.) nicht nur dem Konzessionär zugute, sondern sie führen auch zu höheren Wasserzinseinnahmen des Konzedenten.

Eine Illustration dazu ist der dem Bundesgerichtsurteil in URP 2003, 235 ff. zugrundeliegende Konzessionsentscheid, der teilweise fehlerhaft war (eindeutig zu geringe Restwassermengen für einzelne Monate) und insoweit vom Bundesgericht korrigiert wurde (E. 4.5.5 und E. 4.6). Den Beschwerdeführern ging es um den Schutz der zu einem BLN-Objekt gehörenden berühmten (auch aus einem Sherlock-Holmes-Kriminalroman bekannten) Giessbachfälle.

799 Plangenehmigungen für Hochspannungsleitungen fallen in den Zuständigkeitsbereich des Eidgenössischen Starkstrominspektorates (ESTI), das eine Dienststelle innerhalb des Schweizerischen Elektrotechnischen Vereins ist (vgl. Art. 1 der Verordnung über das Eidgenössische Starkstrominspektorat vom 7. Dezember 1992; SR 734.24). Somit liegt der Vollzug von Umweltrecht hier in den Händen einer Organisation der Elektrowirtschaft (Bock als Gärtner). Soweit einer Auskunftsperson im ESTI bekannt, hat dieses *noch nie* einem aus Landschaftsschutzgründen gestellten Verkabelungsbegehren stattgegeben.

Der Weiterzug von Plangenehmigungsverfügungen des ESTI an die REKO UVEK ist erst seit 2000 möglich. Bereits im Jahr darauf hat diese eine Verwaltungsbeschwerde des WWF Schweiz betreffend eine 110-kV-Freileitung im Raum Tägerwilen, deren Verkabelung auch vom BUWAL beantragt worden war, gutgeheissen (Urteil der REKO UVEK in VPB 2002 Nr. 64 und in URP 2002, 205 ff.; Anmerkungen dazu in SJZ 2002, 495 ff., 498; zur Praxis des ESTI auch RAUSCH, Umwelt und Raumplanung, Rz. 32). Das führt vielleicht zu einer Praxisänderung (Interessenabwägung nach Art. 3 NHG im Geiste des Gesetzes statt im Geiste der Elektrowirtschaft).

Auch anderweitig ist eine *Bevorzugung partikulärer Interessen* gegenüber Interessen der Allgemeinheit zu beobachten. «Stehen sich Schutzinteressen und Nutzungsinteressen gegenüber, haben Nutzungsinteressen sehr oft eine grössere Kraft, weil sie konkreter, evidenter, dringlicher und notwendiger erscheinen. Dem kann sich die Verwaltung nur schwer entziehen» (ROHRER, Rz. 2). **800**

Reiches, hier aber nicht auszubreitendes Anschauungsmaterial bietet die Praxis des BAZL. Stellvertretend spreche die skurrile Erwägung, es liege «im Interesse des BAZL, dass die Südanflüge so rasch als möglich benützt werden können» (Verfügung des BAZL vom 15. Oktober 2002 betreffend provisorische Änderungen des Betriebsreglements des Flughafens Zürich-Kloten, S. 16). Die folgende Quisquilie ist ihrerseits paradigmatisch zu verstehen: In einer Gemeinde des Zürcher Oberlandes wurde der Vorschlag gemacht, eine asphaltierte Piste für Modellflugzeuge zu erstellen. Die Anwohner des betreffenden Grundstücks meldeten beim Gemeinderat Opposition an. Da schaltete sich auf Wunsch des Aeroclubs das BAZL ein: Es sei *seine* Sache, über den Bau von Flugplätzen zu entscheiden.

Ein weiteres Problem ist die da und dort *fehlende Vertrautheit* der Bewilligungsbehörden mit der umweltrechtlichen Gesetzgebung und Gerichtspraxis. So glauben erfahrungsgemäss viele Amtsstellen noch immer, die naturschutzrechtlichen NHG-Bestimmungen seien nur da anwendbar, wo ein in einem Inventar figurierendes Schutzobjekt betroffen ist. **801**

Vgl. hierzu beispielsweise das auf Verwaltungsgerichtsbeschwerde der Pro Natura hin ergangene Bundesgerichtsurteil vom 26. April 2002, 1A.173/2001, Walderschliessung Ausserferrera Süd, E. 4.3. Es ist zugleich auch zur Frage aufschlussreich, ob der Beschwerdeführer, wie in diesem Fall das Verwaltungsgericht des Kantons Graubünden meinte, die Schutzwürdigkeit des betroffenen Gebietes «beweisen» müsse (E. 4.4).

Eine sich am Bewilligungsverfahren beteiligende Umweltorganisation kann ein solches behördliches Wissensdefizit ausgleichen.

C. *Rechtsgrundlagen und Ausgestaltung*

1. *Rechtsgrundlagen*

a) Bundesrecht; Hinweis auf kantonales Recht

Die einschlägigen gesetzlichen Bestimmungen sind Art. 12 und Art. 12a NHG, Art. 55 USG und Art. 28 GTG. Auf Verordnungsstufe gibt es lediglich das Verzeichnis der legitimierten Organisationen (Rz. 811). **802**

803 Da die Meinung verbreitet ist, der Bundesgesetzgeber habe *allein* Umweltorganisationen ein Verbandsbeschwerderecht eingeräumt, seien hier Gegenbeispiele genannt: Art. 14 Abs. 1 FWG, Art. 7 Abs. 1 des Bundesgesetzes über die Gleichstellung von Frau und Mann, Art. 9 des Bundesgesetzes über die Beseitigung von Benachteiligungen von Menschen mit Behinderungen.

804 Einzelne Kantone kennen eine eigene, über die genannten Bestimmungen des Bundesrechts hinausweisende Regelung des Verbandsbeschwerderechts (für den Kanton Zürich: HALLER / KARLEN, Rechtsschutz, Rz. 994 ff.).

b) Internationales Recht

805 Zwar nicht der Bezeichnung, doch der Sache nach bildet das Verbandsbeschwerderecht auch Gegenstand eines völkerrechtlichen Vertrages, nämlich der Aarhus-Konvention (Rz. 720 und Rz. 773). Diese statuiert hinsichtlich von Streitigkeiten betreffend Beteiligung der Öffentlichkeit an Entscheidungen über umweltbelastende Tätigkeiten eine Rechtsweggarantie (vgl. Art. 29a BV), welche auch Nichtregierungsorganisationen, die sich für Umweltschutzanliegen einsetzen, den Zugang zu einem Gericht gewährleistet (Art. 9 Ziff. 2 i.V.m. Art. 2 Ziff. 5 und Art. 3 Ziff. 4).

Aufschlussreich hierzu nebst der Monographie von DANIELA THURNHERR auch ASTRID EPINEY, Rechtsschutz in Umweltangelegenheiten – Europa- und völkerrechtliche Entwicklungen, NZZ vom 13. Oktober 2003.

2. Sachlicher Geltungsbereich

a) Nach Art. 12 Abs. 1 NHG

806 Anfechtungsobjekt einer Verbandsbeschwerde können die Verfügungen (von Behörden aller Stufen) sein, gegen die letztlich entweder die Verwaltungsbeschwerde an den Bundesrat oder die Verwaltungsgerichtsbeschwerde an das Bundesgericht gegeben ist. Regelmässig zulässig ist die letztere; die Anwendungsfälle der ersteren sind in der Zeit seit Erlass des NHG immer seltener geworden (Rückbau der verwaltungsinternen und Ausbau der verwaltungsexternen Verwaltungsrechtspflege).

807 Dabei besteht, was den *Gegenstand* der Verfügung betrifft, eine implizite – sich nicht aus dem Wortlaut, sondern aus der systematischen Stellung der genannten Bestimmung ergebende – Verknüpfung mit der «Erfüllung einer Bundesaufgabe» (Art. 2 NHG). Die Judikatur zu diesem Schlüsselbegriff ist facettenreich (vgl. Rz. 562). An dieser Stelle soll die Quintessenz daraus, bezogen auf die von Umweltorganisationen verfolgten Anliegen, genügen: Anfechtbar ist jeder in *Anwendung von Bundesrecht* gefällte Entscheid mit *Auswirkungen auf die Natur bzw. auf die Landschaft* und ebenso selbstverständlich auch jeder zu Unrecht nicht in Anwendung von Bundesrecht ergangene Entscheid mit solchen Auswirkungen (vorausgesetzt stets, dass der Entscheid Verfügungscharakter hat; dazu Rz. 815).

Zu punktuellen, mit der vorstehenden Kurzformel übergangenen Abgrenzungs-
problemen (Stichwort: «Raumrelevanz» des Entscheids): ZUFFEREY, Kommentar NHG,
Art. 2 Rz. 6 ff., insbesondere Rz. 13 f., und KELLER, Kommentar NHG, Art. 12 Rz. 4.
Speziell zu «Erfüllung einer Bundesaufgabe» und *Denkmalschutz:* WALDMANN, Beschwerdelegitimation, 17 ff.

b)   Nach Art. 55 Abs. 1 USG

In seiner ursprünglichen Fassung stellte das USG das Verbandsbeschwerderecht   808
nur insoweit zur Verfügung, als ein Entscheid über eine *UVP-pflichtige Anlage*
in Frage steht. Mit Verbandsbeschwerde nicht anfechtbar waren damit namentlich auch alle Entscheide betreffend Zulassung von umweltgefährdenden Stoffen und Organismen. Beim Erlass des GTG wurde dann Art. 55 Abs. 1 USG dahingehend ergänzt, dass die Umweltorganisationen Rechtsmittel auch ergreifen
können gegen «Bewilligungen der Bundesbehörden über das Inverkehrbringen
pathogener Organismen (Art. 29d Abs. 3 und 4), die bestimmungsgemäss in der
Umwelt verwendet werden sollen» (Hervorhebung beigefügt).

Weiterhin nach Art. 55 Abs. 1 USG *nicht* anfechtbar sind Bewilligungen für
nicht UVP-pflichtige Anlagen. Das schliesst jedoch selbstredend eine auf
Art. 12 Abs. 1 NHG gestützte Verbandsbeschwerde da nicht aus, wo die Anlage
Interessen des Natur- und Landschaftsschutzes tangiert, was bei Anlagen
ausserhalb der Bauzonen in aller Regel der Fall ist (Beispiele in Rz. 818).

c)   Nach Art. 28 Abs. 1 GTG

Hier besteht das Verbandsbeschwerderecht mit Bezug auf «Bewilligungen über   809
das Inverkehrbringen gentechnisch veränderter Organismen, die bestimmungsgemäss in der Umwelt verwendet werden sollen.»

3.   *Persönlicher Geltungsbereich (legitimierte Organisationen)*

Träger des Verbandsbeschwerderechts sind nach den oben bezeichneten Vor-   810
schriften die «gesamtschweizerischen Organisationen, die sich dem Naturschutz, dem Heimatschutz, der Denkmalpflege oder verwandten, rein ideellen
Zielen widmen und mindestens seit zehn Jahren bestehen» (NHG) bzw. die «gesamtschweizerischen Umweltschutzorganisationen, die mindestens zehn Jahre
vor Einreichung der Beschwerde gegründet wurden» (USG und GTG).

Die betreffenden Vereine und Stiftungen sind in der VBO aufgelistet. Diese ba-   811
siert auf Art. 12 Abs. 2 NHG, Art. 55 Abs. 2 USG sowie Art. 28 Abs. 2 GTG und
umfasst (seit 1. Juni 2003, als der Verein Alpen-Initiative hinzukam) 30 Einträge.

4. Ergänzende Hinweise

812 Den beschwerdeberechtigten Umweltorganisationen steht auch der innerkantonale Rechtsmittelweg offen (Art. 12 Abs. 3 NHG, Art. 55 Abs. 3 USG). Wäre dem nicht so, könnten sie gar nicht an das Bundesgericht gelangen (einerseits Erfordernis der Ausschöpfung des kantonalen Instanzenzugs [Art. 98 Bst. g OG], andrerseits aber auch formelle Beschwer [Teilnahme am Verfahren ab initio; Art. 12a NHG und Art. 55 Abs. 4 ff. USG] als Legitimationsvoraussetzung).

813 Weil das Verbandsbeschwerderecht nicht eigenen Interessen der Umweltorganisationen bzw. ihrer Mitglieder, sondern dem Allgemeininteresse dient, werden den Verbänden auch im Falle der Abweisung ihrer Beschwerde normalerweise keine Gerichtskosten auferlegt (Genaueres hierzu bei LORETAN, Kommentar USG, Art. 55 Rz. 32 ff.). Bezüglich der einem obsiegenden Beschwerdegegner zustehenden Prozessentschädigung hingegen tragen die Verbände stets das gleiche Prozessrisiko wie andere Beschwerdeführer.

814 Im Übrigen sei zu den Einzelheiten der verfahrensmässigen Ausgestaltung des Instituts der Verbandsbeschwerde verwiesen auf: HALLER / KARLEN, Rechtsschutz, Rz. 952 und Rz. 1037; KELLER, Kommentar NHG, Art. 12 Rz. 3 ff. und Art. 12a Rz. 5 ff.; LORETAN, Kommentar USG, Rz. 13 ff.; ROMY, Recours, 260 ff.

II. Aus der Rechtsprechung

A. Anfechtungsobjekte und Kreis der legitimierten Organisationen

1. Anfechtbare Entscheide (Allgemeines)

815 Nach konstanter Rechtsprechung schliesst der Begriff «Verfügung» im Zusammenhang mit Art. 12 NHG und Art. 55 USG auch die Festsetzung eines der Realisierung eines einzelnen Werkes dienenden *Nutzungsplanes* ein. Mit Verbandsbeschwerde angefochten werden kann also (beispielsweise) auch ein Sondernutzungsplan für eine Steinbruchzone (BGE 121 II 190, E. 3b, Collombey-Muraz).

816 Das gilt auch hinsichtlich von Werken des Bundes selbst. Hierzu erging ein als «Wildschwein-Fall» in die Annalen eingegangenes Bundesgerichtsurteil: Der Sachplan Waffen- und Schiessplätze sieht eine Anlage in der Gemeinde Böttstein, unmittelbar neben der Aare, zur Ausbildung der Pontoniere vor. Dieses Projekt steht mit einem Anliegen des Naturschutzes, nämlich der Erhaltung eines Wildtierkorridors von nationaler Bedeutung, in einem unauflösbaren Konflikt. (Die Qualifikation «von nationaler Bedeutung» ergab sich unmittelbar aus der Funktion des Korridors für bestimmte Tierarten [worunter eben das Wildschwein]; er war nicht in ein Bundesinventar aufgenommen worden.) Das VBS erachtete die Interessen der Landesverteidigung als überwiegend und erteilte die nach Art. 126 des Militärgesetzes (vom 3. Februar 1995; SR 510.10) erfor-

derliche Plangenehmigung. Hiergegen erhoben der Kanton Aargau und der WWF Schweiz Verwaltungsgerichtsbeschwerde, wobei der Kanton eine Projektänderung, der WWF hingegen die Aufhebung der Plangenehmigungsverfügung beantragte. Das Bundesgericht hiess den Antrag des WWF mit folgender Begründung gut: Da die hier kollidierenden Interessen der Landesverteidigung (Art. 57 ff. BV) und des Naturschutzes (Art. 78 BV) von Verfassungs wegen gleichrangig sind, darf die Anlage nur bewilligt werden, wenn sich der Bundesrat (Sachplanbehörde) – *anders als in casu geschehen* – «mit dem Interessenkonflikt im Sachplan ausdrücklich auseinandergesetzt und sich klar für den Vorrang des militärischen Interesses entschieden hat» (BGE 128 II 1, Leitsatz zu E. 3d).

Unter Umständen kann sogar ein generell-abstrakter *Erlass* Anfechtungsobjekt einer Verbandsbeschwerde sein. (Das geht eindeutig über den Gesetzeswortlaut hinaus, entspricht aber der Maxime ubi eadem ratio, ibi eadem ius). So ist die Verwaltungsgerichtsbeschwerde des Schweizerischen Bundes für Naturschutz (heute: Pro Natura) und des WWF Schweiz gegen das bundesrechtswidrige Moorschutz-Reglement (samt zugehörigem Plan) der Regierung des Kantons Neuenburg vom Bundesgericht geschützt worden (BGE 124 II 19).   817

Das federführende Regierungsratsmitglied hatte im Vorfeld der Beschlussfassung den abwegigen Standpunkt eingenommen, Verordnungen des Bundesrates (es ging um Bestimmungen der HMV, der FMV und der AuenV) seien für den Kanton nicht verbindlich.

2. *Voraussetzungen gemäss den Regeln des NHG und des USG*

a) Im Geltungsbereich von Art. 12 Abs. 1 NHG

Wie unter Rz. 807 erläutert, hängt hier die Zulässigkeit einer auf Art. 12 NHG gestützten Beschwerde davon ab, ob man es mit der Erfüllung einer «Bundesaufgabe» zu tun hat. Als solche gilt seit dem Leading Case BGE 112 Ib 70 (PTT-Sendeturm auf dem Höhronen [Verwaltungsgerichtsbeschwerde des Schweizer Heimatschutzes und der Stiftung Landschaftsschutz Schweiz]) namentlich auch die Handhabung von Art. 24 RPG – Bewilligungen für *Bauten und Anlagen ausserhalb der Bauzone* –, sofern eine Verletzung der Pflicht zur dabei gebotenen sachgerechten Interessenabwägung (Art. 78 Abs. 2 BV; Art. 3 NHG) geltend gemacht wird. Diesfalls ist also die Legitimation eines diese Rüge erhebenden Verbandes zu bejahen. So etwa, wenn er gegen eine RPG-24-Bewilligung für eine Motocrosstrainingspiste in einer Kiesgrube rekurriert (BGE 116 Ib 465) oder an das kantonale Verwaltungsgericht gelangt, damit dieses die Freigabe einer Waldstrasse für Fahrzeugtests eines Automobilimporteurs für gesetzwidrig erklärt (Urteil des Verwaltungsgerichtes VD vom 9. Januar 2002, GE 2001/0117, Ormont-Dessus). Analog auch im Zusammenhang mit der Schaffung einer *Kleinbauzone* (Weilerzone oder dergleichen) im Landwirtschaftsgebiet (BGE 123 II 289, E. 1b und 1c, Rickenbach).   818

Zu *verneinen* ist hingegen gemäss einem Urteil des Zürcher Verwaltungsgerichtes die Legitimation einer Naturschutzorganisation zur Anfechtung eines Nut-   819 zungsplanes, mit dem *in grösserem Umfange* bisheriges Nicht-Bauland einge-zont wird. Ein solcher Planungsentscheid weise keinen «engen Bezug zu spezifi-schem Bundesverwaltungsrecht» auf und sei somit (anders als projektbezogene Sondernutzungspläne) nicht als anfechtbare Verfügung aufzufassen (BEZ 2002 Nr. 66, Richterswil, in Übereinstimmung mit BGE 107 Ib 112, E. 2, Stansstaad).

b) Im Geltungsbereich von Art. 55 Abs. 1 USG

820 Die Erteilung der Rahmenkonzession für die 5. Ausbauetappe des Flughafens Zürich-Kloten war ein UVP-pflichtiges Vorhaben. Daher stand die Beschwer-debefugnis – nebst zahlreichen andern Beschwerdeführern (betroffene Einwoh-ner und Gemeinden in der Schweiz und Deutschland) – auch dem VCS als einer seit mehr als zehn Jahren bestehenden gesamtschweizerischen Umweltorganisa-tion zu (BGE 124 II 293, E. 3d).

821 Ebenfalls UVP-pflichtig war die Erweiterung des Säntisparks (Einkaufs-zentrum, Bad, Fitnesszentrum etc.) in Gaiserwald SG. Die Baueinsprachen der Stadt St. Gallen und des VCS wurden insoweit, als sie eine obligatorische Park-platzbewirtschaftung (dazu Rz. 247) verlangten, gutgeheissen und im Übrigen abgewiesen. Im Rechtsmittelverfahren hielt der VCS an seiner Forderung fest, vor Erteilung der Baubewilligung sei ein Konzept zur Erschliessung durch den öffentlichen Verkehr auszuarbeiten. Dabei stützte er sich auf eine Vorschrift des *kantonalen* Rechts, wonach Bauten und Anlagen von überörtlicher Bedeutung mit grossem Besucherkreis mit öffentlichen Verkehrsmitteln gut erreichbar sein müssen (Art. 69bis Abs. 3 Baugesetz). Dieses Gebot steht mit dem Umweltrecht des Bundes in einem engen sachlichen Zusammenhang und demgemäss war der VCS auch insoweit beschwerdeberechtigt (Urteil des Verwaltungsgerichtes SG in URP 2003, 748 ff. [teilweise Gutheissung der Beschwerde]).

c) Nicht legitimierte Organisationen

822 Der Schutzverband der Bevölkerung um den Flughafen Zürich ist keine von Bundesrechts wegen beschwerdeberechtigte Umweltschutzorganisation. Dass er dennoch gegen Entscheide, die sich auf die Fluglärmbelastung auswirken, Rechtsmittel ergreifen kann (BGE 124 II 293, E. 3d), ist ein Anwendungsfall der sogenannten egoistischen Verbandsbeschwerde (Rz. 791).

823 Auf eine im Plangenehmigungsverfahren für die Neubaustrecke Matt-stetten–Rothrist vom «Komitee für eine umweltgerechte Bahn 2000» erhobene Verwaltungsgerichtsbeschwerde trat das Bundesgericht nicht ein. Als Ad-hoc-Organisation war das Komitee nicht zur ideellen Verbandsbeschwerde legiti-miert, und in casu waren auch die Voraussetzungen der sogenannten egoisti-schen Verbandsbeschwerde nicht erfüllt (BGE 120 Ib 59).

B. Verfahrensrechtliche Fragen

Grundsätzlich kann ein Verband nur die ordentlichen Rechtsmittel ergreifen. 824
Wird ihm jedoch sein Recht auf Teilnahme am kantonalen Verfahren verweigert, steht ihm schliesslich die staatsrechtliche Beschwerde an das Bundesgericht offen (BGE 117 Ib 35 / URP 1991, 321 ff., E. 4, Autobahnzusammenschluss
Kloten [in URP mit kenntnisreichen Anmerkungen von ANDRÉ SCHRADE]).

Einige gesamtschweizerische, als Verein konstituierte Verbände haben regio- 825
nale Sektionen. In Verfahren vor kantonalen Behörden kann eine Sektion ohne
weiteres an Stelle ihrer Mutterorganisation handeln. Hingegen ist eine förmliche Vollmacht des Verbandes erforderlich, wenn dieser dann auch in einem
nachfolgenden Verfahren vor Bundesgericht durch die Sektion vertreten werden soll (BGE 123 II 289, E. 1e, bb, Rickenbach; vgl. auch BGE 125 II 50, Waffenplatz Kloten).

Das zürcherische Recht kennt eine Verwirkung des Anspruchs auf Rechtsschutz 826
gegen baurechtliche Entscheide in dem Sinne, dass Dritte (gewöhnlich: Nachbarn) nur dann Rekurs erheben können, wenn sie *zuvor*, nämlich «innert 20 Tagen
seit der öffentlichen Bekanntmachung» des Baugesuchs, «bei der örtlichen Bau-
behörde schriftlich die Zustellung» des Entscheids verlangt haben (§ 315 Abs. 1
i.V.m. § 316 Abs. 1 PBG). Diese Regelung müssen sich auch die von Bundesrechts
wegen legitimierten Organisationen entgegenhalten lassen (BGE 121 II 224, E. 2,
Rüschlikon). Anders wäre im Falle einer mangelhaften Publikation des Gesuchs
zu entscheiden (fehlender Hinweis auf die UVP-Pflichtigkeit des Vorhabens; fehlender Hinweis darauf, dass es um Bewilligung einer Baute oder Anlage ausserhalb der Bauzonen geht) und ebenso, wenn der Entscheid für die Organisationen
nicht ungehindert und kostenlos zugänglich wäre (gleiches Urteil, E. 5).

Wie erwähnt, werden einer vor Bundesgericht unterliegenden Umweltorganisa- 827
tion usanzgemäss keine Gerichtskosten auferlegt. Ein Fischereiverband wird
diesbezüglich gleich behandelt, wenn er, zusammen mit einer sich dem Gewässerschutz widmenden Umweltorganisation, im Verfahren hauptsächlich
ökologische Anliegen vertreten hat (Bundesgerichtsurteil vom 15. März 2002,
1A.104/2001, Kraftwerk Eglisau).

Das Bundesgericht kam in diesem Fall zum Schlusse, dass die Erneuerung der Konzession zwar durchaus Massnahmen im Interesse der Fischerei und zum Schutz der aquati-
schen Lebensräume nötig macht, dass es aber vorliegendenfalls angehe, die Anordnung
entsprechender Auflagen auf das nachfolgende Baubewilligungsverfahren (betreffend
den mit der neuen Konzession ermöglichten Ausbau des Kraftwerks) zu verschieben.

III. Würdigung

Das Verbandsbeschwerderecht wurde vor bald vierzig Jahren mit dem NHG 828
eingeführt. Bei der Beratung des USG war es heftig umstritten. Die meisten Par-

lamentarier wussten zwar bestimmt um die allgemein als segensreich anerkannte Rechtsprechung des Bundesgerichts zum Waldrecht (gemäss dem damals noch geltenden, inzwischen vom WaG abgelösten Forstpolizeigesetz). Offenbar war aber vielen nicht auch bekannt, dass sich diese Judikatur ohne Verbandsbeschwerden nicht hätte entfalten können (wo kein Kläger, da kein Richter). Nach einem zustimmenden Beschluss des Nationalrates und Ablehnung durch den Ständerat wurde Art. 55 schliesslich im Differenzbereinigungsverfahren angenommen.

Einen präziseren, alle Stationen einbeziehenden, lesenswerten (auch für Staatskunde-Unterricht geeigneten) Abriss der Entstehungsgeschichte dieser USG-Bestimmung findet man bei LORETAN, Kommentar USG, Art. 55 Rz. 4 ff.

829 Inzwischen ist es um das Verbandsbeschwerderecht nicht ruhiger geworden. Vielmehr steht es permanent unter Beschuss, namentlich durch periodische parlamentarische Vorstösse (NZZ-Titel dazu: «Unfruchtbares Ritual» [Ausgabe vom 4./5. März 2000]). Anfangs 1998 lancierte ein Komitee unter Führung der Freiheitspartei sogar eine Verfassungsinitiative zur Abschaffung dieses Instruments (BBl 1998, 36), für die jedoch die erforderliche Anzahl Unterschriften nicht zustandekam.

830 Die Umweltorganisationen setzen ihr Beschwerderecht «mit grosser Zurückhaltung und mit Bedacht» ein (Pressemitteilung des BUWAL vom 3. März 2000 aus Anlass der Publikation der durch das Centre d'étude, de technique et d'évaluation législatives an der Universität Genf durchgeführten Wirkungsanalyse des Verbandsbeschwerderechts [siehe im Literaturverzeichnis unter FLÜCKIGER / MORAND / TANQUEREL]). Erwiesen ist auch der im Vergleich zu andern Beschwerdeführern (typischerweise: Anwohner einer geplanten umweltbelastenden Anlage) ausgesprochen *grosse Erfolg* der Verbände: «dreieinhalbmal höher sowohl bei den vom Bundesgericht beurteilten Beschwerden (63 % Erfolgsquote gegenüber durchschnittlich 18,4 %) als auch bei den vom Bundesrat beurteilten Beschwerden (33 % Erfolgsquote gegenüber durchschnittlich 8,9 %)» (gleiche Pressemitteilung).

Dokumentierungen der Wirkungen des Verbandsbeschwerderechts (Fallstudien, einschliesslich erzielter Verhandlungslösungen) sind auch in Form von Broschüren der Umweltorganisationen selbst verfügbar, die ferner eine Website dazu unterhalten: www.verbandsbeschwerde.ch.

Die nachfolgende graphische Darstellung ist dem Magazin der Pro Natura (Heft 3/2000) entnommen. Dass darin von «Sektionen» die Rede ist, soll nicht zum Fehlschluss verleiten, aus Art. 12 NHG bzw. Art. 55 USG ergebe sich auch eine Legitimation regionaler Umweltorganisationen; siehe Rz. 825.

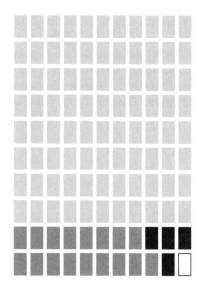

109 Mal erfolgreich

Die Pro-Natura-Sektionen erheben im Jahresdurchschnitt 110 Einsprachen gegen Bauvorhaben.

▪ Davon werden 88 in erster Instanz gutgeheissen oder gegenstandslos, weil das Projekt geändert wird.

▪ Weitere 17 werden von der zweiten Instanz als gerechtfertigt angesehen.

▪ In vier von den fünf Fällen, in denen eine Beschwerde an die höchste Instanz gelangt, entscheidet das Bundesgericht oder der Bundesrat im Sinne von Pro Natura.

☐ Eine einzige Beschwerde wird am Ende abgelehnt.

831 Die Gegner des Verbandsbeschwerderechts erheben häufig den Vorwurf des Missbrauchs. Beispiel: In einem sehr aufwendigen Bewilligungsverfahren betreffend eine UVP-pflichtige, hohe NO$_x$-Frachten verursachende Anlage forderten eine Gruppe von Anwohnern und zwei Umweltorganisationen eine technische Massnahme zur Entstickung der Abgase. Nachdem sie damit in dritter Instanz durchgedrungen waren, musste ihnen ihre Gegenpartei eine Prozessentschädigung zur Abgeltung der ihnen «entstandenen Anwaltskosten in der Höhe von Fr. 100 000.–» bezahlen (Zitat aus dem Gerichtsbeschluss, mit dem das Verfahren endete). Später erklärte ein Nationalrat in einer Kommissionssitzung, er kenne einen Fall, in welchem die Umweltorganisationen ihr Verbandsbeschwerderecht «zur Geldbeschaffung genutzt» hätten (wobei er auch den Betrag von genau Fr. 100 000.– nannte).

Von Missbrauch wird auch gesprochen, wenn eine Umweltorganisation in einer rechtlichen Auseinandersetzung unterliegt. Ficht eine Bauherrschaft einen für sie negativen Entscheid erfolglos an, kommt wohl niemand auf den Gedanken, sie habe ihr Recht, ihn anzufechten, missbraucht.

832 Dem Verbandsbeschwerderecht wird sodann zugeschrieben, wesentlich zur Überlastung des Bundesgerichts beizutragen. Von den vom Bundesgericht behandelten Beschwerden entfallen indessen bloss 1,4 % (Verband als Beschwerdeführer oder -gegner) bzw. sogar bloss 1,0 % (Verband als Beschwerdeführer) auf Verbandsbeschwerdefälle (FLÜCKIGER / MORAND / TANQUEREL, 88).

Auf weitere Argumente gegen das Verbandsbeschwerderecht braucht hier nicht eingegangen zu werden (sie sind ihrerseits nicht fundiert; vgl. ROHRER, Rz. 10 ff.). Quasi als Fussnote angefügt sei bloss: Es kam auch schon vor, dass ein für schweizerische Verhältnisse enorm grosses Projekt nach einem Rechtsmittelverfahren mangels Investoren aufgegeben und danach die These aufgestellt wurde, es sei am Verbandsbeschwerderecht des VCS gescheitert (Eurogate-Projekt in Zürich).

833 Es ist communis opinio aller Kenner der Materie, dass das in mehreren Teilbereichen, namentlich im Landschaftsschutz und im quantitativen Gewässerschutz, grosse Vollzugsdefizit ohne Verbandsbeschwerderecht noch weit grösser
würde. Trotzdem trachten viele Parlamentarier darnach, das Verbandsbeschwerderecht einzuschränken oder es gar abzuschaffen. Das gibt zu denken. Kann es
denn ein gesetzgeberisches Anliegen sein, gesetzwidrige Entscheide zu erleichtern?

Sachregister

Die Verweise beziehen sich auf die Randziffern.

278